La Casa de la Riqueza
Estudios de Cultura de España, 10

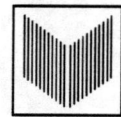

LA CASA DE LA RIQUEZA
ESTUDIOS DE CULTURA DE ESPAÑA
10

El historiador y filósofo griego Posidonio (135-51 a.C.) bautizó la península ibérica como «La casa de los dioses de la riqueza», intentando expresar plásticamente la diversidad hispánica, su fecunda y matizada geografía, lo amplio de sus productos, las curiosidades de su historia, la variada conducta de sus sociedades, las peculiaridades de su constitución. Sólo desde esta atención al matiz y al rico catálogo de lo español puede, todavía hoy, entenderse una vida cuya creatividad y cuyas prácticas apenas puede abordar la tradicional clasificación de saberes y disciplinas. Si el postestructuralismo y la deconstrucción cuestionaron la parcialidad de sus enfoques, son los estudios culturales los que quisieron subsanarla, generando espacios de mediación y contribuyendo a consolidar un campo interdisciplinario dentro del cual superar las dicotomías clásicas, mientras se difunden discursos críticos con distintas y más oportunas oposiciones: hegemonía frente a subalternidad; lo global frente a lo local; lo autóctono frente a lo migrante. Desde esta perspectiva podrán someterse a mejor análisis los complejos procesos culturales que derivan de los desafíos impuestos por la globalización y los movimientos de migración que se han dado en todos los órdenes a finales del siglo XX y principios del XXI. La colección «La casa de la riqueza. Estudios de Cultura de España» se inscribe en el debate actual en curso para contribuir a la apertura de nuevos espacios críticos en España a través de la publicación de trabajos que den cuenta de los diversos lugares teóricos y geopolíticos desde los cuales se piensa el pasado y el presente español.

Consejo editorial:

Óscar Cornago Bernal (Consejo Superior de Investigaciones Científicas, Madrid)
Dieter Ingenschay (Humboldt Universität, Berlin)
Jo Labanyi (New York University)
José-Carlos Mainer (Universidad de Zaragoza)
Susan Martin-Márquez (Rutgers University, New Brunswick)
Chris Perriam (University of Manchester)
Joan Ramon Resina (Cornell University, New York)
Lia Schwartz (City University of New York)
Ulrich Winter (Philipps-Universität Marburg)

LA GUERRA PERSISTENTE

MEMORIA, VIOLENCIA Y UTOPÍA: REPRESENTACIONES CONTEMPORÁNEAS DE LA GUERRA CIVIL ESPAÑOLA

Antonio Gómez López-Quiñones

IBEROAMERICANA • VERVUERT • 2006

Bibliographic information published by Die Deutsche Bibliothek
Die Deutsche Bibliothek lists this publication in the Deutsche
Nationalbibliografie; detailed bibliographic data are available on the Internet
at http://dnb.ddb.de

© Iberoamericana, 2006
Amor de Dios, 1 – E-28014 Madrid
Tel.: +34 91 429 35 22 - Fax: +34 91 429 53 97
info@iberoamericanalibros.com
www.ibero-americana.net

© Vervuert, 2006
Wielandstr. 40 – D-60318 Frankfurt am Main
Tel.: +49 69 597 46 17 - Fax: +49 69 597 87 43
info@iberoamericanalibros.com
www.ibero-americana.net

ISBN 84-8489-260-3 (Iberoamericana)
ISBN 3-86527-282-7 (Vervuert)
Depósito legal: B-10.011-2008

Imagen de la cubierta: José Bardasano: «¡*Fuera el invasor!*». © Archivo y
    Biblioteca/Fundación Pablo Iglesias

Diseño de la cubierta: Michael Ackermann

The paper on which this book is printed meets the requirements of ISO 9706

Impreso en España por Book Print Digital S.A.

A Irasema

CONTENIDO

Introducción 11

CAPÍTULO PRIMERO. LA GUERRA EXTRAVIADA: HISTORIA Y MEMORIA COMO PROBLEMAS EPISTEMOLÓGICOS

    1. Introducción 33
    2. *El nombre que ahora digo*: la Historia transparente 37
    3. *Las guerras de Etruria*: la Historia y el problema de su transmisión 44
    4. *Soldados de Salamina*: el valor del testimonio y la retórica de la anti-literariedad 50
    5. *El lápiz del carpintero*: cambios en la hegemonía de la memoria 65
    6. Los problemas de filiación histórica en *La sangre ajena* 75
    7. *Tu rostro mañana. Fiebre y lanza*: la adivinanza del pasado desde un presente mentiroso 83
    8. Conclusiones del capítulo 93
        8.1. Historia y memoria: el prestigio de una actividad intelectual 93
        8.2. Memoria, el aprendizaje de una práctica 96
        8.3. El deseo narrativo de fiabilidad histórica 97
        8.4. El sistema temporal de la Historia contemporánea española ... 100
        8.5. La Guerra Civil española: *Historia magistra vitae* 101

CAPÍTULO SEGUNDO. LA REPRESENTACIÓN DE LA VIOLENCIA: SENTIDOS Y DISCURSOS DES/LEGITIMADORES

    1. Introducción 105
    2. *La hija del caníbal* y el ocaso de la violencia heroica 109

3. *Maquis* y los discursos de la violencia en una comunidad
en guerra 125
4. Guerras justas y guerras injustas: violencia y redención
en *Carta blanca* 137
5. Fantasmagoría y violencia en *El espinazo del diablo* 148
6. *Extranjeros de sí mismos*: el género documental y
la violencia de la Guerra Civil española 159
7. Conclusiones del capítulo 172
    7.1. Violencia y modernidad: la guerra artesanal y libertadora
        de los republicanos 172
    7.2. Violencia y *violencias*: las causas políticas en las guerras
        del pasado 178
    7.3. La violencia en sus formatos narrativos 184
    7.4. El «síndrome Ulises»: violencia, derrota, narración e
        identidad 188
    7.5. La violencia bélica y lo sublime 191

CAPÍTULO TERCERO. LA UTOPÍA RETROSPECTIVA: LA SEGUNDA
REPÚBLICA O LA NOSTALGIA POR UN PASADO MEJOR

1. Introducción 197
2. *La voz dormida*: el personaje como utopía política y literaria 203
3. La infancia como utopía política: *La lengua de las mariposas*
y *El viaje de Carol* 217
4. Utopía y naturaleza en *Silencio roto* 231
5. La utopía cultural en *Los colores de la guerra* y *La hora de
los valientes* 244
6. Conclusiones del capítulo 263
    6.1. Sobre el cinismo: comunidad y educación 263
    6.2. Sobre el cinismo: acción y comunicación 266
    6.3. Predeterminación y sobredeterminación en la construcción
        de personajes 269
    6.4. La nostalgia del absoluto y la Guerra Civil española 272
    6.5. El pasado utópico como ausencia o pérdida 275
    6.6. Apuntes para una utopía de la Guerra Civil española 278

Obras citadas 285

AGRADECIMIENTOS

Este libro es, en gran medida, el resultado del intercambio intelectual con muchos colegas. Me gustaría mencionar a Fernando García, Luis Arturo Ramos, Arturo Pérez, Vincent Barletta, Juan Pablo Dabove, Ricardo Landeira, Emilio Bejel, Peter Elmore, Ernesto Acevedo y, en especial, Luis González del Valle. Su apoyo y estímulo han sido fundamentales para la conclusión de este proyecto. Quisiera subrayar también el papel desempeñado por José Manuel del Pino, cuyos consejos, correcciones y sugerencias supusieron en todo momento una inestimable guía. El apoyo de Dartmouth College y de mi departamento tuvo un impacto muy positivo en la fase final de este proyecto. La labor, tan profesional, realizada por todos los miembros de Iberoamericana/Vervuert ha hecho realmente fácil la edición de este libro. A sus dos anónimos lectores mi agradecimiento por sus útiles indicaciones. A mi familia, como siempre, gracias por tantas cosas.

INTRODUCCIÓN

Desde mediados de los años noventa, la Guerra Civil atraviesa un periodo de popularidad cinematográfica y novelística.[1] Este libro pretende explicar el papel que la Guerra Civil juega en la imaginación histórica de una serie de obras muy posteriores a la contienda. El hecho de que esta última re-emerja como un atractivo referente literario y fílmico resulta muy ilustrativo si consideramos el momento histórico por el que atraviesa España. Democracia, globalización, capitalismo, cierta prosperidad material, posmodernidad cultural e integración en los principales órganos políticos y militares internacionales caracterizan un periodo que, sin embargo (o quizá a causa de estos mismos parámetros y realidades), ha despertado cierto malestar en la *intelligentsia* nacional. Es precisamente en este momento, en el que España parece dejar atrás un extenso pasado de excepcionalidades (que como muchas de las excep-

---

[1] La Guerra Civil española no ha dejado de deparar noticias y polémicas en la última década, aproximadamente desde comienzos de los años noventa. Los reportajes sobre la exhumación de fosas, los debates en el Congreso de los Diputados (así como en el seno de la jerarquía religiosa) sobre la conveniencia de ofrecer algún tipo de disculpa o reconocimiento a los perdedores republicanos, los resquemores entre distintas asociaciones o fundaciones que gestionan la memoria del enfrentamiento y la dictadura, decisiones judiciales que limpian los nombres y el honor de condenados hace cuarenta o cincuenta años, documentales, exposiciones, programas televisivos y filmes de ficción que abordan los tres años bélicos y sus coletazos, un auténtico *boom* editorial sobre el tema y algunas polémicas historiográficas son, entre otros, algunos de los frentes culturales abiertos por este renovado interés en el pasado más traumático de la reciente historia española. No es, por lo tanto, extraño que Ángel García Fontanet afirme que «la liquidación de la Guerra Civil no está terminada» (2003: 8), o que Santos Juliá asegure que «la Guerra Civil vuelve a inundar las mesas de novedades» (Mainer/Juliá 2000: 48).

cionalidades también han sido el producto y caldo de cultivo de movimientos españolistas-nacionalistas), diferencias económicas y atrasos históricos, cuando la Guerra Civil surge representada de manera exitosa y generalizada como un tiempo de intensidades políticas y como un factible escenario para proyectos transformadores. Este libro explica algunas claves temáticas y estéticas de esta generación de textos y filmes que, quizá, sea una de las últimas en tener a la Guerra Civil como un referente moral, histórico y cultural ineludible para la identidad española. Dicho análisis va ser llevado a cabo a partir de los conceptos de memoria/Historia, violencia y utopía que más adelante serán desarrollados en esta misma introducción.[2]

La novelística y cinematografía sobre este evento constituyen relevantes subgéneros narrativos que cuentan con una extensa tradición desde 1936. Críticos como Maryse Bertrand de Muñoz, David Herzberger, Antonio Monegal, Román Gubern, Peter Monteath, Janet Pérez, Anthony Percival, José Luis Ponce de León, Jenaro Talens, Andrés Trapiello o Gareth Thomas han estudiado, desde muy diversas perspectivas, estas tradiciones. En la historia de estas familias narrativas, se pueden señalar varias etapas sin miedo a caer en extremosas simplificaciones. La primera de estas etapas comprende el periodo entre 1936 y 1939 en el que, de manera bastante predecible, la inmensa mayoría de novelas y grabaciones audiovisuales tuvieron una intención clara: ayudar a ganar la guerra. Consecuentemente, el tono propagandístico y de urgencia predominó sobre cualquier otro tipo de consideración. Es importante recordar que estos fueron los años por excelencia, como bien ha señalado José-Carlos Mainer, del compromiso de la cultura con la política. En este sentido, aquel periodo pudiera ser interpretado como un negativo del presente. Si algunos analistas culturales, como Terry Eagleton, Eduardo Subirats o Francis Mulhern, señalan críticamente la actual culturalización o estetiza-

---

[2] Este libro asume como punto de partida el hecho de que la novelística no es un género textual que esté expuesto a las mismas necesidades metodológicas que la historiografía. Esto no es óbice para que ciertas novelas hayan contado con el apoyo y respaldo de una determinada bibliografía historiográfica. Éstas son, de hecho, estrategias de auto-legitimación que pueden ser encontradas en novelas como *La voz dormida* de Dulce Chacón, *Soldados de Salamina* de Javier Cercas o *Sefarad* de Antonio Muñoz Molina. La libertad que la novelística posee en su representación del pasado permite observar (de una manera más clara y evidente que, por ejemplo, un manual de historia) las ansiedades, necesidades e ilusiones que un presente proyecta sobre un tiempo pretérito.

ción de la política (o al menos el replanteamiento de los problemas socio-económicos en términos culturales); los años de la Guerra Civil se definieron por la radical politización de la vida cultural del país.

El franquismo tuvo una primera etapa en la que trató de recontar y reinscribir las claves y el sentido de la Guerra Civil. En esta tarea, cine y literatura tuvieron un papel relevante. El claro problema de legitimidad con que este régimen iniciaba su andadura podía ser solventado o aminorado (entre otras muchas prácticas, la mayoría simbólica y materialmente represivas) con toda una mística de la Guerra Civil: la guerra como cruzada, como purga nacional de limpieza ideológica, derrocamiento de la anti-España, recuperación de los sueños imperiales, entroncamiento con los Reyes Católicos, en definitiva, un poderoso entramado retórico que dejó de resultar menos atractivo cuando el régimen emprendió una de sus primeras refundaciones al calor de los acontecimientos internacionales. Con el fin de la Segunda Guerra Mundial y con la necesidad de emprender líneas de contacto e intercambio con países democráticos, el tono beligerante del régimen decae o, al menos, compagina instantes de autarquía ideológica con crecientes llamadas a la concordia nacional y a la celebración de la paz. Aunque estas llamadas no se materializaron nunca en una política real de reconciliación, sí depararon un nuevo ambiente cultural en el que la veneración o exaltación de la Guerra Civil como periodo excelso de gloria nacional comenzaron a remitir. El enfrentamiento dejó de proclamarse como deseable para pasar a ser entendido como inevitable, una suerte de mal menor en el que los «auténticos» españoles sencillamente hicieron lo que tenían que hacer. En otras palabras, de una mística de la contienda se pasó a una pragmática de la misma.

Si para el tardo-franquismo el recuerdo la Guerra Civil no constituyó el compañero de viaje ideal porque enturbiaba los sueños de modernidad tecnócrata y equiparación sociocultural con otros países europeos, la transición a la democracia se caracterizó por hacer de una selectiva desmemoria una de sus mejores bazas. La crítica de este periodo ya ha sido realizada acertadamente por Teresa Vilarós, Paloma Aguilar Fernández, Eduardo Subirats, Santos Juliá o José-Carlos Mainer, entre otros. Actualmente, expresiones como «pacto de silencio» o «pacto de olvido» se han convertido en justificados lugares comunes en la bibliografía sobre aquel proceso. Si la historia hasta aquí contada es cierta en términos generales (y somos conscientes de haber trazado un esquema muy general y, por lo tanto, insensible a muchos matices), la primera pregunta que quisiera proponer este libro es la siguiente:³ ¿por qué ahora?, ¿por qué a mediados de los años noventa la Guerra Civil se convierte en un eje del mercado editorial, cinematográfico y cultural español? La segunda pregunta incluye, tal y como aparece planteada, una de sus posibles respuestas. No constituiría un exceso de cinismo concluir que uno de los motivos por los que aquel evento de la historia de España, no precisamente el más halagüeño, ha logrado cierta popularidad es porque resulta rentable para una industria cultural como la española. Un sector comercial que ha crecido enormemente en los últimos quince años, integrándose plenamente en una economía neoliberal.

Esta explicación dista mucho de ser perfecta pero, en nuestra opinión, pone límites al entusiasmo de los que pudieran ver en este rebrote de novelas, memorias, libros de historia, documentales y ficciones de celuloide un signo definitivamente esperanzador de una conciencia histórico-política en España. Cualquier tipo de optimismo debiera tener en cuenta dos factores. Primero, el recuerdo progresista y reivindicativo de la Guerra Civil se produce en una sociedad que metaboliza dicha con-

---

³ En referencia a este proceso Santos Juliá afirma, en un libro escrito con José-Carlos Mainer, que «lo que se hizo durante la transición no consistió en extender una amnesia sobre la conciencia colectiva: de la guerra se habló mucho y se escribió más que nunca; sino llevar hasta una imprevista consecuencia el principio de amnistía general y renunciar a represalias» (2000: 48). Un poco más adelante, Juliá continúa: «fue la memoria de lo que casi todos entendían como una trágica escisión política y social la que actuó como refuerzo de un consenso [...]. Resultó que la potencia del mito de la reconciliación como relato que daba sentido al futuro fue tal que todo el mundo vino a abrevar en sus aguas» (49). Es cierto que el recuerdo de este trágico enfrentamiento fue la paradójica argamasa que fomentó la unión política, pero nos preguntamos por qué un diálogo abierto y valiente sobre «el» tema fundamental en aquel momento tiene que ser visto como un signo de desunión. Siguiendo esta misma lógica, también cabría plantear por qué el acuerdo y el consenso son vistos como únicos signos válidos de la concordia. Se puede estar en concordia y en abierto desacuerdo. El consenso podría haber consistido, por ejemplo, en un marco de discusión abarcadora y abierta. Por otra parte, si se habló mucho sobre la Guerra Civil durante los años de la transición, aunque con el previo acuerdo tácito sobre lo inevitable de la amnistía, parece que toda esa conversación surgió con unas alas bastante recortadas. En otras palabras, éste fue un debate cuya conclusión ya se sabía antes de comenzar. Finalmente, es importante cuestionar (siguiendo el símil de Juliá) si todos abrevaron en las aguas de la reconciliación (tal y como ésta era planteada), o si algunos fueron y otros fueron llevados. La mencionada reconciliación no se trató de un reparto ecuánime de derechos, sino de una negociación llevada desde una posición de fuerza por sectores conservadores de presión, crecidos y afianzados durante el tardo-franquismo.

tienda en tanto que artículo de consumo («commodity»).⁴ No es éste el lugar para desarrollar este problema, pero resulta cuanto menos problemático que el consumo se convierta en la vía principal de concienciación histórica, política e ideológica, precisamente cuando dicha concienciación pretende alertar contra los excesos del consumo, el capitalismo y el neoliberalismo mediante la reivindicación de otras tradiciones políticas (como algunas de las que quedaron englobadas en el bando republicano). En segundo lugar, este libro se plantea si la Guerra Civil ha logrado un espacio protagónico en la cultura española y en su virtual escenario histórico porque dicho evento ya no supone una amenaza (su potencial revulsivo e inquietante ha sido desactivado), o bien porque algunas modalidades de representación que actualmente se proponen liman dicho potencial. Este ensayo asume como hipótesis de trabajo, de una manera más pronunciada en su tercer capítulo, la segunda posibilidad y trata de explicar algunos elementos formales y temáticos de un conjunto de representativas obras sobre la Guerra Civil de los últimos diez años.

Un somero repaso a algunos elementos del contexto en el que estas narraciones aparecieron puede aclarar aspectos del punto de partida de nuestro estudio. *La guerra persistente* incluye el análisis de novelas y filmes «a favor de» la Segunda República o, al menos, con una perspectiva cordial, cargada de simpatía y, a veces, nostalgia hacia aquel sistema político y hacia su defensa durante la Guerra Civil. Esta afirmación no persigue aclarar ni promover el noble pedigrí ideológico de estas obras, pero sí desea señalar su punto de partida. Otra cosa muy distinta es que este posicionamiento inicial pueda ser discutido y que narrativas aparentemente solidarias con la Segunda República puedan parecer, tras un análisis más detallado, más ambiguas o menos satisfactorias de lo que en un principio parecían. Este saludable cuestionamiento no es óbice para concluir que el material narrativo aquí abordado surge de un humus cultural

---

⁴ Karl Marx afirma lo siguiente sobre la comodificación: «We have seen that when commodities are exchanged, their exchange-value manifests itself as something totally independent of their use-value» (2000: 460). Reinterpretando los conceptos de Marx, podríamos preguntarnos cuál es el valor «real» (político y fáctico) de la Guerra Civil y cuál es el valor «comercial» que le atribuye el mercado. Nuestra sospecha es que su capacidad para producir dividendos y ganancias es bastante mayor que su potencial para determinar ciertas políticas que retroactivamente deparen algún tipo de justicia a ciertas víctimas.

post-franquista y que esa mirada reivindicativa hacia el bando derrotado le otorga a estos filmes y novelas un aire de familia. Estamos, por lo tanto, ante una generación de narrativas que tiene en la Guerra Civil su principal referente y que además coinciden en detectar/reconstruir una serie de virtudes o valores políticos, sentimentales y culturales en uno de los dos bandos, el republicano.

El sentido de esta labor no podría ser entendido si no se consideran otras familias intelectuales que han desplegado, con notable éxito comercial en algunos casos, una contra-bibliografía sobre el tema. En este proyecto ha habido y hay populares novelistas, pero nos parece que su punta de lanza han sido algunos historiadores (como Pío Moa o César Vidal). Este hecho reviste su importancia y apunta a un desequilibrio significativo. Mientras que el legado de la República ha tenido en el cine y la literatura sus valedores más reconocidos y sus mayores éxitos, las figuras más destacadas del otro bando han sido historiadores. Lo paradójico es que al comparar algunas de estas novelas con los volúmenes, por ejemplo, de Pío Moa, nunca la ficción ha parecido tan historiográfica y la historiografía tan ficcional. Textos como *Soldados de Salamina* (2001) de Javier Cercas o *Enterrar a los muertos* (2005) de Ignacio Martínez de Pisón están construidos sobre una retórica de la anti-ficcionalidad y como una suerte de *thriller* historiográfico en el que dos personajes, con el mismo nombre que los novelistas, persiguen datos, entrevistas, documentos, testimonios o algún tipo de rastro que justifique el avance de la narración. Esta preocupación por mostrar el origen de la información, por explicarle al lector cómo, quién, dónde y para qué se logra un determinado dato posteriormente incluido en la trama, contrasta con la notoria despreocupación metodológica con que Pío Moa escribe historia. Precisamente por la relevancia alcanzada por este autor y, en concreto, su ensayo *Los mitos de la Guerra Civil* (2003), vamos a apuntar algunas ideas sobre esta obra (recordemos, estrictamente contemporánea de los filmes y novelas que este libro aborda en sus tres capítulos).

En principio no tendría nada de particular que una historia sobre la Guerra Civil adoptase unos parámetros de autoexigencia menores. No es un imperativo categórico que todos y cada uno de los textos sobre aquel evento tengan que estar avalados por las técnicas de los historiadores profesionales: abundante bibliografía, consulta de archivos, referencia a documentos, cotejo de otras fuentes, anotación de las referencias, planteamiento de las hipótesis como tales, consideración de posibles contra-hipótesis etcétera. Ante un amplio público deseoso de «consumir pasado» en un formato llevadero y claro, es una práctica cada vez más usual «aligerar» el texto de todo el andamiaje académico para hacerlo más atractivo a ese público no necesariamente especializado. Lo que sí resulta más sorprendente es que este tipo de ensayos de divulgación se presenten a sí mismos como un medio incontaminado entre los hechos mismos y el lector, toda una quimera positivista que Moa plantea en las primeras páginas de su libro. Éste lleva por título *Los mitos de la Guerra Civil* porque se concibe a sí mismo con un anti-mito.[5] El mito para Moa tiene un sentido muy general: «los relatos inspiradores de sentimientos y conductas religiosas o éticas, que también refuerzan la identidad comunitaria» (2003: 13). De acuerdo a esta definición, casi cualquier práctica o creencia podría ser entendida como mítica. Más adelante, Moa concretiza el sentido que le otorga a este término: gran parte de las narraciones sobre la Guerra Civil que la izquierda intelectual ha escrito desde los años setenta. Una narración revanchista creada sobre fantasmas, proyecciones, necesidades, reinvenciones y tergiversaciones.

En repuesta a estos supuestos errores, Moa no propone, en realidad, otra posible versión que pasaría a engrosar un complejo diálogo historiográfico. Un diálogo crítico en el que probar la validez de sus argumentos y la pertinencia de sus interpretaciones. Éste no es el caso porque *Los mitos de la Guerra Civil* no plantea ni argumentos ni interpretaciones, sino hechos. Moa desestima cualquier uso exegético de la historia (2003: 21-22) en aras de un aprehensión «del pasado a través de las intenciones y valoraciones de sus protagonistas reales, de la lógica de sus actos, de su objetivos y medios» (22). En otras palabras, otros historiadores proyectan sobre su material de trabajo su propia agenda política, mientras que Moa deja que estos hechos y estos protagonistas reales hablen por sí mismos. Otros persiguen mitos, mientras que Moa impide que éstos nublen su buen juicio. Otros piensan el pasa-

---

[5] Terry Eagleton afirma que «there is usually a sugestión that [ideology] involves an oversimplifying view of the World- that to speak or judge 'ideologically' is to do so schematically, stereotypically, and perhaps with the faintest hint of fanatism. The opposite of ideology here would be [...]. empirical or pragmatic» (2001: 3). Si substituimos la palabras «mito» por la palabra «ideología» en el sentido que Eagleton la utiliza, podemos entender lo que Pío Moa crítica y propone en el prólogo de su libro. Su labor quiere ser una vuelta a los hechos mismos y una pragmática de la historia, sin teorías que defender, ni posturas o conceptos previos con las que comprometerse.

do ideológicamente, mientras que Moa mira los hechos y a los personajes desde un espacio no-ideológico, caracterizado por el desinterés y el buen juicio.

La paradoja de este hecho es que este autor compone un libro altamente interpretativo, organizado en breves capítulos que proponen el retrato un tanto impresionista y a vuela pluma de personajes y hechos fundamentales de la contienda. Moa cita de una manera muy sesgada, no anota en muchas ocasiones las fuentes de su información, no aporta datos desconocidos hasta el momento y presenta sus argumentos con un estilo narrativo en el que hechos e interpretación aparecen completamente identificados. El lector tiene la impresión ante este ensayo de que Moa tuviera ante su mesa una perspectiva ubicua de la Guerra Civil. Todo este complejísimo y largo proceso ocurre ante su mirada mientras que él parece limitarse a transcribir, a dejar que su libro haga las veces de una ventana abierta al pasado, la perspectiva exacta (no de nuestro tiempo, ni del de Moa) sino de las cosas y del pasado mismo. Este inmanentismo semántico y este positivismo epistemológico le otorgan a *Los mitos de la Guerra Civil* una cualidad casi fundacional: las palabras de Moa son (como) los hechos, los refunda frente y contra la torre babélica de interpretaciones tendenciosas. En un mercado saturado de volúmenes y en un momento en el que, como se explica en el primer capítulo de este libro, la propia institución historiográfica ha emprendido una crítica de sus propias bases epistemológicas y de su propia labor, el proyecto de Moa emerge como un oasis de certidumbres en un desierto de relativismo cognoscitivo y versiones contradictorias. Moa no forja estas certidumbres frente a estas versiones, sino al margen de éstas. Su volumen las califica de «mitos» y contra éstos se proponen los hechos mismos sin desfiguraciones ni sublimaciones posteriores. Pareciera que a Moa le molesta, más que versiones equivocadas de la historia, que haya simplemente versiones.

Esta aversión al carácter múltiple y centrífugo de la memoria sobre la Guerra Civil también puede ser observada en la decisión política relacionada con este evento que más polémica ha suscitado en los últimos años: el envío de los llamados «papeles de Salamanca» a la Generalitat. Ha habido otras decisiones judiciales relevantes, debates parlamentarios, alguna reconsideración en el seno de la Iglesia Católica, levantamiento de fosas comunes y rehabilitaciones retroactivas, pero ningún otro evento ha despertado una reacción tan frontal de ciertos sectores políticos del país liderados por el Partido Popular. Un aspecto llamativo de este debate ha sido que ambos bandos han procurado, en algún momento determinado, presentar a la institución historiográfica como marco y vehículo con que dotar de autoridad a sus argumentos. El gobierno socialista encargó un dictamen a un comité de sabios que, integrado por intelectuales e historiadores de prestigio, argumentó a favor del traslado. Por otra parte, muchas de las protestas destinadas a frenar dicho traslado, también esgrimieron la necesidad objetiva de no amputar un bien cultural. No se trataba, por lo tanto, de defender ninguna postura sobre la Guerra Civil sino de expresar una preocupación política desinteresada por este archivo. Obviamente este tipo de debate técnico sobre el bienestar de una propiedad pública esconde un conflicto político de fondo que, de manera explícita o implícita, se ha dejado notar constantemente.

Antes de pasar a comentar algunas claves de este debate, nos gustaría señalar lo siguiente. Para alguien que ha visitado dicho archivo en más de una ocasión, hay algo sorprendente en las masivas manifestaciones que en Salamanca pedían la conservación de todo su contenido sin escisión alguna. Este archivo, como todos los archivos, ha estado normalmente vacío (o casi), siendo tan sólo visitado por especialistas, hispanistas, profesores universitarios e historiadores del tema. Cuando Friedrich Nietzsche critica en *Sobre los usos y abusos de la Historia para la vida* el tratamiento archivístico y monumentalizador de la Historia, comenta precisamente el efecto aislante que éste produce en la relación mantenida por el pasado (los restos de éste) y sus herederos. El archivo fija el pasado, lo cultiva como una acumulación de datos, crea a su alrededor un aura de autoridad e implanta una distancia de respeto. El pasado se convierte en un monumento al que venerar y al que rendir algún tipo de pleitesía desde el altar de la labor historiográfica. Para Nietzsche, el archivo no es el camino hacia una asunción valiente y atrevida del pasado, sino hacia el enterramiento honorífico de éste. En el caso particular que nos ocupa, el efecto narcótico de este archivo sobre su propio material puede ser destacado no sólo por la previsible ausencia de público (el archivo hace las veces de barrera con la que prevenir un contacto mayoritario con él), sino también por las propias palabras de los archiveros. En un irónico giro de los desencuentros políticos, fue difundido en los medios de prensa el «Comunicado de la Asociación de Archiveros de Castilla y León (ACAL) sobre la polémica del Archivo General de la Guerra Civil española».

En este texto, los archiveros denunciaban la dejadez de todas las administraciones públicas, comenzando por la estatal y terminando por la local y regional. En otras palabras, el Ayuntamiento de Salamanca y el gobierno autonómico de Castilla-León sorprendieron a los propios trabajadores del Archivo con un inusitado interés por el bienestar de este último. La posterior movilización política de decenas de miles de personas vino a otorgar a este problema un carácter paradójico: el monumento tradicionalmente ignorado se convertía en una inaplazable y doliente seña de identidad colectiva. Pareciera que su correcta financiación o una política dinamizadora y sostenida para el archivo no resultasen tan importantes como el hecho mismo de su existencia incólume. Tampoco pareciera importar su contenido exacto (probablemente desconocido) o su estado de conservación (no especialmente bueno según sus propios responsables técnicos), porque lo relevante era que el Archivo «siguiese ahí», completo y exacto, contenido en sí mismo, visitado tan sólo por los especialistas. Tampoco se considera el número de papeles que han sido trasladados y su previa digitalización, porque el auténtico y lejano fetiche que provoca manifestaciones multitudinarias en plazas y calles ha sido construido sobre el aura del documento mismo. Es inevitable concluir que cuando ambos bandos discuten no sólo lo hacen por el Archivo, sino por algo más: dos concepciones distintas sobre la Guerra Civil y su recuerdo. Retomando el léxico de Freud: la fetichización de un objeto es el resultado de un desplazamiento (el del deseo) y, en el caso que nos ocupa, el objeto del deseo son y no son los papeles, porque detrás de éstos anida una realidad mucho más relevante, el poder hegemónico para imponer una versión sobre la reciente historia nacional.

Si tal y como afirma Paloma Aguilar Fernández, la transición española constituye «el mito fundacional básico de la democracia» (1996: 361), la Guerra Civil ha sido tratada por esa misma democracia como un pasado pretérito e incómodo contra el que hay que definirse, asilándolo o comodificándolo.[6] En este contexto, una medida política que retoma y

---

[6] Javier Tusell afirmaba en 1986 que «la guerra civil no concluyó el primero de abril de 1939 [...]. Su verdadero final fueron las elecciones de junio de 1977» (265). Más adelante continúa este historiador afirmando que «sólo en junio de 1977 se cumplió definitivamente esa 'devolución de España a sí misma'» (266). Según Tusell, «a lo largo de toda la transición ha planeado sobre el cuerpo nacional el recuerdo de una guerra civil a cuyo cincuentenario nos aproximábamos y ha habido una voluntad, más o menos explícita, de evitar la reproducción de aquella guerra» (271). *Los hijos de la sangre* es un libro útil e informado pero hay una tendencia triunfalista en Tusell que le lleva a plantear la transición como una suerte de éxtasis histórico. Nos tememos que 1977 no fue el

reorienta la herencia material de la contienda es percibida por ciertos sectores conservadores como una innecesaria resurrección de viejos fantasmas, una incómoda revisión de un tema espinoso. Expresiones metafóricas (lanzadas con un tono alarmista) como «desenterrar a los muertos» o «reabrir heridas» han aparecido en el contexto de las protestas sociales contra el traslado de los papeles de Salamanca. Estas objeciones parecen partir del siguiente apriorismo: la Guerra Civil ha recibido en los últimos treinta años un tratamiento ecuánime y justo, por lo que el resquebrajamiento de dicho consenso y equilibrio supone un uso partidista de la memoria histórica. Obviamente, este argumento parece naturalizar y otorgarle una cualidad magnánima y salomónica a lo que, en el fondo, fue desde el comienzo de la democracia un tratamiento sumamente parcial de la Guerra Civil. Cuarenta años de ortodoxia franquista sobre la Historia (cualquier heterodoxia tuvo que contar con el consentimiento del régimen) nunca fue frontal y radicalmente contestada desde los nuevos poderes democráticos. Tiene razón Paloma Aguilar cuando afirma que «el recurso al silencio supuso, para muchos, ciertas renuncias que acabaron convirtiéndose en frustraciones» (1996: 361), y no es por lo tanto extraño que dicho silencio o el respeto al dogma de una determinada des/memoria histórica no pueda ser considerado por todos un acercamiento satisfactorio al pasado. Estamos, por lo tanto, no ante el conflicto entre revanchistas y asépticos, neutrales y activistas, sino entre dos versiones divergentes de carácter político sobre cómo debe ser tratado el recuerdo y los restos físicos de aquel enfrentamiento.

No es éste el lugar para repasar todas las implicaciones de estas dos posturas, pero sí queremos abordar una, antes de pasar a la descripción

---

fin de la guerra, sino un significativo instante que modificó y alteró el recuerdo que de ésta se tenía. Si por «el final de la contienda» este historiador entiende un coherente y sostenido ejercicio de justicia cultural, política y económica para los perdedores, dicho proceso no se produjo. De hecho, el mismo Tusell tiene que utilizar un léxico muy concreto para referirse a la presencia de la guerra en el periodo entre 1977 y 1986: ésta «planeó» y estuvo de una manera «más o menos explícita». En otras palabras, la guerra hizo las veces de subtexto o telón de fondo al que nadie se refería abiertamente, pero al que todos tenían muy presente. Nos preguntamos, en primer lugar, cómo sabe Tusell lo que todos (o el «cuerpo nacional») tenían en la mente y, en segundo, si una discusión abierta y ambiciosa no habría sido un tratamiento más adecuado para una contienda de la que, en el territorio nacional, todo o casi todo había sido dicho y explicado por las fuerzas culturales del franquismo.

de los capítulos de este libro. La devolución de una sección del Archivo General de la Guerra Civil a la Generalitat de Cataluña forma parte de un proceso más abarcador de descentralización de la memoria histórica. La proliferación de fundaciones, proyectos regionales, iniciativas privadas, colectividades y asociaciones que asumen o reclaman cierta responsabilidad en la gestión de un legado histórico nos parece un signo evidente de este proceso.[7] La Guerra Civil está siendo rearticulada como un legado calidoscópico y multifacético para el que distintas perspectivas y reacciones son necesarias. Aquel enfrentamiento contó con factores de clase, geográficos, lingüísticos, genérico-sexuales, religiosos y políticos,[8] y es por lo tanto inevitable que cada una de las colectividades articulada en torno a estos ejes reivindique una mirada distinta sobre aquel suceso. Si la Guerra Civil no fue un proceso unitario y centrípeto no parece especialmente consecuente intentar mantener una política cultural ni un recuerdo unitario o centrípeto de él. Parte del conflicto consistió en la represión de movimientos regionalistas y en la posterior borradura de señas de identidad, prácticas y costumbres de ciertas zonas de la Península. Nos preguntamos si el espacio adecuado, realmente pertinente y políticamente significativo para gestionar los restos documentales de dicha represión no sería precisamente el lugar que vio suprimidos elementos específicos de su identidad.

La mención de estos asuntos resulta relevante porque han sido partes decisivas del paisaje cultural en el que los filmes y novelas aquí tratados han sido publicados, leídos o vistos. Los textos analizados en el primer capítulo muestran, por ejemplo, esa descentralización del re-

---

[7] Un buen número de estas fundaciones o asociaciones es financiado por el Estado o por administraciones públicas. Su grado de autonomía e independencia no es, en muchos casos, excesivamente alto. Este nuevo mercado cultural se ha convertido, de hecho, en un nuevo espacio donde las fuerzas políticas dirimen sus diferencias sin exponer sus nombres o siglas directamente.

[8] Parte de este proyecto ha estado protagonizado por nuevas narrativas que recuentan, por ejemplo, la represión posfranquista tal y como fue sufrida y percibida por subjetividades femeninas o por homosexuales. La especificidad de todas estas experiencias pone de manifiesto la dificultad para establecer una versión única sobre la Guerra Civil o el franquismo. Una vez que se afirma la existencia de una violenta represión, es necesario explicar cómo ésta no se plasmó en un único modelo de vivencia, sino en varios. Esta diversidad vino dada por factores genérico-sexuales, de clase, económicos y geográficos. Sin atender a estos puntos de vista la imagen de aquellos años resulta profundamente distorsionada.

cuerdo de un determinado pasado, sobre el que la institución historiográfica o ciertos organismos estatales pierden control en favor de particulares o iniciativas civiles. En estos textos, la recuperación del pasado es, además, profundamente política y no se realiza desde un hipotético desinterés científico, sino desde la consciente implicación del presente. Las múltiples identidades de este presente dirimen sus deseos y limitaciones al discutir el carácter y contenido que se le otorga a la Guerra Civil, a su recuerdo y presencia varias décadas después. Como intentamos demostrar en este libro, en el tratamiento de la memoria, de la violencia y de la Segunda República como utopía retrospectiva, hay un claro intento por plantear la relación con la Guerra Civil como una práctica cultural que, desde el periodo democrático, procura trazar antecedentes con los que debiera entroncar una cultura política más intensa y prometedora. Repasemos sucintamente algunos de los argumentos específicos desarrollados a lo largo de este trabajo.

El primer capítulo aborda el problema de la representación de la historia.[9] Aunque este libro no se ocupa, en primera instancia, del debate que algunos pensadores post-estructuralistas han suscitado en torno al discurso historiográfico tradicionalmente entendido, sí presta cierta atención a este asunto porque desde este marco intelectual pueden ser entendidas algunas de las dimensiones más interesantes de una serie de novelas sobre la Guerra Civil de los últimos años. Estos textos literarios incorporan a la misma estructura de la narración una serie de preocupaciones en torno al estatus tentativo, equívoco, coyuntural e inestable de toda representación de la guerra. La relación con el pasado, difícil e intrincada en la posmodernidad epistemológica, ha dejado sus huellas en la cultura española y prueba de ello es la presencia de un nutrido grupo de novelas que tratan la Guerra Civil española y simultáneamente hacen de dicho tratamiento un problema narrativo.

---

[9] Los desacuerdos entre historiadores han dejado una última e ilustrativa muestra en la controversia levantada por el ensayo de Pío Moa *Los mitos de la Guerra Civil* (2003). Este debate podría ser leído a la luz del *Historikerstreit* alemán: un debate que enfrentó, entre otros, a Jürgen Habermas con Ernst Nolte. En el caso español, el papel revisionista es realizado por Moa, mientas que la respuesta desde posturas progresista ha sido realizada por Paul Preston o Javier Tusell, entre otros. *Los mitos de la Guerra Civil* fue, antes de causar un debate entre historiadores, un extraordinario éxito de ventas.

Amén del tratamiento ideológico que cada novela le dispensa al enfrentamiento de 1936, *El lápiz del carpintero* (1998) de Manuel Rivas, *El nombre que ahora digo* (1999) de Antonio Soler, *Soldados de Salamina* (2001) de Javier Cercas, *Las guerras de Etruria* (2001) de Julio Manuel de la Rosa, *Tu rostro mañana. Fiebre y lanza* (2002) de Javier Marías o *Enterrar a los muertos* (2005) de Ignacio Martínez de Pisón comparten un mismo procedimiento narrativo: un personaje o varios personajes indagan, desde el presente (ya sea mediante una investigación, una conversación o una búsqueda bibliográfica) en un pasado que exige tenacidad y voluntad gnoseológicas. La estructura de las novelas nunca pierde de vista que la Guerra Civil es «presentizada» por documentos, conversaciones, descripciones, recuerdos y suposiciones de varios personajes. Ana Luengo denomina esta modalidad narrativa como «novela de confrontación histórica» (2004: 49), es decir, una novela en la que la investigación de un determinado pasado ocupa tanto lugar como ese pasado mismo.

Las consecuencias de esta estructura narrativa son diferentes según el texto y, sin embargo, comparten un denominador común: estos novelistas asumen que la Guerra Civil española está a punto de quedarse sin sus testigos directos. La generación nacida en la posguerra, al afrontar aquel suceso, deja constancia de los problemas epistemológicos que va a encontrar la cultura española para conocer y narrar lo ocurrido cuando lo ocurrido no se trate de una experiencia personal y no se guarde de ella, por lo tanto, ningún recuerdo directo. Estas novelas muestran el agotamiento de la guerra como memoria, el devenir inevitable de ésta hacia un estatus historiográfico y la resistencia de algunos personajes ante este proceso de oficialización y objetivización.

Varias son, por lo tanto, las conclusiones que se pueden adelantar de este primer capítulo. Las novelas mencionadas son textos que gravitan claramente en torno a la Guerra Civil y, sin embargo, antes que narraciones sobre la contienda, se trata de ficciones en torno a la necesidad de saber sobre el pasado y las dificultades que encontramos para crear una imagen relevante de éste.[10] En segundo lugar, estas novelas plantean, por

---

[10] Las teorías de Keith Jenkins son mencionadas en este libro como la expresión más radical de una postura posmoderna frente a la labor historiográfica. Jenkins parte del hecho de que el pasado es única y exclusivamente una proyección del presente, que manipula imágenes, testimonios y documentos de épocas anteriores para justificar un *status quo* o una determinada hegemonía. Por esta razón, este crítico postula el abandono de la

una parte, la imposibilidad de olvidar, preterir o ignorar el pasado, y por otra, las consecuencias didácticas y balsámicas del conocimiento histórico (o de la voluntad de éste). Además, el pasado reprimido no se deja olvidar, surge donde no es esperado bajo el aspecto de síntomas como el desánimo, la desorientación, la desilusión y la desgana. El presente no es libre, por lo tanto, de desentenderse del legado recibido, reorganizarse plenamente y comenzar de cero. El periodo bélico alberga las claves del presente y este último para realizarse plenamente, para dejar de estar poseído por fantasmas y aprensiones, necesita mirarse en el espejo de ese trienio.[11]

Esta consideración del pasado y de la Historia, es decir, de las relaciones entabladas con textos y narraciones que representan y abordan otras épocas, se opone al intento de cierta posmodernidad que, apoyándose en el ya mencionado texto de Friedrich Nietzsche, *Sobre los usos y abusos de la Historia para la vida*, ha tratado de romper las visiones teleológicas, causales e incluso cronológicas del tiempo para enfatizar el presente y su poder reorganizador, su capacidad de ruptura y su necesaria proyección hacia un futuro fluyente, dinámico y plural. Aunque

---

labor historiográfica. Aunque las teorías de Jenkins son provocadoras y han suscitado un estimulante debate, es evidente que su lógica maximalista del todo-o-nada termina por empobrecer los términos del debate. Dominick LaCapra explica, por su parte, que las transferencias del sujeto que escribe la Historia sobre su material de trabajo son insalvables. En otras palabras, la objetividad científica sólo sería posible si el sujeto cognoscitivo pudiese desprenderse de su propia subjetividad, de las circunstancias histórico-políticas que le rodean y de su propio marco genérico-sexual, de clase, racial y geográfico. LaCapra aconseja negociar las transferencias y adoptar una postura crítica hacia los propios planteamientos, el propio marco teórico y la propia metodología de una manera explícita y patente (1994: 70-75). LaCapra alerta, por lo tanto, contra la tentación de caer en una falsa objetividad positivista y también contra los críticos que se abandonan al juego de las proyecciones y de los anacronismos.

[11] El uso de términos como fantasmas o espectros para analizar el papel que el pasado tiene en los debates políticos y culturales del presente ha alcanzado cierta popularidad tras la aparición de *Specters of Marx* de Jacques Derrida. Derrida propone un concepto filosófico denominado «hauntology», que entiende que todo lo reprimido reaparece en la Historia para atrapar, envolver, densificar, redimensionar y también atormentar al presente. Precisamente lo fantasmagórico sería el estatus de lo que fue una vez reprimido y vuelve a aparecer. Más adelante (en relación especialmente al film *El espinazo del diablo*), volveremos sobre este tema, sobre su presencia en la narrativa literaria y fílmica española, y sobre la versión que Jo Labanyi propone para la cultura española.

estas novelas sí comparten con la posmodernidad su intención de problematizar cómo conocemos e interpretamos el pasado, éste siempre condiciona radicalmente la trayectoria de los personajes hasta el punto de que el análisis, la investigación y el conocimiento de un tiempo dejado atrás se convierten en la mejor inversión para el tiempo presente. En otras palabras (y la paradoja es clave para entender lo que estos novelistas proponen), los protagonistas de estas obras terminan aceptando que «vivir hacia adelante» demanda «pensar hacia atrás». En el teatro de la memoria que estos personajes construyen y animan, surgen ilusiones, esperanzas, identidades y virtudes que invisten al presente de una plenitud y de un sentido que, de otra forma, carecería.

El segundo capítulo de este libro está dedicado a la representación de la violencia. Para llevar a cabo este análisis, nos servimos de las teorías de (entre otros) Robert Hinde y Brian E. Fogarty. Ambos coinciden en destacar la existencia de dos corrientes generales de pensamiento sobre la violencia y el hecho bélico en las que se enmarcan, con sus matices propios, un amplio abanico de argumentos y puntos de vista. Por una parte, un pensamiento de tipo esencialista postula la existencia de la violencia como un factor inseparable del ser humano en su organización social. En otras palabras, la violencia es entendida como un factor irremediable porque forma parte del código genético humano que, al igual que otros seres vivos, tiende irremisiblemente a la agresión física. Si este impulso natural («natural drive» lo denominan estos autores) es eterno y constante, su plasmación en formas concretas y específicas de violencia es sin embargo el producto de una construcción cultural y de un contexto histórico determinado.

Frente a esta orientación, Fogarty defiende que «the humans are not *inherently* anything. Everything we are, we have made ourselves, and whatever we want to be will likewise have to a human construction» (2000: 2). Obviamente, la postura de Fogarty se corresponde con la orientación general que rige buena parte de pensamiento posmoderno, muy interesado en deshacerse del esencialismo humanista. La violencia (así como su plasmación a gran escala y con un contexto político específico en la guerra) no sería la manifestación de la naturaleza humana, incapaz de reprimir sus impulsos primigenios, sino el resultado una cultura en un momento histórico concreto que, mediante unos discursos y unas prácticas sociales determinadas, fabrica el acontecimiento violento y bélico. Fogarty, como tantos críticos de la posmodernidad, hace un llamamiento contra la «naturalización» de un fenómeno como la violencia y la guerra, que a fuerza de ser repetido y promovido, corre el riesgo de pasar como un hecho esencial y espontáneo.

Estas dos perspectivas de la violencia y de la guerra pueden ser rastreadas en las dos generaciones de novelas que aquí vamos a tratar. Por una parte, la generación que incluye *Volverás a Región* (1968), *Mazurca para dos muertos* (1983) o *San Camilo 1936* (1969); por otra, la generación en la que se centra este libro y que incluye textos como *Maquis* (1997) de Alfons Cervera, *La hija del caníbal* (1997) de Rosa Montero o *Carta blanca* (2004) de Lorenzo Silva, entre otros. El primer grupo de novelas entiende la violencia nacional de 1936 como una explosión de odios atávicos y oscuros resentimientos que terminaron por desencadenar un sangriento proceso sin sentido ni justificación alguna. De hecho, tanto Juan Benet como Camilo José Cela dejaron constancia de esta particular perspectiva en sus escritos ensayísticos o memorialísticos. El primero, en *La sombra de la guerra. Escritos sobre la Guerra Civil española*, entiende la contienda como el triste logro de dos Españas equiparables en su obcecación y desenfreno (1999: 30). La condena de la violencia y la intransigencia desplegada por los dos bandos contendientes representa, para Benet, una suerte de mal endémico nacional:

> En ciertos aspectos y caracteres que determinan las condiciones necesarias para que sea respirable un clima ciudadano, sigue siendo *el mismo pueblo de siempre*: las *mismas* actitudes intransigente que afloran aquí y allá, el *mismo* menosprecio a las ideas del adversario, la *misma* sobredosis de sentimientos con que recargar opiniones que no nacen de claros juicios, la *eterna* prioridad de los intereses privados sobre los públicos y, como colofón, esas *constantes* con que el miedo y la agresividad caracterizan la conducta de los seres débiles (1999: 26; énfasis nuestro).

Obviamente, Benet no apuesta por una interpretación biologista de la guerra, pero sus palabras sí enfatizan «lo idéntico» de un pueblo español que no puede evitar «ser el mismo» y, por ende, rendirse a sus vetustos defectos: la incapacidad, según este autor, del pensamiento racional, su gusto por la violencia y su propensión por los sentimientos viscerales. La Guerra Civil constituiría desgraciadamente otra muestra, la más trágica, de un ser nacional castigado por vicios sempiternos de consecuencias demoledoras. La violencia de 1936, más que una expresión ideológica e histórica de una serie de condicionantes y circunstancias, se trataría de la última muestra de un mal congénito y definitorio de una España sin remedio. Benet no desestima el peso de los acontecimientos históricos pero sí reduce su importancia ya que estos producen unas consecuencias constantes e idénticas. En otras palabras, la Historia cambia, pero no sus manifestaciones violentas en la península. Éstas parecen instaladas como un aspecto estructural, casi ahistórico, de la personalidad nacional. Camilo José Cela abunda en su conocida autobiografía, *Memorias, entendimientos y voluntades* (1993), en una percepción parecida a la de Juan Benet. Tal y como explica Manuel Alberca en un esclarecedor artículo, «no encontramos en Cela ni una sola razón explicativa del porqué de la guerra que no apunte a la irracionalidad de los españoles» (2002: 21). Cela también incide en la teoría que equipara ambos bandos como entidades poseídas por un idéntico espíritu intransigente y destructivo: «Los unos me resultaban más simpáticos o más odiosos por una razón, y los otros por otra, yo me sentía intelectualmente de izquierdas, esto no se podía decir en zona nacional, socialmente conservador, esto no se podía decir en zona roja, y políticamente liberal, esto no se podía decir en ningún lado» (190).

El pesimismo que une y relaciona a Cela y Benet se basa, por tanto, en dos factores. En primer lugar, la personalidad política de España consiste, en última instancia, en una propensión a la irreflexión y a la resolución violenta de conflictos sociales. En segundo, la violencia desplegada por ambos bandos durante la Guerra Civil es una violencia que repele los esfuerzos racionales por construir sentidos que la expliquen de una manera histórica y lógica. De hecho, el último sentido de la violencia de 1939 es su sinsentido, su incongruencia, su carácter oscuro e insondable propio de una pesadilla histórica de la que España no termina de despertar.

En contraste con esta representación de la Guerra Civil, que incompatibiliza violencia y hermenéutica en un modelo ficcional plagado de estrategias narrativas (propias de la modernidad estética y de sus movimientos rupturistas) que dificultan ciertos usos de lectura; las novelas de los últimos años tienden a reconsiderar cuantitativa y cualitativamente sus procedimientos narrativos con el fin de ofrecer una imagen del pasado, más o menos completa, pero definitivamente aprehensible, comprensible y racional. Parte de esta imagen es el tratamiento dispensado a la violencia. Ésta no resulta asociada a la urgencia de una sexualidad efervescente e incontrolable (como sucedía en Benet y Cela) como si ambas se tratasen de pulsiones humanas que los personajes (el *hommo hispaniae*) expresan en temibles ráfagas. La violencia narrada por

Cervera o Silva se trata de la última y drástica puesta en escena de las intenciones políticas e ideológicas de comunidades cohesionadas, no por irracionales costumbres y usos, sino por valores concretos. La violencia es, en estas novelas, el resultante de una voluntad común históricamente determinada y coyunturalmente conformada, que busca llevar a cabo una serie de cambios. La violencia no es, en fin, el oscuro designio de una nación, sino un uso social con una intención constructiva.

En el tercer y último capítulo analizamos la representación utópica de la Segunda República y de su defensa durante la Guerra Civil española. Para esta sección ha sido muy útil el volumen de Andreas Huyssen, *Twilight Memories*, que a pesar de centrarse en la Alemania reunificada, alberga muchas ideas referidas explícitamente a un estado de cosas mucho más abarcador y a una situación cultural en la que España está incluida. Uno de las preocupaciones de Huyssen es la extendida percepción de lo que se ha denominado, el fin de las utopías modernas. El proyecto ilustrado con su interés en producir una razón autónoma y trascendente (cuya mejor plasmación teórica es obviamente la obra de Emmanuel Kant), la idea de un futuro siempre mejor en el que quedarían superadas las contradicciones del presente y en el que se coronaría un estado de mayor perfección, la sociedad laica auto-organizada, desprovista de miedos y supersticiones y auto-reglamentada en el nombre de valores universales como la libertad o la justicia (términos que deben su especial contenido político a la Revolución Francesa), en definitiva, todo el optimismo moderno, tal y como reconoce Huyssen, pareció haber llegado a un *cul-de-sac* en el siglo XX. Las imágenes de Auschwitz y del Gulag soviético resumen el estancamiento del proyecto defendido por la Ilustración y sus posteriores desarrollos en el siglo XIX.[12]

La proliferación de fines y agotamientos tiene, para Huyssen, una primera consecuencia importante: existe un temor ideológico y político a construir versiones demasiado dogmáticas y ambiciosas del devenir temporal. Estas versiones son percibidas como destructivas, impositivas, poco democráticas, totalizantes, insensibles a las diferencias sexuales, genéricas, geográficas, económicas, raciales, lingüísticas o culturales, en definitiva, versiones del tiempo que prometiendo una utopía,

---

[12] Junto al agotamiento de las utopías modernas, Huyssen se hace eco del también popularizado agotamiento de las ideologías o agotamiento de la Historia, cuya articulación teórica más conocida puede ser encontrada en la obra de Francis Fukuyama.

terminan por instrumentalizar al ser humano (como explicaron Adorno y Horkheimer) y por desencadenar aniquilación no sólo de vidas humanas, sino también de matices vitales, de libertades civiles, de particularidades sociales y de identidades alternativas.[13]

De todas formas, estos necesarios debates no han deparado, tal y como pretendían algunos de los críticos posmodernos, un lúdico devenir de signos, proyectos y significados históricos sin que ninguno terminase por imponerse ni muchos menos estabilizarse. La inestabilidad creada por teóricos como Derrida, Rorty, Foucault, Guattari o Deleuze, se traduce tal y como explica Gillian Rose, en una nostalgia por valores y seguridades perdidas.

> Post-modernism in its renunciation of reason, power, and truth identifies itself as a process of endless mourning, lamenting the loss of securities which, on its own argument, were none such. Yet this everlasting melancholia accurately monitors the refusal to let go, which I express in the phrase describing postmodernism as despairing rationalism without reason. One recent ironic aphorism for this static condition between desire for presence and acceptance of absence occurs in an interview by Derrida: «I mourn, therefore I am» (Rose 1996: II).

Quizá debiéramos matizar el interesante argumento de Rose para acercarlo a los intereses de este tercer capítulo. Este proceso de duelo sobre un pasado perdido focaliza sus esfuerzos y energías no sobre el pasado en sí, sino sobre una reconstrucción estilizada del mismo. La resurrección de un pasado que nunca existió en esos mismos términos coherentes y armónicos depara utopías retrospectivas. Este pasado hace las veces de un espacio artificial de añoranza por valores y certidumbres que la posmodernidad, con su impulso deconstructivo, su énfasis en la desarticulación de dicotomías, su interés en la proliferación y en la inestabilidad de los valores y signos culturales, ha desdibujado.

Estos rasgos pueden ser rastreados en filmes y novelas como *La lengua de las mariposas* (1999), *Silencio roto* (2001), *La voz dormida*

---

[13] En su ensayo, Horkheimer y Adorno entienden que «the enlightenment *must consider itself*» (2002: xv) y, de una manera especialmente auto-consciente, «the self-destruction of enlightenment» (2002: xiii). De cualquier forma, estos dos filósofos no abogan por el abandono del pensamiento y de la tradición ilustrada (en cuyo interior afirman encontrar la esperanza para el futuro), sino por una mirada crítica contra la razón instrumental que terminó prevaleciendo en Europa.

(2002) o *Los colores de la guerra* (2002). Estas narraciones son abordadas con la voluntad de describir diversos tipo de utopía: cultural, rural, comunitaria o bien una reconstrucción de la infancia como utopía político-biográfica. En cualquiera de estos casos, el tercer capítulo aporta algunas de las claves de esta representación de la Segunda República en tanto que sociedad o tiempo ejemplar que contenía una serie de virtudes posteriormente desaparecidas o enturbiadas.

La crítica que aquí proponemos hacia las claves estéticas de estos textos no es producto del mismo legado ideológico-político de la Segunda República, sino de la domesticación de un pasado histórico cuyo potencial político resulta limado en favor de una utopía sentimental, rural o culturalista. De hecho, esta recuperación responde en primer lugar a la creación de un pasado sentimentalmente apasionante e ideológicamente armónico, y en segundo lugar, a la sublimación de las problemáticas contemporáneas en esta narrativa utópica y nostálgica sobre el pasado. En palabras de Avishai Margalit, «an essential element of nostalgia is sentimentality. And the trouble with sentimentality in certain situations is that it distorts reality in a particular way that has moral consequences. Nostalgia distorts the past by idealizing it. People, events, and objects from the past are presented as endowed with pure innocence» (2002: 62).

La Guerra Civil y la revisión idealizada de la Segunda República atraviesan un momento de popularidad y difusión en diversos medios culturales y políticos porque, como afirmamos anteriormente, una democracia como la española necesita trazar sus antecedentes y crear una familia genealógica. Es evidente que en el seno de dicha familia, la Segunda República resulta un antepasado más atractivo y conveniente que el régimen de Franco o la dictadura de Primo de Rivera. En otras palabras, aunque (o quizás «porque») la democracia española, su cultura, su economía, sus organismos, muchas de sus élites, sus principales capitales financieros, algunos de sus logros y muchas de sus deficiencias surgieron de los estertores del franquismo y las líneas de continuidad entre ambos sistemas han sido (y en algunos aspectos, siguen siendo) ciertamente preocupantes, puede trazarse un evidente movimiento cultural que busca recuperar la herencia de la República como ese antepasado noble en el que la democracia española puede y debe mirarse, reflexionar sobre su carácter y aprender lecciones positivas.

Aunque las novelas y los filmes que van a ser analizados muestran sucesos terribles y eventos devastadores, es obvio el tono nostálgico en la evocación de esos años, así como un énfasis en los aspectos heroicos, sentimentales y/o dignos de melancolía (en el sentido freudiano del término) por aquel enfrentamiento.[14] Ésta podría ser, quizá, una de las primeras conclusiones de este libro. La Guerra Civil se trata, para los cineastas y novelistas de esta generación, de un idóneo escenario histórico para generosos sacrificios, altos códigos morales, causas justas y sólidos compromisos políticos. Un tiempo, que a pesar de todos sus excesos, hizo posible una ética clara y una sentimentalidad honesta que se convierte en un objeto de clara nostalgia.

En estrecha relación con esta nostalgia, los filmes y novelas que van a ser tratados a continuación escenifican las dificultades de muchos personajes protagonistas para acceder, conocer y actualizar un tiempo que no vivieron y cuyos protagonistas (o simplemente testigos) comienzan a escasear. La Guerra Civil sirve, por lo tanto, como un territorio del imaginario nacional que presenta no pocos atractivos morales y éticos, aunque el acceso a dichas claves morales y éticas impliquen problemas epistemológicos. De esta forma, las novelas de Javier Cercas, Antonio Soler, Manuel de la Rosa, Rosa Montero o Manuel Rivas pueden ser entendidas como el trayecto hacia un pasado (resignificado y altamente cotizado en el orden de valores de la cultura española) que ciertos personajes emprenden para completar vacíos o solventar incoherencias que dificultan o desfiguran sus identidades. El deseo de unos conocimientos históricos (en una clave, tal y como pensamos, nostálgica y utópica) se torna el impulso último y fundamental de unos protagonistas incapaces de entender y organizar su presente y su futuro sin referirse a la Guerra Civil.

---

[14] En este ensayo se menciona, en varias ocasiones, el término «melancolía» para explicar un proceso social y comunitario que crea una especial relación de atadura y fijación con un determinado pasado. El uso que hacemos del término melancolía será abordado más adelante y, en esta introducción, tan sólo deseamos dejar constancia de que este tipo de términos sicoanalíticos son utilizados por críticos como LaCapra, Fredric Jameson o Slavoj Žižek para explicar fenómenos supra-individuales. De hecho, estos teóricos argumentan que el sicoanálisis ha sido explicado como una sicología terapéutica del individuo, cuando en realidad puede ser entendido como un marco explicativo para las relaciones constitutivas entre subjetividad y exterioridad.

Capítulo primero

LA GUERRA EXTRAVIADA: HISTORIA Y MEMORIA COMO PROBLEMAS EPISTEMOLÓGICOS

1. Introducción

La Guerra Civil española ha funcionado como un espacio simbólico en el que discutir la relación con un pasado concreto y con el mismo concepto de Historia.[1] Uno de los aspectos con mayor influencia en los sucesivos acercamientos literarios a la Guerra Civil ha sido la distancia temporal que ha mediado entre el enfrentamiento bélico y el momento de la escritura. Esta distancia no se trata solamente de un hecho cronológico y objetivo que puede ser apuntado por los manuales de literatura, sino que también ha sido una marca textual que ha dejado su presencia en las novelas. En otras palabras, independientemente de que se sepa o no la fecha de escritura o publicación de una narración determinada, esta fecha ha dejado una impronta en el tratamiento dispensado a la Guerra Civil, es decir, en el diseño del texto.

Gonzalo Sobejano destaca, por ejemplo, que una de las modalidades novelísticas que primó en la primera posguerra fue la de los «novelistas observadores» o «militantes», ésos que «se distinguen por imprimir a sus relatos un sesgo cronístico y anecdótico, propio de quienes [...] se apresuran a registrar las experiencias para informar a la posteridad» (1975: 45). Estas ficciones, entre las que destacan las obras de Wenceslao Fernández Flórez, Ricardo León, Rafael García Serrano,

---

[1] Se utilizan las mayúsculas para diferenciar el concepto Historia (*history*) de historia (*story*). Esta distinción será consistente a lo largo de todo el análisis.

Cecilio Benítez de Castro, Francisco Camba o Tomás Borrás, tienen como divisa una factura literaria que tiende a enfatizar su carácter testimonial. Muchos de estos textos hacen uso de un lenguaje periodístico, de un tono de urgencia y de una estructura que imita el género del diario, el de la nota de prensa o el de la crónica.

Esta familia de textos pretende, en definitiva, rebajar su ficcionalidad para presentarse como narraciones de primera mano y redactadas en pleno fragor de la batalla. La extrema cercanía temporal a los eventos narrados no sólo es una realidad de la que estos narradores parten (pues escribieron durante la guerra o en los primeros años cuarenta), sino un problemático tema que sus novelas gestionan. La cercanía es, ante todo, un efecto estético que surge del uso acertado de unas técnicas literarias. Estos novelistas buscan capitalizar su participación e implicación directa en la reciente historia de España y llevan esta intención a la estructura, al punto de vista y al lenguaje de sus novelas. Narrar significó para un buen número de estos escritores-soldados-testigos poner de manifiesto que ellos también habían estado allí y que su recuento de los hechos no suponía otra cosa que una fiel trascripción de lo visto, oído y hecho.

Sería un error, de todas formas, concluir que ha existido una perfecta adecuación entre la fecha de redacción de las novelas o la adscripción generacional del escritor y, por otra parte, las estrategias narrativas elegidas para contar la contienda. Algunos escritores de posguerra como Arturo Barea, Max Aub, Paulino Masip e incluso José María Gironella (independientemente de sus distintos grados de implicación política, actitud proselitista y orientación ideológica) no pretendieron enfatizar la cercanía de la Guerra Civil, adoptando por ello una perspectiva que Gonzalo Sobejano denomina «interpretativa». Éstos desplazaron su énfasis hacia una serie de opciones narrativas que resaltaban la distancia (por mínima que fuera) entre el momento de los hechos históricos y el instante de la escritura. Esta distancia les permitía no sólo contar la guerra, sino explicarla a posteriori no tanto como una inmediata e inaplazable presencia sino como parte de una Historia ya pasada.

La distancia narrativa que un texto entabla con el objeto histórico de su narración no está, por lo tanto, determinada por un imperativo cronológico. Más decisiva que la distancia estrictamente temporal (es decir, los años, lustros o décadas transcurridos entre la Guerra Civil y el momento en el que un autor decide novelarla), es el grado y modelo de implicación que un novelista o una generación de escritores sienten con un hecho histórico determinado. Esta perspectiva analítica puede ser aplicada a las novelas sobre la Guerra Civil que van a ser analizadas en este capítulo, escritas desde mediados de los años noventa por escritores que no vivieron ni protagonizaron aquella lucha. La Guerra Civil funciona, en estas narraciones, como un punto de fuga en el que confluyen los deseos cognoscitivos de distintos personajes que, desde el presente, desentrañan secretos de un pasado a punto de quedar extraviado. Este anhelo de conocimientos (que llega en un momento, como afirma Santos Sanz Villanueva, cuando «la presencia, hasta los límites del agobio, de novelas históricas es uno de los más llamativos fenómenos de la narrativa reciente española» (2000: 355) no siempre resulta saciado porque el acercamiento al pasado, en estos textos, se caracteriza por un conflictivo equilibrio entre el conocimiento y la ignorancia, entre el recuerdo y el olvido, entre la recuperación y el abandono. Los narradores de estas historias renuncian de antemano a la «neutralidad temporal» (Ermath 2001: 202), es decir, a emitir una narración desde un lugar privilegiado que ofrezca una perspectiva objetiva y general, un punto de vista que borre sus signos de subjetividad o particularidad para presentarse como una óptica de ópticas, síntesis y superación perfecta de todos las perspectivas escoradas y parciales.[2]

En las novelas de Javier Cercas, Manuel de Lope, Javier Marías o Antonio Soler, la neutralidad de la mirada sobre la Guerra Civil se pierde en favor de un modo narrativo que le informa al lector de quién recuerda, quién cuenta, cuándo y por qué. Estos textos ofrecen, por lo tanto, una doble trama: una situada en el presente de la narración, protagonizada por personajes relativamente jóvenes que no vivieron la contienda pero que muestran un notable interés en conocerla; y otra que cuenta eventos ocurridos durante el periodo 1936-1939. La intrincada y difícil relación entre estas dos líneas narrativas depara una percepción

---

[2] Este lugar neutro, no marcado, desde el que se produciría un discurso histórico objetivo y fiable puede ser entendido como el equivalente narratológico de la visión neutra o del espacio neutro en la pintura renacentista. Esta perspectiva narrativa también está relacionada obviamente con la creación de una estética historiográfica o literaria realista que pretende aprehender la realidad tal y como ésta es. Tal y como explica Peter Brunette en su conocido estudio de la obra de Roberto Rossellini, «reality is not constituted by an uncomplicated *out there* to which we can have direct, unmediated access. We cannot help but process everything through our particular culture which [...] not only filters what we experience, but actually produces it» (1987: 55).

del pasado que reconoce, en palabras de Anton Kaes, «that past is not «out there» to be visited and photographed like a foreign country; the past always has to be reconstructed and reconstituted» (1990: 117).

Por una parte, estos escritores incorporan a sus textos el contexto que su generación ha tenido que afrontar para tener acceso a un trienio esencial para la identidad cultural de España de finales del siglo XX y comienzos del siglo XXI. La narración de ese tiempo pasado no se realiza, en el caso de estos escritores, sobre la base de la vivencia y la memoria personales, sino en función de narraciones y recuerdos ajenos, de la investigación historiográfica, de la consulta de fuentes literarias anteriores, en definitiva, sobre la aceptación de la guerra como narración y discurso de otros.

Por otra parte, este conjunto de novelas surge en un momento clave para el desarrollo de la memoria colectiva de la Guerra Civil. Los principales actores de ésta comienzan a desaparecer a un ritmo creciente y España, en tanto que heterogénea y conflictiva comunidad de recuerdo, se verá forzada a afrontar durante los dos primeros lustros del siglo XXI el fallecimiento de todos aquéllos que, como adultos, prepararon, ejecutaron y/o padecieron la Guerra Civil. Con la extinción de éstos también desaparecerá obviamente una perspectiva única de aquellos años, el recuerdo de la lucha como vivencia personal y, por último, la oportunidad de otorgar un espacio cultural y mediático a unas generaciones para las que «*amnesia*, individual and colective, came gradually to be seen as the best medicine» (Richards 2002: 111).

Las novelas de Javier Cercas, Ignacio Martínez de Pisón, Antonio Soler o Julio Manuel de la Rosa cuentan una historia de la Historia y exponen dicha narración en sus distintas etapas, asumiendo y reconociendo su labor como un quehacer progresivo en el que una serie de cambiantes y heterogéneos factores producen resultados divergentes en diversos momentos del proceso. Esta opción evita, tal y como explica Martyn Thomson, «the widely belief that the [...] past is a thing, a given, an object of study, rather than something created through the activity of doing history» (1993: 262). Estas novelas asumen precisamente que la Historia no es un objeto de conocimiento material y objetivo, sino un espacio de especulación intelectual cuya existencia se torna realidad en el mismo acto de su estudio y redacción. En otras palabras, la Historia nace cuando una comunidad hace, escribe y produce Historia. Por este motivo, un análisis de los procedimientos que una comunidad o un texto siguen para erigir una Historia resulta de gran importancia: estos procedimientos explica en gran medida su contenido, mejor dicho, las bases epistemológicas con la que dicho contenido ha sido moldeado. Esta tensión «between the experience of an event and his or her narration of it» (Braun 1994: 174) desencadena lo que este mismo crítico denomina «a continuous interplay between a web of reality-construction both in the present and the past» (175). Una dinámica de reescritura y representación incesantes que hace de la narración del pasado un proyecto en marcha.

2. *El nombre que ahora digo*: la Historia transparente

El nombre que ahora digo de Antonio Soler enfatiza su propio estatus textual.[3] El narrador, cuyo nombre propio jamás es desvelado, recapitula el itinerario vital de su padre, el sargento Solé Vera, que durante los tres años de la guerra dirigió un regimiento del ejército republicano dedicado al entretenimiento de la tropa. Con una ambientación que bascula entre *Juego limpio* (1959) de María Teresa León y *¡Ay Carmela!* (1989) de José Sanchis Sinisterra, *El nombre que ahora digo* despliega un fresco coral protagonizado por músicos, actores de teatro, enanos circenses, seudo-prostitutas, malabaristas, magos, cantantes de música variada, un heroico sargento (Solé Vera) y un adolescente huérfano, Gustavo Sintora, que se enamora perdidamente de la mujer equivocada, Serena, resignada amante de un corrupto y violento negociante dedicado al estraperlo.

Esta historia es narrada, como ya se ha afirmado, por el hijo de uno de los protagonistas basándose en las anotaciones que el joven Gustavo Sintora escribió en una serie de cuadernos. Esta única fuente documental es señalada en el primer párrafo de la novela:

---

[3] Antonio Soler es uno de los pocos escritores españoles que ha ganado, en el plazo de una década, el Premio Herralde de Novela, el Premio Primavera, el Premio Nadal y el Premio de la Crítica. En sus novelas mejor conocidas, como *Las bailarinas muertas* (1996), *El espiritista melancólico* (2001) o *El camino de los ingleses* (2005), la Guerra Civil y la posguerra ocupan un papel central. La investigación de un pasado turbio, la recuperación de una memoria fragmentaria y un estilo literario intensamente lírico componen los pilares de una narrativa muy atenta a las décadas más duras y represivas del siglo xx español.

He perdido mi patria, dejó escrito Gustavo Sintora en el inicio de uno de sus cuadernos [...]. Lo dejó dicho, escrito en esos cuadernos de letra menuda y fragmentos sin orden que Sintora entregó a mi padre y que finalmente acabaron por llegar a mis manos. Ahora los voy leyendo despacio, recomponiendo aquella historia que sucedió muchos años antes de que yo naciera (9; cursiva de la novela).

En esta breve cita el narrador informa de varios hechos. En primer lugar, éste reconoce que su labor no ha consistido únicamente en un acto de invención, sino también en una labor que parte de un material anteriormente escrito en el que su propia narración se apoya. En segundo lugar, reconoce que su actividad ha sido ante todo hermenéutica y casi filológica, dedicándose al desciframiento, a la ordenación, lectura, comprensión e interpretación cuidadosa de un texto con el que mantiene una deuda biográfica y al que rinde un respeto moral. En tercer lugar, esta cita explica que *El nombre que ahora digo* incluye también, en un guiño cervantino, la historia de un manuscrito que tras sobrevivir a una guerra y a una posguerra no menos terrible llegó a manos del segundo y definitivo narrador. En último lugar, queda establecido que la versión final de los hechos de los que el lector va a tener noticia se trata de una «recomposición» (ésta es la palabra escogida por el narrador) de un texto más antiguo. Una de las claves para entender esta novela es, sin duda, desentrañar qué entiende exactamente el narrador por dicha recomposición.

Un rasgo anteriormente no comentado pero que quizá resulte el más evidente y útil de la última cita es la presencia de dos tipos de letra. Por una parte, la letra que caracteriza la voz narrativa del hijo de Solé Vera y, por otra, la cursiva que distingue el texto de Gustavo Sintora. Esta diferencia será consistente a lo largo de toda la novela, que alberga capítulos compuestos casi exclusivamente por las memorias sentimentales de Sintora. Ésta es una primera muestra de la postura ética que el narrador adopta hacia su material de trabajo: su voz no se confunde con la de sus fuentes. En cada momento, el lector sabe cuándo lee las palabras del narrador y cuándo se enfrenta a las palabras del soldado. Aunque unas y otras interaccionan con frecuencia y lo hacen además de una forma bastante compleja, el texto ofrece al menos una herramienta con la que guiarnos por las distintas voces del cuerpo textual, avisando con una marca gráfica de los cambios de narrador. Esta voluntad de no imponer una identidad narrativa sobre todas las demás hace de la letra cursiva un código ético *per se*: en donde la cursiva empieza, la voz del principal narrador cesa y da comienzo otro discurso y otro punto de vista, que son respetados como tales.

La convivencia de dos estilos gráficos, dos voces narrativas y dos recuentos de un mismo hecho es el producto de una imaginación histórica que, como afirma David Andress, «treat[ing]s the inhabitants of the past *as if they were real*, and thus as if we could relate ethically to them» (1997: 321). El narrador de la novela de Soler no sólo trata a los habitantes del pasado como si fueran reales, sino que también hace uso de sus narraciones asumiendo que la expresión del otro es distinta por muy solidariamente que pretenda ser tratada. En consecuencia, *El nombre que ahora digo* está compuesta por dos líneas narrativas y por dos subtextos que, aunque hábilmente engarzados para que la continuidad de la trama no sufra, cuentan lo mismo desde distintos puntos de vista, en dos momentos distantes y bajo circunstancias necesariamente desiguales.

La articulación de estos dos discursos temporalmente distantes presenta no pocos problemas. Parece evidente que el narrador no cita todo el contenido de los cuadernos caligrafiados por Gustavo Sintora. Por el contrario, determinados fragmentos son traídos a colación cuando éstos se adecuan, desde el punto de vista tonal, estructural o argumental, al devenir de la historia. Esta relación selectiva e intermitente con la única fuente de información que el narrador menciona, indica que el hijo del sargento Solé Vera probablemente se ha servido de ciertos datos leídos en los cuadernos-manuscritos para volver a confeccionarlos con sus propias palabras y quizá con una intención modificada o quizá nueva. Es posible además (y ésta es, nos parece, una hipótesis legítima), que el narrador haya suplido los vacíos y silencios de su fuente documental recreando acciones, estados de ánimos y ambientaciones para darle consistencia y continuidad a su obra. En cualquier caso, lo que el narrador nunca hace es ofrecer una versión íntegra de los cuadernos de Sintora, ni explicar cuándo los está recreando de manera más o menos fidedigna o cuándo, por el contrario, está imaginando y conjeturando para armar una trama más completa.

Por una parte, resulta obvio que el narrador hace uso de los cuadernos redactados por uno de los personajes protagonistas. Por otra, es imposible dictaminar cuándo lo hace, hasta qué punto y con qué grado de fidelidad. Estos dos discursos aparecen, por lo tanto, entreverados de tal manera y con tal intensidad que no pueden ser diseccionados el uno del otro sin caer en arbitrariedades. Es la misma sintaxis la que, en ciertos párrafos, enlaza estas dos voces: «Y allí, de pronto, Gustavo Sintora recuperó la conciencia de que la guerra existía, *continuaba viva, alentando en su madriguera y dispuesta a arrebatar de un zarpazo la sangre de cualquiera de nosotros*» (58) o «estuvo allí, sentado en la escalera, *sentado como había estado allí Montoya en los peldaños de la casa del marqués*» (262; cursivas de la novela).

Estos ejemplos, que no escasean a lo largo de la novela, parecen un síntoma de una estrategia más amplia que trata de crear, en definitiva, una relación de armónica correspondencia entre dos textos que, aunque reconocidos como tales por los dos tipos de letra, son presentados como solidarios en sus presupuestos e intenciones. No se trata solamente de que el hijo del sargento Solé Vera capitalice plenamente la posible aura de autenticidad que aporta un documento del pasado, sino de un intento de difuminar los límites que existen entre su versión de los hechos y la del compañero de su padre. Estas dos perspectivas no son reducidas a una sola (borrando la distinción gráfica) porque el último narrador le hace ver a su lector que ambas son perfectamente compatibles, es más, paradigmáticas en su forma de encajar y adecuarse la una a la otra en un fluir único y armonioso.

De una manera sutil pero consistente a lo largo de toda la novela, el narrador pretende crear una suerte de relato histórico que resume, aglutina y supera la historicidad de las distintas versiones anteriores. El pleno engarzamiento temático, sintáctico y tonal de estos dos puntos de vista, es decir, la capacidad del narrador para crear un texto que se mimetiza con otro texto anterior, depara una exégesis de la Historia y de la Guerra Civil que pretende presentarse como intemporal. Esta intemporalidad es el producto de una narración que, redactada en un momento dado, procura sin embargo confraternizar moral y estilísticamente con una narración anterior de la que es responsable otro autor. Una fuente textual, por muy fidedigna que un lector pueda considerarla, es un manantial de información, respuestas y soluciones, y simultáneamente un pozo de problemas, interrogantes y preguntas. Una fuente textual constituye, más que un lugar desproblematizado al que acudir para despejar todas las dudas, un reto constante para el historiador o para el lector interesado en la Historia (como lo es el narrador de *El nombre que ahora digo*). El espacio textual de la documentación histórica es una región minada en la que el lector debe desconfiar de las evidencias y verdades que parecen obvias (Koselleck 1985: 105-115).

Éste no es, sin embargo, el tratamiento que el narrador de la novela le otorga a las fragmentarias confesiones de Gustavo Sintora. El primero no discute ni contradice las afirmaciones del segundo. Tampoco queda constancia de una labor de cotejo con otros testimonios, orales o escritos, que pudieran haber deparado diferentes versiones, aspectos disonantes, preguntas sobre la exactitud o veracidad de lo expuesto en unos cuadernos por el que fuera un jovencísimo soldado durante la guerra. El narrador ni siquiera contradice, en mayor o menor grado, la perspectiva de la fuente documental con los posibles datos aportados por su padre, el cabo Solé Vera. La perspectiva de éste sobre lo ocurrido durante aquellos meses debió ser necesariamente otra. De estos posibles conflictos o contradicciones entre testimonios no queda, sin embargo, rastro alguno en la versión final de los hechos.

La implícita teoría de la Historia propuesta por *El nombre que ahora digo* parte de los siguientes apriorismos. En primer lugar, el relato de la historia es un proceso constructivo en el que la relación entre la narración del pasado y su referente externo no es directa. Esta relación aparece mediada por textos que anteriormente (quizá en el momento mismo de los hechos o no mucho después) relataron algunos aspectos de ese pasado. El narrador de la novela reconoce que «a través de esos escritos supe quiénes eran aquellos hombres que combatieron en una guerra lejana, cuando ellos ya habían desaparecido» (285). Estos «escritos» articulan, por lo tanto, el armazón de un relato que, para dotarse de capacidad y autoridad referenciales, tiene que hacer del estudio caligráfico y de la comprensión hermenéutica parte esencial de la investigación historiográfica. Este quehacer es desplegado y escenificado como una estrategia novelística que dota de credibilidad y consistencia a una versión de la Guerra Civil preparada muchos años después de que ésta finalizara y por un personaje-narrador que no la presenció.

En segundo lugar, esta novela parte de una fe (que veremos cuestionada por otras novelas) en la capacidad del lenguaje y del discurso para recuperar y reencarnar, en el presente, un evento o una serie de sucesos de los que sólo quedan recuerdos ajenos y documentos testimoniales. Esta novela concluye, en palabras de Andrew P. Norman, «[that] the fact that a narrative is the product of a creative process, a construct that articulates the past anew, does not itself compromise its truth» (1991: 135). El hijo del sargento Solé Vera radicaliza esta tesis, aspirando a un ideal de transparencia que transforma su narración en un perfecto bisturí con el que diseccionar, en un primer momento, el texto de Gustavo Santora y, a través de éste, el pasado de la Guerra Civil. Este ideal de transparencia queda reflejado en la ausencia de un cuestionamiento sistemático de los cuadernos que sirvieron como fuente documental. De igual manera, este ideal de transparencia queda patentizado en la seguridad y aplomo con que el narrador compone una versión última de lo acontecido, un «texto-ventana» plenamente abierto al pasado.

En tercer y último lugar, *El nombre que ahora digo* sienta una relación jerárquica entre las citas en cursiva y el resto del relato. Un escalafón que, en el fondo, postula un optimismo gnoseológico de carácter evolucionista. Si la narración de Gustavo Sintora contaba ya una serie de hechos y expresaba una serie de penurias amorosas, ¿por qué volver a contarlas?, ¿por qué no ofrecérselas al lector sin glosas ni añadiduras?, ¿por qué no editar respetuosamente los cuadernos de Gustavo Sintora? Podría argüirse que el narrador matiza o niega alguna de la información contenida en estas libretas, pero éste, como ya se ha señalado, no es el caso. El narrador cuenta a favor de las palabras de Sintora, entrecruzando sus puntos de vista, equiparando sus intenciones en un juego de ventriloquia: un mismo «espíritu» narrativo anima dos textos (uno en cursiva y otro no) que se van pasando el testigo de la trama sin desacuerdos.

Podría razonarse también que el último narrador pretende superar el carácter fragmentario de las anotaciones manuscritas, aportando una obra de conjunto que otorga linealidad y carácter consecutivo a un material primigenio un tanto desordenado. Esta observación se acerca probablemente a la pretensión de un narrador que vuelve a contar lo ya contado porque piensa que la primera versión es, de alguna manera, perfectible. Los fragmentos adquieren, al ser reorganizados e insertados selectivamente en una nueva estructura textual, una cualidad teleológica de la que, con toda probabilidad, carecían en su estado original. De esta forma, la última composición ofrece lo mismo que los cuadernos ofrecían y algo más, un «plus» que no contradice la fuente documental aunque sí la mejora en su organización interna y claridad expositiva.

La duda que esta operación puede despertar no es otra que la de su legitimidad y pertinencia. El vástago del sargento Solé Vera reconoce, en un fragmento ya citado, que Gustavo Sintora caligrafió tan sólo algunas impresiones durante la guerra y la gran mayoría de éstas «muchos años después». Esta tarea no fue llevada a cabo en un desafiante contexto de prisas, violencia y destrucción. Gustavo Sintora plasma su trayectoria y la de sus amigos cuando los días de fuego y caos han pasado a engrosar sus recuerdos de juventud. Este escritor memorialístico cuenta, por lo tanto, no como *puede* (condicionado por unas circunstancias adversas) sino como *quiere*, es decir, tal y como desea dejar constancia de los hechos una vez que las escaramuzas y los combates han terminado. La forma o la disposición estructural (fragmentaria, impresionista, inorgánica, zigzagueante) no es un problema del relato, sino una declaración de principios sobre cómo puede ser recordado el pasado y cómo quiere ser recontado por Sintora.

En el fondo, aunque el último narrador se quiere a sí mismo leal a los cuadernos que tan profusamente menciona, realiza una tarea un tanto tergiversadora. Su percepción de la Historia y de cómo ésta debe ser contada impone un criterio estético y narrativo muy distinto del que guió los pasos de Sintora en la preparación de sus manuscritos. *El nombre que ahora digo* teatraliza la aparente y armónica cohabitación de dos narradores que (en última instancia, y a pesar de los esfuerzos del último autor por camuflar las divergencias) mantienen dos opiniones muy distintas, casi incompatibles, sobre la relación que la Historia mantiene con el presente y la escritura. Gustavo Sintora apuesta por una versión de la Historia basada en retazos cuya relación no es causal sino más ambigua y oblicua. Una Historia que el paso del tiempo tampoco puede (en nombre de la objetividad otorgada por la distancia) sistematizar y normalizar en un devenir estable, consecuente y unidireccional. El presente no disfruta, según esta postura, de una privilegiada vista sobre un pasado al que pueda asomarse como quien se acerca a un mapa del tiempo en busca de un diagrama totalizante y diáfano de lo una vez acontecido, de sus causas y efectos.

El segundo narrador, lejos de identificarse con esta concepción de la Historia, elabora un meta-discurso que, como se ha explicado, incorpora un discurso anterior y lo supera. Esta narrativa de narrativas supone la culminación de un material que antes había divagado entre el olvido y una plasmación parcial, y que por fin ha encontrado una elaboración definitiva que da cuenta exacta y precisa de su sentido. El descendiente del sargento Solé Vera justifica la necesidad de una renovada y última descripción de los hechos en función de su sobresaliente punto de vista, del aventajado *locus* histórico y moral desde el que se produce esa nueva reescritura. Esto es la base del evolucionismo gnoseológico que mencionábamos anteriormente.

Para el narrador de esta novela, la ley de la escritura histórica responde a la siguiente lógica: hay una relación directamente proporcional entre la distancia temporal que separa el suceso de su crónica y la calidad estético-ética de dicha crónica. La última representación incluye a las anteriores, palia sus carencias y extiende sus aciertos. Por eso, para este narrador, volver a contar es contar más y mejor, contar en el seno de un proceso que tiene en cuenta los recuentos bosquejados en el pasado para proponer una versión necesariamente superadora.

3. *Las guerras de Etruria*: la Historia y el problema de su transmisión

La novela de Julio Manuel de la Rosa, *Las guerras de Etruria* (2001), somete la posible recuperación de una realidad histórica concreta, la Guerra Civil, a un intenso tratamiento de relativismo epistemológico.[4] La fluida relación en la novela de Soler entre unos cuadernos y un lector-autor que los recrea libremente, da paso, en la obra de Julio M. de la Rosa, a una red de actos, tareas, investigaciones, entrevistas, comparaciones y dudas metodológicas que convierten el rescate y la explicación textual de la Historia en un laborioso proceso. En este sentido, podemos adelantar que Julio Manuel de la Rosa concibe la Historia y su posible restauración narrativa como un laberinto de perspectivas, silencios, secretos, descubrimientos, mentiras y medias verdades cuyos límites resultan siempre imprecisos pero de cuya ardua demarcación depende de un conocimiento moralmente solvente y epistemológicamente fiable del pasado.

La guerras de Etruria cuenta los esfuerzos de un personaje, Enrique Ayala (al que un narrador en segunda persona llama de continuo «tú»), por desvelar la historia de su padre, Fidel Ayala, muerto durante los últimos meses de la Guerra Civil en confusas circunstancias. Esta búsqueda detectivesca, que se prolonga durante varias décadas, termina haciendo las veces de un hilo con el que se desteje el árbol genealógico de la familia más pudiente de toda la comarca de Etruria, los Vargas. Esta saga familiar, con los abuelos Enrique y Rafaela Vargas a la cabeza, se remonta a principios del siglo XX y delinea una tradición en la que el poder y el dinero no dejaron de causar múltiples desgracias. Asesinatos,

---

[4] Julio Manuel de la Rosa es autor de novelas *Fin de semana en Etruria* (1971), *La sangre y el eco* (1978) y *Crónica de los espejos* (1995), entre otras. En casi toda su producción, la Guerra Civil tiene un papel protagónico, apareciendo representada como telón de fondo histórico y moral en torno al que diversos personajes dirimen y discuten sus identidades. Sus ensayos y artículos han aparecido además en periódicos y revistas como *ABC*, *Diario 16*, *Triunfo* o *Cuadernos hispanoamericanos*.

secretos inconfesables, traiciones, pasiones sexuales, violencia y un tiempo fragmentario y cíclico desencadenan un mundo literario en el que gravita la influencia, en algunos casos expresamente reconocida, de Juan Carlos Onetti, Gabriel García Márquez, William Faulkner y Tenessee Williams.

Enrique Ayala tiene como punto de partida, al igual que sucedía con el narrador de *El nombre que ahora digo*, unos diarios, los del hijo díscolo del abuelo Enrique Vargas, el tío Anselmo, fallecido en los primeros choques de la Guerra Civil. Estos cuadernos son descubiertos en 1942 y en ellos se adentra el joven protagonista, que en ese momento tiene catorce años, «como un explorador sin brújula» (58), desbrozando «un intrincado universo familiar que se iba convirtiendo [...] en un laberinto de imprevisibles consecuencias» (59). Esta lectura, que le informa sobre las relaciones de sus tías (hermanas de su madre) con una familia de falangistas exaltados, los Ansorena, siembra en Enrique abundantes preguntas y dudas. La interacción con esta fuente documental no está presidida por un principio de perfecta solidaridad sino por una dinámica que suma y resta, aporta y oculta, muestra y esconde. Enrique Ayala logra alumbrar una parcela de su camino hacia la muerte de su padre y, al mismo tiempo, intuye que la lectura de los cuadernos de su tío le ha ayudado a entender la magnitud del problema epistemológico e histórico al que se enfrenta.

Este talante lleva al protagonista a consultar fuentes alternativas de donde extraer información adicional. En primer lugar, el joven Ayala descubre un segundo texto firmado por su tío Anselmo, una novela titulada precisamente *Las guerras de Etruria* (un juego de muñecas rusas también utilizado en otra novela sobre la guerra, *Beatus Ille* [1986] de Antonio Muñoz Molina), «un libro raro y esclarecedor en el que tu tío Anselmo estaba trabajando, formado por ciento doce folios escritos con letra apretada y clara» (53). En segundo lugar, repasa los volúmenes de cabecera de su tío (Emile Zola, Honoré Balzac, Miguel de Unamuno, José Ortega y Gasset, Pío Baroja, y Federico García Lorca, entre otros) para «leer las anotaciones que llenaban los márgenes» (45). Esta meticulosa faena le permite componer la silueta política e intelectual de un pariente desaparecido prematuramente.

En tercer lugar, a este protagonista le es entregada la colección completa del periódico progresista editado en Etruria durante la Guerra Civil, *Libertad y Quimera (Pliegos de Documentación)*. En estos periódicos, Enrique Ayala se documenta sobre el alzamiento y las represiones de la derecha reaccionaria en la comarca, sobre la formación de una guerrilla montaraz liderada por un mítico maquis apodado «el Peluquín» y sobre la trayectoria de su propio padre en el seno de esta cuadrilla de perseguidos. En cuarto lugar, el azar pone en su camino breves documentos, cartas o recortes de periódicos de amplia tirada, que aunque muy limitados en su información, estimulan al investigador en su tarea de seguir el débil rastro dejado por su padre hasta su muerte en los montes de Etruria.[5]

Tres son las tácticas textuales que *Las guerras de Etruria* plantea para dotar a la narración y a la investigación histórica de un carácter abierto e inacabado. La primera táctica es un léxico anti-esencialista. Esta narración desestima el anhelo de una realidad en estado puro y a salvo del juego de interpretaciones. Tanto lo que Enrique Ayala investiga y averigua, como lo contado y explicado por el narrador, participa de una naturaleza especulativa. El retrato de un tiempo perdido se trata, en esta novela, de una «reconstrucción» (53, 69 *et al*.) que, en muchas ocasiones, se asienta en «conjeturas» (129), habladurías (52, 60 *et al*.) o «leyendas de la guerra» (242) que, aunque no aportan una información de carácter «científico», sí informan y ofrecen pistas al protagonista de una forma parabólica, metafórica o hiperbólica. En este sentido, la obra de Julio Manuel de la Rosa emplea un léxico de carácter antiesencialista, que desplaza los términos con un sentido puramente referencialista o mimético, en favor de aquellos vocablos que resaltan el carácter constructivista, tentativo y eventual de la narración.[6]

---

[5] Una estructura parecida tiene el relato de Andrés Trapiello *La noche de los cuatro caminos* (2001), en el que un personaje llamado precisamente Andrés Trapiello rescata la historia de unos maquis que en 1945 asesinaron a dos falangista en una pequeña sede de este partido. Este narrador expone continuamente la política textual que rige su narración, explicándole al narrador por qué cuenta lo que cuenta y cuál es la procedencia de los datos. De igual forma, el relato de Trapiello deja constancia de sus límites y de los impedimentos que ha encontrado tanto en la documentación oficial rescatada (las actas del juicio y las confesiones de los imputados previa tortura) como en los pocos testimonios orales que logra rescatar.

[6] Se afirma, por ejemplo, que la interpretación de los cuadernos del tío Anselmo se demoró durante varios meses y que, de hecho, «tendrían que pasar todavía algunos años para descubrir el verdadero sentido de ciertos pasajes» (62). Un poco más adelante, se deja constancia de cómo la investigación también se ve condicionada por factores externos: «Volviste a las mañanas en la biblioteca. Retomaste la lectura de *Las guerras de Etruria*, aplazada por las vacaciones en la playa» (188). La vinculación con un texto cul-

La segunda táctica para dotar a su investigación de un carácter abierto es el reconocimiento explícito de los límites y dificultades de la escritura. Los indicios y pesquisas que señalan la senda hacia el pasado son intermitentes, a veces contradictorios y en ocasiones improductivos. En este territorio nebuloso, «tiempos oscuros» (272) los denomina el narrador, persisten algunos misterios que la narración no silencia ni disimula sino que, por el contrario, reconoce abiertamente: «No has podido saber con exactitud qué ocurrió entre Anselmo y Elisa» (39), «nunca pudiste saber si la presencia de Anselmo fue comentada» (46) o «has podido *medio* reconstruir la noche de la muerte de Anselmo Vargas» (46; cursiva nuestra).

Los silencios, los secretos y las mentiras llegan a poner en peligro el desarrollo de la investigación. El mismo protagonista cae presa del desánimo, opta ante determinadas circunstancias por congelar temporalmente su labor, e incluso se plantea abandonarla de una vez por todas. Las pesquisas, en ocasiones «casi abandonadas» (196), no se producen por lo tanto en un clima de plena calma emocional. El paisaje afectivo que *Las guerras de Etruria* y *El nombre que ahora digo* plantean es muy distinto. En esta última se puede detectar una *jouissance* de la escritura, un placer jovial y contagioso de un relato que no padece ni sufre al hacerse. El caso de *Las guerras de Etruria* es otro porque la trama discurre por derroteros mucho más escarpados y ambiguos. Éstos motivan que el protagonista y el narrador sufran sus quehaceres y perciba la escritura de la Historia como una tarea laboriosa, de gratificaciones sólo puntuales.

La tercera táctica consiste en la voluntaria asunción de la influencia del modelo narrativo faulkneriano. El recuento de unos hechos que tuvieron lugar en el espacio ficticio de Etruria durante la Guerra Civil no sólo evita presentarse como la recuperación completa y definitiva de unos hechos, sino que además es consciente de adoptar un modelo narrativo.[7] El modelo narrativo que guía *Las guerras de Etruria* no es otro

---

mina, en otros casos, con un tipo de lectura especialmente intensa e implicada: «La colección completa de *Libertad y Quimera* que, años después, publicaste en una edición anotada y con una extensa introducción» (243).

[7] La elección de un modelo narrativo no pone en peligro el mismo conocimiento del pasado. En otras palabras, la necesaria presencia de la narratividad no es equiparada con la ficcionalidad. Dos categorías distintas («narratividad» y «ficcionalidad») que, sin embargo, han sido comparadas y homologadas en un intento por subrayar, como explica Kalle Pihlainen, «the unfactuality of (narrative) historiography» (1998: 8). Como este

que la influyente obra novelística de William Faulkner.[8] En concreto, Enrique Ayala reconoce su deuda con «un libro que [...] se apoderaría para siempre de tu vida: *As I Lay Dying*» (36). Esta pieza, en concreto, y toda la producción del autor norteamericano en general, provocan que el protagonista aprenda inglés, busque las obras de otros autores que escribieron en otros idiomas (como Pushkin, Lérmontov, Mayakovski, Isaak Bábel, etcétera) y se decida finalmente por estudiar Filosofía y Letras. El hijo del liberal y culto Fidel Ayala es, por lo tanto, un personaje curtido en faenas narrativas, muy consciente de la implicación y densidad de las palabras, y muy sensible a las consecuencias epistemológicas, estéticas y morales de una trama o *employments*, como los denomina Hayden White.

La presencia de Faulkner (nombrado en la novela casi una veintena de veces) se nota, por supuesto, en el diseño novelístico de una comarca sureña, atrapada por los fantasmas del pasado, por la violencia y por una saga familiar plagada de vericuetos y acalladas infamias. Más importante que esta influencia temática, es la influencia formal, es decir, la elección de una serie de técnicas narrativas que construyen un mundo de conjeturas, recuerdos, fragmentos y perspectivas cuya suma nunca aspira a una totalidad unitaria y completa. Los continuos saltos temporales, el cambio de voz narrativa, la subjetivización de la cronología, la fragmentación de la trama, la sintaxis de periodos largos y sinuosos, y un ritmo envolvente de resonancias míticas dejan entrever la concepción que un narrador tiene de la Historia y de las relaciones de ésta con el presente. El paradigma narrativo de Faulkner aporta, por una parte, ese tra-

---

mismo crítico explica, es un error llegar a la conclusión de que, debido al proceso de combinación y ordenación llevado a cabo por un modelo narrativo, los hechos contados por dicho modelo son ficcionales (11). Resulta una tarea bastante más acertada y productiva dejar a un lado la pretensión de desestimar el relato de la Historia en base a su estatus narrativo para prestar atención y analizar, en palabras de Pihlainen, «the ideological implications involved in the choice of emplotments» (9).

[8] La influencia de Faulkner en la narrativa española se dejó notar en autores como Camilo José Cela, Juan Benet, José María Gulbenzu, Juan García Hortelano o José María Merino. Si en los años sesenta y setenta la impronta del autor norteamericano fue notable, ésta fue perdiendo gradualmente intensidad en los ochenta y noventa. Para una revisión de este asunto recomendamos el libro de June H. Townsend (2000) que, aunque centrado en la obra del autor de *Tiempo de silencio*, ofrece interesantes reflexiones sobre el influjo de la narrativa de Faulkner en la prosa española del medio siglo. Para un repaso a las técnicas narrativas de Faulkner, recomendamos el estudio Michael J. Toolan (1990).

tamiento tolerante, perspectivista y fragmentario que hace de *Las guerras de Etruria* una novela no sólo sobre la Guerra Civil, sino también sobre las dificultades y escollos de recobrarla y escribirla.

Las tres características descritas (que enfatizan los límites de un relato sobre el pasado) no son óbice para que la investigación emprendida por Enrique culmine con éxito. Si la meta de la larga indagación era, como le explica el narrador a Enrique Ayala, «saber quién había matado a tu padre» (70), esta meta es coronada con un indudable éxito. El protagonista tiene acceso a la última versión de los hechos que, además, fomenta el aura heroica que había acompañado a la figura del padre en el imaginario filial. Fidel Ayala nunca es atrapado por las fuerzas vivas del pueblo, frustrando consecuentemente las ansias vengativas de los falangistas Ansorena. Nunca resulta capturado porque entabla un macabro pacto con el maquis «el Peluquín». Para evitar la detención, la tortura y el escarnio público, Fidel ejecuta a su amigo y posteriormente se suicida. La averiguación de este hecho concreto cifra el éxito de un proceso intelectivo y detectivesco desarrollado a lo largo de muchos lustros. Saber sobre el pasado significa, por lo tanto, hacer acopio de unos conocimientos que, entre la neblina de «ese tiempo oscuro» que menciona el narrador, destacan como reales, ciertos y verdaderos desde un punto de vista cognoscitivo.

Con posterioridad, concretamente en el último capítulo, este punto de vista es matizado porque se aborda, no el tema de la certeza o verdad factual, sino también el de la verdad moral. En otras palabras, el protagonista se pregunta no sólo por los datos tenidos como verdaderos, sino sobre las consecuencias éticas que ha aprendido de dichos datos. Julio Manuel de la Rosa se muestra poco optimista a este respecto pues las últimas páginas de su libro aminoran el optimismo y la satisfacción que podrían haberse desprendido de una labor historiográfica finalmente completada. Con un amplio conocimiento de la Guerra Civil y de cómo Etruria y su familia vivieron aquellos años, Enrique Ayala vuelve a su pueblo natal tras un exilio que lo ha mantenido durante toda la dictadura en Estados Unidos, realizando tareas docentes en distintas universidades. Del brazo de su hija, Ana María, «nacida en los umbrales de la democracia» (262), este envejecido personaje recorre las callejas y plazas de Etruria en un recorrido espacio-temporal cargado de nostalgia y de un profundo sentido de pérdida.

Enrique se resiente de los efectos del tiempo que ha borrado de la faz del pueblo a todos los protagonistas de una Historia y de un pasado sin los que no sabe concebirse ni explicarse. Ese vacío lo deja desasido e inerte ante su hija, «muchacha urbana» (272), a la que realmente no sabe cómo transmitir no sólo una serie de complejos datos, sino todo un legado moral, una conciencia responsable del tiempo y una perspectiva ética de los espacios rurales que está conociendo en su compañía y bajo su tutela. El final de *Las guerras de Etruria* deja unos posos amargos porque nunca resuelve una incertidumbre primordial: ¿Es la memoria de Enrique Ayala un «callejón sin salida»? ¿El entronque, político y ético, con la hija es posible? ¿Tiene algún sentido toda la narración si ésta no es satisfactoriamente transmitida y luego asumida por un representante de una nueva generación? ¿Es posible algún tipo de justicia para los perseguidos, ejecutados y exiliados, aunque sea tardía, si el recuerdo de éstos se desvanece y pierde corporeidad en un pueblo lleno de «fantasmas» (268)? ¿Percibe la hija de Enrique Ayala la magnitud de la tarea que se le desea encomendar y el grado de implicación que exige?

Las guerras de Etruria no apuesta por un modelo biológico, «heredable» o racial de memoria, sino por un tipo de memoria que, como afirma Jan Assmann, «is not seen to maintain itself for generations as a result of phylogenetic evolution, but rather as a result of socialization and customs» (1995: 125). Esto implica que la hija de Enrique Ayala no puede heredar de una manera innata y desproblematizada el legado memorialístico, histórico, político y moral de su padre o del resto de sus familiares implicados en la Guerra Civil. Éste es un legado que exige tenacidad, voluntad, esfuerzo, paciencia e inteligencia para asumirlo de la manera más fértil posible. Un legado que, por lo tanto, corre también el peligro de perderse o ser tergiversado.

4. *Soldados de Salamina*: el valor del testimonio y la retórica de la anti-literariedad

En el artículo periodístico que ayudó a convertir la novela de Javier Cercas en el éxito editorial y crítico de la España de comienzos de siglo, Mario Vargas Llosa destaca, por encima del tratamiento de la Guerra Civil, la historia de un escritor «que escribiendo estas páginas, luchaba a muerte contra la amenaza del fracaso de su vocación» (16).[9] El proce-

---

[9] Javier Cercas logró su inmediata consagración en el canon literario español con su tercera novela, *Soldados de Salamina*. Las más de treinta ediciones cosechadas por este

so de construcción y escritura de un relato histórico, junto con una detallada atención al responsable de este proceso, se convierte en el auténtico centro narrativo de una trama que, teniendo como inicial objetivo un extraño episodio de la Guerra Civil, termina por reflexionar sobre los efectos anímicos e ideológicos de la Historia y de la memoria en el presente.

El protagonista-narrador de la novela es un escritor y periodista llamado Javier Cercas que atraviesa una crisis creativa de la que saldrá gracias a una recóndita anécdota de la Guerra Civil. Los principales actores del hecho son el escritor falangista Rafael Sánchez Mazas y la familia de campesinos catalanes que le ayudaron a salvar la vida. Los vericuetos por los que pasa Javier Cercas (y a no ser que especifiquemos lo contrario, siempre nos referiremos al personaje y protagonista de *Soldados de Salamina*) son similares a los que se ve forzado a sortear el protagonista de *Las guerras de Etruria*. Sin embargo, el impulso de Cercas en pos de un conocimiento sobre el pasado no surge, a diferencia de lo que ocurría con las dos novelas ya analizadas, de ningún compromiso de consanguinidad.

El primer paso hacia el nudo de la narración acontece por azar, en un encuentro que mantiene, en julio de 1994, con Rafael Sánchez Ferlosio (también escritor e hijo de Sánchez Mazas). En el transcurso de la entrevista, el autor de *El Jarama* le refiere al joven periodista las bizantinas peripecias de su difunto padre, que tras ser fusilado durante los últimos meses de la guerra y lograr escapar milagrosamente con vida, fue protegido por unos aldeanos. El incidente que dispara la curiosidad e imaginación del narrador tuvo lugar precisamente después de que Sánchez Mazas fuera fusilado. Éste emprendió una accidentada huida

---

libro y el apoyo de críticos como Mario Vargas Llosa, José María Pozuelos Yvancos, Ricardo Senabre, George Steiner y Susan Sontag convirtieron esta novela muy tempranamente en un clásico de la reciente literatura española. La mezcla de la crónica y ficción, así como el juego con distintos géneros textuales (tan característico de *Soldados de Salamina*) es una de las características que Cercas ya había ensayado en su libro *Relatos reales* (2000), en donde además puede leerse un breve texto, titulado «Un secreto esencial», que anuncia el tema de *Soldados de Salamina*. Tanto *El inquilino* (1989) como *El vientre de la ballena* (1997) son novelas de campus universitarios caracterizadas por el humor agudo de una primera persona cuyo tono y estilo recuerdan, en parte, al personaje-narrador de *Soldados de Salamina*. Su última novela, *La velocidad de la luz* (2005), tiene una estructura similar y está centrada en los efectos de la Guerra de Vietnam en uno de sus veteranos.

que estuvo a punto de quedar abortada cuando un soldado republicano le encontró escondido en un recoveco del bosque. Lo que en principio estaba destinado a convertirse en un inmediato ajusticiamiento dio paso a una impredecible clemencia: el miliciano ni lo disparó ni lo denunció, sino que lo dejó ir. Este instante, que marcó la existencia personal y la trayectoria pública de Sánchez Mazas, excita el interés de Javier Cercas. De inmediato, éste comenzará el rastreo en busca de los protagonistas de aquel episodio.

El primer rasgo destacable de esta búsqueda es el hecho de que los testimonios y las entrevistas aventajen en importancia cuantitativa y cualitativa a las consultas bibliográficas. El protagonista no duda en documentarse con el material disponible de cierta relevancia (*Yo fui asesinado por los rojos* de Jesús Pascual Aguilar o *Nuestra guerra* de Enrique Líster, entre otros), pero la columna vertebral de su investigación está compuesta por las versiones y pistas aportadas de viva voz por conocidos (Andrés Trapiello), amigos (Roberto Bolaño), informantes espontáneos (Miquel Aguirre), expertos en la materia (Jaume Figueras), protagonistas (Joaquim Figueras y Daniel Angelats) o testigos de la época (María Ferré). La imposibilidad de llegar al centro de este episodio de la Guerra Civil siguiendo un rastro fundamentalmente textual conlleva el la especial acreditación de la memoria y del testimonio oral como medios privilegiados para la transmisión de un conocimiento sobre el pasado.[10]

Esta relación jerárquica (que supone el negativo de la trama ofrecida por *El nombre que ahora digo*, en donde la transmisión de la Historia mediante la letra escrita garantizaba un conocimiento certero de ésta) coincide con un momento cultural en el que, como afirma Andreas Huyssen, la actual preocupación con la memoria puede ser entendida como «our contemporary version of Nietzsche's attack on archival history, a perhaps justified critique of an academic apparatus producing

---

[10] Ha sido ampliamente comentada la crítica que Derrida realiza de Platón y, en concreto, de su defensa de la palabra hablada en detrimento de la escrita. En la novela de Cercas, hay un lejano eco de las teorías platónicas que sitúan la voz humana mucho más cerca del espíritu emisor que la textualidad. De todas formas, pensamos que la novela de Cercas enfatiza la importancia del testimonio oral porque, en éste, aparece una información no más veraz que la aparecida en los estudios «científicos» y manuales, sino de un carácter diferente, que puede ampliar el enfoque y los presupuestos de la labor historiográfica.

historical knowledge for its own sake, but often having trouble mantaining its vital links with the sorrounding culture» (1995: 6). En *Soldados de Salamina*, la historiografía académica o tradicional brilla por su ausencia en los momentos en los que el protagonista desea o necesita acercarse a la vida de personas que, sin ser nombres de prestigio, llevaron sobre sus hombros gran parte del peso del conflicto bélico. Estas historias de la Historia quedaron ocultas en un ángulo muerto de todas aquellas meta-narraciones que, siguiendo las huellas de las grandes fechas y los lugares con renombre, ignoraron lo que precisamente le interesa a Javier Cercas.[11]

Por otra parte, junto a la revalorización de la memoria como instancia personal y subjetiva desde la que repensar y recontar la Historia, *Soldados de Salamina* apuesta por el testimonio. Esta modalidad narrativa supone, tal y como afirman Shoshana Felman y Dori Laub, «the encounter with the real» (1992: XVI), es decir, un discurso «uncharted, nonrepresentational but performative» (XX) que queda más allá, en los márgenes del relativismo textualista traído por la posmodernidad epistemológica.[12] Esta novela puede ser analizada, de hecho, como un largo discurrir hacia un testimonio final que, dramática y temáticamente, supone la culminación de la trama. Javier Cercas entiende que su novela sobre Sánchez Mazas queda incompleta sin la aportación del soldado que le perdonó la vida, y a su búsqueda está dedicada la tercera y última sección del libro, titulada «Cita en Stockton». Finalmente, este escritor y periodista cree identificar al joven miliciano en un achacoso,

---

[11] El término metanarrativa está tomado del ensayo de Lyotard, *The Postmodern Condition*. Aunque metanarrativa es un concepto que puede servir para los estudios de género, los estudios culturales, antropológicos, políticos o sociológicos, nosotros lo utilizamos para analizar el tipo de narración histórica que pretende ser un marco general y rector de otras muchas micro-narrativas. Lo que *Soldados de Salamina* propone no es, sin embargo, la abolición de dichas meta-narrativas (de cuya utilidad no se duda) sino la necesidad de hacer interaccionar, en condiciones de igualdad, esas metanarrativas con otras narraciones subjetivas, menores o particulares.

[12] Al utilizar el término «postmodernidad epistemológica» seguimos a Gianni Vattimo y, en especial, su ensayo *The End of Modernity*, en el que se explica el agotamiento del proyecto filosófico de la modernidad. Vattimo rechaza la posibilidad de bases sólidas y estables para el conocimiento. En el contexto de la postmodernidad, dicho conocimiento tiene lugar en unos parámetros que ya no se ajustan a la búsqueda de la verdad esencial y estable que, según Vattimo, caracterizó a «the great systems of nineteenth-century metaphysical historicism» (1991: 3).

malhumorado y entrañable anciano, Antonio Miralles, que pasa sus últimos días en una residencia de la tercera edad del sur de Francia.

Aunque Antonio Miralles afirma no ser el salvador y cómplice de Sánchez Mazas, su testimonio aporta el conocimiento buscado. De hecho, Javier Cercas valora tanto el contenido informativo del testimonio como el hecho mismo de que éste haya tenido lugar. La peregrinación a otro país, la visita a un veterano de la Guerra Civil y de la Segunda Guerra Mundial, el interés mostrado por conocer sus recuerdos y la transmisión de una perspectiva a punto de perderse trenzan una dinámica moral que ensancha el discurso histórico. La importancia del testimonio de Miralles radica, no tanto en lo que finalmente le cuenta o deja de contar a su entrevistador, sino en la construcción de un contexto en el que el acto mismo del testimonio acontece.

Desde este punto de vista, la labor de Cercas consiste en identificar al «otro» de la tradicional narración historiográfica de la Guerra Civil, ese otro que ha quedado silenciado, cuyo punto de vista es arrinconado y cuya propia versión no aparece en ningún lugar. Esa otra mitad que, por su carácter subjetivo, no científico, sentimental e incontrastable, era empujada al extrarradio de lo inteligible, es decir, a los límites de lo que la historiografía entiende, asume y utiliza. Es precisamente en contraste con la subjetividad y sentimentalidad del testimonio personal de víctimas o supervivientes contra lo que las institución historiográfica tradicional define y enarbola su propia objetividad y cientificismo (Nora 1989: 8).[13]

A esta interrogación sobre quién cuenta la Historia, y cómo, cuándo y para qué se cuenta subyace una inquietud ética que, como arguye, Tim Woods, «makes one *responsible* for the 'other'» (1998: 341). Este ímpetu ético tiene una primera y principal consecuencia: «dominant aesthetic and cultural forms are disfigured in order to make room for other narratives modes, other cultural forms, other 'ways of telling'» (Woods 1998: 341). Esta desfiguración formal, en el caso de *Soldados de Salamina*, arrastra al narrador y protagonista hacia una profunda reflexión sobre la deuda que una novela histórica tiene con la Historia mis-

---

[13] En *Soldados de Salamina*, la inclusión de testimonios no supone un ataque o una enmienda a la totalidad del método acuñado por los historiadores. Tal y como explica James Young, «the inclusion of these voices [victim's and survivor's voices] into history has not led to an abandonment of historical standards but to a deepening of them» (1997: 51).

ma. Una de las tesis sobre la Historia y la Guerra Civil propuesta por *Soldados de Salamina* defiende que «hacer historiografía» con aquel enfrentamiento es probablemente necesario pero también insuficiente. La Guerra Civil es Historia y también presente. Presente, como es obvio, en la existencia de los que la padecieron de una forma u otra y cuya trayectoria posterior estuvo y está mediatizada para siempre por lo experimentado durante aquellos años. La labor de recuperación no debe ceñirse, por lo tanto, a la extracción paciente de datos. La recuperación de personas y de sus memorias supone una labor más urgente y necesaria porque en ésta radica la posibilidad de una relación radicalmente moral con el pasado. Esta dinámica con el evento nacional más traumático del siglo XX no persigue solamente, en palabras de Brian Bunk, alzar «a revolutionary memory of sacrifice and redemption» (2002: 66), sino también asumir la herencia de unos testimonios que, independientemente de su contenido específico, son parte de una memoria colectiva cercenada.

Soldados de Salamina apoya esta reivindicación de la memoria de los perdedores/exiliados en una estrategia narrativa que podría ser definida como una retórica de la anti-ficcionalidad. Esta retórica tiene varias facetas. En primer lugar, el narrador insiste en repetir que su relato no es una ficción ni una simple novela, sino un relato real «con personajes y situaciones reales» (37). De esta forma, *Soldados de Salamina* pretende reducir su ficcionalidad al enfatizar su apego y respeto a una serie de hechos que no son inventados. Obviamente, esta estrategia permite no sólo la convivencia de personajes que disfrutan de un referente real (Javier Cercas, Sánchez Mazas, Sánchez Ferlosio, Andrés Trapiello o Roberto Bolaño) con otros de cuya existencia extra-literaria no hay constancia (Conchi, Antonio Miralles o Miquel Aguirre), sino que además implica un respaldo a la credibilidad de estos últimos, que adquieren por un efecto mimético el mismo estatus ontológico de los primeros. La narración (y ése es el efecto estético perseguido por su autor) consigue entablar un especial pacto de lectura con su lector, un pacto que cuenta con una premisa básica: el contenido del relato no nace bajo el signo de la ficción sino de la crónica fiel de una realidad y esta realidad tiene, por lo tanto, la capacidad de imponer unos límites y una dirección a la escritura.

En segundo lugar, *Soldados de Salamina* crea un interesante juego de perspectivas entre aquellos capítulos del libro (primero, «Los amigos del bosque», y tercero, «Cita en Stockton») que no se presentan como un material textual y el segundo capítulo («Soldados de Salamina») que se reconoce ante sus lectores como un artefacto lingüístico. Este segundo apartado constituye la primera versión de la novela que Javier Cercas escribe y para la que había investigado en toda la primera parte. *Soldados de Salamina* es, de hecho, la historia de una edición, la de una obra titulada «Soldados de Salamina» que ocupa todo el segundo capítulo. Este volumen incluye, por lo tanto, no sólo una novela con ese título sino los preparativos que condujeron a ésta, la insatisfacción que el texto produce una vez terminado y las medidas tomadas para superar dicha frustración, reorientar el libro y mejorarlo. El hecho de que el narrador identifique y señale la condición textual del segundo capítulo ayuda a insuflar en el primero y en el tercero un particular relieve y vivacidad. Un relieve y una vivacidad que hacen parecer estas secciones no textuales, reales o mejor dicho, «pre» y «post» textuales, anteriores y posteriores al acto de la escritura y a sus resultados.

Esta estructura narrativa alberga una sutil reflexión (que no estaba ausente tampoco en las novelas anteriormente tratadas) sobre el desgaste sufrido por el quehacer literario en su intento por explicar, abordar y referirse a la Guerra Civil española. Un desgaste que exige la elaboración de nuevas estrategias narrativas con las que dar credibilidad, interés y vigencia a un material temático tratado en cientos de novelas de las últimas seis décadas.[14] Es el mismo narrador quien patentiza el desgaste de una imaginación literaria que, tras haber «abusado» de la guerra, puede dar la impresión de estar padeciendo cierto hartazgo y cansancio: «Empecé a sentir curiosidad [...] por la guerra civil [...] y por las historias tremendas que engendró, que siempre me habían parecido excusas para la nostalgia de los viejos y carburante para la imaginación de los novelistas sin imaginación» (21).

Este despectivo tratamiento de la Guerra Civil como punto de partida para la escritura (sin duda paradójico en una novela sobre aquel trienio) tiene una función bastante clara: evitar el poso literario depositado sobre este evento. En este sentido, el rechazo de los términos «novela»

---

[14] Para una repaso de la producción literaria internacional, recomendamos los textos (ambos de 1994) de Peter Monteath, probablemente el más atento estudioso de la literatura europea y americana en torno a la Guerra Civil española. El gran corpus de obras manejadas y, sobre todo, la calidad de sus análisis resultan una útil guía para acercarse a un tema tan amplio como éste. Para una perspectiva nacional, los textos de Gareth Thomas (1990) y Maryse Bertrand de Muñoz (1987 y 2001) aportan abundante y ordenada información sobre un corpus novelístico muy amplio.

o «ficción» ejemplifican este deseo de evitar los trucos, clichés o lugares comunes forjados por una tradición novelística para acercarse a un evento y dar cuenta de él. La literatura aparece retratada como un filtro edulcorante y por todos reconocible que se interpone entre el acontecer terrible de una guerra y el conocimiento de ésta. Un filtro que, según reza la retórica de *Soldados de Salamina*, debe ser evitado y superado. Un caso parecido puede ser encontrado en *Enterrar a los muertos* de Ignacio Martínez de Pisón, que a pesar de no negar explícitamente su estatus como novela y a pesar de haber sido publicado en una colección de novelas, parece un reportaje de investigación, con fotografías y anotaciones bibliográficas.

Obviamente, *Soldados de Salamina* es un texto literario y así ha sido repetidamente manifestado por su autor (quizá para evitar que algunos lectores se dejasen involucrar en el juego de espejos de la novela).[15] Ésta es una obra literaria que, sin embargo, para obtener verosimilitud, capacidad persuasiva y credibilidad, esgrime la baza de la anti-literariedad en un hábil despliegue retórico, que James Knibb ya había detectado, por ejemplo, en una generación de novelas francesas sobre la Primera Guerra Mundial: «[These novels] seem to initiate a process of disclaiming writing and the mere literary construct, and substitute for them the claim that this is a text which refers. Taken to a further remove, this claim comes to mean that this text no longer carries the burden of writerly, fictive text» (1990: 12). Esta estrategia aporta un saldo muy positivo en aquellos casos en los que se pretende volver a un material temático bastante explotado y en los que, a la vez, se busca evitar «the stigma of falsehood associated with other types of text (mere writing)» (Knibb 1990: 12). En definitiva, si ciertas narraciones (como la tradición novelística, por ejemplo, del Romanticismo) subrayan su carácter textual enfatizando giros y maniobras fácilmente identificables como li-

---

[15] Cercas declaró en una conferencia pronunciada en la Universidad Menéndez Pelayo (y luego recogida parcialmente en el diario *El País* por Rafael Méndez) que «la primera regla para leer una novela es desconfiar del narrador. El narrador puede mentir, engañarse a sí mismo» (Méndez 2002: 56). De igual manera, Cercas advierte que, a pesar de las palabras de su protagonista, su texto no tiene nada de «relato real», ni de «nuevo periodismo»: «es una novela rara, pero una novela» (56). Obviamente este autor es consciente de que, como explica Peter Monteath, «much of the literature of the Spanish war insists on its own objectivity, that is, it insists that the events, the people and the scenes it describes correspond precisely to events, people and scenes of real life» (1990: 76).

terarias, otras (como *Soldados de Salamina*) ofrecen una fachada que evita lo literario como paradójico salvoconducto hacia una literatura más eficaz.

Soldados de Salamina plantea con esta estrategia retórico-narrativa tres complementarias y paralelas reflexiones sobre el modelo literario más adecuado para referirse a la Guerra Civil española, sobre la tensión entablada por el pasado y su escritura, y sobre la posibilidades de la escritura de la historia como acto de justicia moral. En relación al primer asunto, sería un error concluir que esta novela postula una suerte de norma sobre cómo debiera ser afrontada la Guerra Civil española por las próximas generaciones de relatos. De hecho, los mecanismos desplegados por *Soldados de Salamina* resultan efectivos por inusitados, es decir, por definirse frente a un corpus narrativo que no utiliza estas estrategias. En el momento en que éstas pasasen a incorporarse a una mayoría significativa de narraciones, el efecto de extrañamiento se diluiría y su lógico destino sería la pérdida de efectividad. Es decir, sería inevitable la defunción de unas técnicas narrativas (que buscan alejar el relato de su propia literariedad) cuando éstas fuesen identificadas de inmediato como estrategias literarias por una mayoría de lectores.

La conclusión metaliteraria propuesta por *Soldados de Salamina* se refiere, no tanto a la conveniente adopción de unos parámetros o criterios ficcionales en detrimento de otros, sino a la lógica sucesión de éstos en un continuo juego de rupturas que mantiene vivo el interés por la Guerra Civil. El hartazgo que el narrador siente (y menciona) hacia la guerra de sus padres o abuelos no es el producto realmente de la inevitable extenuación de un referente, sino del agotamiento de un determinado tratamiento literario que exige ser repensado, renovado y/o cambiado. En otras palabras, esta novela argumenta que antes de precipitarnos a certificar la pérdida de interés por un pasado concreto, es forzoso cuestionarse si lo que se pierde no es la curiosidad por una representación o representaciones de éste. Este punto de partida evita entablar relaciones jerárquicas que se refieren a cierta escritura de la historia como esencialmente superior a otras. Por ejemplo, Anthony Percival (y citamos su ensayo como ejemplo) observa un proceso de superación y mejoramiento en la novela posmoderna sobre la Guerra Civil (representada por *Largo noviembre en Madrid* de Juan Eduardo Zúñiga) en relación con la novela social-realista (ejemplificada en el ensayo de Percival por *Valor y miedo* de Arturo Barea). Hay en las novelas postmodernas, según este crítico, una superioridad epistemológica derivada de su mayor grado de auto-conciencia y auto-reflexividad. Más que una relación de superioridad o tan siquiera de competencia, los distintas escuelas novelísticas sobre al Guerra Civil han mantenido una relación de mutua necesidad. *Soldados de Salamina* dramatiza en su trama y estructura esta reflexión: la voz narrativa no sólo cuenta un episodio de la Guerra Civil, sino que también expresa sus dudas e incertidumbres respecto a cómo se debe plasmar el material rescatado con el fin de sortear unas fórmulas que han hecho de una traumática guerra, antes que un referente real y vigente al que tratar con una auto-exigencia moral, un subgénero literario con magníficas obras en su haber pero en peligro de quedar normalizado o convencionalizado.[16]

Esta novela también aborda el problema de la escritura de la Historia, que ha sido objeto de no pocos debates en la comunidad historiográfica y teórico-crítica en las últimas cuatro décadas. En el seno de esas discusiones se han hecho oír voces tan maximalistas como la de Keith Jenkins (y nos hacemos eco de este crítico por ser el ejemplo paradigmático de una corriente de pensamiento sobre este asunto). Jenkins argumenta que el pasado no puede ser conocido *per se* y que «we are the *source* of whatever the past means for us» (1999: 14). Este apriorismo le hace concebir la labor historiográfica «[as] one more fundationless positioned expression in a world of foundationless positioned expressions as we collapse the 'referent into representation'» (1997: 61). La conclusión y el punto de llegada de este pesimismo son, según este autor, inevitables: «Maybe we can just 'forget history'; maybe we can now lead lives within grammatical formulations which have no reference to a past tense» (1997: 57).

Aunque nuestra propia opinión difiere de la defendida por Jenkins y, de hecho, a lo largo de este capítulo se argumenta, a propósito de diversas novelas, la importancia de seguir pensado la Historia y continuar articulando narrativamente el pasado (especialmente cuando éste resulta

---

[16] A este mismo peligro se refiere Samuel Hynes cuando denuncia la domesticación literaria de la experiencia bélica, afirmando que «those imaginary wars, however vivid and violent they may be, are romances: they are war turned into fictions, into shapely untruths. They feed out imaginations with the big abstractions of war [...]. Above all, they make war familiar» (1997: 30). También se puede detectar en los argumentos de Hynes ese ímpetu anti-literario con el fin de evitar que un género ficcional y una serie de clichés narrativos terminen por limar las aristas de una experiencia tan radical como la guerra.

tan decisivo para la actual cultura española), los controvertidos artículos y libros de este crítico no debieran ser desestimados o ignorados sin más. No debieran serlo porque constituyen un indicio de un descontento relativamente extendido entre la comunidad historiográfica. Si bien es cierto que el abandono del pasado como referente temporal, moral e ideológico parece una medida improcedente y desmedida, no lo es menos el hecho de que la posmodernidad epistemológica, la deconstrucción, los estudios de retórica, la crítica textualista y los estudios culturales han puesto su énfasis en la decisiva relevancia de los diversos métodos y estrategias con que se construye una narración sobre el pasado.

Soldados de Salamina puede ser perfectamente interpretada en este contexto porque la novela de Cercas es también la historia del desencanto producido por lo que se había contado de la Guerra Civil, por lo que se había dejado a un lado y por cómo se había organizado el producto final. Al igual que hace Vargas Llosa en su artículo, podemos concluir que esta novela, siendo una novela de la guerra, no es solamente eso. Ese «algo más» consiste en el denodado esfuerzo de un escritor (el personaje Javier Cercas) por encontrar una clave estética con la que volver a una guerra tan estudiada y relatada, una clave estética con la que elaborar una narración realmente significativa y relevante para sus lectores

Ahora bien, ¿cuál es esa clave o código estético que aúna todos los elementos constitutivos de *Soldados de Salamina* y promueve a la vez una creativa revisión de los lazos mantenidos por escritura e Historia? Esta novela está asentada sobre una estética y una lógica interna de la obra en marcha, del proceso inacabado que se muestra como tal. Éste es el relato sobre una novela que pretende ser escrita y que quizá va a ser escrita en el futuro. Esta pretensión, con sus grandes dosis de incertidumbre y eventualidad, es *Soldados de Salamina*. Javier Cercas entiende que una nueva y necesaria inflexión de la escritura de la Historia radica en mostrar los mecanismos y discursos de dicha escritura, es decir, servirse de esa estética metaliteraria de la pieza que se fabrica ante el lector, explicando sus propias dificultades, carencias y problemas con el fin de alcanzar, tal y como pide LaCapra, «a more dialogical relation to the past» (1983: 17).

Soldados de Salamina despoja el conocimiento de la Historia de esa cualidad terminada y orgánica con la que normalmente se ejerce una autoridad ante el lector. Este despojamiento dota al discurso de una capacidad de relación más equitativa: la Historia se hace y se redacta, no supone nunca un punto y final, es el resultado de un proceso en el que nada es inmediato y evidente, ilumina pero también oculta. Esta voz narrativa, que no es una tercera persona equidistante y objetiva, fluctúa entre la narración de la Historia y la reflexión sobre esta labor, entre la recolección del pasado y la plasmación de las carencias que se dirimen en esta recolección, en definitiva, entre el pasado mismo y el medio textual desde el que se escribe y se reorganiza el pasado. La inclusión del contexto en el texto, es decir, la plasmación explícita de las circunstancias, motivaciones y fases que mantienen en pie y dan sentido a un relato sobre el pasado, conlleva en *Soldados de Salamina* un esfuerzo por recuperar la radical historicidad no sólo de cualquier episodio histórico sino también del instante y del acto de la escritura.

Este narrador propone, en consecuencia, que la recopilación del pasado nos informa sobre este pasado y también sobre el presente que produce y consume esa recopilación. El relato de la Historia es, por consiguiente, un discurso con dos rostros: uno que mira hacia lo dejado atrás y otro que mira a lo que hoy ocurre. La naturaleza bifronte de la Historia, de su escritura y de las instituciones que la cultivan no es necesariamente una fuente de insalvables problemas o de desprestigio metodológico. Puede serlo si nuestro horizonte de expectativas pretende ser la recuperación arqueológica, científica y objetiva del pasado tal y como éste fue. Puede serlo si se añora, en el discurso sobre el pasado, un perfecto y fiel sustituto de éste. Ahora bien, si se acepta que nuestro conocimiento es y siempre será radicalmente histórico, y si se acepta que este conocimiento está y siempre estará condicionado por unas circunstancias históricas dadas, el carácter bifronte de la Historia puede convertirse en una fuente de riqueza moral y epistemológica que, inteligentemente asumida y tratada, hace de la recreación de un tiempo pretérito una labor valiosa para el presente y para el pasado.

La clave residiría, tal y como ejemplifica *Soldados de Salamina*, en no ocultar el carácter evolutivo y transformativo de la novela histórica, en asumir ésta como un relato que surge de un punto de vista concreto y nace condicionada por una serie de circunstancias, en dejar constancia explícita de estos hechos, en no impedir que el lector participe de los pasos, alteraciones y contratiempos sufridos por el recuento histórico. La estética de la obra en marcha es uno de los caminos que puede ensanchar el horizonte de la escritura de la Historia, renovando su retórica y su relación con el lector.

Las ideas perfiladas en *Soldados de Salamina* sobre novela, guerra civil, Historia y escritura deben ser completadas con un último comentario sobre la narración del pasado como una acción moral. Ya se ha mencionado el valor ético de un recuento que recupera voces anteriormente silenciadas. Ésta no es obviamente la única posibilidad de intervenir en el pasado desde un tiempo presente que ajusta cuentas con un afán axiológico. El historiador, tal y como explica Walter Benjamin en sus «Tesis de filosofía de la historia», tiene la obligación de encontrar esas coyunturas y esos instantes pretéritos que poseen «el don de encender en lo pasado la chispa de la esperanza» (1973: 181), es decir, el deseo por un futuro que, de alguna manera u otra, haya solventado antiguas injusticias.

En *Soldados de Salamina*, el narrador descubre uno de esos instantes en una de las promesas realizadas por Sánchez Mazas a los «amigos del bosque». Uno de éstos le cuenta a Javier Cercas lo siguiente: «Antes de marcharse, Sánchez Mazas nos dijo que iba a escribir un libro sobre todo aquello, un libro en el que apareceríamos nosotros. Iba a llamarse *Soldados de Salamina*; un título raro, ¿no? También dijo que nos lo enviaría, pero no lo hizo» (73). Esta confesión, además de explicar el título del texto, complica su estructura. *Soldados de Salamina* no es sólo un novela y una novela dentro de la novela (la que Javier Cercas redacta en el segundo capítulo y de la que se siente insatisfecho), sino también un libro que debió ser escrito en el pasado no sólo por cumplir una palabra dada, sino también por hacer algún tipo de justicia a una serie de personas que pusieron sus existencias en peligro por salvar la vida de un intelectual belicista.

El libro que Sánchez Mazas jamás llegó a redactar ejerce un gran magnetismo sobre el narrador, que observa ese vacío en la obra del escritor falangista como una oportunidad única de restañar y suplir una carencia del pasado. De esta forma, Javier Cercas escribe una obra que paradójica y extrañamente pertenece a dos bibliografías y a dos biografías, a la suya y a la de Rafael Sánchez Mazas. Éste es un libro que ya existía (aunque fuese tan sólo como proyecto) desde los años treinta, que su autor probablemente pospuso *ad aeternum*, que una serie de lectores esperaban con cierta ilusión y que, sin embargo, nunca fue redactado. Cercas, tras conocer a esos lectores decepcionados, no sólo da cuenta de dicho desengaño sino que además intenta mitigarlo de la única forma que puede.

Soldados de Salamina ensaya, por lo tanto, una intervención sobre el pasado con el fin de dar a alguien lo que, en un momento, debiera haber tenido.[17] En esta ocasión, ese «algo» es un libro que salda una cuenta pendiente con unos supervivientes de la Guerra Civil. De todas formas, el libro que Javier Cercas firma no es exactamente el mismo que Sánchez Mazas hubiese firmado y no lo es porque, aunque este último sí hubiese reconocido la ayuda prestada por sus «amigos del bosque», jamás habría contado la verdad de lo sucedido tras haber sido fusilado, es decir, tras haber entendido que ninguna bala lo había alcanzado y tras agazaparse en el boscaje de los alrededores. *Soldados de Salamina* recuerda que Sánchez Mazas hizo de su fallida ejecución y de su milagrosa supervivencia uno de los mayores actos heroicos de la Guerra Civil. Este escritor recorrió buena parte de la geografía española relatando su hazaña en teatros y locales.

Soldados de Salamina existió por lo tanto, y no sólo como proyecto, desde los años treinta. La historia que Sánchez Mazas prometió contar a los amigos del bosque existía como una narración oral que miles de españoles pudieron oír en los teatros de sus ciudades.[18] Este recuento, que probablemente no incluía ninguna información fraudulenta, proponía una serie de énfasis y medias verdades que desplazaban el centro de atención narrativo. El relato de Sánchez Mazas se enmarcó en el calendario propagandístico de un bando en guerra, necesitado de leyendas con las que alimentar la moral de su zona. Una campaña de adoctrinamiento que encauzó la narración en un sentido bastante peculiar y la dotó de un significado radicalmente distinto del que, en un primer momento, los amigos del bosque debieron sospechar. Sánchez Mazas prometió un reconocimiento a la ayuda de éstos y lo que, en cambio, terminó por fraguar fue un encomiástico elogio oral de su propia sagacidad y valentía.

---

[17] En el mes de julio de 2001, Javier Cercas presentó *Soldados de Salamina* junto con David Trueba (responsable de la versión cinematográfica de la novela) en la localidad catalana de Cornellà de Terri. A esta presentación asistieron Joaquim Figueras y María Ferre, dos de los «amigos del bosque» que ayudaron a Sánchez Mazas y, a su vez, personajes de la novela. Cercas no narra en su novela esta presentación, pero sí cuenta que el personaje Javier Cercas les prometió a estos individuos escribir un libro que hiciera justicia a sus memorias y a su actuación durante la Guerra Civil.

[18] El cineasta Martín Patino incluyó en su documental sobre la Guerra Civil, *Caudillo* (1977), una copia del testimonio de Sánchez Mazas ante un auditorio entusiasmado con su narración. Aunque la calidad de la imagen y del sonido no especialmente buena, sí puede detectarse el tono y el contenido triunfal con que Sánchez Mazas relató, en esos meses finales de la guerra, su peripecia.

Soldados de Salamina propone la reorientación de este material narrativo hacia una versión más cercana al sentido histórico que debió tener desde un principio. Esta novela vuelve a contar, por ende, lo que ya había explicado Sánchez Mazas, añade secciones amputadas de la historia y despliega nuevos énfasis y protagonismos. El resultado final es un consciente palimpsesto que incluye textos anteriores, interactúa con ellos, los reforma y los altera. Esta novela cierra, de hecho, un círculo temporal que había quedado a medias y que, al ser completado, ofrece una luz distinta y renovada sobre el pasado. El narrador y su voluntad ética demuestran que la relación con un tiempo pretérito (que es memoria, Historia y presencia simultáneamente) no tiene por qué ser unidireccional ni tiene por qué hacer del pasado un objeto.

El relato de la historia, tal y como pedía Nietzsche en *Sobre los usos y abusos de la Historia para la vida*, no es asumido en tanto que documento historicista y positivista con el que acumular cultura e información. Este relato se convierte en un acto que pide y exige del lector una implicación y una praxis. Una implicación que le impida consumir pasados como un otro distante y lejano contra los que definir y perfilar una identidad determinada. Una praxis que frene la consideración de lo ya ocurrido como una narrativa cerrada y finita, y que la impulse en tanto que un proceso en el que todavía se puede intervenir para enderezarlo en un dirección más adecuada. La Historia y la Historia de la Guerra Civil en concreto nunca nos llegan terminadas y conclusas, imponiéndose como un destino ya cumplido ante el que sólo cabe la resignación. En esta Historia y en su escritura siempre quedan cabos sueltos, momentos capaces de prender esa esperanza a la que Benjamin se refería.

En conclusión, la postura adoptada por *Soldados de Salamina* hacia la Historia y su escritura puede quedar resumida del siguiente modo. Esta novela advierte contra el conocimiento y narración del pasado entendidos como ritos funerarios o, en palabras de Michel de Certeau, «scriptural tombs» (1998: 2). La función social de los discursos que construyen la Historia no debe ser, según el texto de Cercas, erigir mausoleos a quienes, ofreciéndoseles teóricamente un homenaje, se les entierra en una lejanía temporal. Un peligro que De Certeau glosa del siguiente modo: «The dear departed finds a heaven in the text *because* they can neither speak nor do harm anymore. These ghosts find access through *writing* on the condition that they remain *forever silent*» (1998: 2). El pasado plantea, en *Soldados de Salamina*, retos y desafíos que hacen del presente un tiempo con una mayor densidad moral. En definitiva, el pasado, según esta novela, no es un frontispicio en el que mirar la plasmación más o menos estilizada de viejas y caducas situaciones, sino una realidad en marcha a la que no se trata de observar, descubrir y coleccionar, sino ante la que se debe reaccionar. La escritura está llamada a ser una de esas medidas y reacciones que interviene en favor de una Historia más precisa y justa, más cercana e íntima, más implicada en quienes fuimos y en lo que somos, en definitiva, capaz de actuar como impulso de una comunidad intelectual, memoriística y ética.

5. *EL LÁPIZ DEL CARPINTERO*: CAMBIOS EN LA HEGEMONÍA DE LA MEMORIA

La masiva transmisión, oral o escrita, de un conjunto de recuerdos personales no se trata realmente de un derecho inmediato y universal sino de una posibilidad ostentada, en distintos momentos, por comunidades diversas. La capacidad para recordar en comunidad y para otorgarle un espacio público y una trascendencia política a unos recuerdos está estrechamente relacionada con la adquisición de algún tipo de hegemonía. Es precisamente esta hegemonía la que hace accesible, como razona Carlo Ginzburg, un marco social de instituciones y vías de expresión en las que se insertan y articulan los recuerdos personales para alcanzar notoriedad y proyección (1997: 359). Se puede concluir, por lo tanto, que recordar en voz alta y con una relevante trascendencia social es un privilegio que otorga un poder normalmente disputado por diversos grupos. Un poder, en definitiva, cuya ostentación o carencia puede propiciar la desaparición o implantación de una determinada memoria (Rowe/Schelling 1991: 119-120).

La novela de Manuel Rivas *El lápiz del carpintero* (2000) está articulada precisamente por la tensión entre dos testimonios que pujan entre sí y que además tienen lugar en dos contextos y ante dos auditorios muy distintos.[19] El presente narrativo de la trama, desde el que se em-

---

[19] Manuel Rivas es, además de poeta y narrador, el autor de reportajes periodísticos que tienen a Galicia normalmente como tema. Si Bernardo Atxaga se ha convertido en el representante de la narrativa vasca para el resto de territorio nacional, Rivas es sin duda el escritor gallego (junto a Suso del Toro) más representativo de la narrativa gallega. Sus obras han sido reconocidas con el Premio Torrente Ballester, el Premio Nacional de Narrativa o el Premio de la Crítica y algunas de sus piezas, como *Un mi-*

prende la labor rememorativa, puede ser situado en un instante de la actual democracia. Una situación histórica que es asumida por la novela de Rivas como una inversión de las hegemonías memorialísticas del régimen dictatorial anterior. Si el franquismo fraguó, en palabras de Susana Narotzky y Gavin Smith, «a totalitarian closure of the public sphere» (2002: 190), es decir, la imposición de una ortodoxia histórica sobre el pasado, sobre qué podía recordarse y quién estaba destinado a realizar esa tarea, la democracia representada por *El lápiz del carpintero* ya ha sabido reconducir y hasta invertir, hasta cierto punto al menos, ese estado de cosas.

La novela arranca con un primer capítulo en el que un joven periodista, Carlos Sousa, visita la casa de un anciano doctor, Daniel Da Barca, y de su esposa, Marisa Mallo. El periódico para el que Sousa trabaja prepara un extenso reportaje sobre la vida de este matrimonio que, tras ser perseguido, torturado y encarcelado durante la Guerra Civil, tuvo que marchar a México para afrontar cuatro décadas de exilio. Con la instauración de la democracia en España, Daniel y Marisa vuelven a su Galicia natal y allí emprenden una nueva vida que, por fin, va a ser recogida y presentada a un público lector desde las páginas del periódico regional. Este capítulo inicial parece el primer acto de una larga entrevista destinada a articular el resto de la novela.

El segundo capítulo abandona, sin embargo, la entrevista entre Sousa y el viejo exiliado para presentarnos un segundo encuentro que, en este caso, sí va a ser el que estructure todos los capítulos restantes. Paradójicamente, el protagonista de este segundo acto testimonial es el soldado franquista que persiguió con inquina al matrimonio Da Barca durante toda la Guerra Civil, Herbal. Independientemente del efecto que este giro narrativo produce en el conocimiento de un pasado concreto, es relevante la información ofrecida sobre un presente en el que los sectores antaño acallados han ganado terreno en perjuicio de los que, durante cuarenta años, ejercieron el poder de la memoria de una manera implacable.

Las diferencias entre el testimonio de Daniel Da Barca y el de Herbal son muchas, pero quizá la más importante radique en su dispar aptitud para entablar lazos de conexión y continuidad con el presente y el futu-

---

llón de vacas (1990), *¿Qué me quieres, amor?* (1998) y, por supuesto, *El lápiz del carpintero* han obtenido una excelente acogida crítica y comercial. Su estilo compagina una deliberada sencillez, un impresionismo poético, la imitación de la oralidad y la recreación de fábulas populares.

ro. El periodista que visita al doctor exiliado garantiza, en mayor o menor medida, el diálogo de una comunidad. Herbal no cuenta, por el contrario, con ningún interlocutor que demande inicialmente la exposición de sus recuerdos. Éste escoge una oyente (una prostituta de origen africano y lengua portuguesa a la que llaman María da Visitação) que no puede otorgarle trascendencia pública alguna. Al contrario de lo que sucede en *Soldados de Salamina* o en *Las guerras de Etruria*, en donde los personajes más jóvenes adoptaban un papel muy activo, en *El lápiz del carpintero* es el personaje de mayor edad, Herbal, quien tiene que buscar a su interlocutor y quien tiene que aprovechar cierta potestad otorgada por su estatus profesional para construir un contexto en el que su testimonio pueda acontecer. Maria da Visitação es, de hecho, más que un interlocutor, una oyente. Es normal, por lo tanto, que la narración de Herbal transcurra con un alto grado de autosuficiencia, sin esperar ningún tipo de incentivo o reclamo por parte de su supuesta interlocutora.[20] Una situación de quiebra generacional que recuerda, tal y como expone Ulrich Winter (2005), el planteamiento de *La muchacha de las bragas de oro* (1978) de Juan Marsé: una novela sobre los desajustes ideológicos entre dos generaciones y sobre los problemas para crear un paso de testigo político entre ambas.

---

[20] En *Soldados de Salamina*, la presencia éticamente implicada del personaje Javier Cercas logra transformar el sentido de unos testimonios y de una investigación histórica. En principio, las historias desprendidas de dichos testimonios e investigaciones delineaban el desaliento y el abandono de una generación truncada por la guerra, el exilio, la cárcel o la muerte violenta. La desolación trasmitida por estos relatos, terminan sin embargo por deparar un resultado último bastante más esperanzador gracias a la presencia de un interlocutor activo, atento y comprometido no sólo con lo oído, leído y aprendido sino también con su difusión. El injusto exilio del soldado adepto a la República (Antonio Miralles) queda aminorado y reorientado por la presencia de un testigo integral, responsable y participativo. Este cambio gradual o puntual de tono narrativo en el seno de una novela sobre la Guerra Civil también articula el sentido de obras como *Malena es un nombre de tango* (1994) de Almudena Grandes o *La hija del caníbal* (2001) de Rosa Montero. En el texto de Grandes, toda la última sección de la «Segunda parte» narra el encuentro de una desconcertada Malena con su abuela. Ésta le cuenta en un tono elegíaco la historia de su familia, que está protagonizada por librepensadores y adeptos a la Segunda República en los conflictivos años treinta. Este relato re-energiza la identidad de Malena, así como la posibilidad de encontrar una tradición familiar a la que respetar y en la que apoyarse en su propio proceso de maduración. La narración de Montero es analizada en el segundo capítulo.

La extensa narración de Herbal, a diferencia de lo que sucedía en las novelas anteriormente analizadas, nunca logra engendrar (y nos servimos de los términos acuñados por Saul Friedländer) «a redemptive recovery of the past» (1992: 41). Esta recolección redentora del pasado tiene la habilidad de, tal y como explica este mismo crítico, «erase the excess [of the past]» (1992: 54), es decir, contextualizar sus aspectos más traumáticos, ofrecer un marco explicativo para aquellos recuerdos más hirientes e imprimir un sesgo comunicativo y racional a lo que era tenido por impronunciable y abyecto. Herbal no queda redimido de ningún pasado porque, a pesar de atreverse a compartir los males causados por él mismo durante la Guerra Civil, aún permanece bajo los efectos de una memoria traumática que lo paraliza.

Otra faceta de este fútil intento por entablar un diálogo redentor con el pasado en *El lápiz del carpintero* es el desigual equilibrio mantenido por el recuento de unos datos pertenecientes a otra época y la conciencia de estar realizando dicha labor desde el presente. El protagonista y narrador, Herbal, parece atrapado casi obsesivamente en un pasado que arruina la posibilidad de un presente sin remordimientos ni complejos. Este personaje padece una fascinación ensimismada por un tiempo pretérito que le arrastra a un estado de extasiamiento, de parálisis y monotonía, de melancolía sin duelo alguno, sin revisión sanadora y distanciada.

El lápiz del carpintero propone una interesante reflexión no sólo sobre la cantidad y calidad de unos recuerdos, sino también sobre su capacidad para tender puentes de entendimiento y empatía con generaciones posteriores. En otras palabras, qué clase y número de recuerdos son necesarios, suficientes y no excesivos para que un pasado resulte atractivo y estimulante para el presente. Esta pregunta se despliega, finalmente, en una doble interrogación. Una que se refiere al tipo de recuerdos y otra que cuestiona las dosis de recuerdos con los que el presente quiere y está dispuesto a dirimir. Siguiendo la trama y los argumentos de la novela de Manuel Rivas, vamos a comenzar con la segunda pregunta.

El aislamiento que Herbal padece antes, durante y después de su testimonio está relacionado no sólo con la calidad político-ética de sus recuerdos (un aspecto que será abordado en el siguiente apartado), sino también con la cuota de recuerdos que éste trae a su propia existencia y a la existencia de su interlocutora. La magnificación o totalización de la memoria llevada a cabo por este personaje despiertan la interrogante de si, tal y como se cuestiona Charles Maier, «can there be too much memory?» (1988: 161), es decir, si la amnesia colectiva que minimiza o silencia un determinado corpus de recuerdos (referidos, por ejemplo, a la Guerra Civil) es tan sólo la otra cara de otro factible exceso, el de la desproporcionada atención al pasado, a los recuerdos, a la memoria.

Éste es el caso de Herbal, que recae como explica Maier en «the doubling of experience through memory and melancholy [that] became an almost narcotic experience and led to all the compulsive inauthenticity that characterizes the modern drug addict» (1993: 139). En este personaje, no existe un conjunto de rememoraciones al servicio de una identidad, sino una identidad al servicio de unas remembranzas que perecen serlo todo, explicarlo y ocuparlo todo. Es significativo que el usual carácter taciturno y reservado de este personaje de paso a cierta locuacidad cuando se ocupa del contenido de su memoria. Una vez que este contenido es expresado, Herbal vuelve a un estado de retraimiento y melancolía del que parece no poder sacarle ni su propia pareja, con la que vive amancebado. Manila, al verlo en la entrada del burdel tras su larga perorata, le pregunta: «¿Qué haces aquí fuera solo como un perro?» (189). Herbal se muestra incapaz de hablar de sí mismo o de cualquier circunstancia que le rodea, a no ser que ésta le retrotraiga al pasado.

La conclusión del relato de Manuel Rivas permite responder a la pregunta de Maier («¿puede haber demasiada memoria?») con una respuesta afirmativa.[21] Puede, de hecho, haber demasiada memoria cuando ésta es autocomplaciente, cuando tan sólo sirve a la melancolía, cuando no identifica su naturaleza ontológicamente distinta de la del presente, cuando se vuelve circular y cerrada, cuando no propicia un mejor entendimiento de unas circunstancias actuales, en definitiva, hay demasiada memoria cuando está no revitaliza responsablemente sino que agota y asfixia. Herbal demuestra con su galopante narración que donde la memoria pretende serlo todo, no puede crecer una percepción ética del pasado ni la opción de una praxis que rectifique sus efectos perniciosos.

---

[21] Obviamente Maier parte de las reflexiones de Sigmund Freud y, en concreto, del ensayo «La fijación del trauma». Freud explica que la memoria puede convertirse en una adicción o en una fijación de la que el sujeto no sabe desprenderse. De igual manera, Freud argumenta que este sujeto invadido por una memoria abusiva concibe ese pasado al que retorna compulsivamente como su presente o, al menos, como su presente más vivo e inaplazable (1997: 2294). En definitiva, estos argumentos (que por otra parte, son muy comunes a la teoría cultural o literaria de orientación sicoanalítica) son recogidos por Maier y sirven para explicar, en gran medida, el «mal cultural» sufrido por el personaje de Herbal.

En contraste con esta memoria desorbitada (demasiada memoria, en definitiva), Daniel Da Barca demuestra, en el primer capítulo de la novela, una distancia crítica con sus propios recuerdos. Una distancia suficientemente amplia, por una parte, como para otorgarle un lugar esencial a las reacciones de su entrevistador y como para asumir que la narración de la memoria se realiza desde un presente con su propia idiosincrasia. Una distancia suficientemente estrecha, por otra parte, como para transmitir la implicación y el sentido de responsabilidad hacia unos recuerdos que son necesarios (y no una carga ni un exceso) para la comprensión y vivencia del presente. *El lápiz del carpintero* transmite, de esta manera, un significativo contrapunto: mientras que el testamento memorialístico de los exiliados republicanos disfruta de vigencia, el de los triunfadores de la Guerra Civil se trata de un documento para narcisistas y nostálgicos que retoman el pasado como objeto de veneración, es decir, como una «reliquia» que, tal y como afirma David Lowenthal, ofrece un campo de visión bastante limitado y estático (1985: 243).

La relación perniciosa de los vencedores de la Guerra Civil con un conjunto de recuerdos no es el único aspecto, de cualquier forma, que le resta legitimidad y viabilidad a esta memoria franquista de la contienda. Hay, de hecho, una cuestión de fondo que se refiere a los procesos sociales, culturales y políticos que crean esa legitimidad. Esta legitimidad suele concretarse en una tradición que, para ser útil, debe ser compartida por el mayor número posible de miembros de una comunidad específica. Una tradición que se torna una fuerza centrípeta para un grupo de sujetos que se perciben como partes integrantes de una entidad aglutinadora porque, entre otras cosas, comparten una Historia.

El compromiso con un pasado común y la existencia misma de ese pasado común no se trata de realidades obvias, sino del resultante de esos procesos ideológicos anteriormente mencionados. En otras palabras, cada «comunidad imaginada» (por utilizar el término acuñado por Benedict Anderson [1983]) recrea una suerte de hechos, vivencias y personajes compartidos que aúnan. Esta recreación implica una selección de materiales narrativos y una perspectiva para su engarzamiento que tienden a minimizar las diferencias y a enfatizar la magnitud e importancia de un tronco común. A este hecho se refiere Raymond Williams en unas palabras que aciertan a desnaturalizar lo que pretende presentarse, en muchas ocasiones, como una realidad inmediata y desproblematizada.

From a whole possible area of the past and the present, in a particular culture, certain meanings and practices are selected for emphasis and certain other meanings and practices are neglected or excluded. Yet within a particular hegemony, and as one of its decisive processes, this selection is presented and usually succesfully passed off as «the tradition», «the significant past». What has then to be said about any tradition is that it is in this sense an aspect of contemporary social and cultural organization, in the interest of the dominance of a specific class. It is a version of the past which is intended to connect with and rarify the present (1977: 115-116).

Esta revisión selectiva del pasado que resignifica ciertos hechos y personajes pretéritos para crear una impresión de continuidad con el presente, forma parte de la misma estructura del relato de Manuel Rivas, basado precisamente en la pérdida u obtención de legitimidad por parte de representantes de las dos comunidades enfrentadas en la Guerra Civil, vencidos y vencedores. Una legitimidad y un poder desarrollados por Williams en su aproximación marxista y de la que aquí se van a destacar dos aspectos por su relevancia en *El lápiz del carpintero*: la importancia del espacio público en la creación de una tradición hegemónica y el carácter interesado de la clase social capaz de emprender, controlar y perpetuar esos procesos.

En primer lugar, es significativo que los protagonistas de *Soldados de Salamina*, *Las guerras de Etruria* y *El lápiz del carpintero* no se limiten a satisfacer un deseo personal/familiar y legítimo de conocimiento, sino que también pretendan propagar también una narración sobre el pasado en la forma de texto historiográfico, novela o reportaje periodístico. Hay, en este sentido, tanto en la narración de Rivas como en las otras dos mencionadas, una ficcionalización de un proceso cultural que España atraviesa, de manera especialmente intensa, desde mediados de los años noventa: la tensa renegociación de la memoria colectiva y pública para crear una nueva hegemonía en el recuerdo sobre la Guerra Civil. No se trata solamente del ejercicio memorialístico en el seno de pequeñas comunidades a modo de resistencia política (algo que ha sido estudiado por Paloma Aguilar y Carsten Humlebaek), sino del ejercicio memorialístico que busca crear una nueva correlación de fuerzas mucho más favorable para los anteriormente desfavorecidos.

En este sentido, resulta ilustrativo recordar que estas novelas narran la intención de recuperar un poder y de ostentarlo posteriormente: el poder de contar la Guerra Civil, extender una perspectiva antes ignorada y extender el papel jugado por el bando derrotado, es decir, el poder de ocupar esas posiciones claves en el seno de un territorio público en el que se conforma la imagen comunitaria de un país y de su propio pasado. Este proyecto político hace de estas novelas textos sobre la exteriorización, sobre la expresión, sobre la manifestación de la Guerra Civil. Un proyecto que se asienta en la memoria para comunicarla y convertirla, de este modo, en una suerte de producto que, como el reportaje-entrevista al doctor Da Barca, puede ser consumido, pasar de mano en mano y empapar todo un espectro cultural.

Esta postura des-romantiza la Guerra Civil y, en general, la experiencia bélica porque apuesta por la comunicabilidad de dicha experiencia y de los recuerdos que se desprenden de ésta. *El lápiz del carpintero* entiende que la acumulación de vivencias tan radicales como la represión, la muerte, la tortura, la persecución, el exilio o el encarcelamiento no están destinados a quedar más allá de lo expresable, es decir, en el territorio de lo inefable, de lo que el lenguaje sencillamente no puede aprehender. Por el contrario, el lenguaje compartido por toda una comunidad (el lenguaje público de la prensa escrita) es el destinado a acoger los recuerdos de un personaje, a plasmarlos en tinta y presentarlos ante un público para que sean consumidos, comprendidos, asimilados y reconocidos.

En segundo lugar, es relevante que el resurgimiento de los derrotados como portavoces de una nueva memoria de la Guerra Civil es el producto, tal y como ejemplifica *El lápiz del carpintero*, de una intensa labor realizada por personajes jóvenes, intelectuales y burgueses. Éstos ejercen profesiones relacionadas con la composición y lectura de textos (bien sean periodísticos, historiográficos o novelísticos) y parten de un *locus* social que no puede ser calificado de marginal. Esta situación, común a todos los protagonistas de las novelas hasta ahora mencionadas, condiciona el sentido y los objetivos de unas investigaciones que responden, en cierta medida, a los propios deseos y preferencias de sus responsables. En otras palabras, el legado de los vencidos en la Guerra Civil es amplio, contradictorio y complejo. Cualquier reivindicación de éste implica necesariamente la elección de alguna de las diversas y heterogéneas corrientes políticas que lo conformaron.

El reportero que entrevista y homenajea al doctor Da Barca traza, con o sin conciencia de causa, una genealogía política con la que él mismo, su periódico y la comunidad que lo consume desea entroncar. *El lápiz del carpintero*, al igual que la novela de Julio Manuel De la Rosa o

Cercas, selecciona personajes del bando republicano que poseen una cualidad representativa o metonímica. En estos personajes, quedan cifradas las cualidades y virtudes de ciertos sectores democráticos, ilustrados y liberales del bando republicano. El doctor Da Barca, culto, progresista, demócrata, humanista y filántropo, se convierte en un representante de una tradición «recuperable» (la del liberalismo moderado español).[22] Junto a esta tradición recuperable, es decir, junto a esta «tradición simpática» que despierta solidaridad y afecto por parte de personajes jóvenes que se perciben como miembros de esa misma familia político-cultural, existen otras tradiciones que *El lápiz del carpintero* deja a un lado.

Estas reflexiones fuerzan una pregunta inevitable si se acepta (como aquí se hace) que la recuperación del pasado nunca es objetiva y total, y que por consiguiente siempre se recupera un determinado pasado para una determinada causa. Si estos personajes no reivindican todo el bando republicano ni en su globalidad ni tal y como éste realmente fue, ¿qué facción reclaman como propia?, ¿qué perciben (y dejan de percibir) estos personajes en el remoto pasado de la Segunda República?, ¿qué se enfatiza de ese dispar legado?, ¿qué papel juega el bando republicano reivindicado y recreado por estos personajes en la conformación de sus propias identidades?, ¿en qué consiste, en términos de Eric Hobsbawm, «esta reinvención de tradiciones»? Este proyecto cultural, deseoso de restablecer el legado memorialístico de los vencidos en la Guerra Civil Española, es un proyecto de una determinada burguesía urbana, instalada en una economía tardo-capitalista de una sociedad neoliberal con la que, en ningún momento, se propone ruptura de tipo alguno. Incluso cuando se recopilan los recuerdos de soldados o milicianos de extracción social baja, el interés por recuperarla proviene de la clase burguesa, de sus intereses y necesidades. Obviamente, esto

---

[22] Una de las plasmaciones cinematográficas más claras de esta «tradición simpática» de la Segunda República es el personaje interpretado por Fernando Fernán Gómez en *La lengua de las mariposas* (1999). Este anciano maestro, culto, tolerante, moderado, curtido en los métodos didácticos de la Institución Libre de Enseñanza, puede ser entendido como el arquetipo de esa familia política con que estas novelas se identifican. Personajes parecidos pueden ser encontrados en *La sangre ajena* o *El nombre que ahora digo*, así como en novelas como *Un largo silencio* (2000) de Ángeles Caso, *Los colores de la guerra* (2002) de Juan Carlos Arce, *En el umbral* (2002) de Juan José Flores, *La voz dormida* (2002) de Dulce Chacón o *La noche ciega* (2004) de Juana Salabert.

desencadena el interés en una tradición liberal, moderada, democrática y culta en la que no tienen cabida las expresiones más radicales, jacobinas, extremistas o revolucionarias de un bando en el que convivieron proyectos muchas veces incompatibles.[23]

El reportero de la novela de Rivas, como el periodista-escritor de *Soldados de Salamina* o el historiador-literato de *Las guerras de Etruria* no proponen la recuperación, por ejemplo, de proyectos revolucionarios y violentos de corte marxista o anarquista, ni siquiera la recuperación o rearticulación de la misma idea de revolución o ruptura social. Tampoco rescatan un discurso político que enfatice el enfrentamiento de clases, la asunción de una retórica anticapitalista, la vigencia de alguna modalidad de anti-clericalismo, la imposición de la dictadura del proletariado o el rechazo de la propiedad privada (o de la banca, o del Estado o de otras instituciones bien religiosas bien civiles), discursos éstos que articularon doctrinas políticas muy pujantes en el bando republicano durante los años de guerra. *El lápiz del carpintero* simpatiza con una tradición política muy distinta. Es ésta tradición política (un gallegismo regionalista, liberal, progresista y moderado, con énfasis en los aspectos culturales de esta región) la que aparece como una línea genealógica útil y viable para la articulación de una identidad presente más satisfactoria (la España de las autonomías en la que el proceso de descentralización continúa, especialmente en las comunidades denominadas «históricas», Galicia, País Vasco y Cataluña, y en la que el modelo federal, democráticamente negociado, parece una realidad cada vez más cercana).

El proyecto político de una España europeísta, dialogante, pacífica, culta, sofisticada, liberal, burguesa, democrática, progresista y moderada en sus formas durante la Segunda República y la Guerra Civil captura el interés de esta novela, el boceto de unos antepasados cuyo recuerdo no avergüenza ni incomoda. Son estos dignos antepasados los que estimulan el instinto histórico de una generación de burgueses que también se quiere tolerante, culta y demócrata, y que, desde esta auto-percepción, recuenta la Guerra Civil con unas preferencias y unos énfasis

---

[23] Narraciones tan tempranas como las de Max Aub, Manuel Chaves Nogales e incluso George Orwell tuvieron como uno de sus principales motivos narrativos la representación de las irreconciliables diferencias que anidaban en el bando republicano. Probablemente, el aniquilamiento de anarquistas y trotskistas a manos del comunismo estalinista en Cataluña es el episodio más notorio de estos agudos contrastes en un bando que nunca disfrutó de una excesiva unidad.

muy claros. Una historia de, por y para la burguesía liberal que entiende su historia durante la Segunda República, antes y durante el periodo bélico, como el centro neurálgico de una admirable generación perdida y de una línea de sucesión truncada que conviene retomar.[24] Los personajes jóvenes atraídos por esa tradición se constituirían, en definitiva, en los auto-proclamados herederos, los depositarios y albaceas de un legado que, tras el franquismo, re-emerge como la historia de la Historia, aquélla que merece ser recontada y asimilada, en definitiva, el catalizador de una identidad presente quizá más satisfecha de sus antecedentes históricos que de su misma actualidad.[25]

6. LOS PROBLEMAS DE FILIACIÓN HISTÓRICA EN *LA SANGRE AJENA*

La incursión narrativa de Manuel de Lope en el tema de la Guerra Civil depara un análisis, no sólo sobre el conocimiento de un pasado traumático, sino también sobre su desconocimiento.[26] *La sangre ajena* (2000), a diferencia de las novelas anteriormente tratadas, bosqueja el retrato de un absoluto fracaso, más intenso si cabe que el protagonizado por Herbal en *El lápiz del carpintero*. En las novelas de Cercas, Soler o De la Rosa, los personajes más jóvenes logran introducirse en el territorio moral del pasado, desvelando secretos y recuperando testimonios

---

[24] Para un estudio sobre las principales figuras de esta tradición liberal y progresista, recomendamos el libro de Juan Marichal (1995). Aunque Marichal glosa la vida intelectual de figuras que van desde José Ortega y Gasset o Manuel Azaña hasta Miguel de Unamuno pasando por José Luis Aranguren o Enrique Tierno Galván, en todos los casos, su lectura enfatiza el carácter mediador, reconciliador y tolerante de todos.

[25] El tema del desencanto en la transición política española hasta nuestros mismos días es constante en la bibliografía literaria, cultural y filosófica dedicada a la España de fin de siglo. Nuestra percepción del tema viene conformada por las lecturas, entre otras, de Teresa M. Vilarós (1998) y Alberto Medina Domínguez (2001).

[26] Manuel de Lope es autor de novelas como *Octubre en el menú* (1992), *Bella en las tinieblas* (1997) y *Madrid Continental* (1998). El Premio Primavera ayudó a otorgarle notoriedad a una obra muy respetada por la crítica. Su interés por la Guerra Civil y la posguerra ya estaba presente en la mayoría de sus obras anteriores, pero no es hasta *La sangre ajena* cuando aborda aquel trienio de una manera frontal. Su última obra *Iberia* (2003 y 2005) es un proyecto de libro-reportaje que peina la Península describiendo sus paisajes físicos y humanos. Las obras de Manuel de Lope se sirven normalmente de una estructura circular o «de muñecas rusas», junto con un estilo de periodos amplios y envolventes.

nunca escuchados o escuchados insuficientemente. En el relato de Manuel Rivas, Herbal no logra exponer su versión ante un auditorio adecuado pero si consigue, al menos, contar unos hechos ante una de sus contratadas. Los protagonistas de *La sangre ajena* desencadenan una espiral de incomunicación que arrastra a los personajes más jóvenes y a los que protagonizaron la Guerra Civil al silencio y al olvido. Un confinamiento que depara importantes consecuencias para la identidad de los que no cuentan, de los que no preguntan y de los que, por lo tanto, tampoco pueden acceder a una decisiva información.

La línea argumental de *La sangre ajena* presenta similitudes con las de algunas narraciones explicadas hasta ahora, como es el caso, por ejemplo, de *Las guerras de Etruria*. Un personaje joven, Miguel Goitia, vuelve a la casa solariega familiar para estudiar durante unos meses de verano. Esta casa y sus habitantes guardan un secreto que, de ser desvelado, podría explicar una mentira genealógica que Miguel desconoce por completo. Este último no es nieto de la fallecida Isabel, la señora de la casa que durante la Guerra Civil perdió a su hija en un parto prematuro, sino de la criada y actual propietaria del palacete, María Antonia Etxarri. Esta criada, que se incorporó al servicio de la casa ya embarazada de un anónimo soldado, cede a su hija (de meses, en aquel momento) a cambio de fortalecer su posición en la casa y de una futura herencia. María Antonia cambia a su hija Verónica por una seguridad económica en un trueque que, varias décadas después, cae como una losa sobre los testigos y protagonistas supervivientes.

Este esquema argumental de resonancias folletinescas y al que se le añadirá algún detalle de relevancia, alberga una doble aproximación, una a la Guerra Civil y otra al papel de la memoria. *La sangre ajena* concibe la contienda como el pasado oscuro por excelencia, fuente de confusiones, malentendidos, engaños y ocultamientos nunca puestos de manifiesto ni esclarecidos. Un episodio de la Historia de España, «camuflado o distorsionado hasta lo más evidente» (Alberca 2002: 12), en el que nada resulta obvio ni claro cuando se habla o escribe de él. La guerra es un territorio minado para la memoria porque los cambios que acontecen durante ésta resultan ignominiosos o inconfesables una vez que la paz se instaura.

Los secretos que Miguel Goitia desconoce son varios. En primer lugar, no sabe que su abuela, tal y como se ha explicado, no es Isabel sino esa vieja encorvada que lo recibe en la antigua casa familiar. También ignora que Isabel perdió a su única hija justo antes de nacer y que, para sustituir a la fallecida, María Antonia cedió a su vástago. Este joven opositor a notarías tampoco ha tenido acceso a los motivos por los que Isabel le dejó su palacete a la sirvienta en vez de a su propia hija, Verónica. De igual manera, no tiene ninguna noticia de la violación sufrida por María Antonia (de la que su madre fue fruto), ni de las difíciles relaciones entre su abuelo Julio Herraz y la familia de Isabel, ni de la documentación existente sobre estos eventos, ni del papel jugado por el vecino de la anciana, un jubilado doctor llamado Félix Castro.

La Guerra Civil se inserta en las existencias de estos personajes como una zanja que parte sus trayectorias en dos, creando un «antes» más o menos idílico (que será analizado en el tercer capítulo de este libro) y un trágico, complejo y sobrecargado «después». Entre ambos periodos queda precisamente un tiempo subterráneo y lúgubre (la guerra) en el que toda clase de reajustes y cambios acontecen y de los que, sin embargo, después se intenta borrar sus huellas y vestigios. Por lo tanto, esta zanja también obstaculiza la contemplación de lo dejado atrás, de las líneas directrices de un pasado (equívocas y serpenteantes) que han dado pie al estado actual de cosas.

La sangre ajena plantea el carácter teatral de una guerra que, después de concluir, fue sometida a un proceso de acicalamiento. Este proceso resultó tan intenso que los herederos de aquellos sangrientos años se enfrentan a una puesta en escena que tiene como característica el no presentarse como puesta en escena, sino como la Historia misma. En otras palabras, Miguel Goitia disfruta de su estancia en la mansión de Hondarribia, jamás se preocupa por hurgar en las existencias de sus antepasados y nunca desconfía de la versión que le ha llegado porque no sospecha que esa versión se trata de una representación falsificadora que escenifica vidas e historias inciertas.

Si la Guerra Civil, en *La sangre ajena*, es el tiempo de las máscaras y de los disfraces que perturban y obstaculizan su posterior conocimiento, el presente destinado a arrancar esas máscaras y disfraces para conocer más y mejor la Guerra Civil es un tiempo que sufre de una tendencia acomodaticia que lo deja inerme ante las tergiversaciones. Tres son los componentes principales, en la novela de Manuel de Lope, de esta contemporaneidad democrática a la que le falta constancia para recuperar una perspectiva certera del pasado: el secretismo de algunos protagonistas de la Guerra Civil, la desidia de los descendientes de esos protagonistas y un ambiente histórico que hace del pragmatismo y de la rentabilidad, sin conciencia ni preocupaciones históricas, sus criterios de actuación.

En primer lugar, va a ser abordado el secretismo de los protagonistas. María Antonia Etxarri es el personaje que ejerce, a lo largo de toda la narración, de guardián de los secretos. Este esquivo personaje plantea a otros personajes y se plantea a sí misma un problema de potestad, es decir, a quién le pertenece legítimamente un conjunto de recuerdos cuyo des/conocimiento proyecta una decisiva sombra sobre otras existencias. María Antonia defiende con sus hechos la tesis de que sus recuerdos son una pertenencia intraspasable, sobre la que nadie más tiene el más mínimo derecho. Ese deseo de no compartir se tambalea y pierde firmeza cuando Miguel Goitia le explica que va a abandonar la casa en un par de días con el fin de volver a Madrid en avión. La abuela se entristece y se plantea si compartir todos los recuerdos que, de pronto, se le agolpan. Finalmente, se mantiene impasible y opta por el mutismo.

Para la pregunta de «¿a quién pertenecen los recuerdos?», María Antonia tiene una respuesta clara: los recuerdos pertenecen a una sola persona. Su transmisión no depende de consideraciones morales sino de una estrategia coyuntural. Lo que los otros tienen derecho a saber pasa a un segundo o tercer lugar o, mejor dicho, jamás llega a integrarse en la ecuación que explica por qué esta anciana cuenta o calla. A estos recuerdos jamás se les reconoce una proyección pública y común tal y como argumenta Avishai Margalit en *The Ethics of Memory*.[27] Su poseedora les amputa su condición dinámica y circulante, convirtiendo su propia memoria en un pedestal al que encaramarse para observar, desde una situación de ventaja, las trayectorias ajenas. María Antonia nunca asume su memoria como parte de una red interpersonal en la que otras vidas han quedado implicadas. Una memoria a la que, por lo tanto, hay que dispensar un tratamiento ético.

En segundo lugar, en esta situación juega un papel importante la desidia de los descendientes. Si es cierto que María Antonia no muestra ningún interés por transmitir el testigo de su memoria a personajes más jóvenes, no lo es menos que estos personajes jóvenes tampoco realizan el menor esfuerzo por acercarse a un legado que les corresponde. Miguel

---

[27] Margalit intenta responder a la pregunta que plantea en la introducción de su libro: «Who are the 'we' who may be obligated to remember: the collective 'we', or some distributive sense of 'we' that puts the obligation to remember on each and every member of the collective?» (2002: 7). Esta respuesta es respondida a lo largo de su ensayo y de una manera especialmente relevante para nuestro análisis de *La sangre ajena* en el capítulo quinto, «A moral Witness» (2002: 147-182).

Goitia supone, en este sentido, la última esperanza de regeneración de un árbol genealógico bastante confuso. Su labor, al volver por unos días a la casa de sus antepasados, consiste en intuir la existencia de un secreto y en tratar de desvelarlo, tanto aprovechando las oportunidades o pistas que se le ofrecen como venciendo la resistencia y obstáculos que otros personajes siembran en su camino.

Dos son los personajes que, de distinta forma, acercan a Miguel al conocimiento de la estirpe familiar. Por una parte, su propia madre, Verónica, le incita a preparar sus exámenes en la antigua casa familiar, alejado de Madrid y de las distracciones. Pareciera, de hecho, que Verónica no está dispuesta a revelarle a Miguel una información decisiva y clave aunque sí le ubica en el contexto adecuado para que él mismo la descubra. Por otra parte, el doctor Félix Castro intenta despertar en el joven opositor incertidumbres y dudas. Miguel, en vez de aprovechar las pistas y oportunidades ofrecidas por Verónica y Félix Castro, se ensimisma en sus propias obligaciones, negando cualquier esfuerzo encaminado a inmiscuirse en el pasado de su familia y en la memoria de la Guerra Civil. El «mal de Miguel» no es otro que el profundo y arraigado desinterés por la Historia, no sólo entendida como una meta-narración de hechos bélicos, macro-sociales y políticos, sino concebida como una dimensión de su propia existencia de la que él mismo reniega con hartazgo y fastidio.

En un giro de lúcida ironía, el doctor Castro afirma que Miguel integra una de esas «generaciones estudiosas» (76), conformadas por «hombres de provecho» (76), muy preocupados en su formación técnica en granjearse un futuro estable. Resulta paradójico que Miguel no sea un personaje cuyo enclave cultural y social favorezca la ignorancia o el desconocimiento. De hecho, su profesión de estudiante consiste precisamente en adquirir información y expandir sus horizontes intelectuales. El «mal de Miguel» es, por lo tanto, toda una tendencia generacional que encauza el aprendizaje y el estímulo hacia una perspectiva sincrónica, especializada y técnica.

Al llegar a la casa solariega, Miguel Goitia «traía consigo dos maletas y un baúl. El baúl parecía cargado de plomo. Estaba lleno de libros» (41). Este baúl repleto de manuales de derecho, cuyo abrumador peso es enfatizado por el narrador, simboliza el marco de intereses gnoseológicos e intelectuales de este personaje. Su compromiso con unas oposiciones de notarías consume todo su tiempo, esfuerzo e inteligencia porque éste (y ningún otro) tipo de conocimiento es el que le interesa adquirir. La memorización de un conjunto de leyes cierra el paso a una información de la que dependía, no el éxito de un determinado examen, sino la definición de una identidad más auto-consciente e informada.

En tercer y último lugar, vamos a abordar el ambiente cultural en el que estos personajes conviven. El papel de las generaciones implicadas en el conflicto bélico es conjugada en *La sangre ajena* con la responsabilidad de un periodo histórico identificable con la transición política y la democracia, que ha hecho del recuerdo una actividad difícil e improbable.[28] Estos factores supra-individuales son el resultado, en última instancia, del devenir económico y social del país cuyo desarrollo y expansión han borrado, parcial o totalmente, las huellas, espacios, monumentos y signos de un pasado que facilitaba su recuerdo y actualización. Huellas y signos que Pierre Nora denomina «les lieux de mémoire» (1989); Raphael Samuel, «theatres of memory» (1994) y Amalio Blanco, «afluyentes externos de la memoria» (1997: 86).[29]

---

[28] Este proceso de modernización y las reacciones que ha despertado en sectores conservadores y progresistas de la intelectualidad han sido estudiados por Juan Pablo Fusi y Jordi Palafox (1997). En especial, el capítulo décimo de su ensayo («La democracia en España: la transición y sus consecuencias») nos ha sido de gran utilidad.

[29] En la última novela de Antonio Muñoz Molina, *Sefarad* (2001), el tema de la destrucción de espacios que ocupaban un papel central en ciertas memorias individuales y colectivas aquejadas por algún tipo de exilio tiene una enorme relevancia. En la primera sección del libro, titulada «Sacristán», el personaje narrador se resiente, por ejemplo, de la destrucción de una venta a manos de una empresa constructora encargada de ampliar y mejorar la antigua carretera. En esta primera sección de la novela, la fractura moral e histórica con la estirpe y las dificultades para transmitirle a ésta un capital ético y memorialístico tiene, como sucede en el texto de Manuel de Lope, una gran importancia. En *La sangre ajena*, es el narrador (que, en este caso, no es un personaje) quien reflexiona de continuo sobre el pernicioso papel del progreso material en la memoria histórica. De igual manera, en otra novela de Muñoz Molina, *El jinete polaco* (1991), la fractura temporal y generacional que siente el protagonista cuando intenta volver a su Magina natal es constante a lo largo de toda la trama. La vuelta a un espacio familiar y, sobre todo, a la memoria de sus antepasados reales y simbólicos (una memoria protagonizada por la decencia y honradez durante la Guerra Civil) se realiza con esfuerzo pues el protagonista percibe que ese tiempo desaparece poco a poco ya que, por una parte, Magina es un territorio anquilosado y, por otra, él se ha convertido en ciudadano de muchas urbes y, en realidad, de ninguna. David Herzberger ha estudiado acertadamente esta tensión entre la huida del espacio de la memoria y la atracción que ésta produce: «*El jinete polaco* can thus be seen as a work that posits the destruction of historical memory only to reveal the impossibility of such a proposition» (2000: 132).

Este proceso, constructivo y destructivo simultáneamente, corroe el paisaje de una Guerra Civil de la que, tras tantos cambios y transformaciones, casi no quedan restos físicos que ayuden a recordarla. Tal y como explica Gertrud Koch: «we can not avoid communicating through symbols (language/ or cultural signs) and to stop doing so is equivalent to our symbolic death and under some conditions our physical death too» (1997: 394). Obviamente, los personajes de *La sangre ajena* retienen la opción del lenguaje para comunicar una determinada memoria. Este lenguaje, sin embargo, parece carecer de esos «signos culturales» (tal y como los denomina Kock), que pueden suscitar y, en determinados casos, forzar un acto comunicativo en torno a un pasado concreto como la Guerra Civil. La destrucción de signos culturales no sólo afecta a destacados y significativos objetos simbólicos para grandes comunidades, sino a lugares y elementos relevantes para buen número de memorias individuales.

Desde el mismo comienzo de la novela, el narrador da cuenta de una contemporaneidad modernizadora que no se preocupa de los lugares emblemáticos de un pasado traumático como la Guerra Civil si no es para demolerlos: «Todo aquello eran reliquias, o han sido después reliquias, y al mismo tiempo que la herrumbre devoraba el metal de los letreros y hacía saltar el esmalte, el tiempo fue causando otros destrozos. Se han excavado nuevos terraplenes, y suprimido algunas curvas, y se han lanzado las bóvedas de un puente de hormigón sobre el propio tejado de la venta de Etxarri» (20). Un ímpetu reformador cuyas causas explica el mismo narrador: «Ya se ha dicho que ahora corre mucho más dinero por las venas del valle» (20). La novela se hace eco de estos cambios con un tono elegíaco que podría tener, en principio, unas connotaciones un tanto conservadoras. Este canto herido por la modernización de una comarca no lamenta, en el fondo, la modernización *per se* sino las formas de un proceso que no ha sabido compaginar las renovaciones con el respeto a un paisaje que descifraba, una vez leído correctamente, claves de la personalidad de personajes concretos y comunidades enteras.[30]

---

[30] No es extraño, por lo tanto, que el narrador concluya afirmando que «aquello que no había podido la guerra lo había podido el tiempo de paz» (33). Hay espacios que constituyeron el decorado de un pasado decisivo y cuya preservación o integración puede propiciar el trato con ese mismo episodio pretérito. Esta novela se queja del tratamiento históricamente inconsciente de espacios que, una vez sometidos al devenir de la

El diagnóstico del presente ofrecido por esta novela no es, en este sentido, demasiado optimista. La contrapartida del progreso económico en esta comarca no es otra que la banalización o eso que Carmen Resino denominara, en relación con la modernidad española, la transformación de la cultura en «la nada comestible» (41).[31] Es decir, la contemporaneidad democrática de esta novela supone, en palabras de Joan Ramon Resina «a collective installation in a present that wished itself absolute: the present of the market» (2000: 93). El título de la novela, «la sangre ajena», aporta una clara perspectiva sobre un presente que hace de su propia estirpe un otro extraño. La sangre ajena, es decir, la sangre de los que no pertenecen al mismo tronco biológico resulta ser, una vez desmantelada para el lector la sarta de engaños, la sangre propia. Por el contrario, la considerada sangre común se convierte en una sangre lejana. La crítica a estas inversiones no pretende una vuelta a la pureza de castas o a la recuperación de fidelidades basadas en argumentos biológicos, sino que propugna la inevitable interconexión de trayectorias vitales aparentemente lejanas. Ambos polos, lo propio y lo ajeno, no son líneas paralelas que nunca se entrecrucen, sino elementos de un espacio social común.

La Guerra Civil, con su capacidad de síntesis social (una síntesis también con efectos destructivos), de reagrupación de fuerzas, con su impulso para entrelazar existencias desconectadas entre sí hasta ese momento, demuestra que la preocupación ética siempre es una preocupación de varios, comunitaria y transferible. La sangre marchita, la de «las venas exhaustas» (268) tal y como afirma el narrador, es aquélla que delimita el ámbito de sus preocupaciones a lo que estipula como propio, desentendiéndose de todo lo que deja más allá de esa arbitraria delimitación. Este ámbito de incumbencia resulta estrecho, especialmente cuando se pretende trazar la genealogía de una memoria. Ésta siempre salta sobre las barreras familiares o sobre las lealtades preestablecidas, forzando al sujeto (como le fuerza a Miguel Goitia, aunque se resista in-

---

especulación y de las expropiaciones, borran huellas y marcas que explican quiénes fueron algunos personajes, por dónde pasaron y qué les sucedió en esos lugares.

[31] La banalización o empobrecimiento de la «cultura española» en el seno de una sociedad del consumo, del mercado, de la información y de las tecnologías, han sido también estudiados por José E. Rodríguez Ibáñez e Ignacio Sotelo (1991). Además, todo el volumen en donde aparece el ensayo de Carmen Resino (2000) contiene análisis pertinentes para este asunto.

cansablemente) a enmarañar su propia genealogía con la de otros. En este compromiso radica la posibilidad de una discusión mucho más productiva y flexible en donde «lo nuestro» y «lo ajeno» tienen que ser continuamente renegociados para no caer en simplificaciones.

7. *Tu rostro mañana. Fiebre y lanza*: la adivinanza del pasado desde un presente mentiroso

El primer tomo de esta extensa novela de Javier Marías sobre la Guerra Civil española, la Segunda Guerra Mundial y la memoria que se ocupa de éstas, *Tu rostro mañana. Fiebre y lanza* (2002), tiene una organización digresiva que presenta la convivencia de cuatro historias principales:[32] la relación y las conversaciones mantenidas por el protagonista Jaime o Jacobo Deza y su profesor en Oxford, Sir Peter Wheeler, la investigación bibliográfica sobre la vida y muerte del dirigente del POUM (Andrés Nin), la integración del protagonista en el Servicio Secreto británico y el interés de éste en la traición sufrida por su padre durante el franquismo a manos de un compañero y amigo. La trabazón de estas cuatro tramas viene dada, como se ha explicado, por una serie de preocupaciones cuyo denominador común podría ser el interés por la naturaleza moral del «otro» y las posibilidades que el lenguaje nos ofrece para aprehender o desfigurar dicha naturaleza.

Tu rostro mañana parte del análisis detallado de los términos en que la Guerra Civil ha sido narrada. Recontar la Guerra Civil se trata de una tarea intelectual de primer orden ya que es su narrativización lo que, en

---

[32] Javier Marías es uno de los escritores españoles más conocidos y, desde luego, premiados del panorama contemporáneo español (entre sus galardones se encuentra el Premio de la Crítica, Prix Femina Étranger, Premio Mondello Città di Palermo, Premio Internacional Rómulo Gallegos, IMPAC International Dublin Literary Award y el Premio Ciudad de Barcelona, entre otros). Es autor de diez novelas, entre las que destacan *Corazón tan blanco* (1992) y *Mañana en la batalla piensa en mí* (1994), cuyo éxito comercial y crítico le ubicaron en la primera fila del panorama literario europeo. Su interés por la Guerra Civil y por el comportamiento in/moral de personajes en situaciones difíciles o extremas anima buena parte de su producción literaria. De igual forma, su tarea periodística en las páginas de diversas revistas (especialmente en los suplementos dominicales de los diarios del Grupo Correo y, en los últimos años, del diario *El País*) ha deparado una variada muestra de sus preocupaciones éticas en el contexto de la historia española del siglo pasado.

última instancia, le otorga un efecto perdurable: «Lo que tan sólo nos ocurre no nos afecta apenas o no más que lo que no ocurre, sino su relato [...] que es indefectiblemente impreciso, traicionero, aproximativo y en el fondo nulo, y sin embargo casi lo único que cuenta, lo decisivo, lo que nos trastorna el ánimo» (27). Esta atención al medio que sirve para representar, reproducir y transmitir la Historia, a pesar de ser un medio con limitaciones, desencadena en el protagonista una euforia narrativa. De hecho, la profesión de este personaje, como él mismo confiesa, no es otra que contar: «A algunos nos han pagado por eso, por contar y oír y ordenar y contar. Por retener y observar y seleccionar» (22). Toda la segunda sección de la novela, subtitulada *Lanza*, describe y defiende la necesidad de crear hipótesis, teorías, conjeturas y presunciones sobre una realidad que en lo fundamental resulta extraña, pero cuyo factible conocimiento depende de la imaginación y capacidad narrativa del intérprete.

En este sentido, el pasado más traumático y reciente de Europa occidental, protagonizado por varias guerras, se convierte para Jacobo Deza en una escuela de la intuición, en un ilustrativo proceso de aprendizaje con el que pretende perfeccionar uno de sus más apreciados dones, el de adivinar la auténtica naturaleza y el futuro comportamiento del ser humano: «A mí me han pagado por contar lo que aún no era ni había sido, lo futuro probable o tan sólo posible —la hipótesis—, es decir, por intuir e imaginar e inventar» (22). Esta relación con el pasado, que al protagonista le sirve para pulir las dotes que desarrolla en el Servicio Secreto británico, parte de una particular teoría sobre las guerras y, en concreto, sobre la Guerra Civil española. Una teoría que puede ser resumida en dos puntos.

En primer lugar, Jacoco plantea la Guerra Civil como un tiempo de verdades y tiempo de mentiras. La labor que este personaje realiza para el gobierno británico consiste en entrevistarse con distintas personalidades políticas, posibles espías, emisarios de países extranjeros o funcionarios de otros servicios secretos con el fin de entrever su verdadera intención. En otras palabras, Deza se dedica a escuchar y observar sabiendo, como afirma Jerome Bruner, que el lenguaje, al igual que otros sistemas simbólicos, realmente no reflejan la realidad sino que la articula y la hace inteligible (1991: 3). En concreto, el protagonista tiene que detectar e interpretar errores, incongruencias o énfasis sospechosos que denuncien la verdadera identidad y los auténticos deseos de otros personajes. De alguna forma, su tarea implica un esfuerzo por ir más allá del lenguaje o, al menos, más allá de la literalidad del mismo para alcanzar sus últimas motivaciones y pretensiones.

El principal hallazgo que el protagonista puede realizar para el Servicio Secreto es, por lo tanto, un traidor, aquél que haciéndose pasar por aliado, amigo, cómplice o colaborador es, sin embargo, todo lo contrario. Precisamente porque éste es el objetivo último de su oficio, Deza encuentra en la Guerra Civil un periodo fascinante y sobrecogedor. Un conflicto bélico de carácter civil tiene la extraña capacidad de sacar a la luz la auténtica dinámica que rige las relaciones humanas y las cualidades de sus protagonistas. El fingimiento queda abolido y a los odios soterrados les llega el momento de la esperada venganza. Un tema, el de la venganza, que aparece, tal y como señala Carmen Moreno-Nuño, en otros lugares de la novelística de Marías (2005: 138).

El protagonista está intrigado no sólo por esa clase de sorpresas que convierten al amigo en un contrincante sino también por la posibilidad de adivinación de dicha metamorfosis. Su interés no recae, de hecho, en el traidor sino en ese traicionado que no pudo o no supo prever los inminentes cambios que iban a producirse a su alrededor. Esa incapacidad para imaginar con quien se convive, para sospechar el rostro último y definitivo de las personas que componen el paisaje humano de un individuo, fascina a Deza hasta el punto de dedicar sus mayores esfuerzos a suplir esas carencias del pasado. Por supuesto, el caso que mayor interés le suscita (más que el de Andrés Nin o el de los espías alemanes infiltrados en la sociedad británica durante el primer lustro de los años cuarenta) es el de su propio padre, que durante la primera posguerra española fue denunciado a las autoridades franquistas por un compañero de la universidad.[33]

---

[33] Aunque la novela de Marías no reconoce estar basada en ningún hecho real, es inevitable establecer conexiones entre el personaje de Jacobo Deza y su padre, y la del propio Javier Marías con el suyo, el filósofo Julián Marías. Como el propio Javier Marías ha contado, su padre, al igual que el personaje de su novela, fue traicionado por uno de sus más cercanos compañeros y amigos, en este caso, el prestigioso pensador de inspiración católica José Luis Aranguren, que publicó en 1963 un volumen titulado *Ética y política*. Un texto que abogaba por el abandono del individualismo moral y un retorno a una concepción social de la ética. El tema de la traición y la guerra es, por supuesto, una de las constantes en la narrativa de Javier Marías. Un tema que emerge, por ejemplo, en la narración que da título al volumen de cuentos *Cuando fui mortal* (1996) y, sobre todo, en una de sus primera novelas *El siglo* (1983), que traza la genealogía moral y biográfica de un traidor desde comienzos de siglo (el protagonista nace en 1900) hasta la misma Guerra Civil.

Durante la larga entrevista que Jacobo mantiene con su progenitor, el primero no deja de plantear una y otra vez la misma interrogante: «Lo que no entiendo ni nunca he entendido es que tú no te maliciaras nada, que no lo vieras venir teniéndolo a dos palmos durante años y años, algo así está en el carácter» (215). Obviamente, el protagonista no cae en el error de pensarse superior, más dotado y sagaz que su propio padre o que todos aquéllos que se vieron sorprendidos por una inesperada traición durante la Guerra Civil. La lección obtenida de aquel trienio es otra muy distinta: la necesidad de estar alerta, de mantener un juicio crítico ante lo que nos rodea para impedir que unas circunstancias históricas sorprendan en un estado de descuido o desprevención. El protagonista se trata de un sujeto histórico posbélico, que ha perdido un grado de confianza y espontaneidad que, por ejemplo, su padre aun tenía.

Jacobo Deza se muestra teóricamente de acuerdo con su progenitor cuando éste afirma que «hay personas cuyos móviles no merecen la indagación, aunque las hayan llevado a cometer actos terribles o precisamente por eso. Esto, lo sé, va totalmente en contra de la tendencia actual» (217). A pesar de la admiración por la íntegra postura moral de su padre, el protagonista pertenece a un tiempo cuya reinante tendencia propicia la indagación en los móviles de personas y actos terribles. Este interés no viene motivado, al menos no únicamente, por una «malsana fascinación» (217), sino por la misma atmósfera de una época caracterizada por la desconfianza y el recelo, por una suerte de cinismo ideológico y cultural que asume que el mundo está plagado de mentiras que conviene intuir a tiempo, antes de ser sorprendidos por ellas en un contexto más doloroso y de consecuencias más duras. La Guerra Civil (junto a la Segunda Guerra Mundial) supone para el protagonista y su contexto histórico el acta de defunción de un optimismo y de una confianza que quedaron trasmutadas en incredulidad, duda e incertidumbre.

La tarea detectivesca que el protagonista lleva a cabo en el M16 británico es el síntoma de un momento histórico anti-clímax y un tanto desalentador. De alguna forma, con su peculiar y profesionalizada forma de entender las relaciones y el intercambio entre individuos, Jacobo Deza representa la abolición o el serio cuestionamiento de, tal y como explica Geoffrey Galt Harpham, «a colloquy of rational, self-determining subjects sharing their insight with other similar beings. Conversation so conceived constitutes the public exercises of enlightened maturity» (1994: 527). Frente a las palabras de Harpham, *Tu rostro mañana* ofrece la incredulidad del protagonista y del mundo que éste habita. Un mundo en el que, aun en tiempos de paz, se ha profesionalizado e institucionalizado la tarea de desconfiar o dudar sistemáticamente de todos y todo.

Este contexto histórico puede ser identificado con términos que han disfrutado de distinto éxito y aceptación (como la cultura del capitalismo tardío) pero, más importante que adjudicar un nombre determinado a este estado de cosas, es descubrir algunas de sus características más significativas.[34] Una de ellas es, sin duda, una quiebra en el espacio público que, en vez de acoger el intercambio honesto de opiniones y posturas en un diálogo ilustrado de voces independientes, se ha convertido o quizá tan sólo ha sido desvelado como un territorio de falsedades y engaños. Este nuevo contexto, habitado por pretensiones infundadas, falsas posturas, intenciones escondidas, palabras engañosas y gestos vacíos de auténtico contenido, supone la herencia de varias guerras (la civil española y la mundial especialmente) que, al poner en solfa el proyecto de la modernidad, precipitaron un ambiente presidido por la confusión, el recelo, la desconfianza y, por lo tanto, una actitud hipercrítica ante cualquier fundamento moral estable.

En *Tu rostro mañana*, la Guerra Civil inaugura simultáneamente un tiempo de verdades y un tiempo de mentiras. Por una parte, un tiempo de dolorosas verdades en el que las traiciones entre camaradas pusieron al descubierto la faz oculta de muchas identidades. Andrés Nin, dirigente del POUM, resultó traicionado por los compañeros comunistas, con los que en principio compartía una causa común. El padre de Jacobo Deza asistió a la delación de un amigo, Del Real, con el que había pasado muchas horas de intensa conversación intelectual y al que creía un defensor de la causa liberal. En ambos casos, ni el padre de Deza ni Andrés Nin supieron intuir el «rostro mañana» de sus futuros delatores. Un rostro que quizá nunca hubiese visto la luz de no ser por encontrar un contexto oportuno, la guerra.

---

[34] Obviamente la polémica modernidad/postmodernidad ha deparado un ingente volumen de bibliografía entre la que destacan las aportaciones de Jürgen Habermas, José Antonio Marina, Gianni Vattimo, Fredric Jameson, Francois Lyotard, Jacques Derrida o Daniel Bell, entre otros muchos. Para cada uno de estos autores, el contenido y las implicaciones de dichos conceptos (modernidad y postmodernidad) son distintos. En el caso de nuestro análisis de *Tu rostro mañana*, más que discutir las aportaciones de cada uno de estos críticos, intenta señalar que la novela de Marías entiende que el tiempo presente del protagonista, Jacobo Deza, constituye otro periodo histórico del vivido por su padre antes de la Guerra Civil española. Ese nuevo tiempo histórico, relativista y descreído, puede ser identificado con la postmodernidad.

Por otra parte, la Guerra Civil inicia también un tiempo de mentiras, entendidas éstas no como una práctica ocasional o esporádica, fruto de una voluntad individual concreta, sino como modelo ideológico de conducta, como regla de juego colectivo y código social de comportamiento que regularizan el espacio público de una sociedad. La mentira no se sospecha ni se conjetura sino que se asume *a priori* como un factor congénito e inevitable del intercambio político, cultural y ético. La mentira circula como moneda común, privando al «rostro ahora» de cualquier valor o sentido, y convirtiendo al «rostro mañana» (ése que todavía no se conoce por estar agazapado) en el auténtico objeto de deseo cognoscitivo. Este narrador no evita, como explica Carlos Javier García en relación a *Corazón tan blanco*, «la verdad, ya que el desvelamiento del enigma viene acompañado de un sentimiento de inquietud» (1999: 104). En la novela aquí analizada, el narrador persigue se desvelamiento a sabiendas de que éste implica un grado de dolor y desilusión.

Esta instauración del descreimiento que la Guerra Civil y la Segunda Guerra Mundial desencadenan según el narrador de la novela de Marías, está directamente relaciona con esa «cultura de la razón cínica» que con tanta repercusión explicara Peter Sloterdijk.[35] La desilusión por las grandes ideologías de la modernidad, el fracaso de ciertos proyectos ilustrados que habían prometido una utopía igualitaria y liberadora (como fue el caso del marxismo, los fascismos o del proyecto liberal burgués), el descreimiento en el progreso o en cualquier concepción teleológica de la Historia y la inversión del conocimiento técnico en sangrientas campañas represivas, deparan ese territorio moral en el que Jacobo Deza existe, sobre el que reflexiona no sin cierta desazón y del que, sin embargo, vive gracias a su trabajo. Tal y como afirma Peter Monteath: «Spain for several reasons caused a disillusionment with and a deep distrust of political ideologies [...] not merely a disillusionment with a particular political ideology but with political ideologies in general» (1994b: xii). Esta resaca político-cultural, cuyos efectos aún se

---

[35] Los ejemplos y análisis aportados por Sloterdijk son abundantes y a todos subyace una idea básica: la razón moderna asume el fracaso de muchas de las categorías y programas del humanismo ilustrado. El filósofo alemán pone de manifiesto cómo nuestra actual razón tiene la paradójica característica de asumir, conocer y darle la razón a esos discursos y, simultánea y cínicamente, seguir funcionando en ese sistema. Los distintos senderos tomados por la praxis y la crítica cultural desencadenan ese cinismo del sujeto postmoderno que «sabe una cosa» y, sin embargo, «hace otra».

dejan notar, lleva al protagonista a dirigir su mirada premonitoria hacia la Guerra Civil para desvelar el sentido de unos años que instauraron la verdad momentáneamente y la mentira a largo plazo.

El acercamiento a la Guerra Civil, un tiempo del que biográficamente Jacobo Deza es heredero pero no protagonista, no sólo se produce a través de las entrevistas con Sir Peter Wheeler o con su padre. En donde Jacobo desarrolla una labor detectivesca de mayor calado y utilidad es en una biblioteca durante una nocturna y larga sesión de lecturas, cuyas circunstancias y características explican cómo y para qué le sirve a este personaje el conocimiento de la Guerra Civil española. La biblioteca que acoge estas maratonianas consultas bibliográficas pertenece al profesor de Oxford, Sir Peter Wheeler, que le confiesa a su joven amigo español, en el transcurso de una distendida cena, haber participado en la Guerra Civil. Una confesión que dispara la imaginación del protagonista. Éste reacciona sorprendido y, desde luego, intrigado. Este pasmo inicial reactiva la curiosidad de Jacobo que, inmediatamente después de la cena, aprovecha los escasos datos aportados por su anfitrión para zambullirse en la biblioteca en busca de información adicional sobre la Guerra Civil. Éste es un caso, por lo tanto, en el que, a diferencia de *Soldados de Salamina*, el medio textual se convierte en una estrategia más informativa que los testimonios orales.

La lectura de Jacobo Deza se caracteriza por varios rasgos. En primer lugar, sigue una estrategia que selecciona fragmentos de ciertos libros y renuncia a la totalidad que ninguna historia de la Guerra Civil le pueda ofrecer. En segundo lugar, esta lectura adopta un método comparativo: cada uno de los fragmentos seleccionados resulta cotejado con secciones de otros volúmenes que abordan el mismo episodio. De este cotejo surgen desacuerdos, confirmaciones y ampliaciones de los datos inicialmente obtenidos. En tercer lugar, Deza concibe el salto de un texto a otro no como una simple adición o yuxtaposición sino como una interrelación. La conexión que entablan los tomos abiertos resulta en sí misma una narrativa, una secuencia lógica y concatenada que aporta mucha información sobre los propios intereses del protagonista. En cuarto y último lugar, Deza acepta el desorden físico de la biblioteca y de su temporal mesa de trabajo como un signo de la incertidumbre que rige su búsqueda. No se trata, por lo tanto, de un recorrido por una biblioteca-jardín de pasillos previamente delimitados, sino del tránsito accidentado y hasta cierto punto impredecible por una biblioteca-selva, cuyos senderos y travesías son trazados en el mismo momento de ser atravesados.

Este desorden es, por lo tanto, el resultado de un determinado *modus operandi* y no de la dejadez ni del abandono. Un desorden que, en definitiva, alberga una ética de la lectura inquieta, atenta y crítica.

Otra de las circunstancias que acompaña la lectura de este personaje en la biblioteca de su amigo Wheeler es la ingestión periódica de alcohol, tan periódica que Deza termina en un estado bastante avanzado de embriaguez. Resulta ilustrativo que un personaje al que realmente no le vemos beber en ningún otro momento de la novela (no, al menos, estas cantidades), que hace de la autocontención un arma para su trabajo, que alardea de cierta flema británica poco dada a los excesos, decida emborracharse en una casa que no es la suya, con un güisqui prestado y durante unas horas durante las que va a desplegar una intensa actividad mental que obviamente podría verse obstaculizada por la ebriedad.

Esto no ocurre, sin embargo, porque la borrachera cumple un rol intelectual muy distinto en esta sección de la novela. En vez de ver impedidas o ralentizadas sus dotes o capacidades, Deza recupera una clarividencia y una sagacidad especiales. Este mismo episodio está narrado con una sintaxis encabalgada y fluida que refleja la perspectiva de un narrador que, gracias al alcohol, ve más, lee más, recuerda y cuenta más. Hay, por lo tanto, una íntima conexión entre el estado del protagonista y la labor que realiza, como si la lucidez intelectual demandara, en una época (como ya se ha explicado) atravesada por un cinismo acomodaticio y olvidadizo, una ayuda. Esta ayuda (el alcohol), que es en el fondo un lugar desde el que mirar y sobrevivir a un mundo escéptico y reacio a la memoria y a la ética, se relaciona *mutatis mutandis* con esa serie de novelas de Félix de Azúa, Manuel Vázquez Montalbán o Eduardo Mendoza que Eugenia Afinoguénova analiza en el innovador estudio *El idiota superviviente. Artes y letras españolas ante la «muerte del hombre» (1969-1990)*.

Aunque la «idiotez» político-cultural (entendida como estrategia en positivo ante la tan comentada muerte del hombre) que Afinoguénova teoriza no puede ser confundida con la embriaguez de Jacobo Deza, ambas comparten algo: es desde una razón deficiente, alterada, distinta, trastocada, peculiar, heterodoxa y nueva (adjetivos que deben ser entendidos en un sentido, desde luego, no peyorativo) desde donde el mundo alcanza una renovada coherencia, fragmentaria y tentativa, y desde donde un nuevo sujeto ético se acerca a una realidad en crisis (Afinoguénova 2003: 51). Deza puede ser descrito, por lo tanto, como el «borracho lúcido», el que ingiere alcohol no para evadirse sino para sumergirse en el corazón de una realidad histórica que le afecta biográfica y culturalmente. Su estado no es el producto de un destructivo capricho ni de una adicción, sino de una elección moral. Beber para saber más o, en unos términos más precisos, para mirar desde otro lugar, para observar lo que una razón contenida, geométrica y estable se mostraba incapaz de mostrar.

Es también relevante y merece ser mencionado, aunque haya quedado implícito en lo anteriormente discutido, el hecho de que la borrachera de Deza no le lleve, en ningún momento, a un estado de irracionalidad ni exaltación descontrolada. No asistimos al uso del alcohol a la manera romántica, ésa que convierte al vate en un ser visionario y tocado por un halo divino. Un halo que permite al ser romántico, una vez liberado de los límites impuestos por la propia racionalidad, adquirir un poder cognoscitivo incomparable.[36] Deza no pretende, por el contrario, abandonarse a un mundo paralelo desencadenado por algún tipo de drogas. Su interés es insistir en su propia racionalidad y, al mismo tiempo, proponer un nuevo tipo de racionalidad que, de hecho, muestra no pocos punto de conexión con las propuestas defendidas por Sloterdijk en su ya mencionado ensayo. La razón «kynicista» recomendada por este pensador, defensor de la tradición filosófica de Diógenes (que avalaba una razón que incorpora y no domeña los sentidos), está emparentada con la embriaguez del protagonista y narrador de *Tu rostro mañana*.[37] El alcohol cumple, no en balde, esa función liberadora, y convierte la razón en una instancia de conocimiento que incorpora la imaginación, la intuición, el azar, las premoniciones y, por supuesto, las percepciones sensoriales. Ésta es, por lo tanto, una razón tolerante, atenta a sus limitaciones, integradora y flexible que conduce a Jacobo a la médula del problema moral planteado por la Guerra Civil y por las traiciones de Andrés Nin y de su padre.

---

[36] El papel de las drogas en el sujeto romántico ha sido explicado, entre otros, por Ricardo Navas Ruiz (1982) o Michael Löwy y Robert Sayre (2001).

[37] Sloterdijk (al igual que ciertos pensadores, intelectuales o escritores españoles como Manuel Vicent, Manuel Alcántara, Fernando Savater, Ángel González y, en cierta medida, Manuel Vázquez Montalbán, entre otros) critica la relación impositiva y dictatorial que la razón ilustrada ha mantenido con los sentidos. El filósofo alemán pide una «nueva razón» que sea capaz del hedonismo y de encontrar en los sentidos una fuente de conocimiento y, sobre todo, de información para que el sujeto se posicione ante el mundo de una manera más flexible, tolerante y amena.

Ese ámbito moral al que llega Deza con la ingerencia de alcohol se plasma narrativamente en una shakesperiana gota de sangre que encuentra «en lo alto del primer tramo de la escalera» (166). Una gruesa y aún fresca gota de sangre que no está precedida ni sucedida de otras y cuya procedencia le resulta imposible determinar. Este inquietante detalle, tan del gusto de la sensibilidad novelística de Javier Marías, crea una atmósfera fantasmagórica y desasosegante. Esa gota, a la que se le dedican varias páginas de elucubraciones y posteriores menciones en la novela, surge como un punto de inflexión en las lecturas que Deza realiza solo, en mitad de la noche, en una casa de considerables dimensiones en la que todos duermen menos él. Esta mancha termina por ser asociada al tema de sus obsesivas lecturas en la biblioteca de Wheeler: «Sin darme cuenta había leído mucho sobre los días de sangre de mi país. Sangre de Nin, sangre de mi tío que no lo fue, sangre de tantos sin nombre o que se habían tenido que desprender de él y no habitar ya más la tierra. Y sangre de mi padre buscada, que no lograron derramar (sangre de mi sangre que no brotó ni me salpicó)» (223).

La aparición de esta gota, un detalle extremadamente físico y simbólico a la vez, resume el encuentro del protagonista con eso que Slavoj Žižek denomina «the kernel of real» (1989: 169-173), es decir, la manifestación de un trauma que no puede ser confundida con su narración, ni con su representación ni su simbolización, y que le recuerda a Jacobo Deza que, en las lecturas realizadas, transpira un contenido moral que no debe ser reducido o banalizado. Es precisamente esa gota de sangre la que de pronto otorga carácter físico a una serie de historias textuales de carácter bélico traspasadas por traiciones, sufrimientos y asesinatos. Esa gota, tal y como el mismo narrador admite, condensa la sangre narrada, resumida y glosada en miles de volúmenes. Una sangre que, de pronto, aparece en una dosis mínima pero tangible y palpable. Al llegar el día, esa mancha desaparece, pero al protagonista le queda la impresión de haber tocado, en el sentido literal de la palabra, el extremo dilema moral que presenta una guerra, sus consecuencias, el saldo de su crueldad y la deuda que un intelectual, mucho años después, ha contraído con aquellos años. Esa sangre, en última instancia, descentra al protagonista, le pide y casi exige que se haga cargo de una Guerra Civil en tanto que debate, problema y conflicto moral que exige ser discutido y pensado incluso en un tiempo (especialmente en un tiempo) que parece haberse enroscado en el descreimiento y el olvido.

8. Conclusiones del capítulo

8.1. Historia y memoria: el prestigio de una actividad intelectual

El fracaso memorialístico e historiográfico escenificado por *La sangre ajena* no contradice, en lo esencial, las tesis defendidas en los textos de Cercas, Soler o Rivas. Aunque estos últimos novelizan la satisfactoria transmisión de un legado memorialístico e histórico (el de los republicanos) y la narración de Manuel de Lope cuenta su fracaso, todas se hacen eco de los esfuerzos y necesidades individuales en un ambiente y un tiempo que no parecen facilitar en exceso la crítica histórica y la reflexión generalizada en torno a la Guerra Civil. Es precisamente esta suerte de carestía lo que provoca cierta necesidad de recuerdos que resulta saciada una vez que estos personajes concluyen una investigación en libros y/o testimonios. Obviamente, en un futuro e hipotético periodo, caracterizado por una desarrollada conciencia histórica, la labor aislada de estos personajes en busca de un conocimiento sobre el pasado no tendría el mismo sentido. Dicho conocimiento y la trabajosa aventura hacia él carecerían de excepcionalidad alguna (carecerían, en definitiva, del mismo interés literario) porque se tratarían de unas prácticas institucionalizadas, extendidas, popularizadas, es decir, comunes al sentir generalizado de una sociedad en un momento histórico concreto.

Éste no es el caso de las novelas mencionadas porque, en todas, la conquista del pasado se trata de una labor solitaria, al margen de instituciones y masas sociales, con un aura prestigiosa y encomiástica, propia de esas tareas a contracorriente, con implicaciones contestatarias y transgresoras. En definitiva, recordar, en estas piezas literarias, es un acto valiente y atrevido que singulariza a muchos de sus protagonistas con una cualidad digna de admiración. Una cualidad que nos habla de un contexto cultural más bien amnésico y reticente a complicar su identidad con disquisiciones históricas y elucubraciones sobre la sombra que la Guerra Civil continúa proyectando. Al realizar una investigación histórica, estos personajes no se integran en ningún órgano político oficial ni en ninguna tendencia social que apoye y aplauda sus logros. Éstos son alcanzados en una relativa soledad, tras distintos esfuerzos individuales y con la satisfacción de haber llevado a cabo una tarea que no era fácil, ni rápida, ni sencilla al ser realizada en el seno de una cultura, la española, «obsessed with creating the image of a brash, young, cosmopolitan nation [...] based on a rejection of the past» (Labanyi 2002: 66).

Estas novelas encarnan, por lo tanto, una paradoja. Por una parte, las ficciones de Cercas, Soler, de Manuel de Lope, de Julio Manuel de la Rosa y Marías (junto a las que habría que mencionar otras, como *El jinete polaco* (1991) de Antonio Muñoz Molina, *Malena es un nombre de tango* (1994) de Almudena Grandes, *La hija del caníbal* (1997) de Rosa Montero, *La sombra del viento* (2001) de Carlos Ruiz Zafón, *La noche ciega* (2004) de Juana Salabert o *Enterrar a los muertos* (2005) de Ignacio Martínez de Pisón), ejemplifican el creciente interés de una generación de escritores por un episodio de la Historia española que sigue muy activo en el imaginario literario nacional. Estos textos tratan, además, de personajes que, con la excepción de Herbal, han crecido o madurado en la época democrática y que se interesan en la Guerra Civil para dirimir un presente más sincero y justo. Por otra parte, estas novelas se hacen eco de la falta de atención que, como sociedad o comunidad histórica, España continúa prestando a este evento bélico. Es precisamente contra ese fondo, el una sociedad desmemoriada y poco consciente de sus deudas históricas, contra el que los protagonistas de la novelas definen su perfil sobresaliente.

Estos personajes son, por supuesto, representativos de un estrato social y cultural, el de los intelectuales, universitarios, escritores, periodistas y profesores que, en el seno de una sociedad del ocio y de la información, burguesa, capitalista y democrática, muestran un profundo descontento por la falta de vigor con que este presente se relaciona con sus antepasados. La tarea memorialística e historiográfica surge consecuentemente de la conciencia política de determinados sujetos que no están de acuerdo con la dejación de un legado, el de la Segunda República, o exigen un trato más atento e implicado del que actualmente se le presta. Recordar, pensar y contar el pasado o escribir sobre él se convierten, de inmediato, en tareas prestigiosas que implican cierto afán justiciero en favor de los más desfavorecidos por una guerra.

En este sentido, se podría concluir que los protagonistas de estas narraciones conforman una comunidad de elegidos, aquéllos que han emprendido una travesía hacia la memoria más traumática y decisiva de la reciente Historia española. Ésta no es probablemente una labor con una innata vocación elitista, pero lo cierto es que, en estas novelas, son pocos los que demuestran la voluntad ética para profundizar en un territorio político tan doloroso y escarpado. Este selecto «club de la memoria» dignifica el quehacer intelectual y supone, además, un apoyo a un nueva modalidad de *inteligentsia*, comprometida con su tiempo y con las exigencias morales de éste.[38] Una *inteligentsia* que, además, propone una respuesta y una reacción a esa cultura de la transición, un tanto banal, festiva y olvidadiza que acometió, como explica Eduardo Subirats, «la celebración narrativa de la cultura como espectáculo y la liquidación literaria de la memoria histórica» con «una serie de personajes comunes cuya característica central era su contaminación de irrealidad: seres definidos por la apatía y el hastío, por una enfática oquedad interior y un insistente relativismo» (2002: 81).

El nuevo compromiso aparece encubierto con un manto humanista y antidogmático, y propone una evolución o una corrección a la narrativa española de los años ochenta fundamentalmente (protagonizados precisamente por algunos de los escritores responsables de las novelas aquí analizadas) fascinada, en palabras de Subirats, por un «falso cosmopolitismo», «fascinación muchas por la gran urbe», «seducción de un caos y una irracionalidad torpemente patética, y un culto insidioso y torpe de lo efímero» (2002: 81). Los personajes protagonistas de estas recientes novelas sobre la Guerra Civil, escritores y lectores cultos, recuperan la Historia y la memoria para crear un escenario sobre el que ellos mismos plasman la asunción de unas responsabilidades éticas. Estas novelas muestran, en definitiva, la revalorización de una narrativa con preocupaciones morales (encuadrable bajo el epígrafe acuñado por Gonzalo Navajas de «neomodernista»), basada, de hecho, en una «asertividad axiológica» (Navajas 1996: 183) que hace de la problemática nacional, de su historia, guerras, exilios y pérdidas, su eje articulador.

---

[38] Antonio Tabucchi y Umberto Eco mantuvieron una interesante polémica en torno al papel y a la responsabilidad de los intelectuales. Una polémica que tuvo en España cierta repercusión, precisamente porque la revisión de este problema también estaba siendo llevada a cabo en la Península Ibérica. Eco inició el debate con un artículo publicado en *L'Espresso* el 24 de abril de 1997 que llevaba el significativo título de «El primer deber de los intelectuales: permanecer callados cuando no sirven para nada». La opinión de Eco fue contestada por Antonio Tabucchi desde las páginas de la revista *Micromega* (con la que normalmente colabora) y sobre todo con un breve y agudo ensayo, *La gastrite di Platone*, en el que bajo la forma de un epistolario con el dirigente encarcelado de la izquierda italiana, Adriano Sofri, defendía un rol mucho más comprometido para la *intelligentsia* europea de fin de siglo.

8.2. Memoria, el aprendizaje de una práctica

Estas novelas dramatizan el intento de algunos personajes por ejercitar una capacidad rememorativa que, en lo referente a la Guerra Civil española, corre el riesgo de quedar socialmente atrofiada. Estos jóvenes personajes nacidos varios lustros después del enfrentamiento, apuestan por un tipo de memoria que no puede ser personal. Cuando los protagonistas de, por ejemplo, *Soldados de Salamina* o *Tu rostro mañana* deciden retomar la Guerra Civil, no pueden recuperar una serie de recuerdos propios por la sencilla razón de que ellos no participaron en esta contienda y tampoco fueron sus testigos directos. Sus esfuerzos por otorgar vigencia y relevancia a la memoria histórica tienen, por consiguiente, como destinatarios a esos personajes ancianos cuyos testimonios, escritos o hablados, son asumidos como un legado cuya transmisión no debe detenerse. Estas novelas se centran, por lo tanto, en la construcción de una memoria colectiva que no puede ser entendida, tal y como afirma Anthony Cascardi en su análisis sobre el funcionamiento de la memoria, según el tradicional modelo archivístico (1984: 287).

El entendimiento del recuerdo como práctica tiene, en estos textos, dos consecuencias. Por una parte, explica la necesidad de una serie de actos, procesos y actitudes que posibilitan la exitosa conclusión en la mayoría de estos textos de esa práctica social llamada memoria. Ésta exige la implicación de varios actantes dispuestos a participar en una serie de ritos y ceremonias de cuya solvente tramitación depende una memoria destacable. Los recuerdos, como afirma Michael Schudson, «are prepared, planned, and rehearsed socially» (1997: 359). Estas novelas abundan, de hecho, en la descripción pormenorizada de los factores necesarios (comunicativos, sociales, políticos, sentimentales y físicos) que tienen que darse para que el testimonio de algunos personajes tenga lugar. El acercamiento entre los personajes que buscan recuerdos y esos otros que pueden ofrecerlos va fraguando una práctica que finalmente desencadena la memoria. Es la interacción de ambas partes, la dialéctica moral entablada por éstas, la que, en última instancia, permite la re/creación de memoria.

Por otra parte, el reconocimiento de la memoria como práctica social depara una versión muy flexible y abierta del funcionamiento de los recuerdos. Éstos no son piezas inmutables de conocimiento que se mantienen incólumes a lo largo de años, antes y después de ser narradas verbalmente o por escrito. Cualquier plasmación de los recuerdos es siempre una recreación a la que no son totalmente ajenas facultades como la imaginación o la creatividad. De igual manera, este proceso recreativo está sujeto a ciertas dificultades y contratiempos. Es decir, los personajes protagonistas de la Guerra Civil que recuerdan su experiencia bélica en las novelas aquí estudiadas no recuerdan lo que quieren cuándo, cómo y dónde desean. La tarea rememorativa es bastante más compleja pues ésta se desarrolla en un orden, a un ritmo y con unas consecuencias que varían según el momento y las circunstancias en que tiene lugar. Éstas son ficciones, en primera instancia, sobre un presente que busca un espacio digno para los recuerdos sobre la Guerra Civil, sobre las características de este presente, sobre las circunstancias de todo tipo que hacen posible la recreación de dichos recuerdos. Un presente que, en definitiva, aprende a recordar precisamente recordando y que obtiene cierta pericia en dicha práctica con la implicación y complicidad de varias generaciones.

8.3. El deseo narrativo de fiabilidad histórica

En su estudio sobre la narración del pasado en la novela de posguerra, David Herzberger afirma que la narrativa postmoderna española «acts to destroy formal and epistemological patterns (both in texts and of critical responses to them)» (1995: 147). Esta orientación literaria, en lo referente a la representación del pasado y de la Guerra Civil en concreto, ha deparado una ruptura, según este mismo crítico, con los paradigmas novelísticos no sólo de la novela social-realista sino también con la «novela de la memoria». Las obras de Juan Goytisolo y Juan Benet, entre otras, representaron esta nueva orientación que deseaba enfatizar el carácter radicalmente constructivo y creativo del pasado y de la Historia, es decir, su naturaleza narrativa. Este énfasis es conseguido mediante estructuras y tramas que, como afirma Herzberger, cifran «el triunfo de la ficción» (1995: 144), es decir, el triunfo de la capacidad ficcional del texto en detrimento de criterios historiográficos que pretenden certificar la identidad de los hechos con el discurso que los representa.

Es cierto, como afirma Herzberger, que en autores como Benet y Goytisolo se detecta el uso de la ficción como arma política y epistemológica con la que descentrar y desequilibrar no sólo versiones muy asentadas de la Historia española sino también el mismo discurso historiográfico que, con una serie de métodos, normas y procedimientos, busca obtener un conocimiento lo más exacto y científico del pasado. A esto se refiere este crítico cuando preconiza acertadamente el «triunfo de la ficción» para una promoción de novelas y escritores que percibieron la conveniencia de subvertir los discursos oficiales sobre el pasado nacional e incluso la misma posibilidad de un conocimiento seguro y fiable sobre ese pasado. Nada mejor para concluir esta tarea que la contaminación de la Historia con grandes dosis de ficción, leyenda y mito, destinadas a colapsar la diferencia entre acontecimiento y narración, realidad e invención, hechos y fantasías, recuerdos y delirios.

Las tesis de Herzberger resultan de gran utilidad para entender lo propuesto por la generación de novelas analizadas en este capítulo. Este conjunto de textos supone una respuesta y un rechazo a algunos de los postulados descritos por Herzberger a partir de los textos de Camilo José Cela, Goytisolo o Benet. Esta nueva generación de escritores noveliza, de hecho, antes que el «triunfo de la ficción», el triunfo de la investigación bibliográfica y de la obtención de testimonios. Estas novelas buscan no sólo contar la Guerra Civil, sino también legitimar la propia narración con una serie de explicaciones acerca de los métodos y fuentes con que se ha ido acumulando los datos posteriormente contados. Para los narradores de las ficciones de Cercas, De Lope, Marías y De la Rosa, el contenido histórico relatado debe surgir de una investigación anterior que, siguiendo unos métodos parecidos a los de la historiografía y sirviéndose de los resultados ofrecidos por ésta, rastrea una serie de hechos y vivencias comprobables. El resultado final no es, por lo tanto, una invención o un producto en el que se cofunden Historia y leyenda, sino una narración que se ha preocupado por mostrarle al lector el respaldo metodológico que la sostiene.[39]

Estos planteamientos no se traducen en una consideración de la Historia y, muchos menos, de la memoria como espacios transparentes en los que abundan las verdades incontestables.[40] Precisamente porque ni

---

[39] En este sentido, estamos de acuerdo con Gonzalo Navajas y sus tesis neomodernistas respecto a la nueva narrativa literaria y cinematográfica española. Estos textos, lejos de instalarse en el relativismo epistemológico o en el colapso de distintos géneros textuales, apuestan por la búsqueda de algún tipo de verdad, moral y cognoscitiva, contrastable. Una búsqueda para la que la distinción entre géneros y modalidad textuales (así como la distinción entre los distintos pactos que dichos géneros entablan con un referente no textual) resulta de gran utilidad.

[40] A lo largo de este capítulo hemos utilizado el término «transparente» para explicar la negación por parte de estas novelas de una posible Historia evidente, que se da a sí misma de una manera desproblematizada. Estos textos escenifican precisamente la

la Historia ni la memoria son evidentes ni inmediatas, estas novelas prestan un especial cuidado a la metodología con que los personajes y narradores se abren paso en un terreno escurridizo y ambiguo. Siguiendo las palabras de Theodor Adorno, estas novelas proponen que «coming to terms with the past [...] is essentially the sort of *turn toward the subject*: Reinforcement of a person's self-consciousness and, with that, of a sense of self» (1986: 128). En última instancia, estas ficciones apuestan por la autoconciencia de unos personajes que conocen las dificultades e impedimentos con los que se encuentran al acercarse al pasado aunque estos impedimentos y dificultades no sólo no frenen su labor sino que refuercen tanto sus esfuerzos como su escrupulosidad metodológica. Se puede concluir, por lo tanto, que estos personajes renuncian a perderse en un mar de narraciones y aspiran a un tipo de verdad histórica.

Esta verdad histórica no se trata, sin embargo, de una modelo absoluto y autosuficiente de verdad. Los protagonistas de estas recientes novelas asumen, en palabras de Pamela Ballinger, que «anthropological and psycological scholarship in the past decade has demonstrated the malleable nature of memory and history, both continually reconstructed in the present, so that history and memory can be seen as 'inventions'» (1998: 107). Simultáneamente, estos protagonistas reconocen que, como explica esta misma autora, «limits to that inventions exist» (107). Y son precisamente estos límites los que preocupan a unas novelas y a unos personajes que pretenden armar una narración sobre la base de esas limitaciones. Estas novelas no se presentan como narraciones ficticias y elucubradoras, sino como textos con una trayectoria que nace en los archivos, en los manuales de Historia y en las entrevistas con los protagonistas de los hechos. En otras palabras, los procesos detectivescos realizados por los protagonistas de estas ficciones no deparan la verdad pero sí una versión de la verdad que ha sido armada y perseguida con atención, cuidado y un sentido de la responsabilidad ante el pasado.

«opacidad» de una Historia, la española, que exige tenacidad y meticulosidad en la investigación para alcanzar un conocimiento certero y útil. El término «transparencia» fue desarrollado por Gianni Vattimo en su célebre ensayo *La sociedad transparente*. Aunque los comentarios de Vattimo discurren en un sentido muy distinto de nuestro propio análisis, sí es cierto que podría argumentarse alguna relación o tensión intelectuales entre, por una parte, esa sociedad tomada y estructurada por los medios de comunicación que ensayan un intento de transparencia global y, por otra, esa «historia transparente» a la que se oponen estas novelas precisamente, quizá, porque asistimos al afianzamiento de un canon de representación de la Historia un tanto obvio y plano.

8.4. El sistema temporal de la Historia contemporánea española

Estas novelas asumen implícitamente un orden de prioridades históricas de acuerdo con las cuales el siglo XX español es organizado y jerarquizado. La Guerra Civil es ubicada en la cúspide de esta pirámide temporal en tanto que evento predominante de una centuria que no puede ser entendida sin la previa comprensión y aprehensión de la Guerra Civil. Ésta se convierte, por una parte, en un talismán histórico y, por otra, en un agujero negro intelectual. Talismán histórico porque ningún otro evento desencadena el mismo grado de apego y fascinación en unos personajes que no saben explicarse y concebirse sin explicar y concebir anteriormente tanto lo sucedido en la guerra como su naturaleza moral. «Agujero negro» porque este trágico evento absorbe todas y cada una de las energías intelectuales desplegadas por estos personajes. Esta labor de recuperación tiene, de hecho, un carácter creciente y omnívoro que paulatinamente implica más y más a estos personajes. Sus preocupaciones intelectuales y morales terminan por gravitar totalmente en torno a un enfrentamiento armado cuya comprensión y asimilación parece no tener fondo. Éste ofrece la impresión de ser el hecho histórico sobre el que siempre hay más, sobre el que siempre queda un «más allá», decisivo y definitorio, por conocer.

Estas novelas organizan simbólicamente el siglo XX, no de una forma estrictamente lineal y consecutiva, sino más bien concéntrica o espiral. El centro de este sistema es, por su puesto, la Guerra Civil, un trienio tan violento como decisivo, tan complejo como intrigante, que domina con sus luces y sombras el resto del siglo. Las décadas previas constituyen, para los protagonistas y en muchos casos narradores de estas novelas, un discurrir hacia el *momentum* de *momentums*, una suerte de trágico éxtasis en el que la Historia de España desborda sus propios cauces, salta por los aires y deslumbra a todos los que venían antes y a todos los que habrían de llegar después. Por ende, los lustros posteriores al final de la guerra son entendidos como un peregrinar de huida o acercamiento, de repulsión o atracción, pero siempre con la contienda bélica como punto de referencia frente al que definirse, contra el que perfilar los rasgos una identidad.[41]

---

[41] Junto a las novelas analizadas en este capítulo, nos gustaría mencionar *El pianista* (1985), una de las narraciones más celebradas y emblemáticas de Manuel Vázquez

Las narraciones descritas en este capítulo (con la salvedad de *La sangre ajena*) están protagonizadas por personajes que no huyen sino que caminan hacia ese «gran sol» de la Historia contemporánea española. Esta postura, que confirma la disposición concéntrica del enfrentamiento de los años treinta en relación al resto del siglo XX, surge de una convicción: la evasión o la fuga de un hecho tan traumático constituyen un acto de falseamiento. La Guerra Civil española, entendida como afirma José Luis Abellán, en tanto que «categoría cultural» (1987: 44), alumbra gnoseológica y axiológicamente a quien la afronta y asume. Por el contrario, castiga a quien pretende suprimirla, minimizarla o ignorarla con un grueso manto de falsedad, inconsistencia y frustración político-cultural (como es el caso de los protagonistas de la novela de Manuel de Lope). La conclusión sería, por lo tanto, la siguiente: la Guerra Civil es un evento doloroso y más hiriente resulta aún la necesidad de su recuerdo. Ahora bien, ese sufrimiento ofrece un saldo positivo que gratifica a quien lo asume. Por el contrario, el arrinconamiento de aquel trienio puede deparar un efecto balsámico e incluso una euforia pasajera, pero sus consecuencias a medio y largo plazo son realmente negativas. Sin la guerra y sin una memoria actualizada de ésta parece imposible, según estas novelas, concebir una identidad colectiva e individual solvente y ambiciosa. Sin la guerra y su recuerdo, cualquier proyecto cultural parece escamotear el centro neurálgico de un pasado recurrente que premia a quien lo afronta y castiga a quien pretende dejarlo atrás de una vez y para siempre.

8.5. *La Guerra Civil española:* Historia magistra vitae

La ubicación de la Guerra Civil en el mismo centro de un sistema temporal no se trata solamente de una postura ideológica sobre la

---

Montalbán. Esta narración presenta una estructura temporal que involuciona hacia el pasado para acercarse gradualmente a un momento histórico nuclear, la Guerra Civil, que atesora claves morales, políticas y sentimentales capaces de explicar todo lo acontecido ulteriormente (en muchas ocasiones, por contraste con la posterior mediocridad). *El Pianista* tiene una estructura tripartita que, partiendo de una postmoderna, cacareante y amoral Cataluña, se remonta a la Guerra Civil para contar la historia de un sujeto histórico, el protagonista, dotado de una entereza moral y una rectitud de criterios que le impiden prosperar en un tiempo que va dejando atrás escrúpulos y valores.

Historia, sino también de un rasgo psicológico de los protagonistas de estas novelas. En otras palabras, no se trata sólo de una familia de narraciones que se ocupa de un enfrentamiento sino de unos personajes protagonistas que, desde un presente identificable con la democracia española, vuelven sobre unos hechos bélicos para obtener «algo» que su propio tiempo no les ofrece. De hecho, todas las novelas que le dedican un número suficiente de páginas a la descripción (aunque sea esquemática) de las actuales circunstancias de los protagonistas coinciden en ofrecer una imagen un tanto desengañada de un presente apático o anodino. Es precisamente esta mediocridad lo que, en gran medida, hace del pasado y de la Historia la mejor baza de unos personajes que descubren que para vivir el presente y el futuro con cierta intensidad tienen que repensar el pasado.

Esta dependencia del pasado y de su conocimiento plantea una pregunta que no ha sido aún respondida directamente: ¿qué aprenden estos personajes del pasado?, ¿qué encuentran exactamente en ese tiempo pretérito?, ¿en qué consiste la serie de lecciones aprendidas de una guerra civil? Si esta guerra es una *magistra vitae*, ¿qué enseña esta maestra a estos personajes-alumnos? Obviamente, las circunstancias de aquel enfrentamiento y del presente democrático son tan distintas que estos personajes no pueden extraer unas enseñanzas directas y automáticas que impidiesen, por ejemplo, la repetición de aquel terrible evento. En otras palabras, estos personajes no se adentran en el pasado y en sus momentos menos felices para procurar no repetirlos, y no lo hacen porque el contexto que les rodea sencillamente no parece amenazar con ninguna guerra civil. Lo que estos personajes buscan no es, por lo tanto, evitar que los errores del pasado se repitan. Sí persiguen, por el contrario, evitar los males del presente sirviéndose de las virtudes del pasado.

Aunque estas virtudes serán analizadas con detalle en el tercer capítulo de este libro, dedicado a la representación utópica de la Segunda República, es evidente que los protagonistas jóvenes de estas novelas parten de, tal y como explica Reinhart Koselleck, «the discovery of the uniqueness of historical processes and the possibility of progress» (1985: 32). El pasado de la Guerra no supone, por lo tanto, para estos personajes un conjunto de *exempla* en los que identificar vivencias y situaciones presentes para aprender a vivirlas sin repetir antiguos yerros y desaciertos. Cada momento es entendido como único, la Historia no se repite y el presente no se mira en el pasado para observar su propio rostro sino para observar un «otro» distinto y, a veces, extraño. No en balde, estos personajes perciben en el pasado y en sus protagonistas no lo que son, sino precisamente lo que no han llegado a ser, cualidades y virtudes que ellos no poseen, rasgos definitorios que ellos desconocen, identidades ignoradas y ajenas.

Al acercarse a la Guerra Civil, estos personajes buscan un tiempo de generosos sacrificios y fuertes compromisos. Se podría concluir incluso que es la misma idea de compromiso (más allá del contenido de dicha actitud) lo que fascina a unos personajes que viven un tiempo de actitudes desencantadas y un tanto insípidas. El fulgor e intensidad de ese pasado, a cuya corriente pretenden estos personajes conectarse con el fin de energizar, revalorizar y redimensionar el presente, se convierten en la principal lección extraíble de un tiempo en el que ciertos personajes se sacrificaron y lucharon por sus ideales. La implicación en la memoria de la propia genealogía nacional, la edificación de una identidad que mira al pasado para entender sus antecedentes y el sentido de la responsabilidad ante los supervivientes de un trágico evento componen un panorama moral en el que respirar una atmósfera más enriquecedora, en el que, como explica Bertrand de Muñoz, «renacer con un vigor inesperado» (1989: 20). La Guerra Civil enseña, en definitiva, que para vivir más y mejor es necesaria una imaginación histórica abarcadora. Una imaginación que recrea el pasado para que una serie de personajes prolongue algunas de sus virtudes hasta el mismo presente.

Capítulo segundo

LA REPRESENTACIÓN DE LA VIOLENCIA: SENTIDOS Y DISCURSOS DES/LEGITIMADORES

1. Introducción

Las novelas y filmes sobre la Guerra Civil española de los dos últimos lustros muestran una insistente preocupación por la representación y discusión de la violencia. De hecho, estas narraciones no pueden ser entendidas sin considerar previamente sus esfuerzos por otorgar legitimidad a un tipo de violencia y desprestigiar simultáneamente otros. En consonancia con la recuperación nostálgica de una tradición republicana (una recuperación historiográfica y memorialística que fue explicada en el primer capítulo de este ensayo), estas obras retoman la violencia desplegada entre 1936 y 1939 por los leales al gobierno desde una óptica ennoblecedora. Éstas no son, por lo tanto, obras pacifistas que busquen el desprestigio de toda violencia,[1] sino piezas que asumen y propugnan la existencia de distintas clases de violencia, unas más legítimas

---

[1] El termino «pacifismo» es usado a pesar de que éste, en muchas ocasiones, no ha condenado ni desestimado, tal y como explica Peter Brock, «killing in self-defense or in the defense of an accepted system of international law» (1970: v). Este mismo autor, en colaboración con Nigel Young, investiga en otro libro bastante posterior las distintas modalidades de pacifismo que han influido en el ambiente político del siglo xx. Recomendamos especialmente el primer capítulo del ensayo, «Varieties of Pacifism at the Outset of the Twentieth Century» (1999: 3-16). Probablemente el tipo de pacifismo con el que las novelas aquí vistas dialogan críticamente es, en palabras de Brock y Young, «socialist antimilitarism» (1999: 13-15).

que otras. La legitimidad de la violencia no se trata, ni siquiera cuando se aborda un pasado relativamente remoto, de un discurso monolítico y estable sino de un conflictivo debate. En definitiva, «legitimacy», tal y como explica K. J. Holsti, «is thus a variable rather than a constant» (1996: 90), y estas obras tratan de escorar el eje de la legitimidad en favor de los presupuestos y objetivos de un determinado proyecto político, de una determinada época y de una determinada violencia.

El de la legitimidad de la violencia se trata, por tanto, no de un problema extra-literario o extra-fílmico (que puede tener o no un reflejo en estas obras), sino de un asunto intrínseco a las tramas, a los puntos de vista, a los narradores y a la construcción de los personajes de estas obras. De hecho, la tradición literaria y cinematográfica que se ha ocupado de la Guerra Civil ha sido una de las aportaciones claves al debate sobre la legitimidad de la violencia. Colette Chiland, en un iluminador artículo sobre este tema, afirma y se pregunta lo siguiente: «We can therefore kill if we kill according to the rules. Violence has both legitimate and illegitimate uses. Who defines legitimacy? Whoever holds the power? Political power proclaims the law» (1994: 4). Se podría completar la tesis de Chiland añadiendo que la violencia legítima e ilegítima no son categorías diáfanas y no lo son porque en toda comunidad (ya sea nacional o internacional) hay un constante debate con el fin de legitimar o deslegitimar distintas violencias.

La última novelística española sobre la Guerra Civil también puede ser entendida como una compleja intervención política en este debate. Una intervención que recupera de forma encomiástica cierta violencia en contraste no sólo con otras, sino con el tipo de violencia que protagoniza el presente. Éste, tal y como se verá a continuación, queda plasmado implícita o explícitamente en estas narraciones. Dicho contraste (explicado detalladamente en las conclusiones del presente capítulo) resulta decisivo porque no son pocos los politólogos, historiadores y críticos culturales que postulan, en palabras de Christopher Coker, que «even among the radical left the West lost faith in revolutionary action» (1998: 189). Aunque otros pensadores, como John Foran, no se muestran tan radicales, sí admiten (tras plantearse la siguiente pregunta: «Is the era of revolution over?») que «the international loci and foci of revolutions may be moving» (Foran 1997: 1). En otras palabras, Europa Occidental ha cedido su papel de escenario para una violencia revolucionaria en favor de otras zonas ubicadas en África, Asia o Latinoamérica. Esta situación histórica resulta decisiva porque permite acercarse a estos filmes y novelas sobre la Guerra Civil desde la siguiente perspectiva: ¿cómo se percibe y representa la violencia de un pasado en el que la revolución política y los ideales reformadores tenían una presencia social y cultural que, varias décadas después, parece haber disminuido o desaparecido?

Se distorsionaría el tono y alcance de estas obras si para responder a la anterior pregunta se enfatizara la presencia de un discurso político explícito y consistente. El tratamiento de un referente histórico como la Guerra Civil (una contienda eminentemente política y con un contenido ideológico fundamental) no pasa sin embargo en esta novelística y en esta filmografía por la elaboración de un elaborado análisis político. Incluso en novelas con un sesgo ensayístico tan acentuado como puede ser el caso de *Soldados de Salamina*, cuando se abordan los fines de una determinada violencia, las explicaciones no son ni demasiadas ni demasiado complejas. Pareciera que de la violencia republicana durante la Guerra Civil importara sobre todo que estuviera guiada por una serie de ideales y propósitos, un programa «fuerte» y un calendario «sólido» de acciones y pretensiones. El contenido y la letra pequeña de éstas nunca son patentizados con excesivo detenimiento porque su poder evocador y simbólico predomina sobre la discusión crítica de sus posibilidades, contradicciones y carencias.

Esta percepción de la Guerra Civil española no es, en absoluto, novedosa. De hecho, tal y como explica Peter Monteath, los conceptos de «popular resistance and political upheavals» quedaron unidos a la guerra de 1936 en el imaginario heroico-político de la época como en un ningún otro proceso bélico de esa misma década o de la siguiente (1994a: xi). La guerra en España, preludio de un modelo de enfrentamiento que habría de repetirse no mucho después a escala internacional, estuvo adornada desde el principio por un aura romántica: el aura intrínseca (como reza el título del ensayo del mismo Monteath) a «the Good Fight». Esta lucha fue pensada, escrita y difundida (al menos, por importantes sectores de la *intelligentsia* del momento) «[as] the tragic, drawn-out death agony of a political epoc [...] the last chance for the politics [and war] of Attempting the Good, as opposed to the subsequent politics of Avoiding the Worse» (Toynbee 1954: 90). Una impresión con la que coincide, por ejemplo, uno de los intelectuales hispanos más influyentes del siglo XX, Octavio Paz, que participó en el Segundo Congreso Internacional de Escritores por la Defensa de la Cultura celebrado en Valencia en 1937: «Recuerdo que en España, durante la guerra, tuve la relación de 'otro hombre' y de otra clase de sociedad: ni cerrada ni maquinal, sino abierta a la trascendencia. Sin duda la cercanía de la muerte y la fraternidad de las armas producen [...] una atmósfera propicia a lo extraordinario» (1997: 162). A estas declaraciones podrían sumárseles los textos de José Antonio Fortes o Manuel Aznar Soler en la revalorización utópica de la defensa de la Segunda República.

Las manifestaciones a este respecto resultarían interminables y todas apuntan en la misma dirección: en el recuerdo y representación literarias de la Guerra Civil española ha habido un ingrediente ennoblecedor que ha rescatado aquella violencia del sin sentido, del caos o de la irracionalidad para otorgarle un marco interpretativo bastante más asertivo y favorecedor. Los filmes y novelas que a continuación van a ser estudiados se encuadran en esta misma tradición, con la novedad de haber sido fraguados en un contexto histórico en el que la violencia aparece motivada «in all its *myriad* forms [by] *divergent* religious and philosophic and ethic ideas» (Faust 1994: 181; cursiva nuestra). De esta breve cita los dos términos en cursiva son la clave de un presente en el que la violencia parece emanar atomizada, compartimentada, dividida y desprovista de un gran y unitario proyecto comunitario que pueda saltar sobre fronteras nacionales, étnicas, religiosas, genéricas y raciales. La violencia posmoderna del presente (que Hans Magnus Enzensberger analiza en *Civil War*, un ensayo ampliamente mencionado en las conclusiones de este capítulo) se caracteriza por la dispersión geográfica, por la parcelación de causas, por las estratificación de métodos y ritmos, por la proliferación de objetivos y por su sostén en agendas particulares que responden a las necesidades específicas de ciertos grupos y minorías.

En estas novelas sobre la Guerra Civil española se puede detectar, en conclusión, una nostalgia de la unidad. Una unidad que acertó a convertir la violencia (durante la Guerra Civil española) en una manifestación respetable y respetada de un común sentir político y cultural. Parte de los valores que aquel pasado aquilataba, en contraste con su volatilización en el presente, radica en una violencia justa y necesaria, «a sign of change or potential change in social arrangements; an indication that strong interests are engaged» (Rule 1998: 11). La Guerra Civil, el heroísmo de algunos participantes y la generosidad de algunos de sus sacrificios no resultan representados desde un prisma positivo ni recordados desde una lente nostálgica a pesar de la violencia, sino gracias también a ésta. La violencia se sitúa, como se verá en el análisis de estos textos, en el centro mismo del fulgor e intensidad de aquellos años. Años de grandes ilusiones, de grandes esperanzas, de grandes proyectos y de esperanzadoras violencias.

2. *LA HIJA DEL CANÍBAL* Y EL OCASO DE LA VIOLENCIA HEROICA

En *La hija del caníbal* (1997) Rosa Montero propone una crónica sentimental y una revisión crítica de una generación de mujeres que llegaron a la madurez biográfica durante la democracia española y que, como explica Pilar Rodríguez, se han configurado en la llamada «nueva narrativa española» como «sujetos protagonistas del discurso» (2000: 182).[2] Esta novela presta una detenida atención a la estructura generacional de una sociedad que alberga en su interior diversos tiempos históricos cuya interrelación resulta conflictiva y tensa. Los tres protagonistas del relato (Lucía, Adrián y Félix) son representantes de tres distintos periodos de la reciente historia de España. Lucía encarna la problemática de una mujer de unos cuarenta años que creció en una familia del franquismo sociológico y que, sin embargo, maduró en un régimen democrático y en una cultura sentimental muy distinta de la de sus padres. Félix incorpora a la novela, por su parte, todo el bagaje de un anciano que, tanto moral como políticamente, es producto de los procesos revolucionarios de los años treinta y cuarenta. Adrián contrasta finalmente con su juventud de veinteañero que le permite una mirada cándida sobre los problemas que reúnen a estos tres personajes.

La convivencia entre Lucía, Adrián y Félix implica, dada la naturaleza de la trama, un repaso de lo que Manfred Steger y Nancy Lind denominan «a variety of approaches illuminating the concept of violence» (1999: xv). Las trayectorias de estos tres personajes interseccionan para afrontar y resolver un acto de violencia (un secuestro). A dicha resolución, estos personajes aportan puntos de vista muy distintos. Estas perspectivas vienen determinadas o, al menos, condicionadas por dos formas de entender el uso de la violencia, su sentido social y su utilidad pública.

---

[2] Rosa Montero es autora de varias novelas, multitud de artículos (la gran mayoría publicados en el diario *El País*) y algunos libros de viajes. Montero es una de las autoras más populares del panorama literario español con libros como *Crónica del desamor* (1979), *Te trataré como a una reina* (1983) o la más reciente *Historia de rey transparente* (2005). La Medalla de Oro del Círculo de Bellas Artes de Valencia (2000), el Premio Círculo de Críticos de Chile (1999) y el Premio Primavera por *La hija del caníbal* son algunos de los reconocimientos ofrecidos a esta autora. Montero ha ejercido de cronista sentimental de la transición española y de la primera fase de la democracia. Su estilo distendido y desenfadado, junto con una temática en la que el mundo de las relaciones sentimentales y la identidad femenina predominan, la han convertido en un autora altamente significativa de un determinado periodo de la cultura española.

Estas modalidades de violencia se corresponden fundamentalmente a su vez con dos momentos históricos de la historia española y europea: por una parte, el periodo bélico de las décadas de los treinta y cuarenta, y por otra, los últimos lustros del siglo XX. Dos instantes con imaginarios políticos muy distintos y con divergentes formas de plantear las posibilidades de la violencia en la realización de reformas sociales y en la plasmación de planes ideológicos de carácter rupturista.

La hija del caníbal se inicia con la misteriosa desaparición de un funcionario, Ramón, en el aeropuerto de Barajas momentos antes de emprender un viaje turístico a Viena en compañía de su mujer, Lucía. La misteriosa e inexplicable volatilización del marido incita a esta última a emprender una tortuosa investigación en la que contará con la ayuda de dos improvisados amigos (Félix y Adrián). El recorrido de estos tres personajes funciona como un doble viaje iniciático para todos ellos y, en especial, para el personaje femenino ya que descubren algunos mecanismos de poder/corrupción en una democracia moderna y replantean las claves sentimentales de sus existencias. La violencia está en el centro de ambos procesos epifánicos, convirtiéndose en el hilo conductor de las tres líneas temáticas que articulan la novela: la violencia y su (sin)sentido como práctica social, la tensión entre la dimensión pública y privada de los individuos para responder y reaccionar ante el peso de la violencia, y las posibilidades del discurso para referirse y representar dicha/s violencia/s.

Comencemos con el análisis de la violencia y su (sin)sentido como práctica social. La novela de Rosa Montero alterna dos tipos de capítulos. Unos que están narrados por Lucía Romero y en los que se relatan sus pesquisas para dar con el paradero de Ramón, y otros que están contados en primera persona por Félix. Estos últimos forman parte de una extensa conversación que mantienen Félix y Lucía, durante la cual el anciano explica su formación política en la CNT (Confederación Nacional del Trabajo), su paso por distintos grupos terroristas, su participación en la Guerra Civil española, en la Segunda Guerra Mundial y en la resistencia armada contra el franquismo.[3] La alternancia de estas dos voces

---

[3] El testimonio que Félix le transmite a Lucía reproduce la estructura narrativa de varias novelas tratadas en el primer capítulo. Tal es el caso, por ejemplo, de *Soldados de Salamina*, *El lápiz del carpintero* o *Las guerras de Etruria*, novelas en las que los personajes jóvenes tienen acceso a un determinado conocimiento sobre la Guerra Civil gracias a una entrevista con alguno de sus protagonistas ya envejecidos.

narrativas busca obviamente subrayar un dramático contraste entre dos tipos de violencia: la que explica y justifica Félix para un reciente pasado que esgrimió la revuelta, el terrorismo y/o la revolución como estrategias de insurgencia y cambio hacia una realidad social más justa; y la violencia que padece Lucía en una sociedad, como explica Martin Shaw (2001), un tanto despolitizada y en una cultura civil de carácter postmilitar.[4]

La fragmentaria autobiografía que Félix desarrolla en los seis capítulos relatados por él en primera persona constituye una recolección nostálgica de un tiempo de la Historia nacional, en el que la violencia contaba con un pedigrí moral e intelectual. Félix le transmite a Lucía, en palabras de Philip Smith, un conjunto de narrativas «that allow disinterested selfless, *legitimate* violence [and] describe heroic actions taken for the good of the other, the human species, or even the world» (1997: 97). Los acontecimientos que a este personaje le interesa destacar son los bélicos porque, desde su perspectiva, éstos contienen un sentido especialmente relevante para desentrañar su propia identidad. Este personaje crea, en definitiva, una relación especialmente estrecha entre su autobiografía, su figura de «hombre de armas» y un tiempo remoto adornado por una entereza posteriormente desaparecida. Las palabras de este anciano personaje ponen de manifiesto que, en su propio imaginario y en el de sus coetáneos camaradas, la lucha armada y la violencia no pueden ser explicadas como manifestaciones de un «pathological conundrum» (Burton 1978: 119), sino como una práctica moralmente justificada e ideológicamente defendible.

Félix también pergeña el retrato de algunos compañeros de este noble pasado, entre los que destaca el de Buenaventura Durruti, el reputado guerrillero que ya se había convertido en un poderoso icono del anarquismo español antes de su muerte en 1936. El esquema narrativo de

---

[4] Shaw no pretende afirmar que buena parte de la sociedad europea de finales del siglo XX haya renunciado al uso de los ejércitos en intervenciones violentas más o menos duraderas. Su análisis ilustra tan sólo una paulatina transformación de las mentalidades públicas y de su modelo de identificación con el uso de la fuerza para producir cambios socio-políticos. Esta tendencia a reducir el papel de la violencia masiva en los procesos sociales en Europa Occidental es consecuencia, tal y como explica Anthony Giddens, de nuevos sistemas económicos (la expansión del capitalismo concretamente), de una cultura de la globalización, de la pujante creación de entidades políticas supra-nacionales y, por supuesto, de la aparición de nuevas formas de violencia oficial.

esta semblanza emula algunos rasgos de la hagiografía, pues la vida de Durruti (según Félix) puede ser entendida como la de un santo violento, estrictamente terrenal y sin creencias religiosas: una vida plagada de continuos y desinteresados sacrificios por la salvación de una colectividad. El último episodio de esta excepcional existencia no podía ser otro que el sacrificio definitivo, el abandono de cualquier bien material y la entrega de la propia vida. Durruti se convierte, de esta forma, en un venerado mártir cuya memoria se impone en el imaginario de su amigo como un paradigma de honradez y entrega. De hecho, este personaje hace las veces, tal y como explica Moreno-Nuño en relación otro texto también interesado en la idealización del anarquismo, de un «emblema intemporal y universal de una resistencia épica frente a la tiranía del poder y una búsqueda del ideal constituida en deber ser» (2003: 213).

Detrás de esta admiración reside una lógica del sufrimiento y de la muerte, entendidos ambos como realidades fructíferas. Una lógica que Terry identifica, por ejemplo, con la idea de lo trágico: «Tragedy is not a matter of masochism, of self-abasement, of the glorification of suffering. But if such is forced upon you, there may be ways of turning it into the precondition of a changed experience» (2003: 98). Félix construye un relato sobre su propia existencia y sobre la de su camarada evitando, tal y como menciona Eagleton, la glorificación de la violencia o de la muerte pero mostrando también que éstas son las auténticas condiciones de posibilidad de unas biografías excepcionales. La violencia y la muerte no reflejan el absurdo de una época, de unas ilusiones desmedidas o de unos talantes exaltados, sino la generosidad de quienes asumieron e incluso fomentaron realidades violentas, difíciles, intimidatorias o inquietantes como pruebas y salvoconductos hacia una ética política más intensa y hacia un orden material más equitativo.

Las añoradas luchas del anarquismo, descritas desde el prisma nostálgico de Félix, aportan una densidad histórica y una fuerza ética a una trama que, en su mayor parte, transcurre por los vericuetos de una sociedad democrática, asentada en el capitalismo y experta en hacer un uso cínico, egoísta y banal de la violencia.[5] Lucía es obligada a presenciar un secuestro, un robo, varias amputaciones y algún asesinato. Esta

---

[5] La segunda novela de Olga Merino, *Escuela de papel* (2004), cuenta la trayectoria de unos emigrantes andaluces en Barcelona durante la posguerra. Esta historia es compaginada con *flash-backs* de un pasado (la Guerra Civil) en el que destaca la figura de Juana, una niña durante la contienda. Ésta atesora el recuerdo de un anarquista represa-

espiral de agresiones viene avalada, en un principio, por una retórica ideológica de reminiscencias revolucionarias. Tras la desaparición de su marido, Lucía recibe un mensaje de una organización llamada «Orgullo Obrero» que solicita doscientos millones de pesetas a cambio de la puesta en libertad de Ramón. El nombre de este grupo terrorista reorienta la trama policial de la novela hacia una temática de posibles reivindicaciones sociales y luchas de clases que posteriormente se demostrará inexistente.

«Orgullo Obrero» se trata de una tapadera, «the mask of lofty political aim» tal y como Warren Johnson lo califica en un artículo sobre la novela (2002: 458), para un entramado de corrupción económica en el que ministros, comisarios de policías, altos funcionarios, mercenarios y capos mafiosos están implicados. Pareciera que este estamento de políticos y gestores legitiman la violencia de sus acciones con una retórica cuyo contenido es desestimado pero cuya fachada aún resulta útil. «Orgullo Obrero» ni es obrero ni se asienta en ninguna clase de ennoblecedor orgullo, pero entiende que la combinación de esas palabras («orgullo» y «obrero») aún atesora el prestigio y el poder evocador de unas ideologías y de unos movimientos cuya pretendida revolución social, tal y como explica Jaroslav Krejčí, ha caído en el abandono, al menos, en Europa Occidental (1994: 7).

Aunque esta organización nunca expone argumento alguno de su fingida agenda política, busca obviamente crear un marco discursivo en el que (por mínimo que éste sea) sus abusos resulten avalados, como explica James Defronzo en un estudio sobre la evolución de los movimientos revolucionarios, por «the themes of moral and community renewal [...] [and] the promise of equality of opportunity and freedom» (1991: 319). En otras palabras, quizá «Orgullo Obrero» desconoce el contenido real de una tradición de izquierdas que, desde el siglo XIX y especialmente desde la Revolución Rusa, cautivó la imaginación política europea, pero sí percibe que en el seno de esa tradición, aunque sea en una versión raquítica y superficial de ésta, su violencia adquiere unas implicaciones muy distintas, más positivas. La tesis de la novela es cla-

---

liado del que estuvo enamorada idílicamente. Este anarquista resume la dignidad y la generosidad de una lucha aún necesaria en la Barcelona de los años cincuenta. El estilo poético de esta autora sirve, en gran medida, para exaltar de forma elegíaca la lucha de unos idealistas (entre los que se encuentra también el propio padre de la protagonista) que sacrificaron sus vidas para unirse a una violencia justa y revolucionaria.

ra en este sentido: aquella violencia del pasado aventaja axiológicamente a la violencia presente. La naturaleza de esta última es puesta de manifiesto por un personaje, Manuel Blanco (uno de los responsables del acoso a Lucía, Félix y Adrián) en una larga y descreída conversación (216-224): el capitalismo ha convertido todas y cada una de las clases de violencia en productos de un mercado que gestiona sus equilibrios, sus precios, sus flujos y reflujos, sus manifestaciones y diversas intensidades. Esta situación histórica es descrita por Warren Johnson «as a society based on principles of exchange-system to a post-modern, post-dictatorial, and most important post-ideological world» (2002: 459).[6]

Resulta revelador que, en este actual y desolador contexto, Félix no acierte a intervenir, insertando su violencia, cuando trata sin éxito de disparar su viejo revolver: «Apuntó atentamente y luego bajó el ángulo de tiro, buscándole las piernas. Y disparó. Sonó un clic ridículo, impropio de un pistolón tan imponente» (47). Esta escena plasma el anacronismo de un tipo de violencia idealista y justiciera que este anciano intenta llevar a la praxis. Tanto el tamaño del arma como su atrofiamiento denotan un desfase entre el objeto y su contexto presente. Félix comenta desencantado que su arma de fuego «viene de un tiempo muy antiguo» (50) y es precisamente la fractura temporal que media entre aquel tiempo y el presente la que impide la implantación de una violencia «vieja» en un mundo «joven». Esta dialéctica temporal hace en muchas ocasiones de Félix, de su exordios políticos, de su código moral, de su violencia, de su pistola e incluso de su solapado enamoramiento de Lucía un anacronismo, un loable pero imposible intento por incrustar en el mundo protagonizado por el joven Adrián los paradigmas del pasado.

[6] Yaw Agawu-Kakraba detecta también una moción de censura a la posmodernidad político-social española, no en la novelas sobre la Guerra Civil, sino en uno de los textos centrales de la «Generación X», *Historias del Kronen* (1997): «Mañas highlights the inherent problems with which liberal and economic democracy is fraught [...]. [His] intention here is to depict Spain's once mythic economic strength as a nightmare» (2002: 201). *La hija del caníbal* no es obviamente encuadrable en esta generación de textos tan influenciada por el realismo sucio, pero sí emite un juicio muy parecido sobre una sociedad capitalista en la que la violencia (como también sucede en *Historias del Kronen*) termina por ser una fuerza cínica, descreída, complaciente y desideologizada. Con ésta y otras menciones de autores más jóvenes, tan sólo deseamos demostrar que la visión idealizada de un determinado pasado nacional es complementaria con el diagnóstico desencantado que importantes sectores de la intelectualidad nacional han emitido de la evolución ideológico-política del país durante las últimas tres décadas.

Esta tensión entre lo que la violencia fue y lo que es, encuentra también otra interesante y gráfica plasmación en las amputaciones corporales sufridas por varios personajes. Por una parte, un explosivo le destrozó a Félix parte de una mano en una acción de juventud y este personaje interpreta el suceso del siguiente modo: «la pérdida de mis tres dedos fue vivida como una ganancia: porque adquiriría una cicatriz, una herida gloriosa y, sobre todo, un pasado que atesorar y que contar» (94). Por otra parte, los secuestradores le seccionan un dedo a Ramón con el propósito de intimidar a Lucía y forzar el pago del rescate. Ésta asume la noticia como la escenificación macabra de una pérdida aún mayor: «Ramón había perdido su dedo y yo había perdido a Ramón, mucho antes de que lo secuestraran. Lo había perdido dentro de mí» (104). Esta peculiar economía de pérdidas y ganancias revela que, como concluye Catherine Besteman, «what violence means to those who perpetrate, [suffer] or support it, is a crucial part of the project of making sense of political violence» (2002: 6). Si en el caso de Félix, una amputación depara un superávit simbólico que enorgullece y satisface a su protagonista; en el caso de Ramón una amputación parecida desencadena un déficit moral que siembra el desaliento no sólo en este último sino también en su mujer.

Podemos pasar ahora al análisis de los ámbitos públicos y privados ante la violencia. En el último capítulo de *La hija del caníbal*, una vez que Ramón ha sido liberado y Lucía ha disuelto su matrimonio, se proponen unas conclusiones que resuelven e ignoran simultáneamente algunos de los conflictos planteados por la trama. Uno de estos conflictos es el progresivo engarzamiento de las frustraciones sentimentales de Lucía y las lecciones político-históricas que Félix le transmite. Aunque el texto no entabla una relación de causalidad entre ambos hechos, es obvio que el ejemplo del viejo revolucionario ayuda al personaje femenino a clarificar su orden de valores en un momento de su existencia un tanto confuso e insatisfactorio. Lucía no sólo se encontraba enclaustrada en un matrimonio monótono sino que, al igual que el protagonista de *Soldados de Salamina*, también había entrado en una fase profesional de clara decadencia. Su propio editor había tenido que negarle un adelanto por su último libro de narraciones para niños ante las escasísimas ventas de las anteriores entregas. Esta insatisfactoria situación adopta un nuevo y prometedor rumbo en las páginas finales de la novela, cuando la misma narradora nos informa de su separación y de la ilusionante escritura de una novela para adultos.

La contradicción de este cierre narrativo proviene del desajuste entre un espacio público en el que se han extraído unas enseñanzas y el espacio privado al que estas enseñanzas son aplicadas. Obviamente, tanto los efectos sobre Lucía de un caso de alta corrupción política como el testimonio aportado por Félix desplazan a este personaje femenino de un dominio doméstico (en el que prevalecen sus problemas de pareja y su crisis profesional) a un territorio público en el que surgen retos de una naturaleza muy distinta: la relación entre el poder político y la ciudadanía, los males de la democracia capitalista, la (im)posibilidad de una relación ética con el dinero público, la conveniencia de reinventar utopías sociales o la necesidad, como afirma Francisco Fernández Buey (2003), de una «poliética» que permita la convivencia cívica sobre una base moral y no sobre las leyes de la avaricia financiera y de los abusos de poder.[7] En definitiva, un conglomerado de interrogantes que enmarcan precisamente algunos de los debates políticos en la España democrática de fin de siglo.[8]

La hija del caníbal concluye sin embargo con un abandono de estas problemáticas y con un repliegue a los espacios privados, entendidos éstos como una solución a la descomposición de la «cosa pública». En primer lugar, Félix, desdiciéndose de buena parte de sus manifestaciones anteriores, cae en un pesimismo histórico un tanto fatalista: «Como hoy vivimos tiempos acomodaticios y mediocres, las utopías se nos convierten en basurillas» (327). El tercer capítulo de este libro está dedicado a las utopías. Baste ahora resaltar que este personaje termina paradójicamente por plantear un exordio en favor del *aura mediocritas*:

---

[7] Fernández Buey (2003) argumenta la urgente necesidad de pensar política y ética conjuntamente. El neologismo «poliética» trata de crear una perspectiva filosófica para la que resulten indivisibles ambos campos de reflexión. En su ensayo, repasa con este objetivo la obra de un nutrido grupo de autores judíos modernos (Karl Kraus, Hannah Arendt, Simone Weil y Walter Benjamin, entre otros).

[8] Para este asunto recomendamos la obra de tres intelectuales muy presentes en diversos medios de comunicación nacional: Joaquín Estefanía, José Luis Sampedro y Vinceç Navarro. De Estefanía, que ha sido además director del diario *El País* y actualmente dirige su sección de opinión, destacamos *Contra el pensamiento único* y *La cara oculta de la prosperidad: economía para todos*. De Sampedro, académico de la RAE y prestigioso novelista, habría que resaltar tanto *Conciencia del subdesarrollo: veinticinco años después* como *El mercado y la globalización*. Finalmente de Vicenç Navarro es necesario subrayar el ensayo con el que obtuvo el Premio Anagrama de Ensayo en el año 2002, *Bienestar insuficiente, democracia insuficiente*.

«Crecer es traicionarse» (238), «los hombres somos mezquinos, vanidosos, ambiciosos y débiles» (328) o «todos los humanos tenemos que enfrentarnos a la desilusión» (237). El anarquista infatigable en su generosidad y abnegación da paso al revolucionario desencantado que transmite una ironía y un desafecto que Lucía finalmente asume y reproduce. Esta última no retoma ni reinventa el idealismo político de los años treinta, inicialmente transmitido por Félix en concordancia con el impulso político anti-utópico que Inmaculada Pertusa percibe en la obra de esta autora a partir de *Temblor* (1994: 63-66). Una labor que podría haber servido para pensar una nueva utopía razonable y democrática. Por el contrario, Lucía se solidariza con el escepticismo irreversible que Félix deja entrever en sus últimas palabras. De tal forma que la protagonista deja sin contestar y escamotea todos los retos políticos antes mencionados y hace de un nuevo equilibro sentimental su propia y privada utopía. En este sentido, se podría afirmar de esta obra lo que Javier Escudero explica de otra novela de Montero, *Bella y oscura*: «es el índice de la crisis espiritual y existencial de nuestro tiempo, provocada por el derrumbe de las grandes ideas religiosas, políticas e, incluso, científicas que daban sentido al mundo de la modernidad» (1999: 98).

El final de la novela no puede ser más claro al respecto: «Me veo [...] convirtiéndome tal vez [...] en esa vieja desdentada que me dijo: 'Disfruta de la vida mientras puedas'. De acuerdo lo intentaré. A pesar de la pérdida y de la traición, y de los pánicos nocturnos, y del horror que acecha. Pero, como dice Félix, siempre existe la belleza» (338). Lucía también reconoce que su tiempo es «el peor momento de la [H]istoria» (327), un momento en el que la traición y el dolor remiten a la violencia inmoral y abusiva sufrida durante toda la novela. Sin embargo, su respuesta no pasa por un lógico compromiso que ataje el problema en sus causas primeras. Lucía adopta una estrategia muy distinta, asumiendo implícitamente que ese espacio público no es redimible ni sustancialmente mejorable y que, desde posiciones estrictamente subjetivas, debe acercarse a la realidad con un talante hedonista.

No deja de resultar sintomático que la protagonista recuerde, al final, una sola frase pronunciada por Félix y que ésta resalte precisamente la importancia de la belleza. No es necesario negar la relación que el mundo intelectual de este anciano personaje mantiene con el concepto de belleza para concluir que, en sus constantes reflexiones, dicho concepto no destaca ni como uno de los más centrales ni de los más presentes. Félix aparece preocupado por su memoria, por la interconexión de ésta con la

Historia más traumática del país, por el efecto de la política en su trayectoria personal, por el rol de la violencia en su código ético y por un deseo constante de construir y afianzar una normativa que rija igualitariamente a toda una comunidad. Esta gama de preocupaciones no captura sin embargo el interés último de la narradora, que opta por subrayar el papel terapéutico y quizá catártico de la belleza.

Este binomio de términos («belleza» vs. «fealdad») resulta conflictivo porque *La hija del caníbal* no planeta inicialmente un problema estético sino un problema político y ético. De hecho, los opuestos que discurren en paralelo a lo largo de la trama son, entre otros, pasado heroico frente a presente cobarde, violencia revolucionaria frente a violencia estatal, violencia idealista frente a violencia corrupta, y ética política frente a corrupción. En este contexto, la estetización del punto de vista de la protagonista con el propósito de obtener un placer sensorial del mundo puede ser interpretada como un auténtico colapso de sus planteamientos anteriores. El contexto histórico deja de ser justo o injusto o, al menos, deja de ser analizado desde tal prisma porque éste se convierte en un contexto bello o feo.

Lucía inicia el capítulo final con un escueta frase que puede ser entendida como una auténtica declaración de principios: «Estoy sola, y me gusta» (325). Su ética de la belleza está estrechamente relacionada con esta soledad. Por una parte, es innegable que la novela apuesta por un personaje femenino que no necesita del ámbito de la pareja para fijar un rumbo satisfactorio a su futuro. Por otra, también es innegable que esta soledad puede ser analizada como paradójica en un relato que retrata positivamente la aparición de una comunidad de personajes (Adrián, Lucía y Félix), unos lazos de corresponsabilidad entre ellos y una consecuente solidaridad desde la que combatir las agresiones de un tiempo políticamente cínico.

Esta reducida comunidad no desdeña, además, la violencia como una de sus posibles respuestas. Aunque nunca se discute explícitamente este asunto, sí hay una aquiescencia por parte de todos sus miembros en desplegar la violencia necesaria para avanzar en su investigación o para repeler las acometidas externas. La violencia de este grupo emana como una forma de resistencia, que es mirada retroactivamente por la narradora con simpatía y comprensión. Esta violencia reproduce en unas dimensiones microscópicas el fenómeno de la *levée en masse*, es decir, el de una población civil que se defiende activamente contra un poder estatal y cuya principal característica es resumida de este modo por Arthur Waldron: «Its putatively organic character was supposed to make it incomparably more powerful than the 'unnatural', state-connected armies that opposed it» (2003: 256).

Lucía, Adrián y Félix logran, de hecho, resolver el misterio del secuestro, poner en peligro la red de corrupción en la que éste se había involucrado y frenar por completo las amenazas y ofensivas contra ellos. La protagonista conoce en detalle las miserias de un entramado financiero que la despoja de cualquier inocencia respecto a su realidad político-histórica pero, en recompensa, también descubre las posibilidades de una minúscula pero cohesionada comunidad civil que, con las dosis de violencia necesarias, evita ser avasallada. Son precisamente el valor y la trascendencia de esta comunidad los que resulta finalmente reducidos o descartados cuando la protagonista se confina en una intimidad que ella disfruta en los siguientes términos: «Recupero mi casa con la misma avidez con la que un país colonial se independiza del imperio. Ahora soy la princesa de mi sala, la reina de mi dormitorio y la emperatriz de mis horas» (326).

El vigor con que emerge este discurso en las últimas páginas de la novela es tal que, pese a la constante influencia política de Félix sobre Lucía, es esta última la que sorpresivamente logra influenciar al viejo revolucionario, implicándolo en este nueva dinámica:[9] «Ha hecho muy buenas migas con mi madre. Me llama por teléfono de cuando en cuando [desde Palma de Mallorca], tan atolondrados y risueños como dos adolescentes, explicándome a cuántas playas han ido, cuántos paseos han hecho, qué libros han leído y hasta qué comidas han tomado, minuciosamente detalladas» (325). La biografía de Félix ensaya una última y divergente etapa que reproduce las posiciones adoptadas por Lucía. Félix, en definitiva, también se atrinchera en los cuarteles de una intimidad placentera y agradable, que supone la desaparición del discurso político, inquietante e incómodo que este personaje representaba.[10]

---

[9] En todos los capítulos narrados en primera persona por Félix, queda reflejada una estructura sicológica en la que la responsabilidad con unos ideales políticos y el compromiso con unos camaradas de partido primaron sobre su vida familiar, o (en otras palabras) una estructura sicológica en la que la vida familiar estuvo siempre mediada y articulada en torno a su figura y acción públicas. De hecho, cuando las relaciones sentimentales de Félix (como las mantenidas poco antes del inicio de la Guerra Civil) le distraen y le alejan de la lucha libertaria, el resultado termina siendo una enquistada mala conciencia.

[10] Tan sólo Adrián parece retomar este discurso, aunque en una versión distinta. El ejemplo de la revolución anarquista de los años treinta es reinterpretado y readaptado

El grupo de resistencia integrado por los tres protagonistas queda totalmente desmantelado al final de la novela. Lo que, en una primera fase, se trataba de una colectividad de oposición concluye como un gremio despolitizado en el que lo privado se impone sobre lo público, lo sentimental sobre lo ideológico y el placer sensorial sobre el análisis reflexivo. Un gremio, en conclusión, en el que «la ideología de la protesta», considerada por George Rude (1995: 1) uno de los motores de la modernidad política europea, es desestimada. *La hija del caníbal* defiende, de este modo, dos actitudes distintas ante el desarrollo de la violencia en la España del siglo XX. En un primer y extenso tramo de la novela, ésta parece sentar las bases de una renovada implicación en el espacio público y político. En una segunda y breve sección, la narradora cambia su óptica: ante los ataques de una realidad nacional en la que «los políticos mienten, los periodistas mienten, los vecinos mienten, todo el mundo se vende y se corrompe, [y] los prohombres de la Patria están implicados en asesinatos» (327), el único refugio aparentemente posible es la construcción de un orden privado y la búsqueda de un equilibrio psicológico e individual. Esta novela describe, *mutatis mutandis*, un movimiento parecido al que Anne Hardcastle percibe en otra novela de Montero, *Temblor* (1990): «beyond social commentary into the philosophical and existencial realms» (2000: 418).

En el tratamiento que *La hija del caníbal* le ofrece a la violencia del pasado y del presente es importante examinar la presencia y las características de dos discursos desiguales ya mencionados anteriormente. Por una parte, esta novela alberga el discurso de Lucía que, como primera narradora, impone su punto de vista sobre la mayoría del relato. Por otra parte, Félix usurpa el papel de narrador en seis capítulos que trasladan sus experiencias de juventud. Aunque ambos relatores se sirven de tiempos verbales del pasado, la primera se refiere a un pasado inmediato, un pasado todavía percibido como presente, y el segundo alude a un pasado remoto. En otras palabras, Lucía deja constancia de la violencia de la democracia española y Félix de la violencia de la Guerra Civil, de sus prolegómenos y últimos estertores.

por este joven personaje en una comuna de amigos, cuyo objetivo no es la disidencia política de acuerdo a un programa más o menos definido, sino la producción de música independiente. Este proyecto está obviamente más relacionado con un repaso nostálgico de los movimientos contraculturales de los años sesenta y con los textos de Herbert Marcuse o Norman Brown que con los parámetros políticos defendidos por Félix.

En las narraciones de estos dos personajes se pueden detectar algunas estrategias divergentes. En primer lugar, Félix es un narrador confiado, que esgrime un discurso con plena confianza en su poder referencial. Siguiendo un orden cronológico y alternando los contextos históricos con las peripecias personales, este anciano construye un tipo de *bildungsroman* que cuenta el proceso de integración y socialización de un sujeto, su adquirida autoconciencia y la continua toma de decisiones hacia un destino forjado por él mismo. En este sentido, el discurso de Félix no ironiza sobre sus propias posibilidades o deficiencias. El suyo es un relato que rinde cuentas de una serie de hechos con el mayor grado de objetividad posible. En este proceso, el lenguaje funciona como un transmisor de conocimientos de cuya fiabilidad no se duda.

Este personaje no sólo cuenta sus procesos sicológicos, sus distintas etapas vitales y las circunstancias coyunturales que le acompañaron, sino que también explica la evolución y sino histórico de figuras tan complejas como Buenaventura Durruti. Una figura que es trazada con una seguridad narrativa que Félix ostenta gracias a su estatus de testigo presencial de los hechos. Resulta curioso que la propia Rosa Montero, en las «Palabras previas», menciona una serie de fuentes documentales que le fueron de utilidad en la confección de la novela. Una de estas fuentes es el «bellísimo libro de Hans Magnus Enzensberger, *El corto verano de la anarquía*» (7). Esta mención es relevante porque los presupuestos de los que parte Enzensberger no pueden ser más distintos de los que parte el personaje (Félix) de Rosa Montero en su acercamiento a la vida del dirigente anarquista.

Si Félix cuenta con su fe puesta en un discurso que actualiza el contenido de una memoria durante mucho tiempo silenciado pero de un contenido confiable y contrastable; Enzensberger plantea un experimento novelístico en el que fuentes documentales heterogéneas y multitud de voces narrativas coinciden en un mismo espacio fragmentario. Un espacio en el que conviven y se yuxtaponen noticias periodísticas, testimonios, extractos de libros de memorias, entrevistas, rumores, anónimos, historiografía, en definitiva, un amplio abanico de narradores y puntos de vistas que, desde distintos momentos y con diversos intereses y metodologías, abordan un mismo referente narrativo, la desmesurada existencia de Durruti.

El corto verano de la anarquía depara un resultado final en el que la vida de este último es contada y «descontada». Durruti, el mito popular, el santo laico y el héroe de las masas proletarias, termina por ser recrea-

do en un sinfín de relatos admirativos o demonizadores que amplifican, complican y duplican incesantemente su biografía. Contar a Durruti supone finalmente un esfuerzo complejo porque dicha tarea supone afrontar diversos personajes. La propuesta de Enzensberger consiste precisamente en un abandono al placer de la digresión, de las contradicciones, de las exégesis proliferantes, de las múltiples versiones y de las leyendas. De alguna manera, el escritor alemán entiende que la violencia y los excesos de un tiempo y de uno de sus protagonistas más señeros fuerzan un discurso narrativo cuya naturaleza también es violenta y excesiva. La ruptura de la linealidad, las persistentes repeticiones, el extremado multiperspectivismo, la intertextualidad como mecanismo discursivo del texto, la escisión de la trama en anécdotas atomizadas, la duda metodológica como principio narrativo y la falta de fiabilidad de las secciones eslabonadas en la novela son muestras de dicha violencia textual.

Las diferencias entre Félix y Enzensberger (y proponemos esta comparación siendo conscientes de que el primero es un personaje y el segundo un novelista) pueden ser resumidas del siguiente modo: el primero puntualiza quién fue Durruti mientras que el segundo se pregunta quién fue éste. El primero propone una aventura narrativa que exitosamente aprehende un referente histórico, mientras que el segundo hace de dicha aventura un laberinto textual cuyo éxito consiste precisamente en no buscar una salida. Enzensberger asume que no hay narración inocente y que, como explica Evelyn Fox Keller, «we need to understand the enmeshing of representing and intervening, how particular representations are already committed to particular kinds of interventions» (1992: 76). El discurso de Félix se caracteriza contrariamente por aparcar el auto-cuestionamiento o la auto-ironía. En contraste con este relato transparente sobre una violencia de motivos ideológicos y altruistas, Lucía narra la violencia de un tiempo bastante posterior a la Guerra Civil con un discurso que reflexiona sobre sí mismo, con un discurso que se sabe discurso y que incluso ironiza sobre sus características.

El primer rasgo de esta modalidad narrativa es la escisión de una primera persona, que esporádicamente se torna en una tercera. Tras unas páginas iniciales en las que Lucía hace coincidir su doble estatus de personaje y narradora en un «yo», cambia su perspectiva y se observa desde fuera, objetivizando su propia figura y autonombrándose «ella»: «A veces a Lucía Romero le parece estar contemplándose desde el exterior, como si fuese la protagonista de un libro; y en esos momentos suele hablar de sí misma en tercera persona con el mayor descaro» (21). Lucía es consciente de que la narración crea inevitablemente una persona literaria que no se corresponde exactamente con la identidad del escritor que cuenta autobiográficamente. A diferencia de Félix, Lucía se concibe como un personaje y se trata como tal porque acepta que en el mismo centro de la «escritura del yo» hay un grado de ficcionalidad, recreación e invención que hacen imposible la sinceridad, la veracidad y la inmediatez plenas. Utilizando los términos acuñados por Jacques Derrida, se puede concluir que Félix se cuenta y se explica sobre la base de una «metafísica de la presencia» que entiende que el lenguaje alberga la identidad y el ser de quien lo produce, mientras que Lucía ironiza sobre esa misma metafísica y afirma que el lenguaje en primera persona, lejos de amoldarse y ajustarse al perfil del emisor, difiere constantemente.

Desde este punto de vista, ambos narradores no pueden ser más distintos entre sí. Uno entiende que se plasma a sí mismo en su narración, mientras que la otra acepta que su narración la inventa. Lucía reconoce que la Lucía que atraviesa las páginas de su relato es un personaje. De hecho, este personaje disfruta de una doble identidad: a veces es «yo» y a veces es «ella». Es esta escisión la que plasma la crisis de la escritura autobiográfica. Curiosamente, Félix aún puede disfrutar y servirse de esta escritura autobiográfica porque emerge de un tiempo y de una violencia que parecen caracterizados por una consistencia, unas identidades políticas y unos ideales históricos claros y con un peso específico. En el otro extremo de esta posición, Lucía se arropa con un lenguaje en crisis y auto-consciente para reflexionar sobre una identidad, una violencia y un tiempo bastante más confusos y ambiguos. Un lenguaje que, como explican Nicholas Spadaccini y Jenaro Talens, asume que «the 'I' that begins the narrative is an empty sign which refers back to its own discourse rather than to some other kind of reality» (1988: 11).[11]

---

[11] Lucía deja continuas marcas de este talante narrativo. Este personaje-narrador no sólo se enmascara bajo una primera y tercera persona que son intercambiadas indiscriminadamente, sino que también plantea una posible identificación entre Lucía y Rosa Montero. En dos ocasiones es plasmada esta hipótesis. Una primera en la que el personaje expresa su deseo de *ser como* la novelista: «Lucía envidiaba a aquellas mujeres capaces de imponerse y de pelarse dialécticamente en el espacio exterior [...] como Rosa Montero» (42). Una segunda en la que abiertamente se especula con la conjetura de que Lucía sea, de hecho, Rosa Montero y de que todo lo expuesto se trate de una invención de esta última: «O incluso podría ser la escritora Rosa Montero, ¿por qué no? Puesto que

Estas explicaciones evidencian las sustanciales diferencias entre dos narradores (Lucía y Félix) que tienen en sus mutuas biografías y en la violencia de sus épocas los pilares de sus relatos. El último es un narrador que, en clave testimonial, confiesa ordenadamente un conjunto de hechos que pretenden ser contados tal y como acontecieron. Sinceridad, inmediatez, autenticidad, verosimilitud y espontaneidad sustentan este relato cuyo propósito consiste en trasladar el vigor y los ideales de una época muy violenta, pero de una violencia constructiva y revolucionaria que sirvió para que muchos sujetos, como Félix, encontraran unas causas por las que luchar. La protagonista femenina realiza, sin embargo, sus labores de narradora aparcando y cuestionando precisamente esta función.

La exposición descriptiva de la trama cesa en momentos determinados para que aparezcan consideraciones y especulaciones teóricas sobre la imposibilidad de un relato biográfico completamente veraz, sobre las dificultades para erigir la figura unitaria (the «enduring self» la denomina Piotr Hoffman [1989: 51] en su estudio sobre la violencia en la filosofía moderna) que la protagonice. Unas estructuras que al acercarse a la violencia funcionan, como explica Antonio Monegal, «[as] the general cultural context that provides the interpretative framework which endows war with meaning, sanctioning its occurrence» (2002: 32). Lucía destaca que contar en el periodo histórico política e ideológicamente descreído en el que le ha tocado pensar y vivir, conlleva, tal y como también asumía el protagonista de *Tu rostro mañana*, una atención constante a los medios textuales utilizados y un recelo metodológico de dichos medios. Un escepticismo y distanciamiento epistemológicos, además, paralelos a la violencia desplegada por unos poderes económicos que no sirven otros objetivos que no sean sus propios intereses.

he mentido tantas veces a lo largo de estas páginas, ¿quién te asegura ahora que yo no sea Rosa Montero y que no me haya inventado la existencia de esta Lucía atolondrada y verborreica, de Félix y todos los demás?» (336).

3. *Maquis* y los discursos de la violencia en una comunidad en guerra

La novela de Alfons Cervera, *Maquis* (1997), aborda la violencia en la comarca de Los Yesares durante la Guerra Civil y la posterior represión franquista.[12] El relato se centra tanto en las figuras de los aldeanos que abandonaron sus profesiones y casas para unirse a la lucha armada, como en la respuesta de las autoridades locales, fundamentalmente la Guardia Civil y los falangistas. A diferencia de lo que sucede en *La hija del caníbal*, *Maquis* se trata de una obra coral en la que no existe un personaje protagonista que imponga un punto de vista sobre la narración. Siguiendo la estela de algunas novelas de Camilo José Cela, como *San Camilo 1936* o *Mazurca para dos muertos*, Cervera propone una estructura circular y fragmentaria que cuenta, en diversas ocasiones y desde diversos puntos de vista, un mismo acontecimiento. En cada nueva versión, este acontecimiento es enriquecido con algún dato que espesa gradualmente la red de relaciones mantenidas por los habitantes de Los Yesares.

Ésta es, por tanto, una novela de prácticas y discursos sobre la violencia en un contexto social y comunitario. Tal y como explica Vivienne Jabri, «violent conflict is itself structured through the actions of agents situated in relation to discursive and institutional continuities which both enable war's occurrence and legitimate it as a form of human behaviour» (1996: 4). *Maquis* muestra las prácticas y las instituciones que la violencia crea para que sus actantes queden organizados.

De la violencia prima en la novela de Cervera su carácter interactivo e intersubjetivo. La interacción propulsada por la guerra tiene un doble aspecto. En primer lugar, crea o intensifica una reorganización social caracterizada por la oposición de identidades enfrentadas y mutuamente excluyentes. En palabras de Glenn Bowman (unas palabras referidas a

---

[12] Alfons Cervera es, además de novelista, crítico literario y colaborador del diario *Levante*. En toda su obra narrativa destaca un interés por la memoria histórica española, el cultivo de un estilo impresionista y de estructuras narrativas multiperspectivistas. En este sentido, Cervera puede ser considerado, como lo demuestra una de sus más celebradas novelas, *El hombre muerto* (2001), un equilibrado resumen de la novelística realista de posguerra (con la que comparte alguno de sus intereses temáticos y éticos), y de la corriente experimentalista de los sesenta (de la que toma el gusto por elaborar tramas narrativas no lineales y la multiplicidad de voces narrativas). Buena parte de la obra de Cervera está redactada en valenciano. Él mismo ha sido el encargado de la traducción al español de muchos de sus textos.

la relación político-intelectual que mantienen conceptos como identidad y violencia), «identity politics forms borders which enclose an 'I' and a 'we' and exclude— at times violently— others [...]. A perception of antagonism is sufficient to impel individuals and communities to boundary making, maintenance and defence» (2001: 42).

En segundo lugar, la guerra no sólo crea unos lazos internos en el seno de estas comunidades (los maquis por un lado y las fuerzas militares por otro), sino que también desencadena un tipo de comunicación entre ambas. Aunque la narración deja claras sus simpatías por los primeros, también reconoce que la conjunción de las acciones de los maquis y de la Guardia Civil depara una economía de la violencia para cuyo exitoso sostenimiento ambas partes resultan igualmente necesarias. La discusión de *Maquis* va a contar con tres secciones que se encargarán de desarrollar en detalle tres temas hasta ahora tan sólo mencionados: la economía de la violencia, los discursos internos que rodean a ésta y la necesidad de un recuerdo que recupere y al mismo tiempo ennoblezca algunos aspectos de la Guerra Civil.

La técnica narrativa de Cervera radica en la yuxtaposición, en principio arbitraria, de elementos de la trama. Esta técnica se inicia normalmente con el esbozo sucinto de una escena evocadora e intrigante sin plasmar las circunstancias o motivaciones que sostienen dicha escena. Tan sólo cuando las conexiones entre estos personajes y sus respectivas acciones son expuestas (y dicha exposición es paulatina), la novela aparece como un entramado de acciones y reacciones, un sistema de afrentas y venganzas que van arrojando un saldo de muertes y sufrimientos en ambos bandos. Los Yesares aparece, por lo tanto, como un paraje atravesado por una violencia hecha norma y alienado del exterior. Esta economía de la violencia cuenta con cuatro leyes que convierten la violencia en un fenómeno que, lejos de resultar arbitrario, se comporta de una manera un tanto predecible. Una violencia que resulta comprensible y que anula en cierta medida eso que Roger Beaumont denomina «the chaotic sense of war» (1994: 75).

La primera de estas leyes se refiere a la violencia y su trayectoria creciente. Aunque los enfrentamientos entre los maquis y la Guardia Civil se caracterizan por una alternancia en la iniciativa, esta alternancia no desencadena actos de igual dimensión, sino respuestas que superan el volumen de la provocación anterior. Por ejemplo, el padre del joven protagonista que cuenta la historia, Sebastián Fombuena, «le corto la cabeza al guardia civil que le pegó una paliza por trabajar en domingo y por eso se echó al monte» (14). Por otra parte, el guardia civil Antonio «le pegó un tiro a Rosario cuando volvía de subir comida a los de Ojos Azules [líder de los huidos al monte]» (23). En ambos ejemplos, la violencia es siempre creciente y siempre maquina manifestaciones que, en sus consecuencias, supere a las anteriores.

Esta progresión ascendente provoca en los adversarios la necesidad de concebir una réplica que sólo si es desproporcionada, resulta exitosa en su propósito: intimidar al enemigo. En esta forma de responder a la provocación del enemigo, hay una voluntad comunicativa, una intención de transmitir mensajes que, aunque muy básicos, son inherentes al puro carácter físico de la agresión. En otras palabras, los asesinatos de Rosario y del guardia civil que maltrató a Sebastián tienen un sentido primario e inmediato (saldar unas cuentas pendientes con dos personajes que anteriormente habían ofendido, de una forma u otra, al adversario), pero también cuentan con un sentido secundario y ulterior: afianzar posiciones simbólicas ante el grueso de los contrincantes e intimidar a éstos con contundentes medidas de fuerza. Ésta es otra de las cargas semánticas que lleva adjunta esta ley creciente de la violencia en *Maquis*: toda agresión no sólo tiene un efecto físico sobre la víctima sino también unas consecuencias morales sobre el resto de la comunidad.

La segunda de las leyes se refiere a la violencia bélica y su tendencia totalizante. La violencia bélica implantada en Los Yesares tiene un impulso totalizante que difumina y borra la línea que separa teóricamente a los implicados en la guerra de sus simples testigos. La guerra se impone como una realidad total que incorpora a todos y transforma los mecanismos de comportamiento e interrelación de la sociedad prebélica. La novela deja de esto constantes ejemplos y de entre éstos ninguno tan elocuente como el del propio narrador. Ángel Fombuena tiene cinco años cuando comienza la guerra, cuando los guardias civiles le propinan a su padre (Sebastián) una paliza y cuando este último le corta el cuello a uno de sus victimarios para a continuación unir su destino al de la cuadrilla del Ojos Azules. Este conflicto no tarda en ensanchar sus márgenes hasta incorporar a la propia esposa de Sebastián y a su hijo. La primera pasa temporadas en el calabozo en donde los golpes le dejan no pocas secuelas físicas y sicológicas. El segundo es secuestrado también durante unas horas para someterlo a una denigrante tortura.

Esta cadena de violencia se caracteriza precisamente por ignorar distinciones y reducir diferencias. Martin Ceadel explica que una comunidad en guerra implica precisamente una reorganización radical de un esquema social anterior (1987: 1-8). Una opinión que ratifica Piotr Hoffman al afirmar que «the life-and-death struggle destroys the very soil— the public realm— which prepared its emergence» (1986: 124). En las reflexiones de Ceadel y Hoffman subyace una misma idea: la guerra supone una fractura y un comienzo, el abandono de unas normas y la instauración de otras, la caducidad de unos modelos de comportamiento y pensamiento, y la aparición de otros nuevos. En esta fractura y en este volver a reorganizar una sociedad para responder a las exigencias de una guerra, todos los miembros de dicha sociedad resultan afectados. En la novela de Cervera no hay, en definitiva, un mapa social que pueda indicar los espacios limítrofes a los que la violencia llega y a partir de los cuales deja de resultar amenazante.

La tercera ley de la violencia se refiere a su carácter espectacular y especular. La violencia no es un proceso en el que únicamente víctimas y verdugos tengan un rol que cumplir. Existe un público que, en muchas ocasiones, se convierte en el último destinatario de un determinado acto de violencia. Su dimensión audiovisual puede ser potenciada, tal y como afirma Allen Feldman, por la infraestructura «performativa» y la iconografía política con que se proyecta y presenta un determinado acto de violencia (2000: 55). Es precisamente esta «performatividad» la única que puede explicar la preparación y ejecución de ciertos asesinatos en *Maquis*. El ejemplo probablemente más claro es la muerte del maestro, Don Abelardo. Una muerte que tiene lugar el Día de todos los Santos, en el mismo escenario (el del teatro municipal del pueblo) en el que se representa el *Don Juan Tenorio*. Los maquis organizan una tramoya dentro de la tramoya preparada para la obra de José Zorrilla: un disparo suena y Don Abelardo cae sobre las tablas ensangrentado y herido de muerte. La detonación y la caída del maestro provocan obviamente «los gritos del público asistente a la representación» (90).

El asesinato de don Abelardo también atenta contra un estamento burgués y terrateniente que asiste a la obra de Zorrilla como a un rito social de clase. Tal y como explica C. R. Mitchell, una estrategia deslegitimadora de la causa ajena consiste en presentar imágenes del enemigo (y en especial, del cuerpo del enemigo) en las que éste aparece desfigurado, maltratado o negativamente estereotipado (1981: 71-110). La figura del maestro, mortalmente herido, adquiere una función enervante y desestabilizadora para el auditorio. Matar al maestro franquista resulta una labor menos importante que mostrar dicha muerte a todos aquellos que pueden sentirse amenazados por el sino de don Alberto.

La reacción de pánico y temor en el patio de butacas supone la validación de una puesta escena y la certificación de un éxito rotundo. Los asistentes comprenden correctamente la función que se les propone: ésta pretende aterrorizarlos y la confusa estampida final demuestra que dicho objetivo ha sido alcanzado. Esta misma táctica es utilizada por los guardias civiles y falangistas que desean también organizar su propia escenificación de la violencia. Una vez que Ojos Azules es capturado, se plantea un debate entre los jerifaltes de la zona: entregar al maquis a la autoridades de Valencia (tal y como se les ha pedido desde la capital) o bien desoír el mandato y preparar en Los Yesares un ajusticiamiento público. El cabo Bustamante percibe como un hurto el traslado de Ojos Azules a otro lugar, en donde le arrebatan la posibilidad de convertir el cuerpo de este maquis en una geografía pública del sufrimiento. Una geografía por la que transiten las miradas de los aldeanos que frenan la implantación definitiva del golpe de estado y del nuevo régimen.

Tanto los maquis y su golpe de efecto en el teatro municipal, como los guardias civiles y su empeño en eliminar a Ojos Azules en presencia del pueblo, comparten (a pesar de sus distintos objetivos políticos) una misma imaginación visual de la violencia. Tal y como afirma David D. Perlmutter, «what we want to see in pictures is a cultural indicator of our hopes and nightmares» (1999: 9), unas imágenes que cuando se refieren a la guerra están destinadas a mostrar unos castigos «[that] were horrible, but fully justified in the ideology of the victors: the 'victims' deserved what they got» (154). Lo que excita la imaginación de los guerrilleros o de los falangistas es precisamente un intento de adivinación de los temores del rival. El objetivo se convierte, a partir de ese mismo momento, en plasmar dichos temores en una realidad concreta, gráfica y sensorial.[13]

La cuarta y última ley de la violencia explica la exigencia de adhesiones que provoca el acontecer bélico. Una de las consecuencias de un conflicto bélico de carácter civil y estrictamente nacional (como es el caso de la contienda planteada en esta novela) es la aparición, como ex-

---

[13] La pregunta que los integrantes de estos bandos se realizan al organizar una ejecución pública no es realmente «¿qué tememos nosotros?», sino «¿qué temen ellos?». Esta pregunta persigue, tal y como se ha explicado, forzar al enemigo y a su base social a convertirse en espectadores. Unos espectadores que, tal y como explica Veena Das en su ensayo sobre «the meaning of witnessing in relation to violence and the formation of the subject» (2000: 205), adquieren un conocimiento desmoralizante.

plica Susan Suleiman, de un «supersistema narrativo» que evalúa las ideologías en conflicto, respaldando una y desestimando todas las demás (1983: 71). Este supersistema narrativo fuerza adhesiones claras y permanentes mientras que desestima y desprestigia posturas que, sin ser necesariamente contrarias a la propia causa, no se ciñen al guión sociopolítico de la guerra.

La guerra crea, por ende, un *status quo* que tiende a la sujeción de las identidades, a una identificación estable entre sujetos particulares, a una serie de estereotipos (el «héroe», la «lealtad», el «sacrificio», la «entrega», la «valentía») y a proyectos ideológicos que homogeneizan y simplifican eso que Beatrice Hanssen denomina «the epistemic and ontological regimes of the self» (2000: 187). Estar en la guerra supone, como muestran los personajes de *Maquis*, reestructurar la propia identidad y adaptarla a las necesidades y exigencias de una nueva situación. Esto sucede porque, como explican Bertrand Taithe y Tim Thornton, la guerra altera las identidades del periodo prebélico (1998: 7). Si ésta es la pretensión de la violencia, su práctica ofrece unos resultados bastante distintos. *Maquis* incluye a una serie de personajes que pone de manifiesto la imposibilidad de construir una sociedad bélica ideal en la que dos camarillas agrupen y dividan con geométrica perfección a toda una sociedad.

En la facción de los maquis los personajes de Justino y Máximo ponen a prueba los discursos y las prácticas que procuran el carácter compacto del grupo. Ambos personajes dotan a los guardias civiles de una información que sirve para perfilar los detalles de exitosas operaciones contra los guerrilleros del monte. Alfons Cervera incorpora al retablo de guardias civiles la figura de Norberto Pérez Expósito. Noberto es el «buen guardia civil» (en contraste con el envilecimiento del resto) que antepone el ejercicio de su conciencia crítica a la obediencia de órdenes injustas o desproporcionadas. Su talante moderado le otorga un aura inoportuna y peligrosa: la de quien se interpone entre la adhesión incontestable a los suyos y la violencia dirigida contra el enemigo.

El gusto novelístico de Alfons Cervera por personajes que de una forma u otra no responden plenamente a un determinado registro de expectativas prácticas y simbólicas, parece intentar demostrar que, aunque las guerras tienen como punto de partida una solidaridad interna directamente proporcional a la hostilidad frente al exterior (Bowman 2001: 30), ese «dentro» y ese «afuera» pueden ser y son continuamente renegociados. Por una parte, las identidades colectivas, lejos de ser monolíticas, son una amalgama de intereses determinados por diferencias de clase, género y/o procedencia geográfica. Por otra, las identidades individuales tampoco son sustancias estables. Éstas cambian, difieren de sus propios apriorismos, saltan de un lugar a otro, reubican su posición y reorganizan sus alianzas e intereses.

Maquis parece animado, en definitiva, por una insistente tensión narrativa entre lo que una guerra pide de los personajes y lo que éstos, una vez imbuidos en la espiral de violencia, pueden ofrecer. En *Maquis*, estas concretas rupturas demuestran que la trasgresión de una ley (en este caso, la ley de las adhesiones a un bando) no implica su derogación sino un proceso de auto-fortalecimiento mediante la supresión edificante de los transgresores. Maquis y guardias civiles se afianzan en sus posiciones y en su lógica comunitaria cada vez que eliminan o expulsan a un integrante que no responde a las expectativas.

En segundo lugar, vamos a tratar los discursos sobre el sentido de la guerra en *Maquis*. La violencia de la Guerra Civil no aparece en esta novela sólo como un conjunto de acciones en una determinada comunidad. Esta última tiene la capacidad intelectual de reaccionar ante dicha violencia. El resultado no es un solo discurso homogéneo sino un variado registro de opiniones divergentes y, en muchas ocasiones, contrapuestas. *Maquis* se sirve de estrategias narrativas concretas que ponen de manifiesto la naturaleza colectiva de los discursos sobre la violencia. Una de estas estrategias es el cambio constante de voz narrativa. La novela de Cervera es coral no sólo porque carezca de un personaje protagonista y porque el retrato comunitario constituya el verdadero objetivo del texto, sino también porque el cambio constante de narrador conlleva un acentuado multiperspectivismo.

Junto a esta modalidad narrativa, *Maquis* hace referencia explícita a la fuente de información que el narrador de turno maneja. Esta fuente suele aludir a una colectividad que discute hipótesis e historias sobre lo ocurrido. «Decían» (24), «dicen en el pueblo» (42), «por aquí se dice» (116) o «no se habla de otra cosa» (122) son algunos de los giros con que se introducen datos sobre el acontecer la violencia. Tal y como explica Ronaldo Munck la guerra necesita «a symbolic construction of the enemy within [and] the discursive construction of political violence» (2000: 7). La utilización de verbos como «decir», «comentar», «afirmar» o «hablar» en tercera personal del plural para referirse a la acción de toda una comunidad pone de manifiesto que ésta se enfrenta a la aparición y al desarrollo de la violencia como un problema discursivo que necesariamente va a ser tramitado colectivamente.

A pesar de que las aproximaciones a la violencia de la Guerra Civil están condicionadas en esta novela por factores temporales, genéricos y económico-sociales, el análisis de las valoraciones emitidas por la población civil del pueblo (que no incluye por lo tanto a militares, guardias civiles, dirigentes políticos y falangistas) depara dos predominantes corrientes en las que pueden quedar enmarcadas el resto de pareceres. Por una parte, nos encontramos, en palabras de Graeme Newman, con «the views of violence [that] see it as creative in the long term [although] its immediate products are destructions» (1979: 254). Por otra, se plantea la violencia «as a destructive force: The vision of apocalyptic doom [...] The bloody fire and destruction of hell on earth» (Newman 1979: 255). Estas posiciones desencadenan bien un tipo de optimismo evolucionista que propugna un desarrollo positivo para la lucha (especialmente de los maquis), o bien un profundo desaliento que aboga por el abandono de la lucha-caos.

La primera de las posiciones es defendida, entre otros, por Feliciano y Bernabé. Los comentarios de Feliciano apuntan a un ideal revolucionario de resonancias ilustradas (muy significativa su mención de la «solidaridad» y la «igualdad»). Este ideal ofrece también una inflexión marxista (tanto la importancia de la felicidad de clase, «nuestra gente», como la postulación de la libertad en términos de ecuanimidad material) y tiene en la utopía social su fin último. Probablemente este impulso utópico de la violencia revolucionaria desplegada por los maquis pueda observarse con mayor claridad en las palabras de uno de los pocos intelectuales de izquierda que expresan su opinión en la novela, el maestro Pastor Vázquez Lorenzo: «Hay guerras y guerras. Y no todas son justas [...] Pero hay guerras, como esta misma que armamos nosotros en el monte, que lo que quieren es precisamente que llegue la tranquilidad y la paz sea la comida de todos los días» (114). La guerra que argumenta este maestro aquilata las virtudes de un proceso epifánico: está llamado a terminar con un tipo de sociedad y con todas las guerras injustas para dar paso a una paz «de todos los días». Una idea (la de la «paz perpetua») que desde una perspectiva de política internacional ya había discutido y respaldado uno de los pensadores más importantes de la modernidad ilustrada, Emmanuel Kant.

Tanto el maestro progresista como Feliciano y Bernabé responden a la violencia de la Guerra Civil desde un mismo apriorismo: ésta constituye un proceso racional que cuenta con unos objetivos a cuyo cumplimiento van dirigidos los combates, enfrentamientos y luchas. Aunque tal y como explica S. F. Kissin, «Marx and Engels never formulated guidelines for a 'correct' socialist attitude to war» (1988: 252), éstos sí teorizaron una conciencia y una práctica revolucionaria de la que algunos personajes de Cervera se hacen eco. La guerra, en tanto que motor de la sociedad capitalista y tablero en el que se dirimen los intereses de la clase dirigente, es realizada (tal y como explica el personaje Pastor Vázquez) «por los hijos de puta como Franco [...] esas guerras [que] siguen y no se acaban nunca» (114). Por el contrario, la guerra, en tanto que proceso revolucionario, se trata de una fase histórica justificable.

Frente a este optimismo analítico que estima la guerra «[as] a route to revolution» (Berger 1977: 12) y promueve la permanencia de los maquis en los montes, otro sector de opinión en Los Yesares expresa serias dudas sobre el carácter teleológico de la violencia. Este sector detecta el estancamiento de unos combates de los que resulta imposible extraer un sentido ulterior. Una violencia «[that] seems destined to cause intellectual confusion, leading on to cynicism, complacency or dispair» (Gallie 1991: 48). Estas últimas voces se quejan de la trayectoria negativa y contraproducente de la lucha armada que, en vez de desbrozar un camino hacia la realización de la utopía (el fin de las guerras injustas y de las disparidades económicas), traza una ruta hacia la entropía y el agotamiento de los recursos humanos y materiales de la comunidad. En este mismo sentido expresan su abatimiento uno de los maquis, Manuel (31), Rufina (40) o Justino (53). Es importante notar que estos personajes no niegan el origen ideológico de la violencia de la Guerra Civil ni las motivaciones éticas de los maquis. Estos personajes denuncian una desconexión entre los orígenes y el desarrollo de la violencia, los discursos políticos que la explicaban y la realidad posterior de ésta.

Estas reflexiones perfilan una comunidad no sólo victimizada por la guerra, sino también activa y responsable en la interrupción o extensión de ésta. Estos personajes, adheridos a la corriente pesimista de opinión sobre el sentido y posibilidades de la Guerra Civil, acusan a la violencia, tal y como explica Zygmunt Bauman, «of subordinat[ing] thought and action to the pragmatics of economy and effectiveness» (1989: 127). De hecho, Manuel, Rufina y Justino perciben que los maquis han caído en una microeconomía de la violencia que atiende a los resultados inmediatos de una refriega o al efecto puntual de un atentado, buscando gratificaciones a corto plazo y recompensas que se agotan con prontitud.

Tanto de las posiciones negativas como de las positivas se desprende una preocupación común por el final de la violencia. El final de la violencia se convierte, de hecho, en el gran problema epistemológico y moral de Los Yesares: cómo imaginar, pensar y concebir un cese para los combates y choques. Ningún otro suceso excita y alimenta con tal intensidad y constancia la voluntad discernidora de una comarca. Personajes como Manuel del Toro, alcalde del pueblo y jefe local del Movimiento, plantea un futuro escenario en el que la violencia cesará completamente sólo cuando ésta se dé en dosis insospechadas: «Si los fusilarais a todos no tendrían tantas agallas como tienen» (133). Manuel del Toro desea una suerte de proceso apocalíptico para su comarca. Un particular plan para frenar la violencia tras el que anida una decisiva paradoja: contra la violencia, mucha más violencia.

Otros personajes entienden, como explica Richard Hobbs, que la victoria en un enfrentamiento bélico siempre es relativa, es decir, ésta nunca se da de una manera definitiva e irreversible (1979: 35-40). Tanto Rosario como Guadalupe comprenden que la paz no es un punto de inflexión que desmantela la guerra para instaurar la normalidad pacífica en una comunidad, sino un largo proceso bastante más intrincado. Rosario y Guadalupe expresan el desaliento ante un proceso de paz que paradójicamente no ha traído la paz y que tan sólo ha modificado la intensidad y los modos de la violencia.

Los personajes de *Maquis* constituyen, en definitiva, no sólo una comunidad bélica sino también una comunidad de hermeneutas que interpreta la guerra y procura predecir su posible desarrollo. Personajes como Rosario, Juanita o Guadalupe proponen los análisis más complejos porque entienden que, como explica Fred Charles Iklé, «by prolonging a war to obtain a settlement that seems more secure than the pre-war situation, nations can be grievously mistaken for several reasons. They may go down in defeat while fighting for a 'lasting peace'. They may render more difficult the task of future reconciliation with the enemy» (1971: 11). Estos personajes llevan su análisis incluso más lejos porque reconocen que la guerra no atraviesa a Los Yesares como una fase temporal y contingente tras la cual todo puede volver a una supuesta normalidad. La guerra deja un poso (una memoria de la violencia) que hace imposible una vuelta a la situación anterior.

El tercer punto que nos gustaría tratar es la memoria de la violencia como estrategia política. La novela de Alfons Cervera (como las narraciones analizadas en el primer capítulo de este ensayo) tiene una estructura temporal en la que presente y pasado comparten la gestión de un suceso tan decisivo para la identidad personal y colectiva de diversos personajes como la Guerra Civil. *Maquis* está compuesto de tres distintas secciones: «Prólogo», «De los nombres y las voces» y «Epílogo». La segunda parte alberga una red de historias que, en primera o tercera persona, muestran la Guerra Civil y la posguerra desde la perspectiva de los propios afectados. «Prólogo» y «Epílogo» están narrados, sin embargo, por un personaje bastante más joven que vivió la contienda como niño y que, ya en su madurez, recuerda los hechos. Este personaje se llama Ángel Fombuena, es hijo del maquis Sebastián y en el año 1982 redacta su homenaje a los sacrificados guerrilleros.

A pesar de que cualquier hecho violento es presentado siempre a hombros de diversas líneas narrativas, *Maquis* estipula un sentido teleológico de la memoria bélica y, en concreto, de la memoria encargada de la Guerra Civil. Si la segunda sección de la novela ofrece un devenir de opiniones sobre la violencia sin que ninguna de ella predomine sobre las demás, la última parte («Epílogo») viene a desestimar esta horizontal convivencia entre todas las posturas y a resaltar una sobre el resto. La novela es cerrada por las conclusiones de Ángel Fombuena, que sientan una versión de los acontecimientos pasados. Esta versión contiene varios aspectos importantes.

En primer lugar, el recuerdo de la guerra es defendido como la última posibilidad de victoria para aquéllos que perdieron la contienda. Antes de que don Recalde (el maestro progresista) sea expulsado, éste tiene la oportunidad de mantener una breve conversación con el padre de Ángel Fombuena, Sebastián. Una conversación durante la cual el viejo instructor pronuncia unas palabras que tanto los maquis como el propio Ángel repiten y celebran: «Sólo somos lo que dejamos, Sebas. Ten bien presente eso, sólo lo que dejamos, después de muertos ya no podemos hacer nada para enmendar lo que fuimos o lo que no fuimos, ni para bien ni para mal [...]. No olvides eso» (22).

Ángel Fombuena, que recuerda en 1982 los sucesos de la Guerra Civil y de la conflictiva posguerra, es el arquitecto encargado de diseñar este telón de fondo sobre el que las batallas de su padre adquieren su pleno y heroico tamaño. Así lo expone él mismo en un iluminador «Epílogo»: «Pero hay otra memoria que es la memoria maltrecha de los vencidos, la que ha ido creciendo frente a los paredones inmensos del silencio levantados cuando se acabó la guerra» (166-167). Al igual que *El lápiz del carpintero*, *Maquis* refleja el creciente interés y respeto que la memoria de los vencidos ha ido granjeándose frente al cierto desprestigio y abandono que empaña el recuerdo de los vencedores.

Maquis se aleja, por lo tanto, de esa tradición de literatura bélica que, como afirma Holger Michael Klein, «lacks the language to convey events and impressions in a fashion intelligible to his audience» (1994: 47-48). Este crítico alude a una pujante corriente novelística centrada en las contiendas militares que, desde la Primera Guerra Mundial fundamentalmente, asume como un problema narrativo (y seguimos citando a Klein) «how to convey to those who had not felt, seen, or heard them, impressions, situtations, sights and sounds to which previous experience offered no parallel. This cannot be explained away as the conventional 'insufficiency' topos» (1994: 48). El narrador de *Maquis* no entronca con esta estirpe narrativa porque entiende que la memoria de una determinada violencia, varias décadas después de que ésta haya cesado, cuando la situación política además ha cambiado de rumbo (tal era el caso de la España de 1982, fecha en la que Ángel Fombuena evoca la Guerra Civil), permite una serie de estructuras narrativas con las cuales sí se puede transmitir una serie de experiencias y descubrir en éstas un sentido.

Entroncando con algunas de las preocupaciones de novelas ya examinadas (como *Soldados de Salmina* o *El nombre que ahora digo*), el narrador que cierra *Maquis* con sus conclusiones pertenece a los que se acercan a la violencia y encuentran en sus causas y desarrollo un trazado moral. Su mismo cuerpo, marcado y transformado por la violencia, aparece en el último párrafo de la novela como un territorio fascinante que el protagonista observa repetidamente para extraer sus sentidos. Tras un crimen cometido por su padre, los guardias civiles detienen a Ángel y a su madre. A ella le dan una paliza y al entonces niño le queman las uñas. En vez de huir de la deformidad corporal, este narrador la sitúa en el centro de sus reflexiones y observaciones: «Todas las noches, desde hace casi cuarenta años, me miro las manos antes de dormirme y veo cómo las uñas no han perdido ese color azul que le pintaron los guardias» (168). Este narrador descubre en la violencia de aquel pasado un sentido ético y político, que le permite contemplar sus cicatrices con cierta satisfacción. Éstas son el oportuno recordatorio de una lucha consciente y justificada, cuyo significado se muestra en una memoria explicativa y organizadora. Una memoria de los años ochenta que descubre (y construye) en el pasado de la Guerra Civil lo que algunas memorias anteriores no quisieron o no supieron advertir.

4. GUERRAS JUSTAS Y GUERRAS INJUSTAS: VIOLENCIA Y REDENCIÓN EN *CARTA BLANCA*

La novela de Lorenzo Silva *Carta blanca* (2004) consta de tres secciones que albergan un contraste decisivo para el significado de la trama.[14] La primera parte de la novela está situada en Zeluán, Segangan y Yebel Harcha, y su acción transcurre durante el otoño de 1921. La tercera parte acontece en Badajoz, en el verano de 1936, cuando la ciudad extremeña sufría el acoso de las tropas franquistas. Una segunda sección (cuya trama está ubicada en Alzira durante la primavera de 1932) sirve de transición entre las dos contiendas. Tantos los enfrentamientos en la colonia española como la resistencia armada del ejército republicano en Badajoz están protagonizados por un mismo personaje, Juan Faura. Desde su punto de vista un narrador extradiegético en tercera persona muestra dos realidades bélicas con muy distintas connotaciones políticas y éticas.

La peripecia relatada por Lorenzo Silva en la primera parte de la novela está enmarcada por los hechos históricos del verano de 1921. Las continuas maniobras de pacificación realizadas por el ejército español en el norte de Marruecos sufrieron un duro revés cuando una operación mal planificada por el general Fernández Silvestre se saldó en el Desastre de Annual con la muerte de más de diez mil personas. Esta trágica matanza desestabilizó los acuerdos alcanzados en la Conferencia de Algeciras (1906) y el Convenio del Protectorado (1912). Grandes protestas republicanas lideradas por el Partido Socialista Obrero Español pidieron la retirada de las tropas y el desmantelamiento de un hipotético imperio que, como explican Gustau Nerín y Alfred Bosch, estaba asentado en un frágil e inconsistente programa político. El grueso de los encuentros armados entre independentistas marroquíes y tropas españolas cesó poco después de la Conferencia de Madrid (1925), durante la

---

[14] Lorenzo Silva es responsable de una serie policíaca de la que son protagonistas el sargento Bevilacqua y la guardia civil Chamorro. En esta serie destacan *La reina sin espejo* (2005) y *El alquimista impaciente* (2000), que obtuvo el Premio Nadal. Silva es además autor de libros de viajes a Marruecos, como *Del Rif al Yebala* (2000) y de alguna novela situada en este país, como *El nombre de los nuestros* (2001). Silva es un narrador muy atento a la composición de sus tramas y al trazado de los personajes. Características que, junto a un estilo funcional y claro, le han deparado el respeto de la crítica y un público creciente.

cual Francia y España acuerdan tanto una estrategia común para la defensa de sus protectorados como el desembarco de Alhucemas. Éste trae la «total pacificación» de la zona y la derrota del líder unificador de las cabilas locales, Abd-el-Krim.

Lorenzo Silva encuentra en esta guerra un ejemplo injusto y cruel de violencia frente a los movimientos ideológicos y revolucionarios que, durante la Guerra Civil, defendieron causas respetables. Tal y como explica José María Pozuelo Yvancos, «el lector puede cerrar un círculo de correspondencias, dado que lo que mueve a Juan Faura [protagonista de la novela] al final es el sentimiento de que la culpa que no le deja vivir solamente puede ser redimida con su entrega a una causa noble y abnegada» (2004: 11). Al igual que en *La hija del caníbal* y *Maquis*, *Carta blanca* es una narración muy preocupada por narrar diversos tipos de violencia y por mostrar la reacción que ésta suscita en distintos personajes. Esta novela cuenta, en definitiva, la trayectoria de un personaje que necesita tanto un proyecto en el que invertir su existencia, como una violencia necesaria y justificable a la que sumarse.

Heart of Darkness (1899) es la obra de Joseph Conrad en la que, como afirma Carl Bennett, se describe de una manera más lograda una serie de incisivas escenas del imperialismo europeo del siglo XIX (1991: 76-77). La influencia de esta novela gravita sobre *Carta blanca* (Pozuelo Yvancos 2004: 11), que sin embargo parte de un esquema relativamente distinto. Si la obra de Conrad narra el viaje iniciático hacia un punto perdido de la selva africana que supone, como afirma Jaina Sanga, «a presentation of Europe's encounter with the Other» (2001: 462), la pieza de Silva se inicia en el centro de esa alejada e inquietante realidad colonial para explicar, a continuación, cómo el personaje protagonista logra huir física y simbólicamente de ese espacio perturbador. La primera sección de la novela, situada en el Rif, se centra en las decisivas horas de un grupo de ocho legionarios que emprenden una acción nocturna contra la cabila de los buyahis. En el transcurso de ésta, una familia de marroquíes será retenida contra su voluntad, torturada y ejecutada. Cinco son las características deslegitimadoras de esta violencia.

En primer lugar, la contienda de Marruecos retratada en *Carta blanca* se asienta en un conjunto de motivaciones atrofiadas. Juan Faura decide marchar a Marruecos con el ejército a causa de un revés amoroso. Blanca, su primera novia, se desdice de sus promesas y termina casándose con el novio que sus progenitores le habían destinado. Lo relevante de esta desgraciada historia de amor es que se convierte en el acicate principal de una violencia posterior. Esta sentimentalidad rota y deshecha se trata del «lugar biográfico» y del ambiente psicológico desde el que Faura se adentra en una guerra sin cuartel contra los alzamientos independentistas en Marruecos.

En esta colectividad de personalidades tullidas, la venganza funciona como el otro gran motor de la violencia. Los intereses estatales o el discurso patriótico quedan relegados a un segundo plano porque la represalia puntual y concreta funciona como el guía de estos personajes. Esta novela se inicia con una escena en la que el sargento Antonio Bermejo descubre los despojos de su hermano Rafael en la «vieja alcazaba de Zeluán» (17). A partir de ese instante, la muerte de los responsables del crimen de Rafael incita a su hermano y a los amigos de éste a cometer excesos e imprudencias que, en primer lugar, terminan con la vida de varios marroquíes completamente indefensos y, después, causan la muerte de los propios regulares españoles (con la única excepción de Juan Faura).

Esta venganza estará marcada desde su inicio por su inutilidad ya que es dirigida contra falsos culpables que, en un arranque de obcecación, son señalados como los chivos expiatorios destinados a pagar culpas ajenas. Los soldados terminan por ensañarse con unos personajes que nada habían tenido que ver ni con la muerte de Rafael Bermejo ni de ningún otro español. Como explica David Riches, la venganza obedece a una economía simbólica según la cual el intercambio directo de perjuicios, lesiones o muertes está llamado a concluir con un saldo positivo o con un equilibrio de daños. Cuando esta reciprocidad resulta deficitaria, la estructura de la venganza se desmorona (1985: 90). Éste es precisamente el caso del golpe emprendido por el grupo de Antonio Bermejo. No es exagerado definir, en conclusión, a estos soldados como un batallón de disminuidos/tarados emocionales que hacen de esas amputaciones y carencias el principal acicate para una violencia incontrolada y adictiva.

En segundo lugar, los ataques contra el enemigo en esta primera parte de *Carta blanca* suelen derivar en el maltrato de cuerpos que, una vez desarmados o aniquilados, no suponen amenaza alguna. Tras detener o asesinar a este enemigo, la violencia recorre un último tramo durante el cual los cuerpos o los cadáveres son sometidos a diversos tipos de vejación. *Carta blanca* abunda en una iconografía bastante explícita del cuerpo herido, roto, amputado, incompleto, deforme y manipulado. Los cuerpos que legionarios y combatientes marroquíes encuentran a su paso han sido objeto de inscripciones que pueden ser leídos como amenazadores mensajes. El enemigo es concebido como un objeto cuya misma corporalidad (teóricamente indivisible) puede ser descompuesta en partes cuyo orden y disposición son alterados.

En tercer lugar, el léxico y las comparaciones referidas al comportamiento y a las características físicas de ciertos animales recorren esta parte de la novela a modo de revelador subtexto. Ésta es una estrategia relativamente extendida en las narraciones bélicas pues, tal y como explica Feldman, la presencia de imaginería animal puede considerarse bastante integrada en los discursos de la violencia (1991: 81-84). En primer lugar, los personajes de un bando apodan despectivamente a los del otro con el fin de desproveerles de cualquier tipo de atributo humano. Antonio Bermejo, por ejemplo, al descubrir el cadáver de su hermano califica a los marroquíes de «putas bestias sarnosas» (19), «piojosos miserables» (45), «alimañas rabiosas» (50) e «insectos» (73).

Desde la perspectiva de los legionarios, los norteafricanos son los depositarios de una barbarie oscura y turbia que va a ser redimida y solventada por la violencia civilizadora de la metrópoli. El eurocentrismo de los invasores queda de manifiesto constantemente en este tipo de comentarios que petrifican al otro con imágenes animalizadoras. El oponente es el salvaje y el irracional cuya conquista no supone su injusta dominación, sino una oportunidad para que se incorpore en alguna medida a la razón occidental. El marroquí queda dibujado en el imaginario orientalista (en terminología de Edward Said) de la tropa española como un ente monstruoso que parece hombre y, sin embargo, no lo es del todo.[15] Por eso mismo puede ser eliminado o domado con las dosis de violencia que la tarea exija.

En cuarto lugar, *Carta blanca* presta una detenida atención al funcionamiento y a las normas de comportamiento de un ejército que, como explica Dennis J. Reimer en su análisis de los criterios de efectividad de

---

[15] Del discurso africanista que practican estos personajes se podría afirmar lo que Edward Said percibe en el orientalismo: «a western type of dominating, restructuring, and having authority over the Orient [...]. European culture gained in strength and identity by setting itself off against the Orient as sort of surrogate and underground self» (1978: 3). Como afirma este mismo crítico, esta percepción paternalista del «otro» se asienta en «doctrines of European superiority, various kinds of racism, imperialism, and the like, dogmatic views of 'the Oriental'» (1978: 8). Para este asunto en la cultura española recomendamos, por ejemplo, el ensayo de Dionisio Viscarri (2002).

la guerra moderna, «must embrace an additional tenent: efficiency» (1997: xvi). Esta eficiencia se convierte en una coartada para una identidad colectiva automatizada, que desprovee a los distintos soldados de cualquier responsabilidad individual. De hecho, la violencia instintiva que la legión impone en su zona de influencia triunfa gracias a la construcción de un cuerpo militar en el que la unidad mínima de discernimiento no es el individuo sino la propia colectividad. A ésta le es ordenada una serie de objetivos y en su culminación no son escatimados procedimientos.

Esta violencia supone una crisis de sus propias identidades individuales, que quedan trasvasadas en una única y básica identidad colectiva. A esta última le son adjudicadas las posibles competencias morales: al cometer un crimen o una violación no es (desde la perspectiva de estos personajes) un soldado concreto el que en última instancia los comete, sino la propia institución militar sirviéndose de uno de sus miembros. La cadena de mando propicia en definitiva un marco perfecto para la aparición de una violencia retroalimentada. Es precisamente el propio protagonista, Juan Faura, el que detecta un «espíritu que reunía a los demás soldados y los animaba a seguirle a él, su sargento» (116). Un espíritu que crea una suerte de hermandad de la violencia cuya profesionalización y jerarquía parecen eximir de cualquier reflexividad crítica a todos sus integrantes.

En quinto y último lugar, nos encontramos ante la imposibilidad de estos personajes para articular verbalmente las experiencias tenidas en Marruecos durante la guerra. El testimonio oral (clave, por ejemplo, en *Soldados de Salamina* o *El lápiz del carpintero*) se produce porque el testigo en cuestión se halla en unas condiciones físicas y sicológicas adecuadas. El acto testimonial atesora en estos textos una cualidad justiciera (para el emisor) y re-energizadora (para el receptor). La primera y segunda parte de *Carta blanca* (centradas, recordemos, en 1921 y 1932 respectivamente) proponen una postura contraria para la Guerra de Marruecos porque ésta atraviesa la posterior existencia de los personajes como un recuerdo amenazante y, sobre todo, inefable.

Al reencontrarse Faura y Blanca (la novia que abandona al protagonista poco antes de la contienda), ésta le pregunta por sus vivencias durante los años de separación: «¿Qué te ha pasado?» (246). El ex-legionario nunca había hecho mención explícita de su pasado y, por primera vez, la novela dedica un capítulo completo (en letra cursiva) al fluir de conciencia de Juan Faura. Para la comprensión de estos episodios novelísticos, resultan iluminadores algunos de los argumentos de Judith Herman. Según esta autora, la remembranza de la violencia resulta en muchas ocasiones inaccesible porque se refiere a experiencias traumáticas que aparecen codificadas, no en narrativas verbales, sino en sensaciones e imágenes (1994: 54). Este personaje logra, basándose en algunas sensaciones, ensartar un extenso relato interior sobre sus vivencias militares. Al final del mismo, Faura concluye: «*Todo esto te diría, Blanca, si pudiera contarte lo que no puedo*» (255). El siguiente capítulo comienza con la respuesta que este protagonista le ofrece a su amiga: «No me pasó nada» (257).

Esta imposibilidad de decir está estrechamente relacionada, como explica Laurence Kirmayer, con «a gap or disturbance in normal patterns of integration of memory, self, and perception» (1994: 114). Este personaje esta traumatizado por una experiencia cuya simple mención le produce un grado de sufrimiento: se ha convertido en la verdadera dinámica de su existencia. La identidad de este personaje está compuesta por varios fragmentos inarticulados que no deparan una imagen final consistente. Sus recuerdos de una violencia impronunciable impiden que Faura reconcilie su pasado y su presente en una narrativa biográfica consistente y armónica.

Éstas son dos contiendas con divergente cualidades intrínsecas. Por una parte, la Guerra Civil siembra una necesidad narrativa, un gusto por relatar hechos heroicos del pasado que ejercen de auténticos ejemplos morales para el presente. Éste es un pasado bélico destinado a ser contado en un relato porque los personajes viejos y jóvenes coinciden en afrontar su violencia como un referente en el que ciertos valores del pasado se reafirman ante la posteridad. Por otra parte, la campaña de Marruecos es asumida como un tiempo inenarrable e indecible para el que el silencio se convierte en su única manifestación permitida. Esta imposibilidad para contar se convierte en una constante amenaza para la estructura biográfica de Faura. Su viaje al «corazón de las tinieblas» se trata de un desgarrador trayecto en principio sin retorno y del que paradójicamente sólo otra violencia y otra guerra lograrán rescatarle.

A diferencia de otras novelas que serán analizadas en el tercer y último capítulo de este libro, *Carta blanca* plantea una historia de amor absolutamente incompatible con el acontecer bélico. En contraste con textos como *Los colores de la guerra* (2002) de Juan Carlos Arce o *La voz dormida* (2002) de Dulce Chacón, la relación sentimental entre dos personajes protagonistas no se convierte en un elemento central de la experiencia bélica (intensificándola y dramatizándola), sino en un estorbo. Durante la segunda sección de *Carta blanca*, el narrador presenta el reencuentro entre Blanca y Faura como una oportunidad de redención para la atormentada conciencia del segundo.[16] Sin embargo, éste desestima esta posibilidad al comprender que en el ámbito de la intimidad erótica y emocional no pueden ser resueltos (como sí ocurre en *La hija del caníbal*) problemas relacionados con el uso de la violencia, la responsabilidad civil con los otros y la asunción de un compromiso ideológico.

Juan Faura encuentra en el olvido definitivo de Blanca (nunca mencionada en la tercera parte de la novela) y en su incorporación al ejército republicano, una oportunidad para experimentar una violencia que otorga a su biografía la coherencia buscada. Tras la instauración de la Segunda República, este personaje desarrolla una pujante sensibilidad con ciertas causas políticas. El republicanismo supone, frente a la empecinada e irreflexiva violencia de la contienda en Marruecos, una estructura ideológica y un marco político para las acciones de Faura en su segunda etapa militar durante la Guerra Civil. Como pilares de este republicanismo, *Carta blanca* elige valores tan asentados en esta tradición política como la justicia (287), la solidaridad (325) y la igualdad (283).

En otras palabras, la defensa de la Segunda República infunde en personajes desgarrados por una experiencia bélica anterior, la confianza sicológica y el ímpetu político tanto para llevar a cabo actos de violencia como para obtener un rédito moral de ello. El republicanismo ofre-

---

[16] Una trayectoria paralela sigue la protagonista de *Señorita* (1998) que encuentra en la colaboración con el bando republicano una oportunidad de redimir experiencias pasadas. A diferencia, sin embargo, de *Carta blanca*, la novela de Juan Eslava Galán muestra a un sujeto femenino que no ha ejercido ningún tipo de violencia fascista sino que la ha sufrido. Ambos textos presenta la trayectoria sacrificial de personajes que encuentran en la violencia republicana la oportunidad de saldar cuentas (morales, políticas y personales) con el pasado. Eslava Galán es el autor de otra novela sobre la Guerra Civil, *La mula* (2003), en la que ofrece una imagen anti-heroica del conflicto. Su protagonista es un acemilero que, durante toda la contienda, sólo piensa en quedarse con una mula que encuentra en un campo de batalla. Como el film de Luis García Berlanga *La vaquilla* (1985), esta obra presenta tintes caricaturescos: un animal (no la victoria ni unos ideales políticos) termina por convertirse en el auténtico objeto de deseo de los combatientes. La novela de Eslava Galán supone además una relectura de la estructura y de ciertos elementos de la novela picaresca. Todas estas características deparan un texto que cuestiona la Guerra Civil como conflicto ideológico, subrayando su carácter incongruente y arbitrario.

ce, por tanto, la posibilidad de recuperar fe en un mundo que parecía condenado al escepticismo. El republicanismo supone una oportunidad para creer y para creer con una entrega tal que la violencia se convierte en un vehículo de realización individual y colectiva.

Otra de las características de las acciones cometidas por Faura y su compañero de fatigas durante la Guerra Civil, el soldado Ramírez, es su constante contextualización mediante el diálogo. Ambos personajes (y algún otro que se les une esporádicamente) no dejan de comentar y glosar sus experiencias bélicas hasta el punto de que la guerra misma queda conformada, más que como el momento de la acción bruta, como la más adecuada coyuntura para el «coloquio ilustrado», una discusión intelectiva en la que dos sujetos racionales iluminan el mundo que les rodea y sus respectivos papeles en él.

Faura y Ramírez sostienen, durante la Guerra Civil, algunas discusiones decisivas, como la mantenida la noche antes de la pérdida de Badajoz (321-329). Durante ésta, ambos personajes especulan (con un talante introspectivo y razonador) sobre la dirección adoptada por la contienda y el rol jugado por ellos. Estos dos personajes ejercen de lúcidos y clarividentes comentaristas de una batalla de la que son protagonistas y hermeneutas. De hecho, la batalla, la sangre y los bombardeos se les ofrecen como libros abiertos, no sólo desde el punto de vista estratégico (pues Faura y Ramírez conocen de continuo el desarrollo de las operaciones), sino también desde el punto de vista ideológico y moral. La violencia de la Guerra Civil, tal y como la encarnan y asumen los personajes del bando republicano, se despliega como un proceso altamente reflexivo, en el que parece haber espacio y tiempo para recordar las directrices políticas de su labor.

El envolvente y constante diálogo de esta sección de la novela tiene como objetivo la distinción explícita entre dos tipos de violencia. Así lo expone Faura: «[Los otros son] mucho peores, porque son más fríos y más metódicos [...] Ellos son coherentes, no tienen más que decir que sí a tres cosas y no a todo lo demás» (283). Esta diferencia entre una violencia sentida y reflexionada frente a otra gélida y rutinaria tiene su raíz, como explica este mismo personaje, en sus opuestas motivaciones: «El afán de escapar a la propia miseria, y aun de medrar, es lo que empuja a muchos de estos revolucionarios nuestros, y no las ganas de redimir al prójimo» (286). No deja de resultar paradójico que Faura, razonador y analista de la guerra, alabe en los miembros de su bando la espontaneidad de su violencia. Los «revolucionarios nuestros» (en palabras de

Faura) pelean por motivos materiales y tangibles: una coyuntura económica que les permita prosperar y liberarse de la indigencia.

Los ideales que incitan a la violencia de sendos bandos no pueden ser, por lo tanto, más distintos. El bando insurgente, que acosa con su pesado armamento la ciudad de Badajoz, pretende ante todo un paisaje ideológico e intelectual que se parezca al diseñado por ellos. Por otro lado, el bando leal persigue, en primera instancia, una realidad material diferente. A grandes rasgos, unos son los idealistas empecinados y otros los realistas pragmáticos. Unos responden a una mística de la violencia y otros a una lógica funcionalista que parte de la inmanencia física y se dirige a la transformación de ésta. Una lógica funcionalista que, como explica Bernard Semmel en relación a la violencia, hace de la práctica la mejor teoría (1981: 1).

En ninguna otra novela de las tratadas en este libro (con la sola excepción de *Soldados de Salamina*), el discurso sobre el heroísmo es tan claro y abundante como en *Carta blanca*. Es cierto, como explica Michael Gelven, que la noción de heroísmo está tan estrechamente relacionada con la guerra que cualquier otro uso del término parece metafórico (1994: 117). No es menos cierto que el contenido semántico de lo heroico varía según la cultura y la guerra abordada. *Carta blanca* propone su propia teoría del heroísmo que está sustentada sobre una sentimentalidad del derrotado. Esta sentimentalidad distingue a algunos personajes de esta novela con una aguda conciencia de no poder alcanzar una victoria y de la presencia próxima del fracaso. El heroísmo consiste en reconocer que la victoria no hace loable una causa sino que es esta última la que valida y justifica la primera. Si el triunfo llega, es bien recibido. Si resulta finalmente inalcanzable, surge una oportunidad óptima para el heroísmo, para insistir en una labor que no es la correcta y la verdadera porque conduzca al éxito sino porque, en sí misma, supone un acierto.

A esto se refiere tanto Ramírez al afirmar que «la República está indefensa porque en realidad nadie la quiere, salvo unos pocos idiotas» (284). La admisión de una obvia inferioridad no empuja a estos personajes al desaliento o al abandono. Esta particular relación entre un sujeto y unos hechos entronca, como explica Terry Eagleton, con la tragedia y con el héroe trágico (2003: 76-100). Éste abraza su destino aunque consista en una muerte inmediata. Los soldados que perecen acribillados en la defensa de Badajoz sabían que ésta era la conclusión previsible para sus vidas y, sin embargo, perciben en sus destinos un acierto moral al que se mantienen fieles.

Los traidores juegan un papel decisivo en esta sentimentalidad del derrotado y en esta ideología del héroe. La figura de los renegados, aunque produce cierta frustración en la tropa, nunca es satanizada ni por el narrador ni por ningún personaje. Estos desertores no abdican en realidad de una causa o de una ideología, sino de una guerra que ellos ya perciben como perdida. Es precisamente esta última decisión la que diferencia al héroe del que simplemente cumple con su deber. Como comenta Gelven, heroísmo y «obligación» son dos conceptos que no se contienen mutuamente ya que el primero desborda al segundo: «The heroic is not even within the range of our understanding of duty [...]. The language of obligation and ought is simply inadequate to reveal [...] the nature of the heroic» (1994: 116). Faura, Ramírez, Pastor y otros personajes que fallecen en las trincheras respetan a los que, en el último tramo de la batalla, optan por no sacrificar sus vidas. Se impone este respeto porque, en el fondo, el heroísmo es ese *plus* de acción y convicción que excede la simple tarea de un soldado.

En relación con este discurso sobre el heroísmo, la novela de Lorenzo Silva subraya la ausencia de una estructura militar rígida en el bando republicano. Una ausencia que permite la aparición de la voluntad individual y de las iniciativas personales. Tanto Faura como Ramírez se quejan frecuentemente de la falta de disciplina y marcialidad que reina en el sector republicano. Una indisciplina tildada de «cultura distendida de las armas» y de «caótica resistencia» (272). Sin embargo, no todos los efectos de la marcialidad castrense son positivos ni todas las consecuencias del «caos republicano», negativas. La Guerra de Marruecos, tal y como es contada en esta novela, estuvo protagonizada por la perniciosa amputación de las responsabilidades individuales en aras de una responsabilidad burocrática. Esta disolución del sujeto en una inflexible dinámica de grupo impide también la posibilidad del heroísmo.

Obviamente, esta mimetización entre el individuo y la institución puede darse cuando esta última existe y además disfruta de solidez. Cuando éste no es el caso, se produce una situación como la de la resistencia republicana en *Carta blanca*. Una situación poco favorable desde el punto de vista estratégico pero muy beneficiosa desde una perspectiva moral porque cada uno de los personajes tiene que asumir las consecuencias axiológicas de sus actos. El *amateurismo* de «los pobres milicianos» (282) que, en algunos casos, «apenas eran capaces de tirar del cerrojo del fusil» (282) y, en otros, «[carecían de] la edad [para] hacer grandes alardes» (282), termina por configurar una imagen cándida de este bando. Hay un régimen *natural* que articula el acceso del soldado republicano a la violencia. Un régimen que nada tiene que ver con la profesionalización implacable del ejército fascista.

La última diferencia entre la violencia de la guerra colonial en Marruecos (contada desde la perspectiva de unos legionarios) y la Guerra Civil española (narrada desde el punto de vista de unos milicianos) se refiere a la aceptación de la muerte. En un primer momento, Faura entiende, ante la caída sistemática de todos sus compañeros en el desierto marroquí, que «su vida hasta allí había sido mentira» (140) y «lo que decidió fue que quería seguir viviendo» (141). En 1921 sus compañeros hacen finalmente de parapetos que cubren la satisfactoria huida de este personaje. Este mismo personaje es el que en 1936 se ofrece como voluntario para que el resto de soldados pueda escapar. Cuando este último se enfrenta finalmente a su ajusticiamiento, el narrador refiere el siguiente proceso mental: «Entre el fogonazo [del disparo] y la sombra, Faura sólo tuvo tiempo de pensar que la cuenta quedaba ajustada. Y que podía, al fin, dejarse ir» (339). Esta satisfecha resignación contrasta con el rechazo de la propia muerte durante la contienda en el Rif e indica que este personaje ha encontrado esa coyuntura en la que su propio acabamiento resulta tolerable.

Faura incorpora a su juicio de valor lo que el futuro va a querer y poder rememorar. El recuerdo o, en otras palabras, el modo en que el futuro concebirá y contará lo que en la novela es el presente, se torna en el barómetro moral de la violencia. La violencia y la muerte durante la Guerra Civil son sancionadas de forma encomiástica porque la posteridad sabrá entenderlas y narrarlas adecuadamente. En este sentido, la novela de Silva propone una coincidencia (que los protagonistas republicanos de la Guerra Civil llegan a adivinar) de pareceres y perspectivas entre los que en 1936 defendieron la legalidad republicana y los habitantes del futuro. Un futuro que precisamente coincide con la fecha de publicación de *Carta blanca*, el periodo democrático.

Pareciera existir una convergencia temporal en la novela de Silva que permite la fusión de las perspectivas de algunos protagonistas de la Guerra Civil y los integrantes de una generación muy posterior que, en el posfranquismo, recuerdan el legado republicano con simpatía. Los primeros aciertan en su diagnóstico sobre el posterior punto de vista de los segundos y estos últimos encuentran en el pasado republicano, así lo explica por ejemplo Maryse Bertrand Muñoz, un ejemplo de excelencia política con el que re-energizar un insatisfecho presente (1989: 17). Esta memoria redime a todos aquéllos que perecieron con la ilusión (quizá con la certeza, como es el caso de Faura) de ser un día rememorados con simpatía. Esta memoria redime y reinventa con estructuras narrativas adecuadas una violencia justificada.

5. Fantasmagoría y violencia en *El espinazo del diablo*

El espinazo del diablo (2001) presenta una reveladora tensión entre la reconstrucción realista de un conflicto histórico, la Guerra Civil, y la presencia de fenómenos paranormales que alejan la trama del género bélico y la acercan al cine de terror.[17] De hecho, hay dos tipos de violencia en esta obra que, a pesar de estar interrelacionados, son distintos. Por una parte, la violencia causada por una contienda cuyos efectos sacuden el orfanato y, por otra, la violencia asociada a la extraña aparición de un niño muerto al que los otros infantes llaman «el que suspira». La primera cuenta con un referente histórico y está causada por un conjunto de razones ideológicas de las que algunos personajes dejan constancia. La segunda no está relacionada aparentemente con la Historia socio-política de un país sino precisamente con lo que no pasa ni deviene: un fantasma ajeno al transcurrir del tiempo y a la coyuntura del resto de los personajes.

Ambos tipos de violencia confluyen en una única localización: un orfanato amurallado que cumple una doble función simbólica. Por una

---

[17] Desde una primera serie televisiva de tres episodios, *Hora marcada* (1986), hasta su macro-producción *Hellboy* (2004), pasando por *Cronos* (1993) o *Mimic* (1997), Guillermo del Toro ha trazado unas coordenadas visuales y temáticas bastante coherentes y constantes. Su gusto por la ciencia-ficción, la influencia del cómic y un innegable talento para el rodaje de escenas plagadas de acción, lo han convertido en un director muy pujante en el seno de la industria cinematográfica estadounidense. De igual manera, su uso de los efectos especiales, los avances en el maquillaje y en el vestuario le han permitido crear una factura visual para sus filmes caracterizada por el movimiento y por el recargamiento de elementos. Es relevante que la productora de Pedro y Agustín Almodóvar fuera también la que financiara el primer largometraje de Álex de la Iglesia, *Acción mutante* (1993), un director con el que Guillermo del Toro comparte no pocos aspectos temáticos y formales. Guillermo del Toro (cuya carrera responde además a una clara tendencia de la globalización de capitales y personas) ha acuñado un estilo visual abigarrado, barroco e inclinado a los tonos siniestros y oscuros.

parte, esta pequeña ciudad de huérfanos, incomunicada por la contienda y en mitad de un páramo desértico, reproduce, tal y como explica Walter Kendrick, la perfecta situación del relato de terror (40-55): una comunidad de personajes encerrados irremisiblemente en un espacio claustrofóbico y habitado por presencias fantasmagóricas. Por otra parte, este recinto acotado funciona como una versión reducida y metonímica de la nación en guerra. Tal y como explica Jenaro Talens en relación a la filmografía española sobre la Guerra Civil, el tropo de la familia (y este orfanato constituye de hecho una amplia y disfuncional familia con los actores Federico Luppi y Marisa Paredes en los roles paternos) ha sido usado «as a pretext to constitute a defining metaphor of Spanish history in general, a history that is seen [...] as a story of a family in continuous disagreement» (1998: 66). En esta conflictiva familia, alejada de las trincheras y de cualquier centro urbano, quedan imbricadas la llegada de la guerra y la presencia inquietante de una aparición. Dos líneas narrativas argumentales con dos códigos narrativos distintos.

El espinazo del diablo aborda la Guerra Civil española aunque ésta sólo aparece como causa ausente, es decir, como una macro-situación cuyo núcleo central (las grandes batallas y los ámbitos de decisión política) queda lejos. Esta representación tangencial de la guerra no es tan inusual en la historia cinematográfica española porque, como afirma Antonio Monegal, «the civil war of 1936-1939 has only rarely been the subject of a film that represented the war *as such*» (1998: 203). El film del director mexicano Guillermo de Toro entronca con esta tradición e introduce el conflicto bélico a través de los efectos que éste produce en la retaguardia. En primer lugar, la Guerra Civil es un tema de conversación entre los personajes, que con sus palabras reproducen un estado de cosas nunca mostrado al espectador.

Probablemente, el intercambio verbal más revelador se produce entre doña Carmen (Marisa Paredes) y un combatiente republicano que ha llevado al centro a un niño huérfano (Carlos, cuyos padres acaban de morir) y a un miliciano que va a ser atendido por el doctor Casares (Federico Luppi). El soldado le pide a doña Carmen que le guarde unos lingotes de oro, propiedad del gobierno republicano, en honor al recuerdo de su malogrado marido «que fue un hombre de izquierdas, un hombre valiente». Marisa Paredes, un tanto agotada por la situación, acepta no sin antes quejarse. El sentido de este diálogo es reforzado por un montaje que alternativamente muestra los rostros de los implicados en la discusión y primeros planos de la herida sangrante que el doctor

Casares cose con cuidado. La labor balsámica y solidaria que estos dos personajes (la directora del orfanato y el doctor) realizan para la Segunda República es refrendada visualmente: el doctor cierra la herida del joven soldado y doña Carmen acepta guardar los lingotes de oro.

Junto a las palabras de los personajes (que mencionan enfrentamientos, batallas, represalias, ejecuciones y combates armados nunca mostrados con imágenes), los objetos son otra importante fuente de información sobre la violencia bélica y sobre las consecuencias de ésta en la cotidianeidad del centro.[18] Cuando la presencia de las tropas fascistas se torna inminente, se decide en el orfanato desempolvar algunas figuras religiosas y guardar esas otras que delatan la fidelidad de los dirigentes del colegio a la Segunda República. La emergencia repentina de toda una parafernalia visual católica se produce paralelamente a la desaparición de los signos visibles de la República o de un ideario progresista. En estas escenas, el contenido del diálogo resultaría intrascendental si no fuera porque las imágenes nos muestran cómo las representaciones de Cristos y Vírgenes pueblan repentinamente el recinto y cómo la iconografía anteriormente predominante es escondida y relegada por unos personajes acosados por una guerra cada vez más cercana.

En una sola ocasión apuesta Guillermo del Toro por la plasmación explícita de la violencia bélica, pero incluso en esta ocasión su planificación y su puesta en escena convierten la contienda en un referente elusivo. Esta escena no está localizada en el interior del orfanato sino en los alrededores, donde tienen lugar los ajusticiamientos políticos. El punto de vista del espectador es ubicado en uno de los extremos de la fila de hombres a punto de ser ejecutados. La ristra de perfiles en sombra contrasta con el intenso color rojo que, al fondo, desprende una hoguera. Esta imagen, de una enorme profundidad visual, tan sólo resulta alterada por la presencia de una pistola empuñada por una mano anónima. En el instante que la pistola se apoya en la nuca del reo más alejado de la

---

[18] La presencia de ciertos objetos recuerda al uso fílmico que de éstos hace, por ejemplo, Alfred Hitchcock. En la célebre entrevista con el director francés François Truffaut, Hitchcock explica que la tensión creada entre un diálogo más o menos intrascendental y una imagen cargada de contenido dramático (una tensión entre lo que el espectador observa y oye) supone la estrategia narrativa fundamental en muchas de sus escenas más renombradas. Un procedimiento parecido es el que Guillermo del Toro utiliza para otorgar a ciertas tomas un contenido político. Un contenido que no está en las palabras de los personajes sino en lo que éstos tocan o aprehenden en un momento dado.

posición de la cámara, el montaje nos aleja definitivamente de esta terrorífica imagen y centra su atención en el rostro del doctor Casares, impresionado testigo del fusilamiento. Los sucesivos disparos llegan al espectador como sonido en *off* sobre la imagen del médico, cuyo temor crece con cada una de las detonaciones.

Lo relevante de esta guerra, que cerca a unos personajes y explica también sus comportamientos, es su peculiar presentación visual. Una presentación que evita mostrar meridiana o manifiestamente el desastre de la contienda.[19] Guillermo del Toro no sólo renuncia a esta modalidad de escenas sino que además parece proponer la irrepresentabilidad de la violencia bélica. No deja de resultar paradójico que un director tan dotado para el rodaje de la violencia y de escenas con altas dosis de acción (explosiones, peleas, persecuciones, saltos, etcétera) se sirva sistemáticamente de un lenguaje visual elusivo que informa al espectador de la existencia de una guerra sin jamás mostrarla. De la guerra se habla, por la guerra se cambian cuadros e imágenes y de la guerra vemos el inicio de un fusilamiento. Pero la guerra en sí, su núcleo de enfrentamientos armados y muertes masivas sólo aparece visualmente como causa implícita de un efecto posterior del que el espectador sí es informado (una herida, un desalojo, un comentario sobre la muerte de algún personaje o la falta generalizada de orden en el centro). Tal y como expone Maurice Blanchot en *The Writing of the Disaster*, el desastre (que para esta autor encarnan el Gulag y, sobre todo, Auschwitz) consiste precisamente en lo que pone a prueba unas determinadas herramientas visuales, narrativas y epistemológicas, lo que impide la representación, lo que fractura cualquier recuento orgánico. La representación del desastre implica una retórica de la imposibilidad del decir y del mostrar.[20]

---

[19] Este film renuncia a ese tipo de escenas en las que el género bélico ha encontrado, en muchas ocasiones, su grandeza visual y su brío narrativo: escenas de combates, perfectamente coreografiadas y en las que los personajes protagonistas ponen en peligro sus vidas. Estas escenas permiten crear un espectáculo de grandes dimensiones en las que la acción trepidante, los efectos especiales, el alto número de personajes implicados y la amplia presencia de armas quedan conjugados en un producto de alta complejidad audiovisual. Este género ha deparado obras memorables y muy complejas desde el punto de vista del lenguaje cinematográfico como las recientes *Platoon* (1986), *The Red Thin Line* (1998) o *Saving Private Ryan* (1998), caracterizadas por una concepción operística de la puesta en escena, por la monumentalidad del objeto rodado y/o por el tono épico del relato.

[20] Uno de los aforismos de Blanchot puede servir para explicar la aproximación visual de Guillermo del Toro a la violencia desastrosa de la Guerra Civil: «Knowledge

Hay en estas elecciones visuales una reflexión implícita sobre el tamaño de esta violencia. Un tamaño excesivo que se escapa a las posibilidades de la puesta en escena cinematográfica. A cambio, el film propone que el espectador asuma la Guerra Civil como un invisible marco circundante que aprisiona a los personajes, los enmarca y los condiciona.[21] La violencia de la Guerra Civil no se plasma físicamente en el film y, sin embargo, sus personajes más positivos terminan defendiendo algunas de sus causas (el rechazo de los abusos fascistas, la defensa de «los niños de ciudadanos rojos» y la salvaguarda del oro de la Segunda República). Esta violencia no es, en conclusión, un motivo visual sino una temática axiológica que determina la resolución de la trama: los espectadores no ven la guerra y sin embargo ésta redime con sus causas justas a los personajes-héroes del film.

Hay otra violencia en *El espinazo del diablo* cuyas causas directas no residen en conflicto político alguno y cuya representación sí resulta expresa y frontal. Esta violencia tiene su origen en el asesinato de uno de los niños, Santi, y en la posterior conversión de éste en un fantasma que asusta al resto de los habitantes del orfanato. Santi se convierte, en terminología de Kristeva, en una abyección física y ontológica que todos los personajes evitan afrontar ya que tiene efectos paralizantes. La incorporación de un fantasma a la trama supone también el uso de otro código visual. Las escenas centradas en las apariciones fantasmagóricas están rodadas con estrategias del cine de terror y con una ambientación tenebrista.

En este sentido, resulta fundamental la aportación del director de fotografía, Guillermo Navarro, que ha colaborado con Del Toro en la mayoría de sus proyectos. La comprobada habilidad de ambos para crear atmósferas turbias y sombrías, de aspecto claustrofóbico e intimidatorio, depara en este film unos interiores (tanto los del pasillo-dormitorio como los del sótano-aljibe) determinantes para el desplazamiento de la narración hacia el género de terror, gótico en algunos momentos. A esta

---

which goes so far to accept horror in order to know it, reveals the horror of knowledge» (1995: 82). La narración de *El espinazo del diablo* no acepta ni acoge en su seno la violencia bélica. De ésta los espectadores presencian sus prolegómenos y sus consecuencias, pero nunca su retrato palmario.

[21] Este film, más que una pieza de género bélico, es *strictus sensu* una obra sobre la retaguardia, una de las zonas geográficas y temáticas más frecuentadas, como explica Roman Gubern en un ensayo sobre el tema, por la cinematografía española (1991).

fotografía de claroscuros y penumbras se le suma la música de Javier de Navarrete que, mediante el contraste de tonos altos y bajos, fomenta el desasosiego producido por estas escenas. Otro de los procedimientos técnicos que Guillermo del Toro utiliza con cierta frecuencia es la cámara subjetiva (muy utilizada en el cine de terror) que, en los instantes de alta intensidad e inquietud dramáticas, se ubica en el punto de vista de algún personaje.

El hilo musical orquestado por Javier de Navarrete no es la única presencia sonora relevante para estas escenas. De hecho, los sonidos en *off*, es decir, aquéllos que provienen de una fuente ubicada fuera del encuadre, ayudan enormemente a crear la impresión de que al personaje le rodean extrañas presencias que aunque no pueden ser vistas, existen. Muchos de estos ruidos ambientales no están introducidos con un criterio «naturalista» (Burch 1995: 235) ya que no se derivan de alguna actividad o presencia incluida en la imagen. Otros sonidos sí emergen con un criterio naturalista: los ladridos lejanos, el tamborileo de la lluvia, los ensordecedores truenos o el viento. No se puede olvidar finalmente la propia localización de todo el film, un recinto alejado e incomunicado. Fantasmas, niños y tutores conviven forzosamente en un espacio cerrado del que nadie puede huir.

El espinazo del diablo alberga, por lo tanto, dos códigos visuales y dos tipos de violencia. Un primer código visual que se ocupa de la gran mayoría de las escenas diurnas, durante las cuales la Guerra Civil ocupa y preocupa a los personajes. Este código, muy determinado por una puesta en escena en la que raramente se ven figuras aisladas, se centra en espacios abiertos y también en los personajes adultos. Un segundo código visual se impone al llegar la noche, durante la cual la contienda civil parece quedar abolida y el fantasma se apodera de la imaginación y las emociones de los niños. Esta conflictiva relación entre infantes y fantasmas (presente también en otros recientes filmes españoles como *El celo* (2000) y *Los otros* (2001) aleja al film de la problemática histórico-política. Niños y adultos, fantasmas y guerra, noches y días, sombras y luces, son algunas de las dicotomías que presiden y explican el film de Guillermo del Toro.

Lo relevante de la violencia desencadenada por el fantasma de Santi es que el espectador termina presenciando su plasmación explícita. La violencia elusiva y soslayada de la Guerra Civil se compagina con la violencia frontal y sin tapujos producida por un espíritu. Este fantasma aparece y desaparece, no tiene una consistencia material como la de los otros niños pero su realidad está fuera de toda duda. A la presencia del fantasma subyace una lógica narrativa que Jordi Balló y Xavier Pérez explican del siguiente modo: «la visita agresora del intruso extranjero provoca una cadena de destrucciones que llevan a la comunidad a una crisis pero también a una cohesión posterior que cristaliza en un determinado heroísmo» (1997: 75).

La misma conversión de Santi en fantasma parte de un acto de violencia: Jacinto (interpretado por Eduardo Noriega) lo mata accidentalmente y, tras amordazar su cuerpo, lo tira al depósito de agua. Tras este primer crimen, el fantasma intimida a sus compañeros con su propia apariencia y con amenazas. Éstas concluyen una vez que los alumnos del orfanato deciden hacer frente al «que suspira» para atender sus demandas. Antes de que Jacinto abandone el centro con el oro de los milicianos, el grupo más significado de niños (encabezados por Carlos) le prepara una mortal emboscada. Armados con lanzas (en una escena que recuerda a la novela de William Golding, *The Lord of the Flies* (1954) y sobre todo a su segunda adaptación cinematográfica realizada en 1990 por Harry Hook), Carlos y sus amigos atacan y matan a Jacinto. Con abundancia de primeros planos y con las mayores dosis de sangre de todo el film, Guillermo del Toro muestra sin escatimar detalle las heridas mortales de Jacinto y su posterior hundimiento (propiciado a patadas y empujones por los niños) en el aljibe, donde el fantasma de Santi le abraza para impedir que vuelva a la superficie.

Las paradojas más relevantes de la trama y del aspecto visual del film son dos. La primera se refiere al carácter irrepresentable de la violencia bélica y a la constante representabilidad de la violencia desencadenada por una aparición sobrenatural. Por un lado la violencia histórica, de motivaciones políticas y contingentes, es invisible y escurridiza. Por otro, está la violencia sobrenatural y visible de un fantasma que, a pesar de su inmaterialidad y talante esquivo, termina por convertirse en una presencia física usual. La segunda paradoja se desprende del propio cierre del film. Un cierre que solventa definitivamente el ciclo de violencia sobrenatural y deja abierto el conflicto bélico. Un cierre contradictorio con la propia definición aportada por el film de los fenómenos fantasmagóricos.[22] Unos fenómenos que, por estar más allá o al margen de la

---

[22] Tanto en los primeros como en los últimos instantes del film una voz en *over* (la voz del doctor Casares) repite las siguientes afirmaciones: «¿Qué es un fantasma? Un asunto terrible condenado a repetirse una y otra vez. Un instante de dolor. Algo muerto

Historia, quedan asentados en la repetición constante. De hecho, los fantasmas (tal es el caso de Santi) tienen su origen en aquellos seres que se resisten a ser relegados por el curso imparable de la Historia y permanecen como remanentes inmateriales.

Las diferencias entre dos tipos de violencia parecen obvias: una representable y otra no, una histórica y otra más allá de la Historia, una conclusiva y otra con un final narrativo indeterminado. La violencia en torno la figura de Santi está por encima o a salvo de los cambios y mutaciones, enquistada en la realidad como un aspecto estructural e inmodificable. Por el contrario, la violencia de la Guerra Civil supone en principio la violencia desde y hacia la Historia. Una violencia material y de circunstancias cuya conclusión ha de llegar en un momento dado y por las propias acciones de los personajes. Esta dicotomía se invierte en el cierre del film: los niños conjuran la persecución del fantasma, quedan liberados de su maldición y abandonan el orfanato para afrontar una guerra que parece paradójicamente más asentada, instaurada y permanente que la violencia sobrenatural. La violencia sobrenatural en torno a un espíritu y la violencia de la contienda civil de 1936 terminan por desvelarse como las das caras de una moneda: en la misma base de la historia fantasmagórica reside la Guerra Civil y esta última, a pesar de ser un hecho estrictamente histórico, produce espectros.[23]

---

que parece vivo por momentos aún. Un sentimiento sostenido en el tiempo. Como una fotografía borrosa, como un insecto atrapado en ámbar».

[23] En la última novela de Joaquín Leguina, *El rescoldo*, el fantasma de un adepto a la Segunda República, Germinal Ors, asesinado por el padre ultra-conservador de su amante, asusta a los nietos de esta familia para que entierren su cadáver junto al de su amigo. Esta novela, al igual que todas las comentadas en la primera sección de este libro, ofrece el siguiente esquema narrativo: un personaje joven que, durante el periodo democrático, investiga un secreto familiar tras el que se esconde la memoria reprimida de los derrotados. Aunque la novela de Leguina puede ser entendida como un *thriller* político-histórico, no deja de resultar llamativa la aparición de un fantasma que exige y reclama a los descendientes de aquel conflicto, la asunción de una determinada responsabilidad. Estos descendientes, representados por los personajes de Adolfo y Ana Vió, descubren (tal y como sucedía en *La sangre ajena*) una información decisiva para sus propias identidades individuales y para su identidad como pareja. Leguina reivindica en algunos pasajes de esta novela el papel modernizador realizado por el Partido Socialista Obrero Español (del que ha sido y es un señalado dirigente), aunque subraya que esa modernización ha acarreado cierta desmemoria, el olvido de la lucha legítima de muchos republicanos y la destrucción de lugares (como la casa familiar de los Vió, protagonistas de *El rescoldo*) que albergan pistas y objetos de un tiempo pretérito.

El primer elemento visual en el que quedan entrelazadas las dos clases de violencia es la bomba que un avión del ejército insurgente deja caer sobre el centro escolar la misma noche que Santi es asesinado por Jacinto. Una bomba que cae justamente en el centro del patio y que, sin embargo, no explota. Tal y como explica uno de los personajes, este artefacto queda, tras ser desactivado, como una presencia enigmática y poderosa, una muestra y un símbolo inexcusable de la guerra que rodea al orfelinato. Obviamente existe un paralelismo entre Santi y la forma en que el explosivo permanece en esta comunidad. Ambos pierden parte de sus cualidades (el primero su corporeidad y el segundo su capacidad de estallar), ambos se resisten a desaparecer por completo, ambos intrigan igualmente a los niños y ambos son producto de una violencia que no ha tenido los efectos deseados por sus ejecutores. En el caso del proyectil porque no estalla y en el caso de Santi porque, una vez muerto, vuelve al mundo de los vivos pidiendo una reparación. Uno de los personajes infantiles le explica al recién llegado Carlos: «Dicen que está apagada, pero yo no lo creo. Si acercas la oreja se oye un tic-tac. Todavía está viva». Estas palabras, referidas obviamente al artefacto explosivo, también podrían describir la situación de Santi.[24]

El segundo aspecto de esta interrelación entre los dos tipos de violencia se refiere a la influencia de la bomba en la aparición del espíritu. El hecho de que Santi muera y reaparezca como una presencia etérea la misma noche que la bomba se precipita sobre el orfelinato puede ser analizado como la asociación de dos eventos relacionados por cierta causalidad. En *El espinazo del diablo* esta posibilidad (la de una explicación científica para la emergencia de un espectro) nunca es negada ni afirmada categóricamente. Es posible que la bomba transmita sus propiedades al agua del aljibe en la que Santi queda sumergido cuando aún agoniza. De esta combinación surge un ser inquietante e inmaterial que está muerto y que sin embargo vuelve sobre los vivos para intervenir en los deseos y relaciones de éstos.

---

[24] El inmenso proyectil es un signo intimidatorio de lo que está por venir, un futuro bélico que estrecha gradualmente su cerco. Tal y como explica Peter Paret, «by means of a unitary symbol, empirically observed and re-created, the [film] tries to give form to a grand but vague idea.... this is inevitable or this is the only result of war» (1997: 100). Esta bomba (auténtico «símbolo unitario» del film) no estalla pero queda incrustada en el suelo arenoso del patio para recordarle a sus moradores que la guerra ya se ha convertido en una presencia insoslayable.

En tercer lugar, ambos actos de violencia (el asesinato de Santiago y la llegada del artefacto) son narrados desde la misma perspectiva subjetiva, la de un personaje infantil (Jaime). Dos actos de violencia que, por lo tanto, coinciden en el tiempo, en el espacio y también en el punto de vista de quien los presencia y explica. Jaime, tras atisbar escondido tras una columna cómo Jacinto mata a Santiago y lo lanza al aljibe, huye despavorido del sótano. Durante su veloz carrera hacia el dormitorio, una bomba cierra su camino. «El fantasma llegó con la bomba», afirma uno de los niños. El crimen y la caída del proyectil quedan imbricadas en la imaginación no sólo de los espectadores, sino también de un personaje (Jaime), que cada vez que afronta la estatura mayestática y amenazante de la enorme bomba (auténtico tótem de esta comunidad de infantes), también se ve obligado a afrontar el tabú de un crimen ignominioso, el de su compañero Santiago. Esta bomba queda y persiste, como afirma Cristina Moreiras-Menor en relación a la violencia en la última narrativa y cinematografía españolas, «[as] the traumatic residues that haunt the social body in the aftermath of violence» (2002a: 5).

La cuarta intersección entre la violencia bélica y la sobrenatural viene dada por las motivaciones por las que Jacinto mata a Santiago. Unas motivaciones en las que predomina el impulso egoísta del asesino ante el esfuerzo generoso del doctor Casares y de doña Carmen. En el fondo, las actividades de Jacinto no son ajenas al desarrollo de la guerra. Éste pretende robar el oro de los milicianos. Un oro que los rectores del centro han aceptado guardar a costa de poner su seguridad en peligro. Mientras unos personajes sacrifican tiempo y esfuerzos por la Segunda República, otros persiguen su propio lucro. No se puede olvidar además que los dos compinches de Jacinto en la sustracción del oro son también los dirigentes fascistas del fusilamiento. La violencia egoísta de Jacinto y sus secuaces no surge al margen de la Guerra Civil sino en el interior de ésta. No es azaroso que los responsables tanto de un robo y de la muerte de un niño sean los mismos que, durante breves segundos, aparecen al frente del fusilamiento de unos milicianos. Si los personajes leales a la Segunda República actúan al margen de motivaciones espurias, intentado proteger a los niños y renunciando a apoderarse del oro, los personajes del bando golpista ejercen una fuerza que degenera en la rapacidad.

Éste es precisamente el quinto y último aspecto de las intersecciones entre la violencia bélica y la sobrenatural: el estado inmaterial de Santiago se corresponde con el de un fantasma y éste, de acuerdo a

Jacques Derrida en *Specters of Marx*, constituye el rastro de aquéllos a los que una Historia construida y contada por los vencedores no les permitió dejar rastro. La figura de Santi puede ser entendida como la de una víctima de la guerra cuyo recuerdo es reprimido. De él no queda absolutamente nada, excepto un rumor que afirma su escapada del centro. La trama sigue su curso (unos pelean por sus ideales y otros persiguen sus intereses) pero Santi vuelve tanto a la Historia (*history*) como a la historia (*story*) convertido en un fantasma: ese rastro de la víctima silenciada que se resiste sin embargo a desaparecer. Sus macabras apariciones no están dictadas por una voluntad gratuita de aterrorizar a sus compañeros de aula, sino por la intención de pedir y de que su petición sea atendida.

Los fantasmas no son solamente los que impiden en *El espinazo del diablo* que la Historia pase sobre las víctimas sin mención ni recuerdo alguno, sino también los que se hacen presentes para exigir y propiciar justicia en un doble sentido. En primer lugar, porque los niños llegan a tener conocimiento de lo sucedido a su amigo y en este conocimiento radica la posibilidad obviamente de un recuerdo exacto. En segundo lugar, porque Santi pide también una rectificación material que sirva de castigo a su ejecutor. Recordemos que el film concluye cuando los niños hieren de muerte a Jacinto y se lo entregan a Santi.

Lo relevante de este cierre es que el pasado se convierte en un foco de exigencias y de violencia para el presente, al que no deja transcurrir con normalidad. Una vez que los niños escuchan al fantasma y atienden su demanda, éste desaparece en las profundidades del aljibe, y la trama de terror y las escenas de estilo gótico cesan. Los personajes pueden incluso abandonar el espacio inicialmente claustrofóbico y cerrado del orfanato. No es extraño, por tanto, que el doctor Casares termine el film como una segunda presencia fantasmagórica que asiste a sus alumnos y los despide cuando abandonan el centro. Con el derrumbamiento del sector republicano, los adultos que protegían el oro y a los hijos de los rojos se convierten en esa realidad innombrable que el curso de la Historia va convertir en un pasado inexistente, en parte del olvido político de los triunfadores.

En la última escena del film, el doctor Casares (ya muerto) observa cómo sus jóvenes alumnos abandonan las ruinas del centro mientras él mismo declara su condición de fantasma. Esta escena, en las que la presencia de los niños está determinada por un primer plano del doctor Casares, anuncia que estos jovencísimos personajes llevan sobre sus hombros la memoria de lo visto, del sacrificio de sus protectores y de los leales a una República derrotada. El fantasma de su maestro va con ellos y éste se trata de un rastro proyectado sobre el futuro, decidido a no ser borrado. Tal y como explica Jo Labanyi (2000) en su estudio sobre la escritura de la Historia en la narrativa española de posguerra, «ghosts are the return of the repressed of history»: una Historia (la de los vencedores en la Guerra Civil) que no puede desentenderse plenamente de sus víctimas porque éstas merodean el presente y el futuro como presencias espectrales. Presencias (que tal y como sucede con algunos de los personajes de *El espinazo del diablo*) exigen e intervienen, reclaman justicia e impiden que toda derrota y todo olvido sean definitivos.[25]

6. *EXTRANJEROS DE SÍ MISMOS*: EL GÉNERO DOCUMENTAL Y LA VIOLENCIA DE LA GUERRA CIVIL ESPAÑOLA

El documental cinematográfico ha sido una de las modalidades narrativas que, en la última década, se ha acercado a la Guerra Civil española con el fin de recuperar el testimonio directo de soldados y víctimas.[26] La posibilidad de ubicar la cámara ante un grupo de testigos y/o protagonis-

---

[25] Una de las películas más notables del último cine español, *En la ciudad sin límites* (2002) propone un final paralelo al de *El espinazo del diablo*. La historia de un joven (Leonardo Sbaraglia) que descubre en su demente padre (Fernando Fernán Gómez) la posibilidad de restaurar ciertos daños del pasado, se convierte en el eje de un film sobre la presencia de la des/memoria histórica y del pasado franquista en el presente democrático. Al igual que la obra de Guillermo del Toro, *En la ciudad sin límites* propone que los traumas del pasado no quedan circunscritos al presente que los sufre, sino que arrojan una sombra sobre el futuro y sobre las generaciones que lo protagonizarán. Tanto los niños del orfanato (que parten del centro con el fantasma del doctor Casares a sus espaldas), como el protagonista de *En la ciudad sin límites* (que entiende las imprecisiones y ambigüedades de su existencia acercándose a la de su padre, profundamente implicado en la lucha antifranquista) son una muestra de una cinematografía que propugna la indisolubilidad del presente y del pasado, en concreto, del presente y de la Guerra Civil. El discurso político de estos filmes propone que la investigación de la Guerra Civil no es un acto de arqueología, sino un acercamiento a claves decisivas y a aspectos ineludibles del propio presente.

[26] De entre los documentales realizados en los tres últimos lustros sobre la Guerra Civil española y la represión franquista, destacamos *La guerrilla de la memoria* (Javier Corcuera 2001) y *Los niños de Rusia* (Jaime Camino 2003). El primero está conforma-

tas para que, sin aparente mediación ni manipulación, puedan exponer sus experiencias y perspectivas, ha resultado ser una de las prácticas más atractivas para una cinematografía deseosa de contar un pasado nacional.[27] El documental parece ofrecer, a diferencia de los filmes de ficción, un aura de autenticidad y sinceridad que Jenaro Talens resume acertadamente como «the referential effect» (1998: 58). Si filmes ficcionales como *El espinazo del diablo* inventan, los documentales se limitan a representar. Los primeros recrean, los segundos muestran. En definitiva, los segundos constituirían una ventana más veraz a la realidad.

El propio Talens desmonta en su artículo este conjunto de dicotomías para proponer una relación bastante más ambigua entre la ficción cinematográfica y el documental. Éste último no se refiere, tal y como explica este crítico, a un referente externo de una manera desproblematizada, sino que lo reconstruye narrativamente y en esta reconstrucción operan básicamente las mismas estrategias audiovisuales que en una obra ficcional. En definitiva, todo documental implica, de hecho, un largo proceso constructivo (guión, puesta en escena, localización de la cámara, iluminación, montaje, inclusión de sonidos y música, etcétera) que rearticula y reinventa su referente. La narración fílmica crea una coherencia interna que puede en última instancia producir, en palabras de Talens, un efecto de verosimilitud: «The truth, consequently, is the result of an effect produced on the spectator by means of rhetorically constructive process, through which the articulation of images and sounds acquires a status of verisimilitude» (1998: 61).

El poder referencial de un film documental no reside, por lo tanto, en su supuestamente privilegiada relación con los eventos, sino en una serie de técnicas narrativas entre las que se incluye el uso de testimonios, la cámara en mano, fuentes de luz natural o una iluminación im-

do por una serie de entrevistas con antiguos guerrilleros del monte o maquis. Este documental fue producido por Montxo Armendáriz, director de un film que será abordado en el tercer capítulo, *Silencio roto* (2001). El segundo recupera los testimonios de los niños que fueron envidos a la Unión Soviética con la convicción de que, al terminar la guerra con un triunfo republicano, volverían a España. Algo que nunca sucedió.

[27] Jay Winter afirma, a este respecto, que «the most important and powerful vehicle for this exercise in rewriting history has been the cinema industry» (1992: 166). La implantación en España de una industria y de una cultura audiovisual ratifica este hecho: el cine (junto con un sinfín de productos televisivos) se ha convertido en una suerte de «linterna mágica» en la que España y sus regiones redescubren y reinventan sus propios pasados.

perceptible, la ausencia de decorados o la incorporación de decorados muy austeros (fondos en negro, por ejemplo), el rodaje en localizaciones reales, una puesta en escena que busca un efecto de espontaneidad, la ubicación frontal de la cámara y la escasez de picados y contrapicados, la inclusión de metraje en blanco y negro rodado en la misma época del suceso relatado, un montaje sin suturas que desencadena un *continuum* de imágenes y sonidos, y un hilo musical que ayuda a unificar temáticamente distintos segmentos narrativos. Muchas de estas herramientas no son exclusivas del documental y, de hecho, movimientos cinematográficos como el neorrealismo italiano presentan abundantes concomitancias técnicas con los filmes de no ficción. Para Talens, el documental exige un análisis que señale e interprete los complejos mecanismos narrativos y los procesos técnicos que se esconden detrás de filmes cuya retórica consiste, paradójicamente, en mostrarse como piezas que reflejan la realidad.[28]

Carl Plantinga ofrece, por su parte, un análisis del documental que, en contra de las posturas posmodernistas más extremas, reinvindica la capacidad representativa, icónica y referencial de este género cinematográfico. A partir del concepto de «retórica», Plantinga afirma que, a diferencia de otros modelos de filmes, el documental se presenta con la certeza de que todo lo contado ocurrió efectivamente en la realidad. Esto no quiere decir que el documental pueda constituirse en una perfecta experiencia vicaria del evento porque la narración fílmica recrea, selecciona y narrativiza los hechos. En otras palabras, Plantinga estima que la principal diferencia entre el documental y otros géneros es la actitud implíta o explícitia que éste adopta hacia el objeto que pretende representar en la narración. Este tipo de acercamiento evitan la consideración del documental «as a repository of truth in the mechanistic manner of lazy Marxism» (Chanan 46). El documental desarrolla, por lo tanto,

---

[28] Susan Sontag (2002) expone unos argumentos parecidos para la fotografía de guerra. Según esta ensayista, la fotografía de guerra no supone realmente un reflejo de una determinada realidad, sino una interpretación en la que se puede rastrear la aprobación, la condena, la fascinación o la repulsión del fotógrafo. El encuadre, el formato, el ángulo y la elección de un objeto, entre otros muchos factores, conllevan un grado de subjetividad que impide a la fotografía ser una imagen fiel y exacta de un proceso bélico. Sontag advierte, en general, del inevitable grado de manipulación que muchos géneros audiovisuales (como el telediario, el reportaje o el documental) imprimen en sus acercamientos al dolor ajeno.

estrategias narrativas y representacionales que pueden ser observadas en géneros llamados «de ficción». El documental tiene, por lo tanto, su propia agenda política y muestra siempre una versión/deformación audiovisual de la realidad. Por otra parte, es evidente que el documental no se posiciona ante la realidad de la misma forma que otros films porque parte de un criterio de asertividad (un «modo asertivo» diría Plantinga) ante su material narrativo.

El film de Javier Rioyo y José Luis López-Linares *Extranjeros de sí mismos* (2001) aborda en tres bloques narrativos perfectamente delimitados tres experiencias bélicas distintas. Estos cineastas, responsables de algunos de los documentales sobre el pasado nacional más interesantes de los últimos años,[29] dedican la primera sección a las tropas fascistas que la Italia de Benito Mussolini envió a España durante la Guerra Civil, la segunda parte a las Brigadas Internacionales que apoyaron al gobierno de la Segunda República y la tercera a los integrantes de la División Azul que participaron en la Segunda Guerra Mundial para solidarizarse con la causa alemana. Aunque en este último bloque aparecen testimonios tan interesantes como los de Luis Ciges o Luis García Berlanga, nuestro análisis va a ceñirse a las dos primeras secciones del film pues son éstas las que se centran en el periodo 1936-1939.

La Guerra Civil española ha sido el detonante, tal y como afirma Peter Monteath, para multitud de acercamientos y representaciones desde géneros textuales y audiovisuales de no ficción (1990: 69). Esta «estética del reportaje» (Monteath 1990: 71) puede ser aplicada a *Extranjeros de sí mismos* en lo que esta obra tiene de investigación y análisis de una serie de datos posteriormente expuestos con un tono de objetividad. En dicha exposición destaca el rescate de unos testimonios que Rioyo, López-Linares y el montador de la película, Pablo Blanco, ordenan y estructuran con una intención concreta. De esta estructura cabe destacar en primer lugar la inclusión de opiniones traídas del bando nacional y del republicano. Ésta no es una obra sobre unos o sobre otros, sino sobre ambos, sobre las contradicciones, desavenencias y desajustes tanto de sus experiencias como de sus posteriores recuerdos y pareceres. Los directores

---

[29] Estos cineastas son los responsables de dos interesantes documentales sobre dos figuras decisivas de la cultura española del siglo XX, *Lorca: así que pasen 100 años* (1996) y *A propósito de Buñuel* (2000). Además Rioyo y López Linares realizaron un fascinante film, titulado *Asaltar los cielos* (1996), sobre el comunista español enviado por Stalin para asesinar a Leon Trotski en México.

están interesados obviamente en la colisión de perspectivas que, aun teniendo un mismo referente (la Guerra Civil), ofrecen discursos divergentes.

Las contradicciones de este film no se circunscriben al choque entre dos grandes bandos bélicos. De hecho, cada uno de ellos es presentado como la suma de intereses y opiniones a veces compatibles y a veces excluyentes. Por una parte, *Extranjeros de sí mismos* reconoce, en palabras de Arthur Stein, que «wars, despite their horrors, are often remembered nostalgically, as times when everyone pitched in [...] and worked together to meet the challenge of crisis» (1980: 9). Por otra, esta cohesión tiene su contrapartida en el número y heterogeneidad de voces que cuentan por qué participaron en un proceso violento, cuáles fueron sus motivos para integrarse en uno de los bandos y en qué consistió aquella unidad de acción. La amplitud de las respuestas fuerza inevitablemente a reconocer que, en el interior del bando fascista y del bando republicano, la violencia fue (en su praxis) y es (en el recuerdo) un impulso muy productivo para la especulación. Una especulación llamada a no llegar a una propuesta única y totalizadora.

De entre las versiones de ex-combatientes italianos, destacan las de Renzo Lodoli y Noe Ruggieri. El primero lidera la excursión de ancianos que cada año viaja desde Italia a España para celebrar una misa en el Valle de los Caídos por sus compañeros muertos durante la Guerra Civil: «La mayoría vino por los valores de Italia o los motivos religiosos, íbamos a combatir por la civilización cristiana».[30] Esta versión de los hechos viene secundada por multitud de escenas en las que abundan saludos fascistas, algunas camisas azules con el bordado de yugo y flechas, banderas preconstitucionales y fotografías de José Antonio Primo de Rivera. Los cánticos de estos ancianos, la música intermitente de la banda sonora (normalmente el himno de la Legión Italiana), las palabras de los protagonistas y el aspecto visual del film caminan en una misma dirección, creando una unidad de efecto.

Cuando le llega el turno a un testimonio contrario, desaparecen los himnos y la parafernalia fascistas. Noe Ruggieri, sobre el fondo blanco de una habitación, comenta: «Parece que hubieran cometido actos heroicos, medallas de oro, medallas de plata... ¡Pero qué medallas de oro

---

[30] Al citar las palabras de muchos de los entrevistados, seguimos la traducción y los subtítulos del propio film.

ni de plata! Vaya esas condecoraciones dadas así....». Esta intervención es compaginada con una escena en blanco y negro, en la que el propio Franco condecora a unos soldados formados ante la bandera española. En el caso de Noe Ruggieri, como en el de Renzo Lodoli, el montaje de imágenes y música se solidariza con las opiniones verbalmente expresadas. De esta forma, el film muestra que las imágenes del pasado no atesoran la verdad indiscutible de dicho pasado y que éstas pueden arropar, no en balde, versiones muy distintas de la guerra. En *Extranjeros de sí mismos* hay imágenes en blanco y negro que ratifican y se suman a lo contado por unos y otros. Las imágenes rodadas *in situ* durante la contienda no son una reliquia exacta y definitivamente reveladora del pasado, sino parte de un discurso presente que las utiliza.

La discrepancia entre las perspectiva de ex-soldados se reproduce también en la sección dedicada a los brigadistas internacionales. Por una parte, la mexicana Dolores Núñez expone los rasgos ideológicos que guiaron su trayectoria en España: «Yo traía desde mi familia esa formación de pensamiento, sobre todo de tipo humanista. *Ningún dolor me es ajeno*. Mi padre tenía escrito en un letrero: *Ningún dolor me es ajeno*». La misma Dolores Núñez justifica, de esta forma, los actos violentos de su marido: «El suyo no era un humanismo de lujo y salón. Hacía lo que tenía que hacer: morir o matar... pues yo mato». Frente a la visión heroica de esta ex-combatiente (de la que participa también el estadounidense Milton Wolf), el británico Chris Thornicroft comenta, desde el pesimismo, que «fue una experiencia que te cambia para siempre. Murió medio millón de personas. Yo llevé a niños pequeños hechos pedazos. Fueron tiempos difíciles».

Esta disparidad de interpretaciones es además reforzada, en el caso de los brigadistas, por una variada gama de idiomas. El inglés, el francés y el español (los tres pronunciados con distintos acentos según la procedencia geográfica del testigo) se convierten en el vehículo para la expresión verbal de experiencias. Una expresión que se asienta no sólo en vivencias, puntos de vista y conclusiones desiguales, sino también en diversos códigos lingüísticos. *Extranjeros de sí mismos* puede ser interpretado como una torre de babel cinematográfica en la que el plurilingüismo se convierte en la primera instancia de dispersión interpretativa.

Las voces irreconciliables de la Guerra Civil vienen acompañadas, en este film, por un montaje caracterizado por la fragmentación y la yuxtaposición. Rasgos característicos, tal y como explica Bill Nichols (2001), de la corriente vanguardista del documental. Aunque sería excesivo calificar la obra de Rioyo o López-Linares de vanguardista, sí se puede detectar en ésta la voluntad de proponer estructuras narrativas no estrictamente lineales ni teleológicas. Nichols explica que la trama modélica del documental clásico «introduce[s] the moralizing perspective [...] and a structure of closure whereby initiating disturbances can receive satisfactory resolution. Such resolution gives an imprimatur of conclusiveness to the arguments, perspectives, and solutions advanced by the film» (2001: 591). Junto a este cierre tranquilizador y resolutivo, este crítico afirma que este tipo de documental suele centrarse «on a main character or hero» (591). Ambas características están ausentes por completo del film aquí analizado.

En primer lugar, *Extranjeros de sí mismos* es una pieza coral en la que todos y cada uno de los entrevistados disfrutan de un tiempo parecido en el montaje. Éste no resalta un testimonio sobre los demás para convertirlo en hilo conductor de la trama. Esto no implica que ciertos personajes no intenten exaltar su propia figura o exaltar la figura de algún ser cercano. Tal es el caso, por ejemplo, del norteamericano Milton Wolf o de los parientes de Emil Jacobs. Éstos son, sin embargo, esfuerzos individuales y puntuales de ciertos personajes, que gestionan su presencia en el film con la intención de engrandecer o dignificar sus roles durante la guerra. La estructura del film no sólo no secunda estos intentos sino que, en gran medida, los frena. Exceptuando el testimonio del galés Lance Rogers, no hay entrevista cuya duración se prolongue por encima de dos o tres minutos. De este modo, la hipotética presencia de un personaje central que resuma metonímicamente la trayectoria y el sentido de la violencia bélica da paso a una colectividad de personajes en conflicto, que se disputan el protagonismo y la preeminencia de su propia interpretación.

Estas opciones audiovisuales que, como explica David Punter, recalcan «the impossibilities, the contradictions, the fracturing of the subject, the uncanny translocation between spaces and realms» (2001: 71), terminan por plantear una contundente interrogante sobre la existencia de lo que este mismo crítico denomina «an *authentic* voice» (91), es decir, una voz de la que los espectadores puedan fiarse y cuya versión de la violencia pueda ser subscrita. La propuesta de este film no parece apuntar a la necesidad de elección de una voz sobre otras, sino al aprendizaje de la violencia de la Guerra Civil como un fenómeno ambiguo, sobre el que toda interpretación auténtica o verdadera resulta paradójicamente tentativa y contingente. Todas estas voces representan, tal y como explica Antonio Gómez-Moriana, «una verdad», que es el efecto más de una coherencia retórica interna, que de su adecuación a una realidad exterior (1988: 47-51).[31]

La tesis defendida por *Extranjeros de sí mismos* podría ser resumida en tres puntos: a) Hay modelos de experiencia y comportamientos comunes a los dos bandos, b) uno de estos modelos sería la dependencia psicológico-biográfica por parte de los protagonistas de aquel periodo y c) la violencia se trata de una de las experiencias claves que produce esa dependencia psicológico-biográfica. Este documental propugna una suerte de formalismo común a todos los participantes en la Guerra Civil. El contenido de las experiencias varía según cada testimonio. Todos, sin embargo, terminan por narrar su historia siguiendo un mismo esquema: aquel trienio de combates y refriegas es absolutamente imprescindible para explicar el desencanto posterior, la apostasía de los antiguos ideales o la nostalgia por la nobleza de éstos. De igual manera, todos los entrevistados para el documental podrían suscribir las palabras de Chris Thornicroft: «Aventura no es la palabra adecuada, fue una experiencia que te cambia para siempre». La Guerra Civil funciona como el centro del sistema biográfico-temporal de estos hombres.[32]

Extranjeros de sí mismos esgrime algunas estrategias audiovisuales para articular el tránsito de su primera sección a la segunda y de ésta a la tercera. Entre estas estrategias destaca la aparición de una voz narrativa en *over* (la voz de la conocida actriz Emma Suárez) que cumple una clara función: sus palabras sirven para prologar un documental sobre un

---

[31] De este tipo de análisis tenemos una buena prueba en un reciente ensayo de Antonio Elorza (2004) sobre el documental, realizado por Oliver Stone, *Comandante* (2003), sobre Fidel Castro. Elorza adopta una clave política de carácter crítico para desmantelar la retórica de un film que se pliega a los intereses de su protagonista. Elorza demuestra, en definitiva, que este documental no retrata sino que crea una realidad de acuerdo a unos intereses ideológicos determinados.

[32] *Extranjeros de sí mismos* problematiza una distinción realizada por Roman Gubern: «These films showed that the evocation of the Civil War and its consequences could be approached with critical inquiry or sentimentalism, with ideological reflection or complacent tenderness» (1991: 106). En la pieza de Rioyo y López-Linares hay análisis crítico y sentimentalismo, reflexión ideológica y ternura complaciente porque todos éstos son ingredientes de la violencia bélica. Este documental muestra que la ideología y el análisis fueron parte de las motivaciones y de los sustentos intelectuales de la guerra, pero también asume que las emociones y los sentimentalismos lo fueron de igual manera.

pasado relativamente lejano que puede resultar ajeno a muchos espectadores dentro y fuera de España. En este sentido afirma Evely Cobley que «the difficult of writing about the war was compounded by the realization that the narrative had to be addressed either to those who already knew and did not need to be told or those who did not know» (1990: 39). Este documental asume el punto de vista de los segundos porque prologa los testimonios con una información histórica general que acerca un tiempo pretérito a espectadores que nunca participaron en aquella guerra.

De esta fractura entre dos momentos de la historia nacional son también conscientes los propios entrevistados. Renzo Lodoli, en un almuerzo con otros combatientes italianos, afirma que «la mayoría de los italianos y creo que también de los españoles nos han olvidado y sólo unos pocos viejecitos como nosotros siguen recordando las empresas, los combates, los caídos, los heridos, la sangre derramada en todos los campos de España». Con idéntica intención, Lance Rogers comenta que «gran parte del idealismo que traje conmigo y que mantuve tanto tiempo se ha disipado». Lo interesante de estas afirmaciones es que los propios protagonistas (y no sólo la voz de Emma Suárez) son plenamente conscientes de estar transmitiendo unas experiencias sobre un mundo y desde una perspectiva que resultan extrañas y distantes para la gran mayoría de los espectadores.

De hecho, las propias palabras de esta voz introductoria tienen un tono de cuento infantil o de fábula popular que paradójicamente secunda el carácter lejano, casi mítico, de aquel tiempo y de aquella guerra. El documental se inicia con un parsimonioso barrido de cámara sobre el amanecer en un paisaje de la meseta. Con el fondo de la música que Miles Davis compuso para su célebre álbum *Sketches of Spain*, Emma Suárez afirma lo siguiente: «Hubo un tiempo no tan lejano en que muchos jóvenes apasionados o manipulados eligieron hacer la guerra. Llegaron de todo el mundo, dispuestos a morir o a matar en una edad más propicia para el amor». Las siguientes explicaciones no abandonan este estilo y este tono que, por una parte, contextualizan los inminentes testimonios y, por otra, nunca entran en particularidades de carácter político o social.

Este pasado es descrito como un tiempo de «jóvenes dispuestos para la lucha y para la muerte», para los que «la guerra fue la mayor aventura de sus vidas» y para los que «después de la guerra, nada fue igual en el resto de sus vidas». Este tipo de información termina por envolver la

Guerra Civil con un aura de irrealidad, el aura de ese tiempo lejano e indefinido en el que suceden los grandes eventos y el aura de un tiempo en el que los héroes y los guerreros abundaban, y los grandes ideales y las biografías trepidantes existían. En esta clase de explicaciones, proferidas sobre el fondo casi abstracto e indeterminado de un amanecer, se basa el prólogo pronunciado por Emma Suárez. Un prólogo, en definitiva, bastante paradójico porque acerca y contextualiza el contenido de los testimonios, pero también lo aleja definitivamente, convirtiéndolo en el tiempo de las fábulas, del «érase una vez», de la narración sobre la tierra de los episodios grandiosos.

¿Cuál es la lógica de esta introducción y cuáles son sus consecuencias sobre el resto del documental? Para responder a estas preguntas hay que volver sobre el rol jugado por la violencia y las posibilidades de su representación en un documental como éste. La lógica de esta introducción reside en el acercamiento a la Guerra Civil española como un pasado que debe ser recuperado y, sin embargo, resulta irrecuperable de una manera plena. Tal y como explica Sharon Willis en los prolegómenos a un interesante análisis del film dirigido por Alain Resnais y escrito por Jorge Semprún, *La guerre es finie* (1996), la España de aquellos años «[tends to be] constructed as a site of irrecuperable losses [...] a hauting, absent cause» (1990: 37). La violencia es esa experiencia inconfundible e inimitable que comparten todos estos soldados a ambos lados del espectro político. En conclusión, a todos los entrevistados los une el haber participado de la violencia durante una determinada contienda. Esta misma participación los separa y aleja de otras generaciones y de otros periodos históricos posteriores caracterizados, como afirma Jonathan Fletcher, «[by] a sense of caution and even despondency» (1997: 2). La violencia ejerce, por lo tanto, el papel de un imán que aúna un conjunto de biografías a un pasado especialmente intenso.

Desde esta perspectiva, el título del film adquiere un nuevo sentido. Obviamente la extranjería inicial a la que se refiere este documental está relacionada con el desplazamiento geográfico de unos combatientes que dejaron sus países para pelear en tierras foráneas. Esta extranjería también se refiere a la propia identidad de los soldados: éstos terminaron como «extranjeros de sí mismos» porque nunca pudieron volver a ser lo que fueron, no antes de la guerra, sino durante ésta. En este mismo tema abunda Dudley Young, en su estudio sobre la representación artística de la violencia bélica, cuando contrapone a un presente «[that] militate[s] against hope and belief» (1991: 263), un pasado asentado en «the ecstasies of love and war» (261-264). El término «amor» es entendido por este crítico como una cultura sentimental de la plenitud que sólo un proceso tan radical como la guerra puede realizar.

Los extranjeros de sí mismos a los que se refiere el film de Rioyo y López-Linares son precisamente los expatriados de esa plenitud, los desterrados de un tiempo violento que (con sus luces y sombras) no acepta comparación con ningún otro. Tras esa violencia, la biografía de estos entrevistados se convierte en un destierro y en un peregrinaje en busca de las claves de aquel tiempo y de aquellos hechos que supusieron un antes y un después. Es lógico, por tanto, que la voz de Emma Suárez se refiera al periodo 1936-1939 como un arsenal de hechos y vivencias tan extraordinarios que, para el que no estuvo allí, resulta difícilmente comprensible. Ese pasado se alza como un tiempo lejano no tanto porque tuviera lugar hace más de seis décadas, sino porque estuvo protagonizado por eventos, ilusiones y sacrificios que hoy parecen imposibles.

Extranjeros de sí mismos también incluye una selección de imágenes de archivo realizada por la productora, Silvia Martínez, y por la encargada de la documentación del film, Carmen Gullón. Estas imágenes muestran pero también reconocen sus muchas carencias para trasladar a la retina del espectador el sentido y el aspecto de la violencia de aquella época. Se puede afirmar que la inclusión en esta obra de celuloide en blanco y negro que data de los años treinta desestima dos posibles extremos. En primer lugar, niega la irrepresentabilidad de la contienda. *Extranjeros de sí mismo* no secunda la estrategia, por ejemplo, de Claude Lanzmann en *Shoa*. Éste, como explica LaCapra (1997) en un importante artículo sobre este último film, niega sistemáticamente el uso de imágenes rodadas del Holocausto al considerar que domestican, reducen y falsifican aquel evento, su desproporción y radicalidad. El film de Rioyo y López Linares se sirve, por el contrario, de estas imágenes sobre el pasado como una estrategia narrativa legítima en el intento por reconstruir la violencia de un tiempo pretérito.

Por otro lado, estas imágenes tampoco son tratadas como la solución para el problema de los límites del discurso en la expresión/narración de la violencia. Las imágenes no son usadas como el medio idóneo para llegar a donde no llegan las palabras. Esto puede ser constatado en el montaje visual que el film depara a las explicaciones introductorias de Emma Suárez. Esta sección está compuesta por catorce cortes. Lo relevante de este montaje (que empalma quince breves secciones) es que todas tienen como motivo el viaje, los trenes, las despedidas y los recibimientos.

Rioyo y López Linares se decantan, para estos primeros minutos de su pieza, por un conjunto de cortes visuales en los que soldados de ambos bandos llegan a o parten de una estación de ferrocarriles. Cambia obviamente la orientación ideológica de los que viajan y de los que se agolpan en las estaciones, pero todos realizan una misma actividad. Las imágenes que acompañan al prólogo no muestran un mapa de la Península, un diagrama de los frentes más señalados, un gráfico con datos y fechas de importancia o a algunos de los protagonistas indiscutibles de la contienda. Frente a este tipo de información, *Extranjeros de sí mismos* ofrece una sucesión de imágenes que, por repetitivas y tangenciales, no ponen en claro en qué consistió la Guerra Civil española.

Al espectador le queda la duda de dónde están ubicadas estas estaciones, de dónde vienen y a qué lugar se dirigen estos convoyes del ejército, en qué momento de la guerra fueron rodados y con qué propósito estratégico se desplazan. De hecho, en una primera visión del film, la sucesión de imágenes es tan rápida que puede pasar desapercibido el hecho de que en unas aparecen soldados insurgentes y en otras, leales a la Segunda República. A los dos sectores enfrentados les une una misma dinámica bélica: el desplazamiento. Todos ellos, independientemente de las causas por las que lucharon o de los motivos que les llevaron a alistarse, comparten una experiencia que el montaje del film destaca con insistencia: el movimiento. La partida y la llegada, los trenes y los equipajes, los adioses y las bienvenidas, la velocidad y los kilómetros.

La continuada repetición de un solo motivo está articulada sobre una dinámica de continuidad y discontinuidad que, como explica Sharon Willis, «produce[s] *interference* effects, a conflict of perspectives that destabilizes representation» (1990: 39). Continuidad porque existe un hilo conductor para todas las imágenes del pasado en estos primeros compases del film (aparte de la música de Miles Davis) y éste es el motivo de los trenes y las estaciones. Discontinuidad porque ese hilo conductor se asienta en un montaje muy fragmentado, en el que no hay estación o tren que, tras unos segundos en los que apenas si se puede identificar a los protagonistas de la imagen, den paso a otros trenes y a otras estaciones. Esta insistencia en impedir que una imagen dilate su presencia por encima de unos segundos para que sea sustituida por otra imagen (que sin embargo tiene un mismo referente) termina por desencadenar el efecto de interferencia al que Willis se refiere. Un efecto que crea una interrogante en el espectador: ¿Por qué se repite la misma escena varias veces? ¿Qué aporta la imagen repetida a las anteriores?

¿Qué se pretende contar con la segunda, tercera y cuarta imagen que no haya sido contado con la primera? En la base de estas preguntas se encuentra una interesante reflexión sobre el tratamiento de imágenes de archivo en tanto que documentos. Tal y como explica Michel Foucault, el documento ha sido entendido (especialmente por la corriente positivista de conocimiento) como la principal condición de posibilidad para «the reconstitution [...] of a past from which they [the documents] emanate» (1972: 6). Los documentos, continúa este mismo crítico, «[were] always treated as the language of a voice since reduced to silence, its fragile, but possibly decipherable trace» (6). La tendencia a insistir en escenas parecidas demuestra cierta inseguridad (consciente y asumida) sobre el poder de una imagen que difiere de sí misma y se repite sin causa aparente. En este film, la imagen no se convierte en un amuleto que complete definitivamente el contenido de las entrevistas. Tampoco se trata de una herramienta perfecta para transmitir qué fue la violencia durante la Guerra Civil.

Esta gramática de las imágenes implica también una gramática de la violencia o, en otros términos, de su representación audiovisual.[33] Al conectar estas reflexiones con las ideas expuestas al comienzo de este apartado, parece evidente la crítica revisión que del género documental (en relación con la Guerra Civil) realizan Rioyo y López-Linares. En primer lugar, ponen en cuestión la supuesta superioridad representativa y cognoscitiva de este género, que hipotéticamente se acerca con su cámara-verdad a un hecho para aprehenderlo en su totalidad. En segundo lugar, niegan que el documental se trate del género de la representación transparente frente a los filmes de ficción, obras de la invención o de la

---

[33] En una de las obras de estos directores, *Asaltar los cielos*, se propone una revisión parecida de los presupuestos del género del documental. En esta ocasión, el objeto de interés es Ramón Mercader, el comunista español que asesinó a Trotski en México D. F. En primer lugar, encontramos en este film una similar tensión interpretativa en torno a esta figura. Lejos de cualquier demonización o visión hagiográfica, Rioyo y López Linares incluyen en el montaje un buen número de heterogéneos y a veces contradictorios testimonios. De igual manera, a las imágenes rodadas en el pasado se les ofrece un tratamiento distanciado y, en ocasiones, irónico. Un tratamiento muy adecuado sobre todo si se tiene en cuenta el carácter esquivo del propio Ramón Mercader, que hizo de su imagen un auténtico misterio y un espacio de continua transformación. En otras palabras, este film secunda con sus estrategias audiovisuales el hecho de que su protagonista tuvo una identidad esquiva y ambigua, que no es fijada en estructuras narrativas de carácter simplificador.

representación con una tendencia estilizadora. Para ambas tesis, *Extranjeros de sí mismos* ofrece una crítica negativa.

El documental no puede tomar posesión de una realidad, ni siquiera un documental multiperspectivista y polifónico como el aquí discutido. Esta misma pieza muestra que la realidad, más que una presencia obvia y completa en su metraje, es un problemático asunto. *Extranjeros de sí mismos* también se presenta como una narración que interpreta, ordena y, por lo tanto, inventa. Este documental admite, en definitiva, que no se refiere directamente al pasado, sino que, mediante una serie de estrategias narrativas, produce un efecto referencial. La violencia de aquellos años constituye un auténtico problema epistemológico sobre el no hay imágenes ni palabras que lo aclaren definitivamente.

7. Conclusiones del capítulo

7.1. *Violencia y modernidad: la guerra artesanal y libertadora de los republicanos*

La Primera Guerra Mundial supuso, tal y como explica Bernd Hüppauf, un cambio sustancial en la consideración literaria y artística del hecho bélico: «The experience of this war could no longer be integrated in traditional patterns of creating meaning through ideals of heroism and identification with the nation» (1997: 2). Esta crisis de las grandes narrativas en torno a la violencia desencadenó, tal y como explica este mismo autor, «a new consciousness and lasting memory of the destructiveness of modern technology and civilization which can be observed at the center of the contradictory relationship to violence characteristic of this century» (2). Esta contradicción puede ser explicada en los siguientes términos. El proyecto de la modernidad se presenta como un proceso racional y progresivo, destinado a liberar gradualmente al ciudadano de todas las esclavitudes y ataduras anteriores. Dicho proceso propone tanto una serie de derechos inalienables como un bienestar material, producto de la racionalización de los bienes. Por supuesto, esta nueva cultura de la modernidad está protagonizada por un sujeto libre y lógico que, en diálogo constante con sus semejantes, llega a acuerdos y soluciones beneficiosas para la mayoría. Esta visión utópica se asienta, tal y como piensa Hüppauf, «in modern civil society's incompatibility with violence» (2).

El proyecto de la modernidad ha tendido, por lo tanto, a presentar la violencia como una fuerza oscura, el tenebroso corazón de épocas y estados teóricamente superados, un camino de retroceso hacia contextos anteriores de primitivismo. Contextos absolutamente incompatibles con los avances materiales y morales propuestos por la razón. De alguna forma, la violencia re-emerge como un antiguo y enquistado vicio que colapsa todos los procesos intelectuales de una sociedad civil y de unos ciudadanos libres que buscan un desarrollo colectivo perfeccionador. La violencia es esa actividad que no solo no añade nada sino que además le resta al sujeto: éste deja de ser algo cuando se embarca en actos violentos. Por lo pronto, pierde su capacidad razonadora y se retrotrae a un estado seudo-animal de instintos y sombrías pulsiones.

Este discurso deslegitimador de la violencia afronta una crisis definitiva, tal y como se ha comentado anteriormente, tras la Primera Guerra Mundial. Esta contienda puede ser entendida, en palabras de Bartov, «[as] the moment in which [...] a vast numbers of men were transformed into soldiers, all other civilians became exposed to the human, economic, and psychological cost of total war» (2000: 11). Dos son los aspectos principales de esta experiencia bélica: su carácter masivo, por el que numerosas bolsas de población civil sufrieron en primera persona actos de terror, y la industrialización de una violencia a cuyas posibilidades mortíferas contribuyeron los avances técnico-científicos de la época. De esta guerra surgió un conjunto de narraciones autobiográficas, escritas en primera persona y referidas a experiencias muy cercanas al narrador en las que, como afirma Samuel Hynes, «much of soldiering is passive endurance: standing, not flinching, surviving» (1997: 3). Este conjunto de obras inaugura la literatura moderna del trauma bélico porque la experiencia del campo de batalla es presentada como radicalmente extraña y ajena a los grandes discursos heroicos y dignificadores.

El punto más relevante de la nueva percepción del hecho bélico (una percepción traída por la Gran Guerra) no es otro que el carácter profundamente ambiguo de la modernidad, «a period of total and global transformation based on the application of rapidly evolving technologies to industrial production» (Lawrence 1997: 33), incluida la producción de armas y guerras. Los avances materiales, los descubrimientos científicos y sus aplicaciones técnicas, destinadas en un principio a producir un progreso y un bienestar colectivos, se convierten en una fuente de destrucción. El proyecto de la modernidad es finalmente entendido como un devenir histórico ambivalente: un proceso civilizador con una terrible contrapartida dialéctica, la destrucción a una escala previamente desconocida. Los trabajos de críticos tan relevantes para el desarrollo y entendimiento del capitalismo como Karl Marx, Max Weber, Theodor Adorno o Max Horkheimer pueden ser entendidos como la crónica y la investigación de una modernidad que, a pesar de considerar y tratar la violencia como un peligroso extraño, tuvo en la violencia no sólo su *modus operandi* sino también una de sus bases fundacionales. Modernidad (filosófica, política, económica o social) y violencia no constituyen, para todos estos pensadores, dos opuestos y contradictorios polos de fuerza, sino dos conceptos indisolubles. Indisolubles hasta el punto de el primero fue posible gracias al segundo.

Esta sucinta descripción, que necesariamente deja muchos aspectos sin el necesario desarrollo, tiene una decisiva relevancia para el conjunto de narraciones analizadas en este segundo capítulo (y también para las novelas del primero) porque en todas ellas encontramos una representación de una violencia, la del bando republicano, que en sus modos y formas suscita un tratamiento positivo y dignificador. Esta violencia no es el otro oscuro e incontrolable de la razón ni el dañino producto de esta última; no es la manifestación irracional y sangrienta de los bajos instintos nacionales, ni tampoco un frío y calculado proceso de destrucción ejecutado con armas que cosifican tanto a víctimas como a verdugos. La violencia republicana que durante la Guerra Civil española desarrollan los personajes protagonistas de estas novelas y filmes se caracteriza, ante todo, por un marcado voluntarismo. En otras palabras, frente a las versiones del hecho bélico que convierten al sujeto en una pieza de la maquinaria (el término es decisivo) militar, estas narraciones conceden un enorme espacio a las motivaciones, la iniciativa y la capacidad asertiva de los personajes.

Esta versión de la Guerra Civil propugna un grado suficiente de identificación entre los personajes y las motivaciones que los llevan y los mantienen en el campo de batalla (tenga éste la apariencia que tenga: el monte, la resistencia urbana o las grandes batallas a campo abierto). Tal y como explica Holmes, «to resolve this problem war and its mechanisms, through acts of willed 'determination' and 'courage', presuppose a continued rational control over collective practices» (1989: 14). Estas novelas, mediante un personaje metonímico (como es el caso de *Carta blanca*) o mediante el uso de una estructura coral (como sucede en *Maquis*), presentan una facción republicana que, con pocas excepciones que de hecho confirman la regla, asume primero la violencia como una estrategia consciente y después la despliega sabiendo sus motivaciones.

De entre todas las motivaciones, destaca el impulso modernizador de la violencia llevada a cabo por los milicianos, militares y espontáneos guerreros, todos adeptos a la legalidad republicana (un efecto modernizador a pesar de ser una violencia realizada con un armamento menos moderno que el del otro bando).[34] Esta modernidad presenta en estas piezas una doble faceta: una material y otra política. La material afecta obviamente a la situación económica de unos personajes que piden una organización más justa de la riqueza. La política se refiere a la visión teórica que algunos de estos personajes tienen del sistema social y estatal que debe organizar a la nación. En esta visión predominan valores como la igualdad y la justicia, entendidas y plasmadas en una sociedad laica de sujetos con idénticos derechos y obligaciones, en la que abusos y explotaciones no son admitidos, tolerados ni alentados. Este discurso sobre la alianza entre una violencia productiva y una regeneradora modernidad, que pretende ser instaurada definitivamente, resulta bastante comprensible en una nación como España en la que, como explican Jordi Palafox y Juan Pablo Fusi, la modernidad ha sido ante todo un desafío (1997: 499).[35]

---

[34] Esta violencia noble se opone a otros tipos de violencia que, en estas mismas novelas, frenan la llegada de la modernidad política a España. Esta violencia reaccionaria no sólo ha sido tratada en textos sobre la Guerra Civil. Janet Pérez (2002) destaca, por ejemplo, la presencia de un conjunto de recientes novelas sobre la Inquisición española (firmadas por José Jiménez Lozano, Carmen Martín Gaite, Alfredo Conde, Carmen Riera y Miguel Delibes), en las que se refleja las dificultades para la implantación no sólo del discurso ilustrado en España sino también de una mínima libertad intelectual y social. Es relevante que coincidan en el tiempo estas dos modalidades de novelas históricas que bien refiriéndose a la Guerra Civil, bien al Santo Oficio, reflexionan sobre una violencia conservadora y contrarreformista que, a modo de mal nacional, recorre la historia política de España.

[35] Juan Pablo Fusi y Jordi Palafox afirman en su estudio que «tomada en su conjunto, la historia de España de los siglo XIX y XX distó mucho de ser [...] la historia de un fracaso» (1997: 12). De todas formas, estos historiadores reconocen que estos dos siglos fueron vividos por ciertas élites políticas como un «doble desafío»: «la construcción de un Estado eficaz y liberal y de una economía próspera y estable» (13). Aunque los avances en esta dirección son ampliamente expuestos en su ensayo, no cabe duda de que estos objetivos distaban, en la década de los treinta, de haberse convertido en una realidad. El propio Fusi, en un ensayo posterior titulado *El malestar de la modernidad*, reflexiona, desde una perspectiva europea, sobre los derroteros que ha seguido la mo-

Poco importa para este análisis que una última corriente historiográfica haya intentado con cierto éxito eliminar o paliar la imagen de excepcionalidad del caso español, enfatizando los datos y las perspectivas que equiparan la historia nacional con la del resto del continente europeo.[36] La modernidad, de acuerdo a la percepción plasmada en estos filmes y novelas, no era en los años treinta una realidad asentada y amenazante, sino de un deseo y un sueño que los sectores progresistas mantenían vivo y esperanzado desde el siglo XIX. La violencia no es, por ende, entendida como un residuo pernicioso sino como el necesario camino para la defensa de unos ideales y para su plasmación en un sistema político y social determinado. Dicha relación es entendida, por el contrario, como una colaboración. La violencia resulta justificada porque unos personajes desean una realidad nacional de perfiles más justos y de contenidos más democráticos. En la implantación fáctica de dicha realidad, la violencia se vuelve tanto una herramienta útil y voluntariamente escogida, como un modo de legítima defensa ante los que quieren destruir estas ilusiones políticas para imponer las contrarias.

De entre los modos de esta violencia loable (que no es producto de un barbarismo ilógico ni de una modernidad intrínsecamente destructiva), destaca el carácter manual con que los personajes republicanos llevan a cabo sus acciones. Tal y como se ha explicado, el recuerdo y las representaciones literarias de la Primera Guerra Mundial enfatizaron su carácter industrial, la proliferación de maquinaria, la aplicación de los últimos inventos científicos al aniquilamiento y el sometimiento del soldado a estos artefactos. Los novelistas y cineastas aquí estudiados perfilan, por el contrario, una imagen del soldado republicano despojado de la mayor parte del utillaje armamentístico. Obviamente, desde el momento en que estos soldados desenfundan una pistola o apuntan un fusil no tiene demasiado sentido hablar del carácter manual de su violencia (el revolver o la escopeta participan del mismo carácter maquinal que el tanque o las bombas de mano), pero en contraste con el armamento esgrimido por el bando fascista, sí se puede establecer un marca-

dernidad política continental, sobre algunos de sus peligros y deficiencias, y sobre sus implicaciones para el caso español.

[36] De esta corriente historiográfica destacamos los textos de Raymond Carr y José Álvarez Junco. Resulta también destacable la eclosión de revisiones y estudios historiográficos sobre el siglo XVIII español, en un claro intento de borrar, o al menos matizar, la imagen de una España sin Ilustración.

do contraste. Un contraste en el que resulta clave la recreación de un enemigo y las claves con que éste es imaginado y representado.

Desde la perspectiva de los defensores de la Segunda República, el ejército fascista es un monstruo de acero, sin rostro ni facciones ni atributos humanos, que se manifiesta como un aluvión de bombas, aviones y armamento pesado. Incluso en *Carta blanca*, el ejército fascista aparece como un incontenible entramado militar que arrasa todo lo que se le interpone. El carácter de masa cuyos resortes han sido mecanizados y homogeneizados, junto con la presencia de grandes artefactos de guerra, hacen del enemigo fascista una entidad unitaria, automatizada e industrializada. En *Maquis*, aunque algunos guardias civiles aparecen individualizados, gran parte de sus identidades particulares se diluyen en la férrea disciplina de un cuerpo militar en la que el orden y la obediencia lo son todo. Un cuerpo que además cuenta con armamento más abundante y sofisticado que el de los guerrilleros del monte. Aunque estas obras no mencionan explícitamente el tema, se hacen eco del borbandeo histórico de población civil a manos de la aviación española y alemana adepta a Franco.

Frente a estos contrincantes, los soldados republicanos esgrimen un fusil o una pistola que ellos mismos controlan y someten a sus necesidades. El voluntarismo se alía a la ausencia de férreas estructuras militares y de armamento de grandes dimensiones. Esta ausencia dota la labor de estos personajes de un aura manual y artesanal. Este aura subraya, además, un significativo contraste con todas esas novelas españolas de los últimos diez años que, como afirma Dorothy Odartey-Wellington, muestran «cómo la tecnología en la urbe ha traído consigo cambios en los parámetros del espacio y la relación del sujeto, su entorno y sus conciudadanos» (2002: 205).[37] Las acciones de los personajes implicados en la Guerra Civil no forman parte de una masa indefinida

---

[37] Odartey-Wellington parte del análisis de la novelística de la llamada «Generación X» para explicar cómo la tecnología ha desdibujado la distinción entre espacios públicos y privados, ha reducido drásticamente el número y la calidad de los contactos personales entre los ciudadanos y ha creado un espacio urbano repleto de «no-lugares»: «un sitio en el que la identidad única, la historia particular, y las relaciones orgánicas entre los sujetos son de importancia mínima» (2002: 204). En contraste con esta narrativa (en la que también tiene sentido incluir a Ray Loriga, José Ángel Mañas e incluso algunas obras de Juan Madrid), las novelas que aquí analizamos reintensifican su sentido. Frente a la violencia post-ideológica de urbes tecnológicas, la violencia manual de un tiempo

que repite y obedece incesantemente unas órdenes, sino que emanan de la voluntad de una conciencia. La guerra además no absorbe ni borra la iniciativa y la corporeidad de estos soldados en una estrategia de grupo, sino que respeta y acoge lo que estos personajes (ideológicamente progresistas) piensan y desean hacer. En conclusión, si la guerra ha sido entendida por los críticos de la modernidad como la plasmación paradigmática de esa razón cosificadora y uniformadora que despliega una violencia represiva y coercitiva sobre los individuos, la Guerra Civil española (según estos filmes y novelas) es el necesario aliado del proyecto modernizador, libertador y evolutivo que los paladines de la Segunda República defienden para un país cuya relación e implicación en la modernidad filosófica, política, económica y social ha sido vista como deficitaria e insuficiente.[38]

7.2. *Violencia* y violencias: *las causas políticas en las guerras del pasado*

En alguna de las novelas tratadas en este capítulo (*Maquis* y, sobre todo, *La hija del caníbal*), así como en el documental *Extranjeros de sí mismos*, el espacio narrativo dedicado a la Guerra Civil española es compaginado con menciones, apuntes o comentarios sobre el presente (entendido éste como el periodo democrático posterior a la muerte de Franco). Esta doble presencia temporal permite entender no sólo qué tipo de violencia es representada y dignificada, sino también el papel que ésta cumple en el imaginario cultural de una sociedad varias décadas después. En otras palabras, el tratamiento heroico de las actividades llevadas a cabo por los soldados republicanos no sólo sirve de representación estilizada de aquel pasado, sino también de diagnóstico sobre un presente en el que esa violencia no existe o no es hallada.

---

en el que la ciencia y la técnica no se habían inmiscuido (al menos, no tan radicalmente) en las relaciones mantenidas por los miembros de la comunidad, ni en su interacción con la violencia.

[38] Auque Eduardo Subirats sólo se refiere a la Ilustración española en su célebre ensayo, *Ilustración insuficiente*, su análisis de algunos textos del padre Feijoo implica una valoración sobre la ausencia de un pensamiento auténtica y sostenidamente crítico en la España del XVIII, XIX y XX. De esta ausencia se desprenden los problemas que la modernidad (social, económica y política) ha tenido para su implantación en el país. Algunos

Esta comparación implícita entre la violencia del pasado y del presente estructura, en última instancia, los capítulos alternos de la novela de Rosa Montero (unos dedicados al pasado del anarquista Félix y otros centrados en el secuestro del marido de la protagonista). Tanto en la narración de Alfons Cervera como en el film de Javier Rioyo y López-Linares, aparecen explícitas menciones de una contemporaneidad en la que los grandes sacrificios del pasado, los pretéritos idealismos revolucionarios y la violencia con objetivos mayúsculos de la década de los treinta y cuarenta han caído en el abandono. La violencia del pasado se torna en un motivo de añoranza y fascinación porque sus proporciones y sus intenciones despiertan, bastantes años después, tanto respeto como nostalgia. Nostalgia por viejos héroes capaces de realizar actos de abnegación y generosidad (algunos extremadamente violentos) por una causa política: toda una actitud generacional tenida hoy por inaudita.

Este desarrollo histórico de la violencia, negativo e involutivo, ha encontrado una interesante articulación teórica en un célebre y polémico ensayo de Hans Magnus Enzensberger *Civil War*. A pesar de su título, los conflictos de los que se encarga este intelectual alemán no están relacionados con la Guerra Civil española. De hecho, esta última se encuentra en las antípodas del tipo de contienda criticado por Enzensberger. *Civil War* propone que, tras al caída del muro de Berlín, se ha producido una atomización de la violencia en cientos de conflictos étnicos, en actos esporádicos de terrorismo, en agresivas expresiones callejeras de frustración social, en actos xenófobos contra las bolsas de población inmigrante o en grandes manifestaciones de una vaga actitud anti-sistema que derivan normalmente en el vandalismo. Una violencia cruptiva y sin solución de continuidad que contrasta con la desarrollada durante el siglo XIX y primera mitad del XX.

La distinción de Enzensberger (con la que no coincidimos aunque resulte tan útil para las conclusiones de este segundo capítulo) tiene como objetivo la discriminación entre la violencia del pasado y las violencias del presente. La primera estaba dotada, como explica este analista, de «political as well as military leadership, following clearly defined goals» (1990: 15) y tenía como objetivo «the consolidation of a new regime in the conquered territory and the establishment of the rule of law»

---

de los títulos más recientes de Subirats, como *Después de la lluvia*, abordan este asunto en profundidad.

(15). Esta violencia, durante las primeras décadas del siglo XX, se plasmó en grandes proyectos revolucionarios con un talante internacionalista y multitudinario que pretendía transformar el paisaje social y político de Europa. Además contó con el apoyo y respaldo de importantes sistemas de pensamiento político, de los llamados «grandes sistemas ideológicos», sin los cuales la historia contemporánea del continente no puede ser entendida ni explicada.

Esta modalidad de violencia, en la que quedaría encuadrada la Guerra Civil y la representación que de ésta realizan los filmes y novelas analizados en este libro, contrasta (y este contraste resulta altamente expresivo) con una segunda modalidad a la que alude el título del ensayo de Enzensberger, *Civil War*. Estos conflictos se caracterizan, en primer lugar, por existir en un número desconocido: «We cannot even be sure of their exact number, since chaos is uncountable» (1990: 14). En segundo lugar, carecen por completo de lo que este crítico alemán denomina «[an] ideological shell» (17): «no goal no plan, no idea blinds them together other than the strategy of plunder, death and destruction» (18). En tercer lugar, esta violencia es llevada a cabo por mercenarios para los que no hay mucha diferencia «between destruction and self-destruction» (20) y para los que obviamente «violence has freed itself from ideology» (20). En cuarto y último lugar, cuando estos repentinos y perecederos conflictos abrazan un calendario político, este último no ambiciona unos efectos mayoritarios y masivos, centrándose en los intereses de grupos minoritarios. No es extraño por lo tanto que el texto los denomine «molecular civil war» (19).[39]

---

[39] Enzensberger tiene como material de análisis y marco histórico de sus comentarios las guerras intestinas en la antigua Yugoslavia, los saqueos y toques de queda en Los Ángeles, y las luchas raciales en algunas naciones africanas. Conflictos relacionados fundamentalmente con la aniquilación de grupos raciales o con la violencia callejera en las grandes urbes. De cualquier forma, queremos dejar constancia de que este paradigma explicativo para la violencia contemporánea ha sido cuestionado, tras los ataques del 11 de septiembre de 2001, por polémicos ensayos como el de Samuel Huntington. La violencia atomizada que Enzensberger critica ha dado paso, según Huntington, a la «lucha o colisión de civilizaciones», un nuevo paradigma de violencia que parecería unificar fuerzas y clarificar el mapa de la violencia internacional. En un ensayo dedicado a este tema y a sus efectos en España, Carlos Javier García plantea la hipótesis de que la caída de las Torres Gemelas sea «la culminación de la época posmoderna y a la vez su fin» (2003: 178). De ser así, la producción, gestión y aparición de la violencia estaría entrando también en una nueva fase histórica, de la que quizá las guerras, las acciones

En el contexto de la realidad nacional española, resulta bastante comprensible que la violencia republicana durante la Guerra Civil sea percibida por estos filmes y novelas desde un prisma ennoblecedor cuando los siete focos fundamentales de violencia con los que ha tenido que convivir la democracia han sido los siguientes: 1) la violencia militar derechista, especialmente intensa en los primeros años ochenta y cuya principal manifestación fue el golpe de Estado del teniente-coronel Tejero perpetrado el 23 de febrero de 1981; 2) la violencia del grupo terrorista ETA, que durante los veinticinco años de democracia ha asesinado, ante la creciente frustración de la gran mayoría de los sectores intelectuales de izquierda y derecha, a un millar de ciudadanos (periodistas, intelectuales, políticos y miembros de las fuerzas de seguridad); 3) la violencia de grupos contra-terroristas entre los que los que destaca el GAL, auténtico terrorismo de Estado que llevó al banquillo de los acusados a altos miembros del primer gobierno socialista; 4) la violencia callejera asociada normalmente a una delincuencia juvenil que surge en los barrios marginales y en las zonas deprimidas de una sociedad capitalista y fundamentalmente urbana;[40] 5) una violencia llamada «de género» que ha forzado al segundo gobierno socialista a promover una ley de «discriminación positiva»; 6) la violencia contra minorías étnicas y raciales, como la acontecida en El Ejido en el año 2000; y 7) la violencia desarrollada en Irak por la invasión estadounidense en 2003 que parece haber degenerado en una situación seudo-caótica.

Aunque no se puede establecer una relación de directa causalidad entre estos fenómenos sociales y la aparición de las obras aquí comentadas, tampoco se puede negar que estas últimas han sido concebidas en un marco histórico concreto. En otras palabras, resulta legítima una interrogante sobre la posible relación entre unas narraciones (que ofrecen un tratamiento tan digno y optimista de la violencia del bando republicano en la Guerra Civil) y un contexto histórico muy posterior en el que, como afir-

represivas y las políticas emprendidas (no sólo en Oriente Medio) por la actual administración estadounidense (liderada por los *neo-cons*) puedan ser una prueba.

[40] La temática de la violencia urbana, normalmente asociada a los suburbios y al consumo/tráfico de drogas, tuvo un periodo de auge en el cine español protagonizado por dos directores, Eloy de la Iglesia y José Antonio de la Lama. El primero es el responsable de films como *Colegas* (1982), *El pico* (1983) o *El pico II* (1984). Del segundo cineasta son destacables *Perros callejeros* (1976), *Yo, el Vaquilla* (1985) o *Perros callejeros II* (1979).

ma Cristina Moreiras-Menor en un ensayo sobre este asunto, «la ausencia de un proyecto colectivo, la negatividad [...] y la falta de mirada utópica caracterizan la España postolímpica» (2002b: 19). Pareciera, de hecho, que las violencias del presente (percibidas como una realidad incómoda e inconsecuente) emergen más como una fuente de problemas que de soluciones, frente a la violencia del pasado que era en sí misma un camino de ascesis colectivo a un *status quo* social y político más adecuado.

Tampoco se puede olvidar que la violencia ha sido un tema fundamental en recientes obras literarias como las de Juan Madrid o José Ángel Mañas, y en algunos filmes de Alejandro Amenábar, Álex de la Iglesia, Santiago Segura o Mariano Barroso, entre otros.[41] Esta generación de cineastas han permitido que el cine español, tal y como explica Mark Allison, «is at long last catching up and catching into the commercial appeal of conventionlized violence in films» (1997: 315). En estas obras, «el afecto se liga casi invariablemente a la experiencia de la violencia y, a partir de ella, presentan una realidad que, como la de la cultura del espectáculo, parece desafecta de impulso político y alejada de prácticas ideológicas» (Moreiras-Menor 2002b: 190). Esta misma analista explica, en un capítulo del mismo ensayo titulado «Crónicas de lo inmediato: realidad y violencia en la experiencia contemporánea», que las obras de estos jóvenes novelistas y cineastas no suponen únicamente una muestra de hedonismo consumista y nihilismo amoral, sino una crítica reflexión sobre «la transformación radical que la realidad so-

---

[41] Nuria Triana-Toribio (2004) explica lo que, en su opinión, corre el riesgo de convertirse en una moda cinematográfica que ella denomina el «segurismo» (una versión posmoderna del «landismo» de los años sesenta y setenta). Aunque su artículo se centra en un análisis de la figura genérico-sexual creada por Santiago Segura en sus filmes y en sus apariciones televisivas (en definitiva, en su persona mediática), nos parece que un análisis del tipo de violencia recreado y representado por este director/actor en sus obras aportaría unos resultados perfectamente compatibles con los de Triana-Toribio. Se podría hablar en sus obras de un versión pastiche, cómica y paródica (pero también complaciente) de una violencia xenófoba y sexista. Una violencia dirigida contra clases sociales y sujetos socialmente periféricos que ha desencadenado tantas risas como réditos económicos. Por su parte, Marsha Kinder identifica en estos filmes una suerte de «transcultural reinscription» (1993: 18), es decir, una modalidad estética que mezcla ciertos aspectos formales del cine norteamericano de los años ochenta y noventa, con comentarios sobre la realidad y la historia españolas. En los filmes de Álex de la Iglesia o Santiago Segura, esta mezcolanza de costumbrismo e incluso folclorismo con una factura visual parecida a la de cierto cine realizado en Holywood es imprescindible para entender las representaciones cinematográficas de la violencia.

cial y cultural está sufriendo y las consecuencias que tal transformación tienen para el sujeto contemporáneo» (2002b: 218).[42] Una realidad en la que la violencia ideológicamente desarmada, sus elaborados simulacros, su representación incesante y su manufacturación como producto parecen uno de los aspectos claves de un momento histórico desconcertado, como es la situación particular de la España de los noventa y principios del siglo XXI. Una nación en la que cuarenta años de represión franquista, una transición política insuficiente (mermada por silencios, olvidos y amnesias) y una precipitada posmodernidad se manifiestan en el desgarrador descontento de estas obras y en la violencia que retratan (signo inequívoco de un malestar cultural).

Las obras sobre la Guerra Civil de los últimos años suponen la otra cara de esta misma moneda: productos narrativos que se hacen eco indirecto de ese descontento cultural volviendo sobre un pasado en el que se percibe una violencia útil y con sentido. A pesar de parecer piezas irreconciliables, las obras de Mañas o Álex de la Iglesia y las de Lorenzo Silva o Riojo/López-Linares comparten un mismo diagnóstico sobre el presente. El diagnóstico de los primeros es explícito porque sus narraciones se ubican en el presente; el de los segundos resulta implícito porque fijan fundamentalmente su interés en el pasado nacional. En ambos casos, hay una violencia «del hoy», individualista, narcisista, autorreferencial, complaciente, nihilista y post-ideológica; y una violencia «del ayer» (la Guerra Civil), de y para la colectividad, esencialmente ideológica y política, transformadora y creativa que expresaba los anhelos de algo mejor.

---

[42] Samuel Amago, en su análisis sobre el primer film de Alejandro Amenábar, *Tesis* (1996), coincide con la perspectiva de Moreiras: «the problematic representation of violence and media is played out in *Tesis* in such a way as to emphasize that in the contemporary Spanish cultural context, clear-cut distinctions between good and evil, black and white, even subject and object are impossible to sustain» (2004: 146). Estas obras no serían representaciones complacientes con la violencia, sino comentarios críticos sobre el papel de esta violencia en una sociedad capitalista y sustentada por sofisticados medios de comunicación y reproducción mercantil. Por su parte, José María Izquierdo afirma, en relación a la hornada de escritores aparecidos en los años noventa, que éstos son «portavoces de una generación ajena a los grandes discursos políticos e ideológicos de corte totalizador» (2001: 300-301), a la vez que suponen «la expresión crítica de una sociedad paralizada por la hegemonía de lo que se ha venido en llamar pensamiento único, expresión contemporánea de los aspectos más globalizadores y mistificadores de la ideología del neoliberalismo económico» (304).

7.3. La violencia en sus formatos narrativos

Gran parte de la novela sobre la Guerra Civil, escrita durante ésta y en los lustros siguientes a 1939, se caracterizó por su tono doctrinario y su intención propagandística. Un populoso grupo de novelas, escritas fundamentalmente por escritores del bando nacional (como Rafael García Serrano, Concha Espina, Cecilio Benítez de Castro, Wenceslao Fernández Flores o Emilio Carrere), se convirtió en herramienta del incipiente o recién instaurado régimen para conformar una memoria heroica. Para el imaginario nacional, la revisión novelística (también historiográfica y fílmica) de la Guerra Civil supuso una de las tareas primordiales de una dictadura militar consciente de haber nacido con un serio problema de legitimidad. Para intentar solventarlo, la contienda de 1936 tenía que ser recontada y a dicha tarea contribuyó la institución literaria de diversas formas.

En general, tal y como explica Gareth Thomas (1990), la novelística de aquellos intelectuales que vivieron y participaron en la Guerra Civil trata de ahondar en las razones políticas e ideológicas de la contienda (de una manera más partidista, piensa este crítico, en las obras de los nacionales). La representación de la violencia se caracteriza por la aparición de continuas intervenciones, tanto del narrador como de los personajes, que dejan claras las motivaciones de sus actos en las trincheras, en el campo de batalla o en la retaguardia. Estas versiones enfatizan la guerra como conflicto de ideas, ideales y razones que no sólo estimulaban la violencia sino que se convierten en una guía durante su desarrollo. En otras palabras, el planteamiento estético de estas piezas narrativas resultaba clarificador e iluminador porque somete la violencia a un proceso racionalizador.

Este planteamiento estético surgió del predominio del realismo como tendencia dominante en las novelística española desde principio de los años treinta. Tal y como afirman Gustavo Pérez Firmat (1982) y José Manuel del Pino (2004), las apuestas vanguardistas y las aventuras experimentales se quedaron sin espacio y sin un ambiente cultural propicio conforme la situación política del país se fue radicalizando a finales de los años veinte.[43] La novela sobre la Guerra Civil no fue ajena a este

---

[43] Gustavo Pérez Firmat sienta en *Idle Fictions* (1982) las coordenadas histórico-temporales de la vanguardia a las que su propio estudio se atiene. De igual manera, José

proceso y su adhesión al realismo resulta evidente en el tratamiento ofrecido a la violencia. Ésta emerge en descripciones causales y ordenadas que explican su devenir, así como en diálogos y reflexiones que permiten a los personajes explicarse los unos a los otros su papel y sus recursos en el conflicto. Obviamente la tercera persona omnisciente ayuda a ofrecer una visión de conjunto y una perspectiva general en la que muchos actos y acontecimientos aislados adquieren pleno sentido. Estas novelas realistas proponen una concatenada gramática narrativa que es también una gramática de la violencia.

Esta escuela de novelas realistas sobre la Guerra Civil cambia sustancialmente a mediados de los años sesenta cuando, en palabras de Gareth Thomas, «the tradition of realism [is] almost exhausted» (1990: 207). Según José-Carlos Mainer, recae sobre *Tiempo de silencio* (1962) y *Señas de identidad* (1966) «la *feliz culpa* de haber enterrado un decenio de 'novela social' y de confianza en los poderes de la literatura como arma política» (1994: 113). La tendencia a la experimentación formal (presente en novelas sobre la Guerra Civil como *Volverás a Región* de Juan Benet o en algunas obras de Camilo José Cela, como *San Camilo 1936* e incluso una obra posterior como *Mazurca para dos muertos*) se impone y con ella un nuevo tratamiento de la violencia. Las técnicas narrativas utilizadas por estos autores son resumidas del siguiente por modo por el mismo Thomas: «There is fragmentation of events, chronology is destroyed and there is ambiguity in the narrative stance, deliberately creating confusion. The characters thus lose their intrinsically human qualities of intelligibility and coherence, so that their analytical attempts to order the significance of the past are unsuccessful» (1990: 210). Este mismo crítico apunta las consecuencias de esta modalidad de narración: la ruptura de la gramática causal y teleológica del relato implica la inmediata quiebra de la sintaxis de la violencia.

Los textos de Cela o Benet (muy distintos en ciertos aspectos) comparten su entendimiento de la violencia como un fenómeno que pone a prueba, desestabiliza y resquebraja tanto su posible racionalización como su posterior representación narrativa. La violencia deforma el relato y

---

Manuel del Pino, en un estudio sobre Juan Antonio Cabezas, afirma que «la misma conciencia del peligro de un desarrollo industrial incontrolado está en el centro de la tendencia 'rehumanizadora' y de compromiso político que se produce en España a finales de la década de los veinte, y que causará en última instancia el abandono del proyecto vanguardista por la mayoría de sus cultivadores» (2004: 151).

hace de éste una amalgama de instantes, personajes y escenas cuya relación nunca queda clarificada porque la preocupación por las motivaciones de los personajes no tiene una presencia significativa o bien desencadena comentarios contradictorios e inconsistentes. La fragmentación del relato y la presencia del fluir de conciencia se saldan con una psicología de la guerra inconstante e ilógica. Frente a las descripciones ordenadas de la violencia y a las razones sistemáticas de los personajes, aparece el multiperspectivismo subjetivo, que imposibilita una visión panorámica y clarificadora del conflicto: un puzzle sin solución de pensamientos e ideas que, lejos de explicar a los personajes, demuestran la imposibilidad de componer un retrato orgánico y coherente de éstos.

Por su parte, la novelística española de los años ochenta y noventa del pasado siglo, así como de los primeros años del presente, se ha caracterizado por el abandono del experimentalismo: «la nueva literatura [...] no se siente acosada por los fantasmas de la originalidad y la innovación continua» (Rico 1992: 91). Independientemente de que esta nueva etapa de la novelística española sea juzgada positiva o negativamente,[44] parece innegable que dicha novelística ha postergado los relatos sistemáticamente fragmentarios, con una temporalidad centrípeta, asentados en estructuras laberínticas y desafiantes de la composición tradicional de personajes. En este contexto, la novelística de la Guerra Civil no desentona y supone temáticamente una respuesta «al auge de la literatura no comprometida» (Felten/Prill 1995: 11), desentendida del pasado nacional, que presidió la década de los años ochenta. Un periodo en el que, como afirmaba Ricardo Gullón, la «novela [fue] sustituida por la metanovela» (1994: 329).

---

[44] El último libro de Germán Gullón, *Los mercaderes en el templo de la literatura*, realiza un desencantado análisis del estado actual de la industria cultural española. Su ensayo se centra en el efecto de los premios literarios, en la trayectoria seguida por las editoriales y en los efectos de un mercado que parece haberse constituido en el árbitro supremo de la vida literaria nacional. En la opinión de Gullón, este estado de cosas ha terminado por influir negativamente en el tipo de novelas que se escribe y en el tipo de novelas que adquieren mayor relevancia, rebajando los niveles de exigencia y desencadenando un producto de inmediato y fácil consumo. Desde otra perspectiva, Manuel García Viñó (1994) se queja de la trayectoria acomodaticia seguida por la última novelística española, que se ha desentendido de los movimientos narrativos rupturistas y de esas corrientes (como la «novela metafísica» o lo que García Viñó denomina «el movimiento del realismo total») que, bajo la influencia de los *angry young men*, de la *beat generation* o del *nouveau roman*, continuaron la tradición vanguardista.

En novelas como *Maquis*, *Carta blanca* o *La hija del caníbal*, hay saltos temporales, pero éstos nunca ponen en peligro ni la comprensión del pasado ni de la violencia acontecida durante éste. El discurso de los narradores o de los personajes de estas obras se sitúa en las antípodas, en palabras de Michael Klein, de «[a] series of unconnected tales [that] could do this only through a tableau, and the essential temporal as well as spatial is lacking» (1994: 51). El resultado es una versión de la violencia que entronca con la novelística de posguerra no en su intención propagandística ni en su realismo escolástico, sino en su acercamiento narrativo de carácter estructurador y esclarecedor. Las narraciones aquí analizadas tienden a reconsiderar sus procedimientos narrativos con el fin de ofrecer una imagen del pasado, más o menos completa, pero definitivamente aprehensible, comprensible y racional. Incluso cuando la violencia (como la ejercida por los legionarios en la primera sección de *Carta blanca*) está fomentada por un irracionalismo destructor, dicho irracionalismo es expuesto racionalmente. En otras palabras, su presentación narrativa explica sistemática y ordenadamente la asistematicidad y el desorden sicológicos de unos personajes empujados por bajos impulsos.

Los diálogos y las reflexiones interiores de los personajes ejercen, por su parte, un papel contrario al del fluir intermitente y polifónico de conciencia. Estos personajes son descritos mediante puntuales descripciones, pero sobre todo mediante sus palabras. Éstas aportan la medida exacta de unas identidades unitarias y auto-conscientes. Frente al sujeto atomizado y centrífugo de la narración de estética modernista y rupturista (un sujeto cuyas palabras no sólo no lo construyen sino que lo muestran errante), estas novelas componen personajes que se conocen mediante su discurso verbal. Los diálogos y reflexiones sirven, en definitiva, para articular la relación entre unos personajes y la violencia bélica, que es asumida como una moneda válida de intercambio intelectual. Sobre ésta se habla y se dialoga porque anteriormente ha sido racionalmente comprendida y porque se ha incorporado a la identidad de unos personajes como eje estructurador.

7.4. El «síndrome Ulises»: violencia, derrota, narración e identidad

En todas las novelas analizadas en el primer capítulo de este ensayo, en algunas de las obras tratadas en este segundo bloque (como *La hija del caníbal*, *Maquis* o *Extranjeros de sí mismos*) y en algunas narraciones aquí no abordadas en detalle (tal sería el caso de *En el umbral* [2002] de Juan José Flores y *Señorita* [1998] de Juan Eslava Galán, o el film *Los niños de Rusia* [2001] de Jaime Camino), la expresión de una serie de experiencias bélicas supone una estrategia clave para el afianzamiento de una determinada identidad. Tradicionalmente ha existido, tal y como explica Evelyn Hinz, una corriente de pensamiento que ha postulado un principio de incompatibilidad entre la narración y la guerra (1990: vi). La segunda sería un fenómeno irracional y la primera se trataría, sin embargo, de un proceso lógico, cuyo objetivo es ordenar la realidad de acuerdo a un esquema estético. El segundo sería un hecho bruto y la primera una intelectualización *a posteriori*. El segundo constituiría el epítome de la materialidad y de la concreción mientras que la primera sería una abstracción. En resumen, ha existido la sospecha de que, como expone Hinz, «literature [or narration] invariably distorts and domesticates the violent and irrational nature of war» (1990: vi).

Este mismo crítico comenta esta teoría proponiendo dos modelos de relación para la narratividad y la guerra. Dos modelos que Hinz extrae de una personal lectura del debate mantenido por Ajax y Ulises en el Libro XIII de las *Metamorfosis* de Ovidio. Según este análisis, «Ajax represents the man of action and Ulysses the man of words» (v). El primero «concludes by arguing that, in matters of war, words are useless and that only physical modes of expression are appropiate» (vi); el segundo «is essentially a talker» (vi). El «síndrome Ulises», tal y como lo denomina Hinz, radicaría en la necesidad de hermanar las estrategias dialéctico-verbales o narrativas con el fenómeno bélico, hasta el punto de impedir la comprensión de este último sin las primeras. Contar la violencia no supondría una violación de su naturaleza más íntima sino, por el contrario, la estrategia ideal para dotarle y otorgarle su auténtica dimensión. La experiencia de ésta se intensifica y se expande cuando una estructura narrativa se incorpora a la ecuación del evento.

Los personajes de las novelas y filmes antes mencionados sufren el síndrome de Ulises porque todos ellos son incapaces de concebir sus biografías sin narrar la experiencia de la guerra. Una experiencia que supone para ellos parte de un decisivo material memorialístico. La

Guerra Civil se trata del gran tema de reflexión para la trayectoria física e intelectual de estos personajes. En concreto, la violencia es el centro de esta reflexión, el eje de una serie de narraciones muy atentas a sus efectos sobre la identidad, a las posibilidades de su expresión/narración, a sus causas y motivaciones y al estado de éstas varias décadas después. La violencia, una vez convertida en una fase de estas biografías, se convierte en el punto de referencia de las narraciones con que estas identidades se construyen a sí mismas.

Ahora bien, cabe preguntarse qué dicen los personajes de estas novelas cuando abordan la violencia de la Guerra Civil, cuál es el núcleo de sus reflexiones y evocaciones sobre aquellos eventos. Varias son las repuestas necesarias para responder a estas preguntas. En primer lugar, existe un consenso antiesencialista que evita situar en el código genético del «ser humano» o del *hommo hispanicus* una tendencia o pulsión hacia la violencia individual o colectiva. Al rememorar o explicar aquel trienio los narradores o los personajes mismos evitan hipótesis que naturalicen el fenómeno de la violencia. Obviamente, para legitimar una violencia frente a otras es necesario, como estos textos hacen, discriminar entre causas, manifestaciones y momentos históricos. Son éstos los que hacen aceptable o incluso loable un tipo de violencia (la del bando republicano) frente a otras (la del bando insurgente durante la Guerra Civil o la de los legionarios durante la campaña colonial en Marruecos).

En segundo lugar, hay un marcado énfasis en articular un equilibrio entre el papel jugado por la conciencia individual y el desempeñado por la colectividad en la aceptación y construcción de esa violencia legítima. Aunque como explica Martin Berger «the classical Marxist texts on revolutionary tactics has contributed to the neglect of the subject» (1977: 11), los protagonistas de estas narraciones no caen en una visión funcionalista de la maquinaria bélica o revolucionaria. Estos protagonistas tampoco niegan la dimensión colectiva de la violencia, sus posibilidades como fuerza centrípeta y solidaria. En conclusión, estos protagonistas dejan constancia de la asunción voluntaria y consciente de una violencia y, al mismo tiempo, señalan que parte de esa elección voluntaria consistió en asumir compromisos y objetivos de grupo que, de una u otra forma, implicaron una merma de autonomía individual.

Aunque este tema será abordado ampliamente en el próximo capítulo, resulta pertinente señalar que estos personajes conciben la violencia como una decisiva y articuladora práctica de grupo. El «bando» se trata de un espacio social idóneo que, durante la guerra, ayuda a que ciertos personajes culminen una plenitud antes desconocida. Tal y como afirma Hugh Middleton, un grupo social es reconocido como tal cuando sus miembros participan en un proyecto común y se distinguen de los no-miembros sobre la base de características bastante subjetivas como el comportamiento, la vestimenta o algunos rasgos lingüísticos (1992: 33). Estas novelas no desarrollan nunca extensos comentarios sobre los programas ideológicos que guían a los soldados a una guerra porque lo que realmente interesa es la existencia de esos mismos programas. Éstos tienen la capacidad de aglutinar multitud de existencias individuales en un proyecto.

En tercer lugar, la convergencia de diversas individualidades en un único y colectivo bando bélico no se produce como el resultado de una inducción en la que propaganda o adiestramiento se compaginan para producir soldados, milicianos y combatientes. Por el contrario, estos personajes no son convertidos o adiestrados como soldados sino que sus propias trayectorias los llevan espontáneamente a un bando en el que se perciben cómodamente ubicados. Es evidente que la violencia republicana no se trata en estas obras de un impulso congénito a la propia naturaleza humana, pero tampoco es una práctica socialmente aprendida en la que discursos, imágenes e instituciones colaboran en su implantación. Estos personajes llegan a la violencia bélica como expresión verdadera y sincera de unos anhelos personales, que coinciden de forma reveladora con los de otros personajes.

Finalmente, cuando estos personajes hablan de la violencia o cuando los narradores la cuentan, resulta perceptible una tendencia a imponer un esquema sacrificial sobre su narración. Un término, «sacrificio» que, como explica Stephen Sykes, «passes in the everyday language of Christian piety to refer to even the most trivial forms of token self-denial» (1992: 93). El empeño en resistir, incluso si dicha resistencia acarrea la muerte, resulta decisivo en los personajes, por ejemplo, de *Maquis* y *Carta blanca*. En estos dos textos se podría hablar de la aceptación de un martirio laico, entendido (tal y como afirma Sykes) como la asunción voluntaria de un final trágico con el fin de honrar unos ideales y unas creencias.

La relación que entablan, por lo tanto, la violencia y la identidad de estos personajes resulta decisiva y excede, con mucho, la concepción de la guerra «as an instrument of policy» (Cabell 1998: xi). Probablemente el teórico funcionalista de la guerra más influyente haya sido Von Clausewitz, que entendió el conflicto armado, al calor del expansionismo napoleónico, como una extensión natural de la alta política de

Estado. De Clausewitz es la célebre frase que sentencia que «la guerra no es otra cosa que la continuación de la política con otros medios». Estas novelas desbordan, por lo tanto, «the clausewitzian universe» (Van Creveld 1991: 33), porque la culminación satisfactoria de unos objetivos políticos no es entendida como su último y fundamental *raison d'être*. No en balde, en estas novelas, la no-culminación de estos objetivos adquiere un aura romántica (la del derrotado, vencido y expulsado, en este caso, de la comunidad nacional) decisiva para la fortaleza identitaria de estos personajes. La victoria fáctica desaparece del imaginario que de la violencia tienen estos personajes y narradores, pero la posibilidad del sacrificio aparece como una solución más atractiva.

La clave del síndrome de Ulises que impulsa a estos personajes o narradores a contar, recontar y expresar la experiencia bélica no es otra que la necesidad de afianzar un esquema narrativo. Frente al éxito material, físico y palpable que guía los pasos de los insurgentes, la violencia republicana se caracteriza, a partir de un determinado momento, por su desprendimiento de las «glorias terrenales». Ya no se trata de la imposición de los propios criterios, del vencimiento de los enemigos, de la recuperación del poder o de evitar el desprestigio de la derrota, sino de luchar por lo que se considera una causa justa. La violencia se desarrolla porque es entendida como justa, y porque, con ella, algunos personajes parecen demostrar que el sacrificio de sus existencias es lo que les otorga a éstas su pleno sentido. En conclusión, cuando la victoria deja de ser posible, la violencia adquiere un impulso especial y una inaudita capacidad para forjar y fortalecer identidades colectivas e individuales.

7.5. *La violencia bélica y lo sublime*

El concepto de sublimidad cuenta con una extensa tradición crítica que ha centrado su atención en tras áreas fundamentales: epistemología, estética y ontología. Desde el *Peri Hupsous* de Longinus hasta la versión posmoderna elaborada por Jean-François Lyotard, pasando por las decisivas reflexiones sobre el tema de Edmund Burke y Emmanuel Kant, lo sublime ha sido un concepto que ha mantenido una fructífera relación con la guerra y con otros tipos de violencia. Tsang Lap-Chuen afirma que un objeto sublime evoca la impresión de estar en la frontera entre lo humano y lo que transciende lo humano, entre lo cognoscible y lo incognoscible, lo finito y lo infinito (3). Estos objetos o hechos sublimes son aquéllos que por su tamaño, apariencia o forma de aparición ponen a prueba la capacidad comprensiva y asimilatoria del individuo. Tal y como explica Linda Marie Brooks, la propia definición de Kant sobre este fenómeno «relies on the imagination's utter failure» (1995: 2). Una definición que descansa en una visión negativa de lo sublime. Este fenómeno se caracteriza por desbordar las herramientas cognoscitivas que, según el idealismo trascendental de este autor, posibilitan un conocimiento de la realidad.

En su monográfico dedicado al tema, *A Philosophical Enquiry into the Origin of our Ideas of the Sublime and Beautiful* (1757), Edmund Burke califica el terror como «the ruling principle of the sublime» (1987: 58).[45] El terror es la marca física y moral que indica una presencia ante la cual la capacidad asimilatoria y cognoscitiva percibe sus propios límites. Lo sublime es aquello que queda más allá de esos límites, al otro lado de lo que puede y admite ser comprendido. La reacción ante lo sublime consiste, por lo tanto, en el «pasmo»: una suerte de parálisis y éxtasis ante lo que se erige como un espectáculo estético desbordante, inesperado y sobrecogedor. No es extraño, por lo tanto, que la guerra haya sido entendida ocasionalmente como uno de esos hechos sublimes, cuya dimensión y características dejan a la razón sin capacidad de maniobra. La guerra, entendida desde este punto de vista, es un fenómeno en el que los principios de repetición e insistencia se aplican a la muerte implacable de individualidades. La guerra se presenta eruptivamente o, mejor dicho, con tal contundencia y desproporción de medios que impide que cualquier imaginación pueda concebirla antes de materializarse. Este tema es abordado extensamente por Klaus Theweleit en su clásico ensayo, *Male Fantasies*, concretamente en relación a la teatralidad fascista de la violencia.

Esta consideración de la guerra resulta ilustrativa para la comprensión de los textos y filmes estudiados en este capítulo (también en el primero) porque explica, por contraste, qué tipo de violencia es representada y considerada. Resulta pertinente recordar que durante la Guerra Civil española murieron varios cientos de miles de personas. Esta misma cantidad de bajas pone a prueba la capacidad imaginativa y literaria,

---

[45] Burke propone la útil distinción entre «lo sublime» y «lo bello», dos categorías estéticas que hacen referencia a realidades de proporciones distintas. El movimiento romántico encontró en lo sublime una categoría altamente productiva frente a lo bello, que aludía una realidad proporcionada y serena.

y suscita una pregunta: ¿cuánta y qué clase de violencia es narrada en estas obras? La primera respuesta a esta pregunta parece evidente: éstas no son piezas sobre la Guerra Civil en su conjunto o sobre la muerte de medio millón de individuos, sino sobre la extinción de un número muy limitado de personajes, sobre la violencia que un reducido conjunto de éstos sufre y/o protagoniza.

Esta estrategia narrativa recupera el debate sobre la representabilidad de cierta violencia y la irrepresentabilidad de otra. El propio Lyotard, tal y como explica Erik Vogt, ha usado el término sublime para referirse a la destrucción ocasionada, por ejemplo, en el campo de concentración de Auschwitz (2002: 116). Una destrucción tan radical, intensa, prolongada e implacable que deja a la razón sin herramientas para representarla en un relato escrito o audiovisual. Ésta se trata de una violencia, en definitiva, excesiva que destruye las gramáticas del sentido. Salvando todas las distancias con el Holocausto, la violencia de la Guerra Civil presenta un aspecto tan extendido espacial y temporalmente que parece difícilmente representable en una novela o en un film. Ante esta imposibilidad, queda una sola opción: reducir el tamaño de dicha violencia, concretizarla y arrancarla del espacio de lo sublime. Ésta es precisamente la estrategia de novelas como *La hija del caníbal*, *Maquis* o *Carta blanca*, y de filmes como *El espinazo del diablo* o *Extranjeros de sí mismo*. No hay interés alguno por el fenómeno absoluto y global de la violencia durante la Guerra Civil, sino sobre violencias concretas, rastreables, extraídas del conjunto.[46] La guerra, «toda la guerra», no desaparece por completo de

---

[46] Además de las novelas analizadas en este capítulo, un claro ejemplo de esta aproximación narrativa a la violencia es *La batalla del Ebro* (2003) de Jorge Reverte. Esta novela se centra en uno de los enfrentamientos más duros de la Guerra Civil para reconstruir, paso a paso, la evolución del mismo. Notas de prensa, partes de guerra, extractos de novelas, ensayos y memorias, documentación histórica, entrevistas y fotografías se intercalan con una voz narrativa que da cuenta de los pasos seguidos por dirigentes políticos y soldados desde el 18 de julio hasta el 16 de noviembre de 1938. Lo relevante de este minimalismo narrativo es su intención por explicar los motivos y el desarrollo de una determinada violencia de una manera causal y minuciosa. De hecho, esta obra acaba esbozando una revisión de toda la contienda civil, de los motivos, estrategias y debilidades de ambos bandos. *La batalla del Ebro* reconstruye además uno de los aspectos menos discutidos en el resto de novelas analizadas en este libro: la dimensión estratégico-militar que hace de la violencia en el campo de batalla, no un ritual del caos, sino un ejercicio de agudeza y lógica. De nuevo, otra forma de legitimar y otorgar coherencia a la violencia de la Guerra Civil.

la narración pero su presencia se limita a puntuales y breves menciones que recuerdan básicamente la existencia de dos bandos repartidos por la geografía de un país.

Este tema se relaciona con algunos de los argumentos desarrollados en el apartado anterior («El 'síndrome Ulises': violencia, derrota, narración e identidad») porque tanto lo sublime como lo no-sublime tienen efectos identitarios y ontológicos muy distintos. La presencia, en palabras de Kirk Pillow, de «an uncanny Other *outside*» (2000: 2) conlleva unos efectos desestructuradores que desequilibran el edificio de la propia identidad. La incapacidad para asimilar e incorporar a las propias estructuras cognoscitivas un determinado objeto o hecho supone una fisura para el sujeto epistemológico, una incómoda manifestación de, como afirma Pillow, la constante demanda de unidad ontológica (6). Por el contrario, los objetos y hechos que encajan en unas estructuras de conocimiento o que, al menos, se pliegan al acercamiento de un sujeto cognoscitivo afianzan dichas estructuras y al sujeto que las ostenta. Esto es precisamente lo que sucede con la violencia de las novelas analizadas.

Éstas, lejos de incomodar y descentrar al sujeto, le aportan un grado de plenitud y fuerza centrípeta y unificadora, que resulta especialmente relevante en un contexto histórico en el que, como explica Vance Holloway, ha predominado «una novela que se ocupa del deterioro psicológico de un individuo y su sentimiento de abandono y desajuste consigo mismo y con los demás» (1999: 229-230).[47] Los protagonistas y, en algunos casos, narradores de estas obras afianzan su identidad y su co-

---

[47] Aunque Holloway se encarga de autores que pertenecen exclusivamente a la «generación de los setenta» (Félix de Azúa, José Antonio Gabriel y Galán, José María Guelbenzu, Álvaro Pombo o Juan José Millas, entre otros), muchas de las novelas que él comenta fueron publicadas simultáneamente o poco antes de los textos que aquí analizamos. Uno de los aciertos de Holloway es entender esta generación en unos términos estéticos flexibles y, hasta cierto punto, heterogéneos. Como el mismo explica, «la novela experimental, la posmodernista, la social y la crisis subjetiva constituyen las divisiones principales de la novela española entre 1967 y 1995» (1999: 367). La generación del setenta comparte, por ende, ciertos aspectos con corrientes y promociones novelísticas experimentales y, de igual manera, participa de rasgos que han predominado en autores de generaciones un poco posteriores (como la que aquí estudiamos). Por su parte, Jean Tena clasifica los procesos novelísticos de la década de los noventa con la expresión de «del experimentalismo a la 'renarrativización'» (2001: 243) y destaca la importancia en este proceso de novelas como *La saga/fuga de J.B.* (1972) de Ramón J. Sender y *La verdad sobre el caso Savolta* (1976) de Eduardo Mendoza.

herencia interna como sujetos, gracias a una violencia no-sublime que, por tanto, puede ser expresada, aprehendida y posteriormente representada. Éstas no son, en definitiva, obras sobre sujetos rotos por la violencia, personajes escindidos por la participación y observación de una violencia de efectos desquiciantes o dislocantes.

Las patologías psíquicas y la locura han sido un importante ingrediente de la novelística o filmografía sobre ciertas contiendas, como la Primera Guerra Mundial o la Guerra de Vietnam. La figura del ex-combatiente, a veces mutilado no sólo física sino también psicológicamente, e incapaz de reintegrarse en una sociedad civil se convirtió en todo un símbolo de la Primera Guerra Mundial (Bartov 2000: 13).[48] En este tipo de personajes puede ser rastreado un mismo denominador común: la cantidad de violencia y/o la forma en que ésta se manifestó en ciertas campañas bélicas convierten a estas últimas en una versión abyecta de lo sublime. Éstas desbordan el talante racionalizador de sus ejecutores o víctimas, convirtiéndose en un otro enquistado y resistente que amenaza el equilibrio y la coherencia de una determinada identidad. El tropo de la locura (acompañado de técnicas narrativas como el fluir irracional de la conciencia o la presencia de imágenes oníricas) se convierte en la manifestación expresiva más clara de las consecuencias del espectáculo bélico sublime sobre un determinado personaje.

Las obras sobre la Guerra Civil española abordadas en este capítulo proponen, sin embargo, una relación proporcionada entre la violencia y sus protagonistas/testigos. Éstos no son retratados como las víctimas desquiciadas. Tampoco son personajes que contemplen dicha violencia bélica como un espectáculo sublime que lleve a la razón interpretativa a un estado de crisis. Por el contrario, la violencia de la Guerra Civil (para

---

[48] Dos ejemplos cinematográficos de esta violencia son los filmes de Fernando Fernán Gómez *Mambrú se fue a la guerra* (1971), y de Dalton Trumbo *Johnny got his gun* (1971). En la primera se cuenta la historia de un republicano al que la Guerra Civil literalmente lo ha enterrado en vida. La reclusión en un zulo durante cuarenta años es la consecuencia de una violencia bélica que ha reducido/destruido la identidad de un personaje hasta el punto de romper sus relaciones con su sociedad, con su tiempo histórico, con sus semejantes y finalmente consigo mismo. Trumbo cuenta, por su parte, la historia de un excombatiente de la Primera Guerra Mundial que pierde en un combate todas sus extremidades y el rostro. Su incomunicación absoluta tan sólo es menguada por una enfermera que entiende su agónica soledad y le ayuda a morir. En ambos casos tenemos personajes a los que la violencia no les ayuda a fortalecer sus identidades, sino a todo lo contrario. Una violencia, en conclusión, de efectos radicalmente erosivos.

los protagonistas de estos filmes y novelas) constituye un fenómeno asimilable, discutible, racionalizable y expresable. Violencia, por tanto, no contra o a pesar del sujeto, sino para, por y gracias a éste.[49] El tropo del trauma y de la locura da paso al del recuerdo fructífero, al de la violencia justa y equilibrada de una contienda cuyos responsables (los fieles al gobierno republicano) saben, en estas obras, por qué, cuándo y de qué modo actúan.

---

[49] Esta representación del sujeto emerge además en un momento de la narrativa española en el que, como explican Ruth Christie, Judith Drinkwater y John Maclin, «the concept of the 'death of the subject' haunts [many] novels, and results in the writing of an elusive, postmodern, and occasionally anguished self» (1995: 5).

Capítulo tercero

LA UTOPÍA RETROSPECTIVA: LA SEGUNDA REPÚBLICA O LA NOSTALGIA POR UN PASADO MEJOR

1. Introducción

En la novelística y cinematografía centradas en la Guerra Civil española se pueden encontrar dos versiones de la sociedad deparada por dicha contienda.[1] Por una parte, hay narraciones que entienden el periodo 1936-1939 en unos términos utópicos. Por otra parte, hay obras que representan este trienio como un etapa entrópica y caótica. El primer modelo no niega ni ignora necesariamente el derramamiento de sangre y el carácter destructivo de un proceso bélico, pero explica estos males como la contrapartida dialéctica de un instante cargado de posibilidades y orientado hacia un futuro políticamente prometedor. El segundo modelo entiende la destrucción, el caos y el aniquilamiento no como una contrapartida, sino como el centro mismo de la contienda.

La interpretación utópica de la guerra presenta una paradoja que puede ser resumida de este modo: la sociedad de aquel tiempo no es utópica a pesar de los grandes males traídos por la contienda, sino precisamente gracias a éstos. Es el conjunto de adversas, difíciles o sangrientas circunstancias el que depara, por ejemplo, comunidades cohesionadas o identidades fielmente adheridas a una causa política. Arthur Stein argu-

---

[1] Obviamente entre estas dos versiones se puede encontrar una gama de matices y posibilidades. En este capítulo proponemos una lectura que intenta demostrar la influencia del modelo utópico de sociedad (frente al distópico) en los últimos filmes y novelas sobre la Guerra Civil española.

menta lo siguiente: «despite its horror, war is often remembered nostalgically, as times when everyone pitched in.... and worked together to meet the challenge of crisis.... War not only increases national [or communal] solidarity but can actually create it» (1980: 9). La apreciación de Stein es acertada aunque habría que preguntarse si la experiencia de una solidaridad firme y esencial no surge a pesar del horror, sino precisamente gracias a éste. En definitiva, esas circunstancias inusuales (muerte, heridos, ataques y desapariciones) son las que, en última instancia, fomentan, crean y sostienen comunidades centrípetas, o al menos la impresión de éstas. Ésta perspectiva idealizadora predomina en las obras analizadas en este capítulo.

Es importante notar que la última generación de narraciones sobre la Guerra Civil plantea un consciente contraste con otra anterior, al frente de la cual Gareth Thomas sitúa la obra de Juan Benet y Camilo José Cela. La versión que estos autores ofrecen de la sociedad bélica está asentada, sobre todo en el caso del segundo, en el predominio de lo instintivo. Este tema ya fue abordado en el análisis de la violencia realizado en el segundo capítulo de este libro y ahora se vuelve a él para explicar el sentido distópico de estas representaciones. La sociedad bélica no se caracterizaría, según estos autores, por una vuelta a una comunidad primaria o por una renovada solidaridad, sino por el triunfo de ciertos instintos de lucro, depredadores o sexuales. En otras palabras, la guerra es presentada como un estado de profunda fragmentación o de ruptura social en el que imperaron la voluntad de supervivencia o las ambiciones menos altruistas.[2] La guerra no funciona, por lo tanto, como un hecho fundacional para un desarrollado sentido de comunidad, sino como un motivo de mala conciencia que atormenta y persigue, en la narración, a los personajes supervivientes.

Los rasgos utópicos que, por el contrario, predominan en los filmes y novelas de la última década se centran en uno de los bandos, el republicano. La Segunda República y su defensa durante la Guerra Civil evocan en la imaginación política de estos autores una serie de valores muy concretos: la recuperación de un contacto orgánico con la naturaleza, la visión de la infancia como símbolo de la inocencia social de la Segunda República, la re-sacralización del arte o la interpretación de

---

[2] Este tipo de representaciones suele estar asociada a una violencia destructiva y entrópica que mencionamos en el segundo capítulo del libro.

éste como un espacio cultural esencialmente solidario con uno de los dos sectores enfrentados. En la base de todos estos elementos utópicos se encuentra, tal y como se verá a continuación, la comunidad o, en otros términos, la posibilidad de una vivencia comunal intensa. La naturaleza, el arte o los ideales políticos funcionan como plataformas sobre las que construir una voluntad o espíritu común que, por encima de criterios individuales, articulan coherentemente múltiples trayectorias.

La bibliografía sobre teorías republicanas de gobierno y sobre la especial atención que éstas le prestan al comunitarismo, es abundante, y atraviesa, de hecho, un momento de popularidad editorial. Intelectuales, críticos culturales, sociólogos y filósofos intentan rastrear tradiciones políticas que sirvan de alternativa y crítica a un modelo de democracia neoliberal y capitalista (Frazer 1999: 11), en la que lo público (si no es entendido en términos de consumo) parece haber entrado en un serio declive. Andrew Mason destaca dos pilares de lo que él mismo denomina «the republican political community» (2000: 96): «an obligation to give priority to others' need and an obligation to participate fully in public life» (99). En las narraciones aquí tratadas, hay un claro eco de esta preocupación: los personajes paradigmáticos del bando republicano articulan sus identidades como eminentemente públicas y políticas, al servicio de un ámbito supraindividual. De hecho, personajes como Manuel (en *Silencio roto*), Jaime (en *La voz dormida*), Teresa (en *Los colores de la guerra*) o Manuel (en *La hora de los valientes*) responden a una cultura de la auto-negación y del fructífero sacrificio: los intereses individuales no aparecen o aparecen definitivamente pospuestos porque ciertos objetivos generales o comunes gozan de prioridad moral e histórica.

Este modelo de personajes podría haber dado pie a una visión instrumentalista de la Guerra Civil. Los personajes niegan su libertad de discernimiento y acción para ponerse, de manera mecánica o automatizada, al servicio de un proyecto político. Lo relevante de estos filmes y novelas es que el esquema de pensamiento y comportamiento de los personajes se realiza, no como una negación o una instrumentalización, sino como una oportunidad para expandir y realizar la propia identidad. En otras palabras, estos personajes potencian, intensifican y redimensionan su libertad cuando ésta atiende y otorga prioridad a las necesidades de la colectividad. Este modelo de comunidad republicana es calificado por John Maynor de «nostálgico» (2003: 12) porque no atiende a las inevitables y deseables colisiones entre intereses personales y colectivos. Frente a este modelo, que Maynor denomina de «neo-ateniense», este mismo crítico propone «a neo-Roman community, [that] guarantees individuals a degree of personal freedom [and] stresses the need for strong laws and institutions that secure civic-minded individuals» (2003: 13).

Las observaciones de Maynor resultan relevantes para este capítulo porque llaman la atención sobre el tipo de utópica comunidad perfilado por estos filmes y novelas. Una comunidad cuya naturaleza radica en la falta de conflictos con que estos grupos compactos se forman y en la ausencia de fricciones entre su totalizante implantación y los deseos, aspiraciones y trayectorias individuales. De hecho, en estas colectividades se da un alto grado de acuerdo y concordia sin que existan métodos disciplinarios, prácticas coercitivas o instituciones que fuercen dichos acuerdos. Obviamente, se pueden encontrar en todas estas narraciones personajes disidentes que entienden su inserción en el bando republicano como una fuente de tensiones sicológicas. Estos personajes funcionan, en nuestra opinión, como un útil contraste que subraya la centralidad y normalidad de una experiencia comunitaria basada en la realización de lo individual en lo colectivo.

Maynor califica, como antes se ha visto, este acercamiento teórico (pero también fílmico y literario) a la comunidad de «nostálgico». Esta apreciación es secundada y razonada por Vered Amit, que explica y critica un tipo de representaciones de la Europa pre-industrial y fundamentalmente agrícola en la que las relaciones tenían una intimidad y una espesura diluida en la modernidad (2002: 17). En primer lugar, resulta significativo que muchas de estas narraciones sobre la Guerra Civil se sirvan de un marco rural para mostrar la comunidad republicana. En segundo lugar, estas comunidades se caracterizan precisamente por ser políticas pero también íntimas y emocionales. Los lazos políticos entre personajes terminan creando (como claramente queda de manifiesto en *La voz dormida* o *Silencio roto*) lazos afectivos, y viceversa. De hecho, la imposibilidad de entender unos lazos sin los otros apunta a esa visión nostálgica de una romantizada comunidad pre-industrial e incluso pre-moderna, en la que los acuerdos, las negociaciones, las instituciones o las alianzas coyunturales tenían menos importancia que la espontánea, familiar y afectiva comunión con el grupo.

La Guerra Civil es entendida como un tiempo utópico porque hizo posible la aparición de esa solidaridad comunal. De todas formas, lo utópico en estos filmes y novelas también se refiere a la visión estática, incluso atemporal, de estas comunidades. En otros términos, las circunstancias históricas que rodean a estos grupos cambian, al igual que se transforman el número de integrantes, la edad de éstos, su lugar de residencia, etcétera. Lo que no cambia es el compromiso de dichos integrantes con un proyecto político ni el contenido de este último. El idealismo del que parten estas narraciones termina por proponer un núcleo de valores y sentimientos que persiste a lo largo de la guerra e incluso después de ésta. En algunas ocasiones, estos valores quedan encarnados en la naturaleza (como sucede en *Silencio roto*), en unos valiosos cuadros (como ocurre en *La hora de los valientes* o *Los colores de la guerra*) o en la idea misma de compromiso con una causa (como es el caso de *La voz dormida*). A todos estos casos subyace una misma lógica: la realidad última de los valores republicanos y de la sociedad de este bando no se define por el cambio o la renegociación continua, sino por la persistencia.

Esta revisión utópica del pasado llega, además, en un momento en el que las utopías que presidieron la modernidad se han visto sometidas a una dura crítica y en el que el mismo concepto de utopía parece atravesar un momento de crisis. En el contexto español, este resquebrajamiento de las esperanzas utópicas (de la fe política en un futuro sustancialmente distinto y mejor, en la posibilidad de deparar o precipitar dicho futuro) coincidió con la llegada del sistema democrático y con ese momento de la cultura nacional denominado «el desencanto». Todas las esperanzas depositadas por algunos sectores de la izquierda en la muerte del dictador y en algún tipo de ruptura radical se vieron frustradas, en parte, por una transición tan rupturista como continuista, y en parte, por un contexto generalizado en el que las grandes narrativas revolucionarias y los grandes proyectos transformadores de la izquierda entraron en un claro momento de *impasse*. Resulta consecuente que, ante la dificultad para elaborar visiones utópicas del futuro, estas últimas encuentren un espacio simbólico en el pasado y en aquellos momentos del pasado que albergaron un potencial transformador, la posibilidad de un nuevo comienzo.

Un foco de crítica, insatisfacción e incluso recelo ante las utopías modernas ha tenido su origen en la tendencia impositiva de éstas o, en palabras de Kevin Hetherington, en su asentamiento en «the gardening mode» (1997: 59): un visión geométrica, totalitaria y rígida de los procesos históricos que habría dado como resultado una expeditiva, reductora y cosificadora ingeniería social o, para ser más exactos, un ingeniería de lo social. Aunque en la Guerra Civil española abundan los ejemplos de esto,³ los filmes y novelas aquí tratados plantean la utopía republicana como una manifestación en la que la espontaneidad y la conjunción natural de voluntades pesa más que el papel rector de un partido o de una organización. En otras palabras, estas narraciones, más que plantear una recuperación más o menos nostálgica de las utopías modernas (de los estados, del partido, de la eficiencia organizativa, etcétera), proponen una alternativa romántica a éstas: «The romantic utopia [...] stressed self-sufficient organic communities, oriented toward nature, manual labor, and small-scale production, [that were] displaced by the exhilarating promises of modern techonology and scientific innovation» (Robert Baker 1990: 26).

La apreciación de Baker resulta reveladora para entender la premisa básica de este capítulo: la utopía que estas obras recrean en la Guerra Civil y, en concreto, en la Segunda República contiene tanta información sobre esta fase de la historia nacional como del presente. No es extraño que una sociedad contemporánea como la española, industrializada, capitalista y neo-liberal, que participa además con otros países occidentales en una seria crisis del pensamiento utópico, encuentre en su pasado más evocador una oportunidad para recrear una utopía caracterizada (como se explica en este capítulo) por el contacto orgánico con la naturaleza, la esencialización de la infancia como espacio de pureza o el surgimiento de comunidades naturales y políticas. En otras palabras, en esta representación utópica de la Segunda República se puede rastrear lo que el presente democrático percibe como carencias, como motivos para una nostalgia histórica. El actual interés por este periodo de la historia nacional ha convertido al periodo 1931-1936 en una suerte de sociedad-modelo o en lo que Richard Gerber denomina como «some final significant reality» (1973: 12), un momento pretérito único e intenso que contrasta con los límites, deficiencias, errores e incongruencias del presente. La Segunda República sería esa «realidad final significativa», en palabras de Gerber, porque supone un retrato inverso de un periodo muy posterior, un retrato de valores y virtudes que hoy son percibidas como ausencias y, por ende, como parte de un legado utópico perdido e irrealizable.

³ La creación de dos bandos disciplinados exigió, en ambos sectores, violentas medidas extremas. Éstas se saldaron con masivas ejecuciones y con la desaparición de culturas políticas disidentes.

Esta perspectiva para el análisis de narraciones fílmicas y literarias de la Guerra Civil no pretende, sin embargo, establecer una única visión de estas narraciones. En otras palabras, el hecho de que el relato ficcional de aquella contienda funcione actualmente como un espacio simbólico donde proyectar ansiedades y deseos del presente no implica, por una parte, que estas narraciones no tengan otras posibles funciones ideológicas ni que estas obras reinventen por completo aquel tiempo. La Segunda República puede funcionar, varias décadas después, como una utopía retrospectiva precisamente porque aquel sistema político tuvo, desde el principio, un capital utópico que posteriormente ha sido rebatido, contrastado, manipulado y/o exaltado. Este capítulo trata de explicar de qué modo, con qué sentido y con qué características la Segunda República es entendida hoy como ese pasado utópico.

2. *LA VOZ DORMIDA*: EL PERSONAJE COMO UTOPÍA POLÍTICA Y LITERARIA

La voz dormida (2002) relata la trayectoria de un grupo de milicianas y milicianos que, tras perder la Guerra Civil, emprenden una larga batalla política en la clandestinidad, la cárcel o el exilio.[4] Esta novela coral está dividida en tres amplias secciones, que a su vez están compuestas respectivamente por 35, 19, y 33 breves capítulos (de entre dos y cuatro páginas cada uno en la primera edición de la novela). En cada uno de ellos, un narrador extradiegético en tercera persona se sirve de continuos saltos narrativos para esbozar los antecedentes más relevantes de algunos personajes (unos antecedentes normalmente referidos a la Guerra Civil). El resultado es una compleja estructura temporal en la

---

[4] Dulce Chacón comenzó su carrera literaria con la publicación de dos libros de poesía, *Querrán ponerle nombre* (1992) y *Contra el desprestigio de la altura* (1995). Posteriormente publicó varias novelas, *Algún amor que no mate* (1996), *Blanca vuela mañana* (1997) y la que probablemente logró concitar un mayor reconocimiento crítico, *Cielos de barro* (2000), ganadora del XXIV Premio Azorín. Esta última novela, al igual que *La voz dormida*, cuenta con una compleja estructura narrativa en la que un viejo alfarero republicano, Antonio, cuenta la vida de una pequeña población extremeña tras un asesinato masivo. Esta voz es completada por la perspectiva omnisciente de otro narrador que ordena la información del primer narrador, aportándoles también profundidad sicológica a ciertos personajes. La preocupación por la violencia política, así como una mirada ennoblecedora sobre el legado republicano le otorgan a esta narración muchos vasos comunicantes con la última novela de Chacón.

que la causalidad y la continuidad juegan un papel decisivo en el trazado y evolución de los personajes. Éstos presentan una marcada densidad temporal que Dulce Chacón subraya mediante el uso continuo de *flashbacks*. De esta forma, los personajes son retratados contra un fondo muy concreto: sus respectivos pasados, el pasado de sus familiares o de los camaradas políticos.

Aunque cada uno de los capítulos (al menos, sus inicios) comienza con un recuento de las novedades acontecidas en las sucesivas etapas vitales de los personajes (juventud = Guerra Civil; primera madurez = posguerra; progresivo envejecimiento = implantación del franquismo; etcétera), el desarrollo de estos capítulos implica un incesante volver atrás para describir a los personajes desde una perspectiva histórico-temporal. En otras palabras, esta novela presenta un doble y dinámico movimiento temporal: uno evolutivo y otro involutivo, uno que marcha hacia adelante y otro que constantemente retrocede. *La voz dormida* es, por lo tanto, un texto muy preocupado por perfilar personajes en el tiempo, insertados en un transcurrir histórico que explica finalmente lo que estos personajes han llegado a ser.

Esta decisiva impronta histórica no es presentada como el lazo esclavizante que un sujeto se ve forzado a entablar con sus circunstancias pasadas, sino como una relación buscada y asumida con un alto grado de voluntad. El resultado es un conjunto de personajes que (con alguna excepción que más adelante será explicada) no se perciben arrastrados o llevados por el vendaval de la Historia, sino al frente de éste en tanto que protagonistas de sus diversos cambios y etapas, sean éstos positivos o negativos. Aunque volveremos sobre este tema en las conclusiones de este capítulo, baste ahora señalar que en el texto de Chacón (como en muchos de los incluidos en este libro), se postula un modelo de relación utópica, cercana e íntima entre la individualidad y la Historia.

Los saltos temporales que, como ya se ha afirmado, Dulce Chacón convierte en la principal estrategia narrativa de su texto, conllevan además un determinado acercamiento al modo en que la identidad individual de los personajes se constituye. Sería un error entender esta novela como un extenso comentario sobre la rota e incongruente fragmentariedad de sus personajes. Los *flash-backs* de *La voz dormida* no sirven para mostrar las piezas extraviadas de una unidad imposible, perdida o descompuesta, sino para trazar los puntos de conexión y las líneas de continuidad que comunican los pasados y el presente de los personajes. Esto no implica que el texto de Chacón se decante por una versión esencialista de la identidad. Los rasgos y características que definen a estos personajes no son innatos ni universales, sino adquiridos, aprendidos y particulares. Ahí radica precisamente el carácter utópico de estos personajes: éstos logran una coherencia y una unidad bastante notable al reivindicar, re-actualizar y fortalecer en todas las etapas de sus existencias un mismo grupo de rasgos, actitudes, ideas, emociones y valores.

Obviamente todas estas características están relacionadas con el tiempo en el que está centrada la narración. Es durante la Guerra Civil (o en relación a la Guerra Civil, a sus preparativos o consecuencias) cuando este modelo de identidad encuentra el contexto adecuado para su emergencia y desarrollo. En concreto, hay en *La voz dormida* una recreación bastante particular de la vida política de aquellos años en la que es fácilmente detectable un sesgo utópico. Para facilitar su detallada explicación, vamos a tratar tres elementos de la novela de forma separada: la construcción de uno de los protagonistas (Paulino, alias «Chaqueta Negra»), la función del tropo de la familia y el sentido político de algunos paratextos (en concreto, los agradecimientos finales que cierran el libro).

Antes de dar paso al análisis de la novela, nos gustaría reconocer que una parte de nuestro análisis se centra en el personaje de Paulino. No quisiéramos dar la impresión de que éste es el personaje protagonista porque, de hecho, no lo es. *La voz dormida* es un texto centrado en el papel que las mujeres desarrollaron durante la Guerra Civil. Este hecho nos parece muy importante porque la literatura de guerra ha sido tradicionalmente concebida, tal y como explica detalladamente Linda De Pauw, como un espacio ideal para la exaltación de comunidades falocéntricas y valores viriles (5-15). Este imaginario cuenta obviamente con múltiples excepciones que De Pauw analiza. La novela de Dulce Chacón ofrece un amplio abanico de personajes femeninos que, de distintas formas e intenciones, se integran en el proceso bélico. Estos personajes no son el «descanso del guerrero», ni la simple compañía sentimental, ni la madre paciente, la sufrida viuda, ni un estático retrato que el soldado recrea y reinventa en el frente. Chacón consigue crear personajes femeninos que no sólo están o sufren la guerra, sino que también la protagonizan con un alto grado de implicación y compromiso con una determinada causa política.

Paulino, alias «Chaqueta Negra», es sin embargo un personaje relativamente presente a lo largo de *La voz dormida* por tres motivos. En primer lugar, su accidentada relación con Pepita destaca sobre el resto de relaciones sentimentales de la novela, como la de Felipe y Hortensia, o Celia y don Gerardo. En segundo lugar, su prolongada estancia en una cárcel del régimen franquista le otorga una relevante presencia en la última sección del libro, cuando todos sus compañeros de lucha han muerto o se han exiliado, lo que en términos textuales se traduce en su ausencia de las principales líneas narrativas. En tercer lugar, la configuración de este personaje se caracteriza por una clara tendencia hacia la unidad. Tal y como explica Jeremy Hawthorn en su estudio sobre la disgregación de los personajes literarios en la literatura moderna (desde Dostoyevsky hasta Silvia Plath, pasando por Joseph Conrad o William Faulkner), existe una contra-tendencia en la narrativa de los últimos dos siglos que busca personajes unitarios o lo que este crítico denomina «the establishment of the internal consistency both within society and the individual [...] a word of undivided individuals represented in a humanist ideal» (1983: 136).

No deja de resultar paradójico que este modelo de personaje, cuya crisis explica Hawthorn minuciosamente, sirva para explicar a Paulino, un soldado republicano que tras perder dos guerras pierde la libertad, su país, a todos sus amigos y a la mayor parte de los miembros de su familia. Pasa varias décadas en una prisión y la posibilidad del indulto le es denegada en diversas ocasiones. Esta trayectoria (con sus lógicas variantes y diferencias) no es, de hecho, ajena al corpus novelístico español sobre el tema de la guerra. En obras de Juan Marsé, Manuel Vázquez Montalbán, Jorge Semprún o Juan Goytisolo, entre otros,[5] se pueden encontrar relevantes reflexiones sobre la pertinencia o necesidad de readaptar o incluso abandonar las ilusiones y sueños de una larga lucha política. En definitiva, el problema de la longevidad del franquismo y sus efectos sobre la izquierda española es un lugar común de la cultura contemporánea nacional. Este problema ha dado lugar a multitud de representaciones literarias en las que un personaje y/o narrador tienen que asumir un desajuste entre los sueños de la guerra y las sucesivas decepciones del tardo-franquismo de los años sesenta y setenta.

Aunque no es el objeto de este capítulo, se podría hablar de una familia de personajes que escenifican en sus rupturas y crisis individuales un sentir cultural bastante más amplio. La diversificación de la propia

---

[5] En este grupo de obras puede ser destacadas *La muchacha de las bragas de oro* (1978) de Juan Marsé, *El pianista* (1985) de Manuel Vázquez Montalbán, *Autobiografía de Federico Sánchez* (1977) de Jorge Semprún o los volúmenes de memorias de Juan Goytisolo.

identidad se torna un espacio para la reflexión sobre los difíciles y a veces contradictorios derroteros que los distintos proyectos de la izquierda se han visto forzados a tomar desde la Guerra Civil hasta la implantación de la democracia. Unos derroteros profundamente inestables y acosados por la interrupción, los reajustes, la pérdida de expectativas y, en muchos casos, por el abandono de objetivos anteriormente fundamentales. De cualquier forma, Paulino no pertenece a esta familia literaria ya que su propia identidad como personaje se desarrolla bajo el signo de la continuidad. Las circunstancias adversas y los desengaños históricos que rodean su trayectoria, lejos de despertar el desaliento o la necesidad de una revisión radical, refuerzan los rasgos (políticos y sicológicos) en los que este personaje se asienta.

Esta estabilidad permite calificar a este personaje de «plano», aunque no en el sentido peyorativo con que es usado normalmente el término, sino en la acepción que David Galef desarrolla en su estudio sobre el tema. Galef define a los personajes planos como «finished creations, possesing what one might call contextual closure» (1993: 3). Es esta cualidad terminada y conclusiva lo que explica el funcionamiento textual de Paulino. Sus acciones, palabras y pensamientos se desenvuelven en torno a una suerte de cierre textual que le permite insistir una y otra vez en un limitado conjunto de atributos identitarios, enfatizando su propia coherencia y disminuyendo, por lo tanto, el espacio para contradicciones, fallas o vacíos internos.[6] En otra palabras, éste no es un personaje abierto, que cambie y se trasforme de una manera sustancial (mostrando aspectos inexistentes en un comienzo o abandonando rasgos inicialmente relevantes).

Uno de esos estables atributos es el compromiso ideológico de Paulino con el Partido Comunista. Dos momentos de la novela pueden ayudar a entender la importancia de la actividad política en la construcción textual de Paulino. El primero acontece en la segunda sección del relato, cuando le expone sus sentimientos amorosos a Pepita. Aunque estos personajes se conocían con cierta profundidad, sabían de sus respectivas derrotas en la Guerra Civil y estaban al tanto del esfuerzo que ambos realizaban para ayudar a los encarcelados políticos, Paulino siente la necesidad de aclararle a Pepita lo siguiente: «Si después de lo que voy a decirte no quieres saber nada de mí, lo entenderé [...]. Soy comu-

---

[6] Es evidente que cualquier lectura puede enfatizar las contradicciones de un determinado personaje, incluso si el texto intenta presentar a éste como coherente y unitario.

nista y lo seré toda la vida [...]. Tienes que saber que soy un hombre político y que nadie podrá cambiar mis ideas [...] y será así hasta que me muera, o hasta que me maten si me tienen que matar» (154-155).

Paulino concibe su vida sentimental como una posible amenaza para su dimensión política. Una amenaza que no está dispuesto a tolerar y así se lo hace saber a Pepita. Cualquier experiencia de cualquier otro tipo tiene que quedar supeditada, ubicada en una posición de inferioridad respecto a sus actividades para el Partido Comunista (tal y como le sucedía también al viejo anarquista de *La hija del caníbal* hasta su última etapa vital). En la recta final de la novela, este personaje vuelve a explicar esta jerarquía sicológica en unos términos un tanto paradójicos. Cuando un sacerdote le pide que abjure de su filiación política para poder casarse con Pepita por el rito católico, Paulino reacciona del siguiente modo: «Se negó [...] y después le preguntó [al sacerdote] si él se quitaría la sotana por alguna razón. Cuando el cura respondió que ninguna, él le pidió que entendiera que un comunista tampoco abandona por ninguna razón su ideología» (335). El paralelismo entre la creencia religiosa y el comunismo, y entre la ideología marxista y la sotana, resulta conflictiva pero ilustra claramente como encara Paulino su trabajo para el partido.

Es lógico y consecuente, por lo tanto, referirse a este personaje no sólo como plano, sino además como «excesivo», tal y como Juli Highfill describe este tipo de personajes en su ensayo sobre la novela española moderna. Highfill califica de exagerados a aquéllos que se presentan como «exaggerated versions of stereotypes» (1999: 4). Esta hispanista no acuña esta terminología con un sentido despectivo. De hecho, su análisis se centra en textos tan canónicos como *Torquemada en la hoguera* (1889) de Benito Pérez Galdós o *Cinco horas con Mario* (1966) de Miguel Delibes, entre otros. Paulino es un personaje excesivo porque la insistencia en su compromiso político, la ausencia de auto-ironía, su invariabilidad durante la narración y la carencia de significativos desajustes internos le convierten en un personaje-estereotipo. Si todo personaje es un esquema de sentido, «a pattern of meaning» (1999: 4) en términos de Highfill, Paulino es un esquema estable y fijo, que refuerza esa tradición humanística que Roland Barthes denominara en *S/Z* «the ideology of the person» (1974: 191).[7]

---

[7] Barthes se refiere al ideal humanista del ser humano como una sustancia inmaterial que precede a su realización o aparición en un contexto determinado. De acuerdo

Una de las herramientas narrativas que ayuda a crear un personaje tan fijo y estable como Paulino es la repetición de actos y palabras. Ricardo Gullón comenta acertadamente que la reiteración puede crear (y en este punto el crítico español sigue la terminología de E. K. Brown en *Rhythm in the Novel*) un «exceso de significación» (1979: 38). Si Pepita atraviesa la novela como la única voz disidente y crítica con la influencia del Partido Comunista,[8] Paulino se encuentra en el extremo opuesto. En uno de los momento más bajo de legitimidad por el que atraviesa esta organización política (un momento traído por el fracaso de su estrategia contra el régimen y por la falta de sentido crítico hacia el modelo soviético), Paulino dedica sus largas horas de encarcelamiento a leer y a convertirse en «un experto en la Historia del Partido Bolchevique de la Unión Soviética» (321). Esta identificación entre un personaje y una posición política hace de Paulino un esquema de significación excesivo que cumple en la novela una función unívoca y clara: encarnar unos valores sin reticencias mayores.

Esta modalidad de personajes podría ser interpretada de una manera negativa, especialmente en un momento en el que, como afirma Hans Bertens, muchos autores posmodernos consideran la causalidad identitaria una rémora epistemológica (1987: 157). Sin embargo, Paulino es representando en *La voz dormida* con una luz muy favorable, hasta el punto de convertirse en un modelo axiológico: un paradigma de altruismo, congruencia y perseverancia. Frente a los vaivenes de las circunstancias, Paulino representa toda la dignidad no sólo de una causa concreta (la republicano-comunista) sino también del apego hacia dicha causa. Paulino encarna, en conclusión, un modo de afrontar, asumir y sentir la política por el que la novela destila una clara nostalgia.

A este respecto son muy significativas las páginas dedicadas a la última etapa vital de este personaje. En primer lugar, resulta llamativo que, tras haber esperado durante casi dos décadas para re-encontrarse con Pepita, Paulino lleve en el bolsillo de su chaqueta «la dirección del

con esta tradición, esta sustancia tendría una cualidad nouménica frente al carácter fenomenológico de sus manifestaciones temporales.

[8] Pepita es, hasta cierto punto, un personaje-tipo de la última narrativa sobre la Guerra Civil. Pepita, al igual que Lucía en *Silencio Roto*, defiende la consecución de sus proyectos sentimentales en oposición a las obligaciones políticas. Estos personajes sirven para enfatizar el heroísmo de los soldados republicanos que precisamente cumplen con sus obligaciones políticas a expensas de sus deseos privados e individuales.

Comité Provincial del Partido Comunista en Córdoba» (374), al que piensa reportarse de inmediato. Incluso en esos momentos en los que ciertas necesidades e intereses personales pudieran haber predominado en el imaginario personal de Paulino, éste siempre mantiene la compostura de personaje con una responsabilidad política y entregada a la Historia. El final de la novela, que narra la muerte de Paulino en 1976, está dominado igualmente por este tono de tragedia histórica. Como cada primero de mayo y con el propósito de evitar cualquier disturbio, la policía se presenta en casa del protagonista para detenerlo durante unas horas. Pepita, que acaba de quedar viuda, les abre la puerta a las fuerzas de seguridad: «Pasen, y llévenselo, les dijo Pepita, y los condujo ante el cadáver» (383). Con estas palabras concluye la novela, terminando de configurarse los rasgos de un personaje que pareciera siempre atento al espectáculo de los grandes ideales políticos, incapaz de relajar su figura pública en el ámbito de lo privado. Incluso Pepita, que tantas reticencias pone a la híper-determinación política de los personajes que la rodean, termina por aliarse con el cadáver de su marido para dar una última lección moral a los enemigos de la causa republicana.

En este sentido, la Guerra Civil española es representada como un espacio utópico porque funciona como el marco histórico ideal en el que reinventar y recrear un patrón específico de identidades. Unas identidades que no sólo piensan o hablan de discursos políticos sino que además hacen de su praxis diaria una plasmación de dichos discursos. Paulino es un personaje utópico porque todo él es (fundamental y casi exclusivamente) compromiso con un ideario y con un Partido. Paulino es también un personaje utópico porque su trazado narrativo no es percibido como una reducción, sino como el paradigma de una guerra, de un tiempo pretérito, de unos programas políticos y de una lucha necesarios e inequívocos. Si como explica Martin Price, el lector lee y percibe a los personajes como «una estructura de actitudes» (1983: 40), Paulino es una estructura de actitudes en concordancia y armonía las unas con las otras.

Pasemos ahora a analizar el discurso político en la Guerra Civil tal y como aparece en *La voz dormida*. Ésta es una novela de personajes radicalmente mediados por sus convicciones políticas en la que, sin embargo, es difícil encontrar explicaciones amplias o minuciosas de dichas convicciones. Éstas son asumidas implícitamente por la narración y, en ningún momento, dan lugar a comentarios o reflexiones de cierta profundidad. En definitiva, no deja de resultar paradójico que, en textos sobre una guerra política, sobre una resistencia política y sobre unos ideales políticos, nunca se mencionen ni enumeren los aspectos fundamentales y fundacionales de dicha política. Tiene mayor relevancia un personaje entregado a un proyecto político que la discusión del proyecto mismo.

Aunque lo anteriormente afirmado es, en términos generales, cierto, no lo es menos que tanto los personajes como el narrador sí hacen mención, esporádica y breve, a ciertos conceptos o ideas que permiten reconstruir un ideario y un imaginario políticos. Hay cuatro instancias de poder y legitimidad en las se apoyan moralmente y en las que encuentran recursos físicos e ideológicos: el Partido Comunista, la organización Solidaridad Obrera, la Segunda República y la Unión Nacional Española. No es necesario extenderse en la trayectoria descrita por estas instituciones para concluir que, ni antes ni durante ni después de la Guerra Civil, fueron intercambiables. De hecho, en no pocos momentos, la Segunda República no contó con el entusiasmo de las otras organizaciones mencionadas, y viceversa. A pesar de estas continuas desavenencias,[9] *La voz dormida* usa estos nombres de una manera bastante desproblematizada.

La vivencia constante y cercana de un compromiso político tiene, por lo tanto, un claro efecto en esta novela. El compromiso político se torna una fuerza centrípeta que unifica y cohesiona al bando republicano o comunista. Éste no se trata de un grupo dinámico en el que presida la discusión sobre las propias metas o sobre los procedimientos seguidos para obtenerlas. La dinámica que rige este grupo se basa en el acuerdo, la unanimidad y la consonancia, que además no emanan como conclusión de un largo y conflictivo proceso, sino que surgen de una manera espontánea e inmediata. De hecho, en *La voz dormida*, la pregunta sobre el modo en que un personaje se integra en organizaciones supra-individuales alberga un comentario político sobre algunos aspectos decisivos de los movimientos ideológicos de la década de los treinta (o sobre cómo éstos son hoy percibidos). ¿En qué consiste dicho comentario? ¿Qué se destaca y admira en aquellos proyectos políticos en novelas como la de Dulce Chacón, escritas varias décadas después?

En primer lugar, *La voz dormida* subraya la incorporación espontánea y natural de varios personajes a una comunidad (típica, por otra par-

---

[9] A este respecto recomendamos el capítulo de la historia de la Guerra Civil de Hugh Thomas titulado «Guerra y Revolución».

te, de algunas narraciones carcelarias). Parece muy significativo el hecho de que dicha comunidad, más que un proceso o un fin, se trate de un punto de partida narrativo. Éste no es un relato sobre las dificultades y etapas de varios personajes interesados en conformar una colectividad solidaria, sino más bien el relato de una comunidad dada de antemano y consistente a lo largo de la narración. Se podría hablar de una «metafísica de la comunidad» en el texto de Chacón porque dicha comunidad parece pre-existir y sobrevivir a sus miembros. En segundo lugar, estar en comunidad significa para estos personajes estar de acuerdo. Esto plantea algunos desajustes porque si la exaltación de la libertad se convierte en un tópico del que muchos personajes se hacen eco, la dinámica de grupo creada por el partido, por la Unión Nacional Española o por algún grupo de guerrilleros o encarcelados, privilegia la coincidencia de pareceres y la convergencia de acciones.

Hay diversos momentos en los que la veneración retórica de la libertad coincide con la crítica o la anulación fáctica de disidencias o disidentes. Estas contradicciones desencadenan interrogantes sobre el tipo de comunidad que *La voz dormida* añora, un modelo en el que quizá se produce, tal y como explica Miranda Joseph, una fetichización de la comunidad «that only makes us blind to the ways we might intervene in the enactment of domination and exploitation» (2002: ix). Hay una tensión nunca resulta en *La voz dormida*. Ésta es la tensión entre la fidelidad de unos personajes a un valor determinado (la libertad) y una praxis que demuestra una falta de precisión sobre el marco conceptual, el contenido, los límites y la plasmación práctica de dicha libertad.

A lo largo de toda la novela, los «socialistas» se convierten en un blanco constante de críticas. Estas recriminaciones quedan finalmente respaldadas cuando Felipe y Paulino tienen que abandonar España y es un comando socialista el encargado de guiarlos por los Pirineos. Los socialistas cobran, ante el indignado asombro de estos dos guerrilleros, una considerable suma de dinero. Poco después, Felipe expresa sus dudas sobre un camarada: «Será de fiar pero es socialista, y antipática como ella sola» (158). La estigmatización de los «socialistas» (un concepto que abarca a un número indeterminado de partidos, sindicatos, exiliados y maquis) refuerza la idea de una comunidad frente a grupos de mercenarios insolidarios. En conclusión, pareciera que los socialistas disienten y difieren y, al hacerlo, se convierten en algo ajeno y lejano a una comunidad unida.

En otro momento de la novela, concretamente en el capítulo catorce de la tercera sección, Elvira (un personaje criado en la cárcel por las presas políticas) avanza por un bosque nevado en compañía de un grupo de maquis al que se ha unido. En mita de la dura marcha, Elvira piensa lo siguiente: «Hubiera querido que su abuelo la viera correr en esta noche abierta, correr en libertad. Libertad [...]. Libertad, pronuncia en voz baja. Libertad» (290). Esta escena tiene una doble implicación. Por una parte, muestra la epifanía de un personaje que descubre la posibilidad de un valor que, hasta muy poco antes, no había podido disfrutar al hallarse en la cárcel. Por otra parte, esta escena indica que Elvira ha encontrado dicha libertad en el seno de una partida de maquis pagados por el Partido Comunista. Poco después, surge un desacuerdo entre dos maquis y el de mayor graduación argumenta: «Tú nunca sabes nada, ni puñetera falta que te hace. Cumple órdenes y no preguntes» (291). A lo que a continuación añade: «Eres como los socialistas, coño, que sólo saben poner en cuestión cualquier cosa que hagamos» (292).

En el siguiente capítulo, se intensifican estas contradicciones entre el descubrimiento de la libertad y unas prácticas que parecen negarla. Estos maquis toman un pueblo y, de inmediato, un joven guerrillero anuncia que desea abandonar la guerrilla. El jefe de la partida, «El Peque», amenaza al subordinado con fusilarlo sin mediar unas palabras más. El joven se orina en los pantalones y decide persistir en la lucha clandestina. Lo relevante de estas y otras escenas es que Elvira (o, en su defecto, cualquier otro personaje) nunca sufre un segundo momento epifánico que matice su descubrimiento de la palabra «Libertad», con mayúsculas y repetida en varias ocasiones. En conclusión, tras estas contradicciones, nos parece lícita la pregunta sobre el contenido que Elvira otorga a la palabra libertad e incluso una interrogante sobre la posibilidad de que cuando Elvira habla de este concepto se refiera, en el fondo, a otros valores políticos.

Obviamente el concepto de la libertad cuenta con una bibliografía extensísima que, desde las ciencias políticas, la filosofía, la antropología o la sociología, ha tratado de desentrañar o exponer sus muchas complicaciones, aristas, contradicciones y variantes. De hecho, el republicanismo ha sido una de las corrientes políticas que, de una forma más intensa, ha teorizado y defendido diversas versiones de la libertad. Para el presente análisis, resulta pertinente destacar la definición que Philip Pettit da del término porque puede ayudarnos a comprender el discurso político expuesto en *La voz dormida*. Pettit afirma que una versión republicana de a libertad puede ser «freedom as non-domination, [that] comes in degrees in both intensity and extent. It can increase in intensity so far as compromising factor are reduced; it can increase in extent so far as conditioning influences are diminished» (1997: 173). Los personajes de *La voz dormida* mantienen una idea de la libertad en la que paradójicamente el aumento de factores y elementos condicionantes no sólo no cercena la intensidad y extensión de sus libertades, sino que las maximiza.

Estos personajes entienden la libertad como un contrato colectivo en el que disciplina, orden común y solidaridad tienen una importancia suma.[10] Se podría concluir que es esta versión de la libertad, que no tiene en el individuo sino en el grupo su objetivo y sentido últimos, lo que *La voz dormida* presenta positivamente. La libertad es para estos personajes la obligación y la responsabilidad de pensar con y en otros miembros de la misma comunidad, haciendo del beneficio y provecho para esta última su principal meta. Paulino, Hortensia, Felipe, Tomasa, «El Peque» y otros personajes, tanto en la cárcel como en el monte, parten de la siguiente idea de la comunidad: ésta tiene un valor superior a la suma de todos sus miembros. Lo utópico de esta concepción política es que la gran mayoría de los personajes la secunda sin esfuerzo ni conflictos, es decir, como si se tratase de un sistema natural y evidente de convivencia en el que sus identidades (salvo algunas excepciones que confirman la regla) encajaran de inmediato y para el que parecieran predispuestos.[11]

Hay un último factor que vamos a tratar: los paratextos y el ideal del personaje mimético. *La voz dormida* concluye con los dos siguientes pa-

---

[10] Estos personajes tienen una función narrativa muy clara: mostrar la superioridad moral del bando republicano. Estos personajes afrontan el dilema de seguir un imperativo moral y acercar sus posturas a las del bando represaliado, o bien atender a los intereses político-económicos del momento y dejarse llevar por las indicaciones de los mandatarios franquistas del pueblo.

[11] Tenemos en mente la propuesta para una democracia radical articulada por Ernesto Laclau y Chantal Mouffe (1985). Según estos pensadores sería necesario llegar a un entendimiento post-marxista de los proyectos sociales de izquierda. Desde estas renovadas posiciones, la lucha de clases sería, tan solo, uno de los ejes del debate político. Otros nuevos marcos de discusión serían necesarios, como el género, la raza, procedencia geográfica, pertenencia étnica, etcétera. Esto multiplicaría el número de posiciones políticas, así como la calidad y cantidad de alianzas en la lucha por una sociedad anti-esencialista, más democrática y abierta.

ratextos: «Mi gratitud a todas las personas que me han regalado su historia» (381). En la siguiente página se inicia la enumeración de estas personas:

> Gran parte de esta novela se la debo a una cordobesa de ojos azulísimos. A Pepita, que sigue siendo hermosísima. Y a [Felipe], que murió junto a ella el día 29 de abril de 1976 en Córdoba, poco antes de que la policía se presentara a buscarlo, como todos los años, para evitar que se sumara a la manifestación del Primero de Mayo. Pasen, y llévenselo, les dijo Pepita, y los condujo ante el cadáver (385).

En estos agradecimientos alguien afirma «deberle» la novela «a una cordobesa de ojos azules». ¿Quién es ese alguien que agradece? Nos parece que esta voz narrativa no es la misma que ha relatado en tercera persona las tres primeras secciones de libro. De hecho, esta voz narrativa no presenta su texto como parte de la ficción, sino como un paratexto que comenta dicha ficción y muestra sus contactos con diversos referentes históricos. Esta voz narrativa se presenta como la voz de la misma Dulce Chacón, que observa su obra, una vez terminada, para explicar algunas de sus claves y de sus fuentes de información. Obviamente, este párrafo trata de otorgar un determinado tipo de legitimidad a la trama (similar al visto en novelas como *Soldados de Salamina*): ésta no es el producto de la invención imaginativa de una escritora, sino un relato respaldado por el testimonio de una serie de personas.

Estos agradecimientos implican una interesante operación de política textual, que literalmente replantea las relaciones tanto de la novela con la realidad histórica, como de Dulce Chacón con su material narrativo. En donde antes había una obra de ficción, este párrafo reinscribe una crónica fiel. Este párrafo afirma, en definitiva, que detrás o en la base de lo anteriormente leído, está la realidad de unas vidas, de unas personalidades y de una historia que, en verdad, sucedieron. Por ende, *La voz dormida* se presenta como una novela, pero como una novela que cuenta lo que realmente sucedió. La voz narrativa le agradece a Pepita que le transmitiera su historia no porque el posterior relato traicione y manipule dicho testimonio arbitrariamente, sino porque *La voz dormida* atiende a un principio de respeto y cuidadosa atención a lo contado por Pepita y otros.

Para entender el sentido de estos paratextos con las que concluye el libro, resulta relevante la distinción que James Phelan realiza entre la concepción «mimética» (1989: 7) de los personajes literarios y la «retórico-estructuralista» (7-9). Mientras que la primera ha entendido los personajes como traslaciones textuales de personalidades humanas, la segunda ha defendido una visión de los personajes en tanto que unidades de significación con un grado de coherencia interna. En otras palabras, mientras que la concepción mimética postula un alto grado de identidad entre un personaje y un posible referente real, la concepción retórico-estructuralista enfatiza la inconmensurabilidad entre cualquier personaje y su supuesto referente. Aunque estas dos posturas no tienen por qué aparecer enfrentadas, es indudable que esta distinción ilumina la problemática de los personajes que, por ejemplo, protagonizan relatos biográficos.

Esta problemática puede ser resumida (y somos conscientes de estar simplificando un debate más amplio) del siguiente modo: ¿Cómo leer y entender ciertos personajes que cuenta con un referente no textual? ¿Son éstos plasmaciones narrativas más o menos fieles de personas reales? ¿O son simplemente construcciones textuales dotadas de una coherencia interna que necesariamente traicionan su referente? Son estas mismas preguntas las que alumbran el sentido de los párrafos finales de *La voz dormida*. Parece claro que la novela intenta otorgar una dimensión añadida a sus personajes para que éstos aparezcan ante el lector bajo un efecto mimético. El párrafo anteriormente citado postula que el personaje de Pepita, que a lo largo de casi cuatrocientas páginas ha constituido simplemente un elemento del relato, es Pepita, la persona a la que Dulce Chacón conoció y con la que compartió horas de conversación. De hecho, este párrafo propone de manera implícita que la novela *es* la historia (y no una libre reinvención) de estas personas.

Aunque el amplio e intrincado debate sobre la mímesis textual o sobre el realismo literario excede, con mucho, los propósitos de este capítulo, sí parece pertinente traer a colación algunos de los problemas que, según Phelan, plantea la concepción mimética de los personajes (una concepción respaldada por Dulce Chacón en la última sección de su libro). Para el mencionado crítico, la primera dificultad de este modelo mimético es que «all this talk about characters as plausible or possible persons presupposes that we know what a person is» (1989: 11), una dificultad intensificada por el ambiente filosófico posmoderno, en el cual «the nature of the human subject is of course a highly contested issue among contemporary thinkers» (11). El segundo escollo al que se enfrenta una concepción mimética del personaje es la imposibilidad de articular lo que Phelan denomina «the criteria by which to judge a given representation of a character as plausible or not» (12). En otras palabras, cómo y en base a qué criterios estéticos y cognoscitivos se puede distinguir entre el personaje literario que responde realmente a la realidad de esos otros que la tergiversan.

El intento de *La voz dormida* de identificar a los personajes de Pepita y Felipe con las personas de idéntico nombre a los que Dulce Chacón entrevista, apunta a una conflictiva utopía. Ahora bien, la cuestión clave es por qué esta utopía literaria resulta relevante en el contexto de la última novelística española sobre la Guerra Civil española. *La voz dormida* pertenece a una generación de relatos sobre la Guerra Civil escritos varias décadas después de la contienda, por narradores nacidos bastante después de 1939 (en el caso de Chacón, quince años más tarde) y en un ambiente cultural que ha procurado, desde mediados de los noventa, otorgar una vigencia y una relevancia a la tradición política de la Segunda República y a los defensores históricos de dicha tradición. Pareciera, por lo tanto, que esta intención de crear personajes que son (como) las personas entrevistadas y homenajeadas, responde a una suerte de ansiedad representativa. En definitiva, ante la inminente desaparición de una franja generacional de ancianos que perdieron la Guerra Civil, surgen novelas como las de Dulce Chacón que reflejan la urgencia por contar las experiencias de estos ex-combatientes y de ofrecerles un espacio a sus voces.

La Guerra Civil suscita esta clase de acercamientos porque la ficción parece un acercamiento improcedente y porque la utopía de una literatura que copia o que, al menos, duplica la realidad es asumida como la mejor elección ética y narrativa. La Guerra Civil es gestionada por *La voz dormida* no sólo como un tema literario, sino también como una realidad vigente que plantea retos y límites a la imaginación y a la invención narrativa. Sobre aquel evento, se dice, se recupera, se muestra y se investiga, procurando que la narración circule por senderos anteriormente desbrozados por testimonios legítimos y competentes.

3. LA INFANCIA COMO UTOPÍA POLÍTICA: *LA LENGUA DE LAS MARIPOSAS* Y *EL VIAJE DE CAROL*

Tanto *La lengua de las mariposas* (2000) como *El viaje de Carol* (2001) están protagonizados por personajes infantiles de distinto género sexual. De hecho, se puede encontrar en el último cine español un grupo de filmes que reinventa la Guerra Civil española o la primera posguerra desde la perspectiva de unos niños protagonistas. En este grupo se podrían encuadrar, además de las obras ya mencionadas, largometrajes como *Secretos del corazón* (1999) o *El espinazo del diablo* (2001). Estos filmes no se refieren a un modelo universalmente aceptado de infancia, sino que construyen una determinada imagen de esta etapa vital. Al comparar la presencia de infantes en la cinematografía española (desde *Marcelino pan y vino* (1955) a *El Bola* (2002), pasando por *El espíritu de la colmena* (1973) o por las cintas protagonizadas por Marisol), la primera conclusión es que la niñez ha significado cosas muy distintas para diversos proyectos fílmicos de los últimos sesenta años. Tal y como explica Joseph Featherstone, «images of childhood [...] often constitute profound imaginative explorations of unacknowledged cultural dilemas and tensions» (1994: 357).

La presencia de niños conlleva en un film una perspectiva sobre el mundo de los adultos, sobre las relaciones que éstos mantienen y el modelo educativo que imponen sobre los miembros más jóvenes de la comunidad. Algunas de las películas europeas sobre la infancia más importantes de las últimas cuatro décadas, como *Les Quatre Cents Coups* (1959), *Fanny and Alexander* (1983) o *Au Revoir, les Enfants* (1987), proponen una revisión crítica de la disfuncional interrelación entre adultos, de la sociedad creada por éstos y de sus sistemas pedagógico-formativos. El modo en que unos personajes tratan y organizan la realidad de sus hijos, pupilos o alumnos ofrece un rico material dramático con el que abordar temas como la herencia, la tradición o la dis/continuidad de normas de conducta, costumbres sociales o proyectos políticos.

La infancia puede ser también utilizada en tanto que metáfora del pasado. Éste es el caso, por ejemplo, de *La lengua de las mariposas* o *El viaje de Carol*. Los niños protagonistas, Moncho y Carol, sirven como un punto de vista desde el que contar, en un tono de inocencia, un pasado (la Segunda República) destruido por el alzamiento militar. Parece obvio que el acabamiento de la niñez supone, en estas dos obras, una poderosa imagen con la que plasmar las frustradas ilusiones, posibilidades y esperanzas políticas de la República.[12] De hecho, los finales de estos filmes

---

[12] José Luis Cuerda es el autor de filmes como *Amanece que no es poco* (1989), *La marrana* (1992) o *El bosque animado* (1987), que tantos puntos de conexión tiene con *La lengua de las mariposas*. El estilo cinematográfico de Cuerda tiende a la sencillez de la puesta en escena y al rodaje sin demasiados movimientos de cámara. De hecho, su gusto por historias rurales y su peculiar sentido del humor suelen deparar obras de un

presentan un claro paralelismo: en ambos se produce un desgraciado episodio de violencia, un episodio protagonizado o presenciado por los niños. En ambos casos el resultado es prácticamente el mismo: con la erupción de esa violencia termina la infancia de los protagonistas.

Finalmente, la infancia, entendida como un territorio idílico de la memoria, tiene unas importantes implicaciones políticas porque si le otorgamos a la propia trayectoria de un país o un siglo una estructura biográfica, el pasado nacional se convierte en el equivalente histórico de la infancia. Dicho pasado nacional (equiparado a la niñez y a algunas cualidades de esta última) adquiere una densidad emocional e ideológica muy especiales. En estos filmes, la Segunda República es presentada precisamente como esa infancia política, cargada de buenas intenciones y dotada de un futuro esperanzador, una infancia solidaria y atenta que observa el mundo desprejuiciadamente e incluso con un grado de pureza.

Tanto Moncho (Manuel Lozano), protagonista de *La lengua de las mariposas*, como Carol (Clara Lago), personaje principal de *El viaje de Carol*, representan el desvalimiento y candidez ante un proceso bélico que destroza las bases sociales y políticas de una infancia serena y estable. No es, en absoluto, novedosa la utilización de la infancia para abundar narrativamente en un periodo de preguerra. Kathy Jackson observa, por ejemplo, un fenómeno parecido en la cinematografía norteamericana: «Prior to the World War II, filmic portrayals of children were characterized by unerring innocence. These fictional representations reflected the charm, goodness, and limitless hope for the future that Americans saw in their children» (1986: 8). Estas palabras podrían aplicarse fácilmente a una cinematografía como la española que reconstruye un determinado pasado nacional para definirlo como un periodo de inocencia que la Guerra Civil frenó.

Moncho y Carol aportan al film una mirada cándida sobre los hechos no sólo por su condición de niños, sino también por sus especiales circunstancias. *La lengua de las mariposas* comienza con la tardía incor-

---

sentimentalismo cordial, vagamente nostálgico y con un irónico sentido del humor. Por su parte, Imanol Uribe es el autor de un buen número de filmes que tienen como tema el llamado «problema vasco». Éste sería el caso de *El proceso de Burgos* (1979), *La muerte de Mikel* (1984) o *Días contados* (1994). Además, Uribe es el responsable de filmes como *El rey pasmado* (1991) o *Bwana* (1996). Uribe fue, junto a Juanma Bajo Ulloa y Julio Médem, uno de los responsables del nuevo cine vasco que en la década de los noventa resultó tan influyente en todo el panorama nacional.

poración de Moncho al colegio tras una larga convalecencia. El asma y un problema pulmonar han impedido que éste asista a la escuela y que se relacione antes con otros niños. Esta coyuntura no hace de Moncho un infante doblemente inexperto, al que todo le sorprende, al que todo le interesa y al que todo, consecuentemente, le afecta de una manera espacial. El personaje de Moncho es presentado, no como un niño más, sino como un niño de niños, un niño quintaesenciado, que aventaja a sus compañeros de escuela en desconocimiento y desprotección, cuya mirada sobre las cosas, las personas, las relaciones, las artes, la política y la naturaleza es una mirada primigenia y original.

Carol es, por su parte, un personaje sin ningún problema de salud y un poco mayor que Moncho. La especial candidez de Carol no proviene, por lo tanto, de su aislamiento anterior sino de su larga estancia en los Estados Unidos, concretamente, en Nueva York. La procedencia de este personaje, que en los primeros minutos del film llega a España en compañía de su madre, Aurora (María Barranco), tiene una doble influencia en su personalidad. Carol encarna lo que Martha Wolfenstein califica en un ensayo sobre la representación audiovisual del niño, como «the American legend of the self-sufficient child» (1955: 290). En comparación con otros niños de la alta burguesía local (a la que la familia de Aurora pertenece), Carol es un personaje femenino dotado de una gran voluntad y de un acuciado sentido de la propia identidad que contrasta con sus recatadas e insulsas primas. Todas ellas representan dos modelos de identidad femenina, uno bastante más progesista y moderno que el otro. La diferencia genérica entre los protagonistas de ambos filmes es un tema que, aunque no podamos desarrollar, reviste una gran importancia. Nos gustaría dejar constancia de que, en *El viaje de Carol*, hay una gran preocupación por definir el problema político español también como un enfrentamiento entre diversos tipos de identidad femenina.

Por otra parte, Carol no deja de afrontar su existencia en un pequeño pueblo del norte de España, en compañía de unos familiares a los que ni siquiera conocía y en un contexto político muy tenso, como un complicado y difícil reto. La mirada de Carol supone un punto de vista nuevo, la perspectiva del extranjero, del recién llegado y de quien se esfuerza por entender las claves culturales de lo que sucede alrededor. En este sentido, estos dos personajes (Moncho y Carol) infantiles tienen algo de *tabula rasa* sobre la que la sociedad española de mediados de los años treinta va imprimir un conjunto de experiencias positivas y también algunas cicatrices. En conclusión, estos personajes emergen para disfrutar y padecer, en el plazo de unos meses, todas las esperanzas y frustraciones dilucidadas en la Guerra Civil española.

Ahora bien, cuando mencionamos la mirada infantil de Carol o Moncho no nos referimos al uso de la cámara subjetiva, que adopta en ciertas escenas la perspectiva visual que un personaje infantil tiene en un momento determinado. La mirada en la que *La lengua de las mariposas* y *El viaje de Carol* muestran más interés, es precisamente la que emana del rostro y ojos de los niños ante un determinado suceso. La gran mayoría de las escenas más decisivas de estos filmes está construida con un montaje muy parecido. Este montaje nos muestra, en primer lugar, a Carol y a Moncho (normalmente escondidos) mirando o espiando las actividades y conversaciones de los adultos. Éstos son filmes realmente en los que la experiencia del espectador consiste muy a menudo en ver mirar, hasta el punto de que entre la escena misma y el espectador suele interponerse una mirada mediadora, la de un personaje al que los espectadores vemos reaccionar ante lo visto. Esta mediación es fundamental porque desplaza el objeto de interés del film: los espectadores reorientan su atención de la escena misma a la reacción que un personaje tiene ante ésta. En conclusión, en muchas escenas lo importante no es sólo lo que ocurre o deja de ocurrir, sino el impacto que esos hechos tienen en Moncho y Carol.

Antes de pasar al análisis de algunas escenas determinadas, es relevante aclarar que la reacción de estos personajes es recogida por constantes primeros planos. El rostro del niño adquiere tanta presencia en el montaje del film (especialmente en *La lengua de las mariposas*) que termina por erigirse en la columna vertebral de la narración. Los rostros de los niños aportan tanto un termómetro de intensidad narrativa como una estructura psicológica para las escenas. El sentido de éstas queda radicalmente mediado por el grado y tipo de impresión que han tenido en el personaje de Moncho y Carol. Es la reacción, la impronta y la influencia que una escena despierta en estos dos niños (y no la escena en sí) lo que el montaje destaca una y otra vez. De hecho, esta vuelta a la faz y a los ojos del niño plantea toda una teoría implícita de los niños como seres transparentes cuyas emociones y procesos sicológicos pueden ser adivinados y leídos visualmente.

Estos niños son los que no saben ni pueden fingir y, por lo tanto, a los que vuelve insistentemente la cámara con el fin de registrar sus reacciones, auténticas e inmediatas. Tal y como explica Alan Palmer en un estudio sobre los modos en que una mente ficcional es creada en el seno de una narración, tradicionalmente se ha enfatizado la privacidad de los pensamientos, esa realidad que puede ser guardada en la más estricta de las intimidades y a la que los otros no tienen acceso (2004: 9). Ahora bien, si esa mente ficcional es la de un niño y además nos referimos a filmes como *La lengua de las mariposas* o *El viaje de Carol*, nos encontramos con la siguiente paradoja: nada es más obvio y público, en Moncho y Carol, que sus propias emociones y pensamientos. Sus rostros se convierten, de hecho, en un teatro abierto y visible de conflictos, esperanzas y miedos. Por eso mismo, los primeros planos sirven como el instrumento ideal para narrar, no una escena, pero sí el sentido y trascendencia de ésta. El espectador, en vez de reaccionar, es invitado por el montaje de estos filmes a co-reaccionar con los personajes infantiles y sus rostros, que cuentan y expresan traslucidamente la intensidad y el significado de un determinado conflicto dramático.

Los filmes de Uribe y Cuerda parten de una concepción romántica de la infancia. Esta concepción se remonta al pensamiento de Jean-Jacques Rousseau y tiene como lema la consideración del niño como un ser natural, espontáneo e incontaminado, un ser primigenio en el que el adulto puede observar una etapa perdida de su propia existencia. El niño poseería, por lo tanto, muchas cualidades que el adulto perdió al ser moldeado y «estropeado» por un determinado sistema social. Tal y como explica Ala Alryyes en su ensayo sobre la confluencia novelística de la infancia y la nación en la cultura moderna, la visión de Rousseau de la infancia supone «[a] secularization of a religious nostalgia for a lost unity» (2001: 20). Esta concepción romántica del niño se opone a lo que Marjorie Keller denomina la «noción victoriana de la infancia» (1986: 235), ésa que considera a los infantes como adultos pequeños o como un microcosmos de las mismas tensiones y problemas que acosan a mayores y ancianos. Como también ocurre en estos films (sobre todo en *La lengua de las mariposas*), la gran obra de Rousseau sobre este tema, *Émile, ou l'education* (1762), muestra la necesidad que Émile tiene de un tutor a pesar de representar el valor de lo natural.

La noción romántica del niño, a la que se adhieren con sus propios matices estos dos filmes, implica una revisión utópica de la infancia. Frente a las teorías utópicas propias del pensamiento ilustrado que normalmente ubican en el futuro la posibilidad de una sociedad mejor, Rousseau señala al pasado y a lo dejado atrás como el espacio de la utopía. El hombre natural (anterior a la sociedad moderna) y el niño son entes de interés para el pensador francés. La infancia supone, en concreto, un momento de posibilidades ilimitadas y, sobre todo, de una moral natural y honesta que posteriormente resulta perturbada por una ética social. La influencia de Rousseau es decisiva para entender la dialéctica de la modernidad entre el progreso y el primitivismo, lo social y lo natural, la fascinación con los artefactos y avances técnicos, y la nostalgia por un pasado cercano a la naturaleza y a una existencia originaria.[13]

La asociación de la infancia entendida en términos románticos viene avalada en *La lengua de las mariposas* y en *El viaje de Carol* por dos hechos, uno visual y otro temático. Estos dos filmes están localizados geográficamente en comunidades rurales y muchas de sus escenas tienen lugar en parajes naturales de gran belleza. La presentación visual de la naturaleza en estas dos obras no enfatiza el carácter amenazador, misterioso, insondable o destructivo de ésta. Tampoco se trata de una naturaleza cultivada que esclavice al hombre, forzándole a duros trabajos y a una existencia azarosa. En conclusión, el acercamiento visual a la naturaleza no depara un campo-selva que devore y anule con sus implacable exhuberancia a los personajes, ni tampoco da lugar a un campo de cultivo en el que los personajes invierten largas horas de duro esfuerzo. En el caso de la *Lengua de las mariposas*, se podría hablar de un campo-vergel, en el que los personajes aprenden y del que obtienen un placer sensorial. En el caso de *El viaje de Carol*, la naturaleza es el monte, el territorio de la libertad y del descubrimiento espontáneo.

La relación de Moncho y el maestro se afianza en el campo, un campo bucólicamente entendido. Flores, mariposas, abundante vegetación y ríos apacibles son el objetivo de una puesta en escena caracterizada por planos medios y generales que muestran a lo personajes pacífica y armónicamente integrados con el contexto. Obviamente, la música de Alejandro Amenábar y la fotografía de Javier Salmones ayudan a crear un efecto audiovisual de extrema apacibilidad y armonía. Los temas musicales son melódicos y están dotados de una pretendida sencillez. La fotografía logra efectos cromáticos muy matizados y nada extremos, en los que la luz de sol siempre aparece filtrada para que los colores pue-

---

[13] Ésta es precisamente una de las dinámicas que explica, por ejemplo, el Surrealismo. Por una parte, hay un claro deseo de romper con la razón ilustrada y con la sociedad burguesa para recuperar un ser más esencial (que residiría en lo inconsciente e irracional). Por otra parte, el Surrealismo está basado en el impulso de ruptura y en el interés por lo nuevo, elementos propios del proyecto ilustrado y de la sociedad burguesa.

dan destacar. El resultado es una presentación de la naturaleza familiar y acogedora que se parece mucho más a cuadros impresionistas de Renoir, que a la naturaleza incontrolada y sublime de la estética romántica. En *El viaje de Carol*, la naturaleza destaca también por sus valores estéticos. La montaña aparece, de hecho, como un lugar idóneo para los juegos de niños. Prados, colinas y valles se solidarizan con la inocencia de estos infantes.

El aspecto temático que refuerza la representación romántica de la infancia es la educación académica, sinecdóticamente plasmada en los personajes de don Gregorio y Maruja (Rosa María Sarda). La escuela, en tanto que organismo de control de una sociedad y de un sistema político ha constituido para el niño romántico el inicio de un proceso de corrupción y socialización. Tal y como explica Enrique Balmaseda en su ensayo sobre la infancia en la poesía española contemporánea, «en el escolar se refleja el conflicto entre niño y sociedad, simbolizada ésta por la escuela que le transmite, además de leyes represoras, formas de desencanto y un sentido negativo de a realidad» (1991: 17). Las palabras de Balmaseda recogen un sentir generalizado en la concepción rousseaonina del infante: la escuela no es otra cosa que el instrumento institucional de normativización de la infancia. En donde antes había seres inocentes y naturales, la escuela (así piensa, por lo menos, esta versión de la infancia) construye y unifica modelos de comportamiento y pensamiento.

Aunque esta versión de la infancia ha sido muy contestada y criticada con el fin, tal y como explica Mitzi Myers, de elaborar teorías «more historically referential than the customary Romantic mythologies» (1999: 47), lo relevante para el análisis de estos filmes es el modo en que los conflictos y desacuerdos entre el niño y la escuela son gestionados por la narración. Esta gestión no es tan sencilla como pudiera parecer en un principio porque, en las obras tanto de Cuerda como de Uribe, hay varios modelos de educación y, por lo tanto, de interacción entre niños y adultos. Un primer modelo muestra cómo los hijos de dirigentes franquistas se convierten en instrumentos y prolongaciones de la ideología paterna. En *La lengua de las mariposas*, este niño es José María, el hijo de don Avelino, el hacendado del pueblo, un personaje de largos bigotes, violento e intimidatorio. Don Avelino ve en José María una continuación política y económica de sus intereses.[14]

---

[14] En una escena ubicada en la plaza del pueblo (que sirve también como patio de recreo para los niños), Moncho y José María se pelean. La escena tiene un trasfondo po-

En el otro extremo, Moncho ejemplifica la posibilidad de un sistema educativo muy distinto que cifra las virtudes de la Segunda República. En primer lugar, la propia figura del actor Fernando Fernán Gómez aporta un grado indudable de honradez y lucidez al personaje del maestro don Gregorio. Lloyd Michaels comenta acertadamente que «audiences identify certain traits of personality, morality, and behavior with the recurrent roles portrayed by certain well-known actors» (1998: 10). No hay duda sobre el prestigioso y reconocido estatus que en la cinematografía española juega Fernán Gómez, un actor que se ha destacado como notable guionista y escritor, además de intelectual comprometido con causas de la izquierda española. De hecho, sus papeles en *Mambrú se fue a la guerra* (1985), *El mar y el tiempo* (1989) o *El abuelo* (1998) poseen características que ayudan a que su personaje en *La lengua de las mariposas* adquiera, ante los espectadores, un aire de familiaridad y credibilidad.[15]

En segundo lugar, la educación que provee don Gregorio está asociada a la Segunda República. Lo interesante de esta asociación es que el espectador la entiende de una manera negativa. En otras palabras, no hay ninguna explicación o charla del maestro a sus alumnos que lo identifique como republicano. Sabemos que su sistema de educación debe ser adepto a este sistema político porque los sectores reaccionarios del pueblo tienen una mala opinión de don Gregorio. Éste participa además en un *pic-nic* republicano y escucha la radio con sus amigos azañistas para saber de las últimas noticias amenazadoras, pero jamás perora, ni en el aula ni fuera de ésta, sobre sus creencias ideológicas.

Es precisamente esta despolitización y neutralidad de la enseñanza lo que caracteriza y hace admirable, en el film de Cuerda, al sistema republicano. De hecho, don Gregorio implanta unas técnicas pedagógicas que, en gran medida, rompen las expectativas de Moncho. Éste espera una disciplina férrea, pero se encuentra con algo muy distinto. Don

---

lítico y una carga simbólica porque estos dos escolares representan a dos familias y, en última instancia, a los dos bandos enfrentados en la Guerra Civil. Mientras que José María intenta imponer su voluntad con cierta prepotencia, Moncho pelea para restaurar un sentido de justicia y, sobre todo, para impedir los abusos de José María.

[15] La impronta de la imagen pública de un actor en sus papeles cinematográficos es el resultado de un complejo proceso sociológico y mediático. Éste no es el lugar para abordar este tema, aunque sí deseamos dejar constancia de que la imagen pública de Fernando Fernán Gómez es, por una parte, una de las más populares y carismáticas de la cultura española, y por otra, una figura que proyecta un sentir político muy concreto.

Gregorio no golpea (una de las preocupaciones iniciales de Moncho), no castiga ni tampoco grita. Lleva a sus estudiantes al campo, procura amenizar sus clases con un hábil sistema narrativo e incorpora la tecnología disponible (un microscopio pedido a Instrucción Pública). Don Gregorio personaliza el estereotipo del profesor de la Institución Libre de Enseñanza, culto, liberal moderado, amante de la poesía de Antonio Machado,[16] ecológico y preocupado por la educación integral de sus alumnos. Una educación en la que cuenta más el descubrimiento y el desarrollo individual, que la adquisición de datos.

Don Gregorio propone, por lo tanto, un modelo formativo que resulta compatible con la versión romántica del niño. Este modelo no moldea ni deforma al infante para que crezca a imagen y semejanza de una determinada sociedad, clase o ideología. Por el contrario, el aula de este maestro (trasunto de la Segunda República) entiende que la libertad es el espacio idóneo para que el menor desarrolle sus propias inquietudes, tanto intelectuales como sentimentales. Don Gregorio tan sólo despierta intereses en sus estudiantes para después limitarse a acompañar al estudiante en sus hallazgos. La Segunda República queda retratada, más que como un programa de acción o una maquinaria de proselitismo político, como un marco idílico de crecimiento y maduración en el que los niños se desarrollan a su propio ritmo y sin presiones externas.

En *El viaje de Carol* hay un personaje muy parecido, interpretado por la actriz Rosa María Sardá, Maruja. Ésta se caracteriza por su amabilidad y su generosidad con los más desfavorecidos. Su rasgo más significativo es, de cualquier forma, su énfasis en la educación sentimental de los menores. Un rasgo que comparte con don Gregorio. Resulta relevante que ambos intervengan en la vida de sus alumnos para ayudarles con cuestiones amoroso-sentimentales, y para hacerlo desde el respeto por las emociones que estos niños profesan por otros personajes. Este desarrollo sentimental convierte la experiencia de la educación o, al menos, del trato con el maestro, en un creativo proceso de auto-descubrimiento en el que los castigos y el regaño parecen no tener lugar.

---

[16] Es evidente que Antonio Machado ha sido una figura fundacional e icónica para la izquierda española de la segunda mitad del siglo XX. Obviamente, esto ha influenciado el modo en que su poesía ha sido leída y el modo en que su imagen aparece manipulada por algunos recientes filmes y novelas sobre la Guerra Civil. Antonio Machado es mencionado en *La lengua de las mariposas* y aparece como personaje en *Los colores de la guerra*.

La clave de representaciones como la de *La lengua de las mariposas* o *El viaje de Carol* es que descontextualiza ciertas virtudes políticas y metodológicas de la República y de sus maestros para presentarlas bajo el manto de un humanismo universal, compasivo y tolerante, que emana del talante de los personajes. En la representación utópica de la labor educativa de la República y, en concreto, de don Gregorio, hay una alabanza de la naturaleza como libro abierto, de la educación sin violencia (ni simbólica ni física), de la bondad espontánea de los infantes, de la creatividad innata al ser humano, de la expresión sincera de las emociones, de una relación maestro-estudiante radicalmente democrática y, en especial, de la educación sin una agenda política.

Este último aspecto es quizá el corazón de la utopía añorada por estos dos filmes: una escuela para y desde sus alumnos, a favor de los intereses del «ser humano», que coinciden con los intereses de la República (o viceversa). Valerie Krips explica en un interesante volumen que la infancia ha sido un poderoso y sugestivo tropo cultural con el que evocar un tiempo sustancialmente mejor, que este mismo crítico denomina acertadamente «the mirage of a golden age» (2000: 24). Con esto no pretendemos negar que la reforma educativa constituya una parte decisiva del legado de la Segunda República, sino que dicho legado es contradictorio. Su idealizada estilización termina desencadenando una antigua edad dorada que, como afirma Krips, tiene más de espejismo nostálgico que de ambiciosa discusión.

En este sentido, resulta ilustrativo volver sobre la conciencia narrativa del fin de la infancia y la paralela la victimización de la Segunda República. La figura del niño o del adolescente fue, tal y como explica Ala Alryyes, altamente popular en la novela realista del siglo XIX. En la historia de jóvenes e infantes, en sus problemas de adaptación social y en sus desacuerdos con las siluetas paternas, la cultura literaria del XIX plasmó la emergencia de la clase burguesa y la resistencia del Antiguo Régimen a deponer sus privilegios (Alryyes 2001: 16). Aunque sería difícil trazar cualquier tipo de directo paralelismo entre la novela europea del siglo XIX y la cinematografía española de principios del XXI, parece evidente que las ideas de Alryyes pueden ayudar a entender el rol político jugado por los personajes infantiles en *La lengua de las mariposas* y *El viaje de Carol*. En ambos casos, la infancia se convierte en un signo de la República y, en concreto, de las esperanzas que ésta despertó y no pudo cumplir.

Las obras de Cuerda y Uribe no son, en última instancia, narraciones sobre el periodo republicano sino sobre la destrucción de éste. Estamos de acuerdo con Eduardo Godoy cuando afirma, en relación al tropo de la infancia en la narrativa española de posguerra, que la visión idílica y la visión infernal de la niñez son en gran medida complementarias (1979: 188). Sólo cuando el paraíso ha sido perdido (y utilizamos el léxico de Godoy), éste puede ser evocado, añorado y finalmente valorado. No es casualidad, por lo tanto, que estos dos filmes hagan coincidir en sus respectivos finales la derrota de la Segunda República y el fin de la infancia o, al menos, el fin de la infancia idílica y tolerantemente tutelada por personajes adeptos al gobierno republicano. El acabamiento de este sistema político queda equiparado, de esta forma, a la expulsión de un periodo vital caracterizado por la inocencia, un sano sentido lúdico de la realidad y las ilimitadas posibilidades de crecimiento y creatividad. Un triple cierre (el de la trama, el de la República y el de la infancia) que cuenta en estos dos filmes con una parecida factura visual.

La lengua de las mariposas concluye con el alzamiento de las tropas insurgentes. Mientras don Gregorio se aleja en un camión comandado por los falangistas, Moncho (incitado por su madre y siguiendo el ejemplo de otros niños) corre tras el vehículo, toma una piedra del suelo, la lanza contra su maestro y grita: «Ateo, rojo, rojo». La cámara recoge el rostro de un Moncho enfadado y nervioso, y será esta imagen la que cierre el film con un uso muy efectivo de la cámara lenta y del blanco y negro. Es curioso que una película con una tonalidad de colores tan vivos y centrada en el constate movimiento de un niño, concluya con la imagen estática y completamente gris de este último.

La metáfora formal, no por obvia, resulta menos informativa. La realidad móvil y multicolor de ese infante, llena de posibilidades y esperanzas, se ha detenido en un instante no especialmente feliz. El estatismo en blanco y negro de Moncho, cuya carrera tras del camión ha ido ralentizándose progresivamente, puede ser interpretado como el fin de su infancia, tal y como ésta había discurrido hasta ese momento. Don Gregorio va a ser encarcelado o ejecutado, la Segunda República comienza su andadura hacia la derrota definitiva, el padre de Moncho traiciona sus ideales para no morir y el propio Moncho se lanza contra su maestro, insultándolo y agrediéndolo con una piedra. Tal y como explica Emma Wilson, la muerte de un niño suele ser representada cinematográficamente como antinatural e irredimible (2003: 10), mediante una serie de técnicas visuales que comprenden, entre otras, «limited or filtered vision, blanks, temoral disruption, structural repetition [and] handheld camara» (156).

Aunque no todos los procedimientos utilizados en la escena final de *La lengua de las mariposas* concuerdan con los descritos por Wilson, resulta relevante que, tal y como afirma este crítico, la muerte de la infancia queda señalada formalmente mediante unas estrategias visuales (cámara lenta y blanco y negro) no utilizadas en ningún otro momento de la narración. La ruptura viene acompañada de un peculiar uso del lenguaje verbal porque Moncho, entre los insultos («ateo» y «rojo» fundamentalmente) le espeta a su maestro los epítetos de «tilonorrinco» y «espilitrompa». Éstos son dos de los términos aprendidos en las excursiones didácticas por el campo. El uso tan peculiar que Moncho hace de éstos para vilipendiar a su maestro puede ser entendido, al menos, de tres formas. En primer lugar, la extraña mezcla de calificativos como «rojo» o «ateo» y otros de carácter técnico-científico apunta a la total inconsciencia y desconocimiento de Moncho, que se deja llevar por un ambiente de violencia sin saber realmente lo que dice.

En segundo lugar, la verbalidad incontrolada del niño puede ser vista como una estrategia (que Naomi Sokoloff observa en algunas narraciones sobre el Holocausto y la pérdida de la infancia) para expresar «[the] vulnerability, bitterness, and incomprehensibility of evil» (1994: 267). La pronunciación dislocada de palabras, que no encajan correctamente ni en el contexto ni en la intención comunicativa del hablante, demuestra la impotencia anímica e intelectual del niño para asimilar una irrupción de la violencia. La colaboración del niño parte más que del resentimiento, del miedo y de la incomprensión. Es precisamente la incomprensión (o la «incomprensibilidad») el concepto clave de la tercera y posible interpretación del lenguaje verbal en esta escena.

Don Gregorio ayuda a su pupilo a expandir su vocabulario y, sobre todo, a crear una relación racional y lógica entre dicho vocabulario y la realidad. Esta suerte de contrato lingüístico entre las palabras y las cosas, del que Moncho obtiene un indudable placer y satisfacción, se resquebraja cuando llega la violencia del alzamiento militar. Los términos que anteriormente servían para conocer el mundo, expandir la comprensión de insectos, animales o plantas, y enriquecer la relación entre un niño y el mundo, se transforman repentinamente en insultos. Unos insultos absolutamente ineficientes ya que cuentan con una carga semántica inadecuada para la ofensa. En definitiva, la última escena de *La lengua de las mariposas* escenifica el fin de la infancia armónica y creativa de

Moncho, el fin de la República y el ocaso de un contrato lingüístico que supone también el crepúsculo de un contrato social.

El cierre narrativo de *El viaje de Carol* también recalca la confluencia de varios aniquilamientos: el de Tomiche, el de la República y el de la infancia de Carol. El paralelismo entre ambos filmes es casi perfecto. Tomiche es asesinado por un falangista, el ayudante personal de Adrián. Este crimen se produce, no tras el alzamiento de Franco, sino tras el derrumbamiento del frente leal a la Segunda República. Ésta se convierte en la gran derrotada y en la gran víctima, una víctima que explica la desgraciada suerte de muchos personajes, como Carol o su padre. Robert cae prisionero y es encarcelado indefinidamente: el punto y final de sus peripecias como brigadista internacional. Carol, al morir su madre y al no poder contar con su padre, es forzada a abandonar España. Este exilio en Nueva York (de nuevo, con sus abuelos paternos) señala temáticamente el fin de la infancia de Carol tal y como ésta había transcurrido en una zona rural y bajo la tolerante tutela de su abuelo republicano (un tanto apocopado pero de ideas progresistas y tolerantes) y de la maestra Maruja.

Ese anuncio se plasma en *El viaje de Carol*, al igual que en *La lengua de las mariposas*, con una marca visual: cámara lenta y blanco y negro. Tras abandonar la casa familiar, Carol y su abuelo se dirigen en coche a la estación de tren. Durante el recorrido, Carol observa que los dos inseparables amigos de Tomiche («Cagurrillo» y «Culovaso») siguen al vehículo en sus bicicletas. La escena está montada sobre los contraplanos de los dos niños y de Carol. El penúltimo plano nos muestra la imagen de Cagurrillo y Culovaso ralentizándose y perdiendo sus colores hasta quedar en blanco y negro. El último plano del film tiene como objeto (al igual que en *La lengua de las mariposas*) el rostro de la niña protagonista. Si Moncho observa cómo don Gregorio es llevado en el camión y, en última instancia, la pérdida de su infancia; Carol mira a sus amigos y contempla lo dejado atrás para siempre, lo perdido a manos del alzamiento militar, en conclusión, su propia infancia en España, en el campo, con su abuelo y sus amigos.

La lengua de las mariposas y *El viaje de Carol* presentan una versión utópica de la Segunda República porque ambas narraciones, en palabras del mismo Wojcik-Andrews, asumen que «the lost childhood of the individual is the lost childhood of society» (2000: 179). La pérdida de un determinado sistema político da pie a dos relatos que, en tono nostálgico, con una fotografía esteticista y con la ubicación bucólica de una naturaleza-amiga, cuentan la pérdida de una antigua inocencia y pureza que nunca existieron en dichos términos. La conclusión de este análisis no consiste en la crítica negativa de la infancia como posible tropo con el que y desde el que contar los avatares, posibilidades, limitaciones y logros de la Segunda República. Ni siquiera es necesario oponerse al niño, tal y como explica Neil Sinyard, «as a symbol of the future and the hope of forthcoming generations» (1992: 9), unas generaciones que resultaron truncadas por la Guerra Civil y, sobre todo, por la victoria de Franco. El aspecto más discutible de estos filmes consiste en su concepción romántica de la infancia en la Segunda República. Esta representación de la infancia tiende a simplificar, en este ruralismo feliz de niños responsables, naturalmente honestos e interesados por todo, los problemas históricos y las contradicciones concretas de una generación de infantes en el sistema escolar de la Segunda República.

4. UTOPÍA Y NATURALEZA EN *SILENCIO ROTO*

El film de Montxo Armendáriz *Silencio roto* (2001) aborda una fase tardía de la Guerra Civil.[17] Una fase que desborda los límites cronológicos con los que normalmente se señala el fin de dicha contienda. El parte de guerra del primero de abril de 1939, firmado por «el generalísimo Franco», sentencia que «cautivo y desarmado el Ejército rojo, han alcanzado sus último objetivos militares las tropas nacionales. La guerra ha terminado» (Díaz-Plaja 1976: 9).[18] Estas palabras no sólo transmitían a

---

[17] Montxo Armendáriz es el autor de varios filmes con una temática socio-política: *Carboneros de Navarra* (1981), *Tasio* (1984), *27 horas* (1986), *Las cartas de Alou* (1990) o *Historias del Kronen* (1995). En esta filmografía, que fue reconocida con el Premio Nacional de Cinematografía del año 2003, destacan la preocupación por la ecología, así como el interés por los efectos de la urbe capitalista en los barrios más castigados y en las minorías menos favorecidas. Armendáriz obtuvo el Premio del Ángel Azul a la mejor película europea en el Festival de Berlín en 1997. Su última obra, *Obaba* (2005), adaptación de la novela más conocida de Bernardo Atxaga, retoma algunas de sus preocupaciones anteriores: la infancia, la recuperación del pasado, la vuelta a la naturaleza, los efectos del progreso, etcétera.

[18] Como todo parte de guerra, este último no sólo refleja una realidad sino que también trata de crearla. En otras palabras, los partes de guerra forman parte de una maquinaria bélica y propagandística que trata de influir en el desarrollo de una contienda. El anuncio del fin de la guerra firmado por Franco dejaba de otorgarle al enemigo ese es-

la ciudadanía una realidad sino que también intentaban desalentar a los últimos focos de resistencia. Éstos se mantuvieron, sin embargo, activos hasta el inicio de la década de los sesenta en algunos centros urbanos y, sobre todo, en el campo (Serrano 2002: 359-365). Las zonas montañosas y de difícil acceso se convirtieron en la base de operaciones para grupos guerrilleros cada vez más diezmados. La decisión de los maquis puede ser entendida como una negativa a aceptar la conclusión de la contienda con el fin de obtener (quizá tras el triunfo aliado en la Segunda Guerra Mundial) un resultado más favorable.

Silencio roto retoma este pasado nacional para proponer una interpretación no sólo de aquella lucha política, sino también de la especial relación que la resistencia rural contra el régimen entabló con el paisaje nacional y, en concreto, con el monte. De hecho, es este paisaje el que explica algunas importantes claves de esta lucha política. Aunque la representación visual o literaria de la naturaleza es un tema de una enorme densidad, John Rennie Short plantea dos posturas básicas en relación a este problemática estética y epistemológica (cómo conocemos la naturaleza y de qué modo es representada). Por una parte, Short detecta una perspectiva clásica: «The creation of livable places and usable spaces is a mark of civilization. Human use confers meaning on space. Outside society, wilderness is something to be feared, an area of waste and desolation» (1991: 6). Por otra parte, este autor explica una perspectiva opuesta pero complementaria, la perspectiva romántica: «Untouched spaces have the greatest significance; they have a purity which human contact tends to sully and degrade. Wilderness [...] is a place to be revered, a place of deep spiritual significance and a symbol of human paradise» (6).

En *Silencio roto* se pueden rastrear los dos discursos propuestos por Short. Ambos ofrecen una interpretación ideológica muy distinta de la naturaleza pero ambos comparten una visión utópica e idealizada (negativa o positivamente) de un mismo referente. Ambos discursos sirven además para entender que la naturaleza nunca se ofrece como un objeto dado y sin historia, sino como una experiencia subjetiva y socialmente construida. En otras palabras, nuestro entendimiento de la naturaleza nunca es natural. Como afirma Arnold Berleant, las representaciones de

tatus (el de enemigo en un proceso bélico) para convertirlo en un problema de seguridad, un problema policial. Los maquis defendían precisamente su carácter militar, su implicación en una guerra que, para ellos, no había terminado.

la naturaleza son el producto de un proceso histórico e ideológico en el que siempre se dirimen las ilusiones y aprensiones, tanto políticas como culturales, de una determinada época (1997: 13). En *Silencio roto*, la naturaleza y, en concreto, el monte son entendidos como un espacio de libertad y esperanzas político-sociales, pero también como un territorio opaco y de una violencia temible. En cualquiera de las dos versiones (que van a ser explicadas a continuación) el monte es construido, en la gran mayoría de las escenas, como un lugar opuesto al pueblo.

Para los adeptos al nuevo régimen (representados por el hijo del secretario, un ex-combatiente llamado Matías y la Guardia Civil), el monte es un territorio escarpado y un tanto misterioso, habitado por un número incierto de guerrilleros, en el que no impera la ley del nuevo Estado, sino una violencia no reglamentada. Esta percepción tiene una faceta estética y otra epistemológica. En primer lugar, el espectáculo visual y auditivo del monte no se salda, en estos personajes, con ningún tipo de placer contemplativo o admirativo. La perspectiva que de este espacio tiene este sector de población depara, tal y como explica Stacy Alaimo, «a monstrous nature» (2001: 280), un objeto estético de proporciones descomunales y formas ilógicas. En este sentido, las montañas que rodean el pueblo son para los guardias civiles y sus simpatizantes un motivo de inquietud y de amenazas, y no un elemento con el que satisfacer cierto gusto estético.

En segundo lugar, el monte supone un límite epistemológico para un nuevo sistema político basado en el control de sus ciudadanos y de sus prácticas sociales y políticas. *Silencio roto* entronca con una extensa tradición cultural que, en palabras de Noah Heringman, «[has] marked rocks and mountains as a frontier of knowledge» (2004: 8). Aunque Heringman dota a su argumento de un marco histórico concreto que aquí no podemos desarrollar,[19] sí es importante notar que la representación que este film ofrece de las montañas está muy influenciada por la visión que el Romanticismo elaboró de este tipo de paisaje. Precisamente, la consideración del monte alto y escarpado como un límite para el conocimiento es una parte central de la herencia romántica. Para las fuerzas vi-

---

[19] El marco que Heringman otorga a su estudio es la visión que la ilustración científica del siglo XVIII tuvo de la naturaleza montañosa. En otras palabras, este crítico explica la aparición de los primeros discursos modernos sobre la naturaleza. La dinámica que Heringman describe entre la visión romántica y la civilizadora-racionalista ha perdurado en el siglo XX.

vas del régimen, el pueblo supone un marco transparente de conocimiento, en el que todo se sabe o todo, tarde o temprano, puede ser descubierto. Esta pequeña urbe ha sido epistemológicamente domeñada mediante la adhesión voluntaria o mediante técnicas represivas. De cualquier forma, el resultado no es otro que la posibilidad de saber y conocer, de clasificar y organizar una amplia gama de información. En contraste, para el régimen, la montaña es una zona de complicado acceso no solo físico, sino sobre todo cognoscitivo. Los guardias civiles realmente no saben lo que sucede en el alto bosque ni lo que en éste se trama ni lo que éste puede deparar, y es precisamente esta carencia de conocimientos lo que hace de él un objeto inquietante, turbio y velado al control que el nuevo régimen aspira a tener del espacio.

Si desde esta perspectiva el monte es el espacio desolado que produce temor y desorientación; desde la óptica contraria, este ámbito adopta cualidades y connotaciones muy distintas. Para los maquis, el monte permite una inusitada libertad de expresión y movimiento. Es importante aclarar que la visión que de esta modalidad de naturaleza ofrece *Silencio roto* no se ajusta fielmente a la descripción pastoril y paradisíaca propuesta por Short. En esas alturas, con climas cambiantes y duros, y bajo condiciones de vida extremas, el alto monte no se parece a un amable vergel. Ahora bien, esta representación no impide que el énfasis del film se centre en la naturaleza como espacio de realización personal y comunitaria, un territorio utópico que permite la expresión de un sentir político. Para estos maquis, la organización espacial del pueblo responde al ímpetu violento y a la necesidad de dominio por parte del régimen, mientras que lo que queda más allá del pueblo (especialmente las cumbres cercanas) otorga un margen de decisión y acción.

El primer aspecto destacable de este territorio natural es su alto grado de politización. La mención verbal del monte o su aparición en la pantalla siempre vienen acompañadas de un alto contenido político. En otras palabras, en el monte cualquier palabra, presencia o movimiento adquiere una densidad política especial. De hecho, se podría argüir que la palabra monte y la imagen de éste se tornan objetos metonímicos de lo que en él ocurre. Éste es un hecho relevante porque este tipo de naturaleza (tenida por indomable y extremadamente agreste) ha sido el detonante para lo que Marina Schauffler denomina «the return to earth» (2002: 7): un rechazo de la historia y del devenir de los proyectos y acciones humanos con el fin de abrazar un elemento estable (las encrespadas rocas), último margen del devenir histórico o sencillamente una negación de éste. Las encrespadas rocas son recreadas, así lo explica Schauffler, como un más allá de la Historia, un volver a empezar, un nuevo y absoluto, aunque también imposible, punto de partida. Es importante aclarar que esta politización del paisaje tiene lugar en un film en el que los personajes no suelen tener discusiones políticas y son representados, sobre todo, como guerrilleros leales a sus camaradas. En una de las entrevistas incluidas en el DVD, Diego Botto explica que intentó inicialmente interpretar su personaje como el de un maquis muy politizado. Armendáriz le incitó, sin embargo, a adoptar una aproximación distinta a este papel.

Silencio roto muestra una concepción distinta ya que la montaña, en la lógica interna del film, no constituye el lugar de la no-Historia, sino el lugar desde donde esta última puede ser asaltada y reorientada en otra dirección. La naturaleza se convierte, por lo tanto, no en el paisaje de un retiro o de un abandono (lo cual supondría una versión actualizada del tópico horaciano), sino en el principal escenario de la actividad política de un grupo. En un momento dado, uno de los guerrilleros, al que conocen bajo el nombre postizo de Antonio, expone verbalmente esta lógica: «Cuando subes al monte, pierdes hasta el nombre. Es como si acabaras de nacer». La idiosincrasia de este renacimiento no reside, sin embargo, en una vuelta a la materialidad atemporal de la madre tierra, más allá del curso tortuoso de la Historia. Por el contrario, este renacer puede ser explicado como un proceso de intensificación política. De acuerdo a esta misma lógica, subir al monte o huir a él de modo definitivo supone adentrarse en una dimensión no sólo física o geográfica, sino también política.

El monte también tiene una fuerte impronta en la organización cronológica del film y en la psicología temporal de los personajes. Por una parte, el director, Montxo Armendáriz, se sirve de majestuosos planos de dos cumbres con los que indicar el paso del tiempo o la estación del año en que acontece la acción. Estas dos cumbres, nevadas, ocultas entre la lluvia o iluminadas por el sol, denotan el devenir del tiempo. De hecho, algunos de estos planos vienen acompañados de una indicación cronológica («otoño 1944», «invierno 1946» e «invierno 1948»). Estos saltos temporales no son transmitidos (al menos, en un primer momento) mediante la trama misma, mediante el envejecimiento de algún personaje o mediante alteraciones en la fisonomía del pueblo. Es el paisaje montañoso el que sirve para narrar la llegada de una nueva estación o incluso de un nuevo año.

Esta elección refrenda el influjo que el monte ejerce en la arquitectura espacio-temporal de los personajes. Una arquitectura en la que el pueblo queda asociado al presente político del país, mientras que la montaña evoca no sólo la posibilidad de un futuro mejor sino la idea misma de futuro. Tal y como se verá a continuación, los guerrilleros y sus seguidores en la urbe asocian la sierra al porvenir, de tal modo que estos espacios opuestos (urbe y monte) también implican dos modos de temporalidad. Mientras que la villa se presenta como un presente estancado o involutivo; el monte no solo promete un futuro alentador sino que, en el imaginario de los desafectos al régimen, ya es el futuro. En otras palabras, los distintos espacios despiertan emociones diversas en los personajes y también distintas impresiones y emociones temporales. Cada espacio es también un tiempo o, al menos, una forma de experimentar la sucesión de días y meses.

En diversos momentos del film, uno de los personajes, Manuel (Diego Botto), le comenta a su pareja la necesidad de seguir en la sierra porque dicha permanencia impide la cancelación del futuro o la posibilidad de éste. Lo relevante de estas razones es que Manuel las aporta indistintamente cuando la guerrilla ansía con ilusión la ayuda aliada tras la derrota nazi en la Segunda Guerra Mundial, pero también cuando dicha ayuda no llega y la posibilidad de cualquier cambio político en España parecen difuminarse. La estancia en las cumbres, incluso cuando ésta ya no parece destinada a desencadenar una victoria, permite la ilusión del futuro y la posibilidad de seguir refiriéndose a él.

El mismo final del film refuerza este poder denotativo de la montaña. El cierre narrativo conlleva el asesinato de cinco de los siete personajes de mayor relevancia (Manuel, Hilario, Teresa, Sebas y Rosario). La historia de los supervivientes tampoco es mucho más alentadora. Lola queda al frente del negocio familiar tras haber perdido a su pareja, Sebas, y además con los remordimientos de haber denunciado (sin motivos claros ni aparentes) a Hilario y a Teresa. Lucía tiene que abandonar el pueblo pues comprende que su propia vida corre peligro. Las últimas imágenes del film muestran a esta última en un autobús que surca la carretera en dirección a la ciudad. Esta descripción no hace, sin embargo, justicia al tono final de la narración. Un final bastante esperanzador, precisamente porque el monte se alza, en el último de los planos, como un signo de las posibilidades y realidades que el futuro puede traer. Junto al monte y a un cielo progresivamente despejado, surge también un imponente arco iris que recalca la impresión esperanzadora que el film trata de transmitir. Lo relevante es que dicha esperanza no surge del contenido mismo de la trama, sino de la presencia de un monte mayestático. Un monte en el que quizá ya no quedan maquis pero cuya misma existencia se alza como alegoría y anuncio de un tiempo más prometedor.

La sierra que rodea al pueblo también funciona como tropo de una comunidad humana cohesionada. En este sentido, *Silencio roto* expresa una dicotomía entre el modo de organización social del pueblo y el del monte. El primero se caracteriza por el disimulo y la desconfianza. El segundo por la colaboración y un sentido de corresponsabilidad. Tal y como expresa Alan H. Baker (1992) en un ensayo sobre las ideologías del paisaje, la naturaleza ha sido el escenario de sueños políticos, a veces un tanto nostálgicos. Frente a una modernidad basada en el progreso científico y tecnológico, en los constantes cambios políticos y sociales, en la progresiva urbanización y en el desmantelamiento de antiguas formas de vida, la representación de la naturaleza ha servido para recrear un estado de armonía en el que aún no hay lugar para todas las fracturas, tensiones e inestabilidades impuestas por la modernidad. En contraste con sociedades fracturadas, en las que el sentido de comunidad se ha perdido o ha sido sustancialmente alterado, la naturaleza es reinventada como el paisaje ideológico para colectividades que asumen su capacidad de interacción y sus dinámicas grupales como base fundacional de las identidades individuales.

La misma relación con el *locus* se presenta como un reto a la tendencia moderna a desterritorializar el sentido de identidad. En otras palabras, son valores abstractos (como nación, constitución, democracia, ciudadanía, etcétera), y no la pertenencia a un lugar específico, lo que define una modernidad muy preocupada por la movilidad y el cambio. Brian S. Osborne explica que esta cultura moderna del espacio y de los desplazamientos también ha creado discursos nostálgicos que buscan cultivar «the sense of oneness» en relación a la naturaleza (1992: 232), un hábitat firme e invariable que fortalece el sentido de cohesión colectiva. Este sentido de cohesión permite, a su vez, una redefinición de la propia identidad en base (no a esos valores más o menos abstractos), sino a la materialidad misma de un lugar.

Los argumentos de Baker y de Osborne pueden funcionar como un marco explicativo para diversos aspectos temáticos y visuales de *Silencio roto*. Este film ofrece dos tipos de presentaciones del monte o, en los términos de Nicholas Green, «[two] codes of vision in assessing landscape» (1995: 31). Por una parte, el monte desde dentro. Por otra, el monte desde una perspectiva panorámica. El primer tipo de representación muestra a los maquis escondidos entre los árboles, luchando contra las inclemencias y procurando esquivar las batidas de la Guardia Civil. El segundo tipo responde a una estética de lo sublime, en la que los montes aparecen rodados con envolventes tomas aéreas, contra un fondo de amaneceres o puestas de sol, desdibujados por la niebla o enaltecidos por la luz.[20] Obviamente, estos planos no están destinados a aportar información sobre los pesares o acciones de los maquis, sino a desencadenar una admiración estética en el espectador.

En *Silencio roto* esta admiración sirve, en primer lugar, para transmitir una versión ennoblecedora del compromiso político de los maquis. En otras palabras, el monte es un espacio que representa el proyecto y los anhelos de estos guerrilleros. Son precisamente las tomas panorámicas del monte las que aporta una visión estetizada y armónica de las cumbres en tanto que territorio (físico y simbólico) de armonía, intensa belleza, serenidad, quietud y majestuosidad de proporciones y formas. Ésta es la razón por la que la alta sierra aparece periódicamente rodada desde la distancia, como si se tratase de un signo de puntuación narrativo. Entre las distintas secciones de la trama, dicho signo transmite al espectador la calidad moral no sólo del mismo referente visual (el monte), sino también de los que lo habitan y del proyecto defendido por éstos.

Desde esta óptica, podemos volver ahora al título y a la última imagen del film. No deja de resultar paradójico que una película dotada de un cierre narrativo tan trágico encuentre un motivo de esperanza en la presencia misma del monte. Pareciera que *Silencio roto* planteara lo siguiente: los maquis van siendo aniquilados, los personajes principales caen en el desaliento y, en la mayoría de los casos, son víctimas fatales de la represión del régimen. Las fuerzas aliadas no están dispuestas a prestar ningún tipo de ayuda, los apoyos logísticos disminuyen, las posibilidades de éxito desaparecen y, sin embargo (y este «pero» reviste gran importancia), el monte queda y perdura. Obviamente, el monte ha

---

[20] En los paisajes de Turner, Constable o Delacroix, hay un evidente interés por la imprecisión de los límites de las formas, los horizontes y los efectos de profundidad. En estas pinturas hay una visión de la naturaleza como algo incontrolable y liberador, intimidatorio y desproporcionado al mismo tiempo. De cualquier forma, estos espectáculos paisajísticos entienden su objeto/referente como un límite para la capacidad analítica y clasificadora de la razón.

pasado a encarnar y ostentar los planes y las ilusiones de los que en él luchaban. Éstos pueden desaparecer pero no el espacio natural que una vez convirtieron en su hábitat.

El mismo título del film también está relacionado con esta visión utópica de la naturaleza y con el papel jugado por ésta en la Guerra Civil. «Silencio roto» expresa un estado de cosas que abrupta y violentamente ha sido desmantelado, una ruptura y una quiebra que descomponen una armonía anterior. De hecho, el film ilustra audiovisualmente esta interpretación. *Silencio roto* comienza con una sucesión de siete planos que tiene como referente zonas montañosas de grandes proporciones. La impresión de serenidad, orden y proporción que esta naturaleza aporta en los tres primeros planos queda sorpresivamente rota cuando un disparo deshace, en el cuarto plano, el anterior silencio. A este disparo le siguen otros muchos que terminan por espantar a las aves y por cambiar la impresión que, en un primer momento, estos montes habían ofrecido al espectador.

En un instante muy posterior del film, cuando los guerrilleros han tomado el pueblo, una escena parecida tiene lugar. Manuel y Lucía encuentran un momento de calma para hablar y abrazarse sobre el fondo soleado de los montes circundantes. La cámara describe un recorrido envolvente sin perder nunca el fondo engrandecedor. Este momento de intensa serenidad, dominado por un tono de suave melodrama, queda interrumpido por unos disparos. Tanto en esta escena, como en la anteriormente descrita, hay un silencio (asociado al monte) que el ruido de las armas rompe abruptamente. La montaña representa el instante de silencio y ambos, el silencio y la alta sierra, alegorizan un estado de concordia y cohesión que la violencia enturbia. Este hecho es relevante porque coincide con una tendencia estética, ya mencionada en este capítulo, a representar el periodo anterior a la Guerra Civil como un momento idílico perdido.

El problema de este título y de su ilustración en el film reside en la representación de la Guerra Civil en unos términos poco dialécticos. Independientemente de la interpretación que se le otorgue a la contienda, ésta no descompuso ningún silencio armónico, ni en términos políticos, ni sociales, ni culturales, ni tampoco sentimentales. De hecho, la elección estética del monte (en tanto que representación emblemática de ese silencio armónico) resulta discutible porque responde a una «utopía rural» en la que la naturaleza parece hablar de un embellecido pasado nacional, protagonizado por una pureza, una candidez y una armonía esenciales. Cualidades estas que el ruido de la violencia rompió definitivamente.

Otra de las facetas temáticas del film, estrechamente relacionada con esta versión utópica del monte, es la relación sentimental que mantienen Lucía y Manuel. Por una parte, se podría argüir que el monte constituye, tal y como Lucía afirma constantemente, un insalvable impedimento para la estabilización de su vínculo amoroso con Manuel. Por otra, es evidente que el monte es el elemento que otorga una especial intensidad a la relación. En otras palabras, aunque Lucía se queja del papel que el monte ha jugado en su nexo con Manuel, no cabe duda que el trato que éstos mantienen adopta un derrotero narrativo bastante más intenso una vez que este último personaje se une a la guerrilla. En primer lugar, la comunicación entre ambos adquiere un mayor grado de espesura y sinceridad. Sus conversaciones se ven impregnadas de un tono de urgencia y de una relevancia de los que antes carecían. Estos encuentros en el monte constituyen auténticos puntos álgidos de la narración del melodrama que este film alberga en su interior. Obviamente, este film entronca con una tradición de narraciones sobre la guerra en las que el hecho bélico se convierte en el escenario trágico que redimensiona y potencia la trama amorosa. En el contexto de la Guerra Civil, *For Whom the Bell Tolls* (1940) ha sido probablemente uno de los texto más influyentes.

En segundo lugar, la combinación de un amor trágico y el fondo histórico de una larga guerra dota a la relación entre Manuel y Lucía de un valor sacrificial. De hecho, este fondo histórico redimensiona sus encuentros y separaciones, y convierte a Lucía y Manuel en dos personajes políticamente relevantes. La imposibilidad de dotar a su vida en pareja de cierta cotidianeidad no es otra cosa que el precio de un compromiso con el proyecto de los maquis. Por estos motivos, el monte no sólo no hace de freno para el desarrollo narrativo de esta línea melodramática, sino que por el contrario la potencia y redimensiona. La montaña, especialmente en la noche, es el escenario de las decisiones más dolorosas pero también más necesarias, en definitiva, de la intensificación y densificación no sólo política sino también sentimental. El sentido de la naturaleza en *Silencio roto* tiene, en conclusión, una directriz bastante clara. La retórica del film parece proponer que en el monte todo es más auténtico, intenso y relevante: un espacio en el que Manuel, Lucía y tantos otros redescubren las clases esenciales, tanto ideológicas como emocionales, de sus trayectorias.

Este tratamiento de la naturaleza no es ajeno, por otra parte, a la filmografía de Montxo Armendáriz y, en especial, a uno de sus primeros y más celebrados films, *Tasio* (1981). Un breve repaso a este film puede ayudarnos a entender algunos aspectos de *Silencio roto*. *Tasio* cuenta la historia de un personaje homónimo que, a los ocho años de edad, se instala definitivamente en el monte y, con catorce, emprende una carrera como carbonero. Este personaje presencia diversos movimientos migratorios que progresivamente desertizan pequeñas aldeas y zonas rurales. El film tiene un tono documental y presta una detallada atención al oficio de Tasio. Éste se dedica a la fabricación de carbón vegetal mediante un antiquísimo sistema de combustión que exige pericia y gran cuidado. De hecho, *Tasio* es un film muy atento a la dignidad de los oficios, en especial, aquéllos que la creciente industrialización del país, desde los años cincuenta, ha puesto en peligro o sencillamente ha hecho desaparecer. Esta obra, como buena parte del cine de Armendáriz, tiene un cariz ecológico no sólo en su respeto y admiración por ciertos espacios naturales, sino también por su encomiástico retrato de los oficios, formas de vida, costumbres y habilidades que una modernidad industrial y tecnológica va destruyendo. *Tasio* entiende estos cambios como imposiciones y como atentados contra tradiciones muy válidas, que atesoraban un conocimiento ancestral, oralmente transmitido durante muchas generaciones.

El posible diálogo que proponemos entre *Tasio* y *Silencio roto* depara la siguiente lectura de este último film. El franquismo no sólo fuerza la inevitable desaparición de los ideales republicanos o la expulsión de sus defensores del territorio patrio, sino también el principio del fin de un determinado sistema de vida. El franquismo conlleva, en la obra de Armendáriz, el paulatino abandono del pueblo y, con posterioridad, la despoblación del monte. Al igual que sucede en *Tasio*, esta desertización del campo, que en el caso de *Silencio roto* se produce por motivos políticos y no tanto socio-económicos, da pie a una representación nostálgica y sentimental de un mundo rural del que se retrata precisamente su incipiente y definitivo declive. Es importante recordar, por ejemplo, que algunos personajes se definen a sí mismos o son definidos por el pueblo de acuerdo a la profesión que realizan. El novio de Lola, Sebas, es conocido como «el ovejero». Manuel es presentado por el film (y esta elección no es casual ni gratuita) en la herrería donde realiza un trabajo milenario, aunque hoy desaparecido.

En la obra de Armendáriz, el franquismo trastoca este mundo de nobles oficios, que es también la plasmación visible de un orden comunal. Los oficios exigen de pericia manual, del esfuerzo individual y de un proceso de aprendizaje. Los oficios surgen de la reorganización del trabajo en un grupo y a este grupo social está dirigida su productividad. Su dignidad radica en la larga tradición que los precede, pero también en su reciente y rápida extinción en un tipo de sociedad, la contemporánea, en donde lo manual ha quedado devaluado y en donde la tradición de una labor es mucho menos relevante que su carácter innovador. De hecho, la misma tarea del guerrillero puedo ser leída en este film en el marco conceptual de los oficios: un oficio que además cuenta en España con una evocadora tradición desde la Guerra de Independencia (1808-1814). Este oficio concreto se sirve con astucia de las peculiaridades del terreno, surge de una demanda comunitaria y se realiza con un alto grado de disciplina y atención.

El final de estos últimos soldados de la Segunda República se suma por lo tanto al acabamiento de comunidades, de proyectos políticos, de formas rurales de existencia y de longevos oficios. Son todas estas extinciones las que quedan proyectadas en una naturaleza impactante, planteada y rodada en *Silencio roto* como una sucesión de estampas paisajísticas de aspecto sublime o como un espacio de libertad y expresión para los maquis. Un espacio situado en los márgenes de una pequeña urbe tomada por las fuerzas del régimen franquista. Tanto *Silencio roto*, como *Tasio*, comparten esta mirada nostálgica y sentimental (bastante más sentimental en el caso del primer film) que tiene como objetivo un mundo rural en el que todo parecía atender a un orden.

Una escena de *Silencio roto* ilumina perfectamente la afirmación anterior. En la sección del film que arranca con el subtítulo de «Verano 1946», los maquis bajan al pueblo, desarman a los guardias civiles y, durante unas horas, implantan una breve y transitoria revolución social. Se organizan juicios, algunos jerifaltes del pueblo son ajusticiados y, finalmente, guerrilleros y simpatizantes locales cantan y beben en la taberna hasta altas horas de la noche. En un film caracterizado por una banda musical de tonos melodramáticos y por una tonalidad de colores muy simple, dominada por los claroscuros, esta escena de risas, canciones y gritos de exaltación acepta ser entendida como el punto de mayor regocijo colectivo. Lo relevante de esta escena no es solamente su inusual luminosidad y algarabía, sino lo que revela de la revolución social traída por los maquis o, en otras palabras, lo que revela de la versión que este film ofrece de dicha revolución.

En este sentido, se podría afirmar que cuando el monte y los que lo habitan bajan al pueblo, el principal cambio radica en la recuperación de un sentido de grupo, entendido este último como una colectividad solidaria y en el que las fracturas y las escisiones relevantes resultan solventadas. Pareciera que esta revuelta contra las imposiciones franquistas recupera un estado de alegría coral y de unidad corporativa. En otras palabras, el alzamiento contra la Guardia Civil desmantela temporalmente el manto impositivo del régimen y reinstaura el estado natural (cohesivo y compacto) de este pueblo-población.

Esta revisión de la naturaleza resulta muy relevante para la imagen que de la Guerra Civil depara *Silencio roto*. Como sucede en otros filmes y novelas aquí tratados, este periodo de la historia nacional y, en concreto, la defensa de la Segunda República tienen el valor de una sociedad y de un periodo ejemplares, dotados de características utópicas. Esta resignificación y revalorización de la naturaleza resulta lógica y, hasta cierto punto, no representa ninguna sorpresa en un contexto histórico y geográfico, la Europa occidental de principios del siglo XXI, en el que, como explica David Lowenthal, «places where rural life prevails are now rare» (1997: 181). Esta naturaleza se presenta como un espacio domeñado por una modernidad secularizadora que la ha desprovisto de cualquier contenido espiritual o religioso. Más aún, la naturaleza es percibida como un espacio arrinconado frente a una sociedad industrial, expansiva y poco respetuosa con su hábitat.

Es en este momento cuando surge una mirada nostálgica (una ecología marcada por la añoranza) que reconstruye los espacios naturales como auténticos templos de espiritualidad de los que no sólo se extrae cierto placer estético, sino también enseñanzas y sentidos. Hay detrás de esta mirada una retórica de lo primigenio y de lo auténtico, valores éstos que han sido distorsionados por lo que no es natural ni auténtico, es decir, la urbe, el progreso, los cambios tecnológicos, las rápidas mutaciones, la manipulación del espacio, etcétera. Esta mirada no es, por supuesto, novedosa en la literatura española. Sí lo es quizá su asociación con la Guerra Civil y que esta asociación se produzca con el propósito de ofrecer una imagen utópica de la Segunda República o, al menos, de su defensa en los años treinta y cuarenta.

5. La utopía cultural en *Los colores de la guerra* y *La hora de los valientes*

La Segunda República española deparó, tal y como han explicado Andrés Trapiello o Peter Monteath, una íntima convivencia entre algunos intelectuales y la vida política del país. De hecho, este periodo fue descalificado por algunos detractores como «la república de los intelectuales». En general, la década de los treinta produjo, como argumenta José-Carlos Mainer en un reciente ensayo, severos cambios en el ambiente cultural europeo (2005). Unos cambios que redujeron la distancia existente entre el compromiso político y la carrera literaria o artística de muchos escritores, pintores o filósofos. Los años treinta fueron el periodo del compromiso, de la implicación en una causa política o en un partido determinado.

De cualquier forma, no es nuestra intención resumir las complejas, profundas y difíciles transformaciones del ambiente cultural español de los años treinta, sino tan sólo apuntar que los filmes y narraciones sobre la Guerra Civil estrenados o publicados en los últimos diez años entroncan con una larga tradición historiográfica, audiovisual y novelística que ha enfatizado la privilegiadas relaciones mantenidas por la Segunda República y la denominada alta cultura. En novelas como *Los colores de la guerra* (2002) de Juan Carlos Arce o filmes como *La hora de los valientes* (1998) de Antonio Mercero, el bando nacional es representado como una violenta fuerza desprovista de sensibilidad hacia las manifestaciones artísticas, es decir, más interesada en los aspectos pragmáticos de la contienda. Por el contrario, en el bando de la Segunda República quedan enmarcados los personajes que aprecian las cualidades estéticas de grandes manifestaciones artísticas y que hacen de su trayectoria durante la guerra un persistente esfuerzo por proteger dichas piezas.

Los colores de la guerra y *La hora de los valientes* tienen como punto de partida un episodio concreto de la Guerra Civil: la evacuación del Museo del Prado y el traslado de los cuadros de Madrid a otras ciudades españolas y europeas.[21] En ambas narraciones, un cuadro (un autorretrato

---

[21] Las obras más populares de Antonio Mercero pertenecen a la pantalla chica. Tanto *Verano azul* (1981) como *Farmacia de guardia* (1991-1995) han sido dos series decisivas para el devenir de la televisión en España. Su labor como director de largometrajes

de Goya en el caso del film y *Vista del jardín de la Villa Médicis* de Velázquez en el caso de la novela) cae en manos de ciudadanos particulares, que entablan una particular forma de relacionarse con estos cuadros, de tratarlos, compartirlos con otros personajes y finalmente de concebir una futura y definitiva ubicación para éstos. De hecho, las pinturas de Goya y Velázquez se convierten en el centro narrativo de la trama y en una fuente de información sobre cómo Antonio Mercero y Juan Carlos Arce entienden el rol de las piezas pictóricas en relación a la contienda, a la subjetividad de los personajes y a la evolución moral de éstos.

El desalojo de los cuadros del Prado es retratado como un motivo de consternación para varios personajes en el film o para el mismo narrador de la novela. Obviamente, la seguridad de los cuadros es una de las causas de la preocupación, aunque ésta no explica completamente el desasosiego que muestran, por ejemplo, Miralles en *La hora de los valientes* o el narrador en *Los colores de la guerra*. Hay una insatisfacción o incomodidad cultural más básica ante dicha mudanza: el Prado es entendido como el receptáculo natural y obvio de estas obras. Cuando el autorretrato de Goya o la *Vista del jardín de la Villa Médicis* abandonan el Prado no se desprenden de un contexto temporal o fortuito, sino del contexto al que estos lienzos parecieran pertenecen.

Son significativos, por ejemplo, los términos que Miralles elige para explicar su padecimiento ante un Prado vacío de óleos («como si me arrancasen una uña» [11]). La comparación es ilustrativa porque pretende enfatizar lo anodino y doloroso de un Prado sin los cuadros de Goya o Velázquez, pero también lo insólito de éstos últimos sin ese marco arquitectónico. El Museo del Prado es entendido, no como uno de los muchos posibles destinos en los que estas obras tendrían cabida, sino como su definitivo punto de partida. La conclusión es clara: el museo no se explica sin su contenido, pero dicho contenido también resulta inconcebible e in-

---

ha deparado obras en las que destaca el interés (a veces empalagoso) por la infancia y las relaciones familiares, como sería el caso de *Planta 4ª* (2003), *Buenas noches, señor monstruo* (1982) o *Espérame en el cielo* (1988), que aborda las relaciones entre el doble de Francisco Franco y su esposa. Juan Carlos Arce es, por su parte, novelista y dramaturgo. Algunas de sus piezas teatrales, como *Para seguir quemando preguntas* o *Retrato en blanco* fueron estrenadas en salas españolas y norteamericanas. Entre su novelística destaca *El matemático del rey* (2000), *Melibea no quiere ser mujer* (2001), *La mitad de una mujer* (2001) y *La orilla del mundo* (2005). Estas obras tienen como protagonistas a personajes femeninos y las dos primeras tienen una ambientación de época. Arce es un narrador de interesantes tramas, con habilidad para recrear atmósferas.

imaginable sin el primero. Museo y cuadros se pertenecen los unos a los otros (uña y carne), conforman una unidad que, al ser rota, desencadena, no una oportunidad para repensar la misma idea o necesidad de un museo como el Prado, sino la impresión de destierro y orfandad.

Este tratamiento contrasta con la crítica que del sistema museístico tradicional se ha realizado en las últimas décadas. Una crítica que tiene en su base, tal y como explica Ivo Maroevic, la reconsideración del museo como un proyecto histórico-nacional, llevado a cabo con una determinada agenda ideológica, que además afecta severamente al sentido de las obras expuestas y a la forma en que el público o los espectadores se relacionan con éstas (1995: 35). No son, por lo tanto, evidentes ni espontáneos los lazos que mantienen un conjunto de objetos y el edificio en el que son expuestos, aunque estos lazos se presenten como naturales o aunque la historia que los respalda tienda a ser olvidada. Gracias precisamente a este olvido, se borran los intereses y las motivaciones para la construcción de grandes centros estatales de almacenaje, cuidado y exposición, en los que quedan instalados los resultados más brillantes del «genio nacional». Estos centros refuerzan la autoridad centralizadora del Estado, crean una impresión de comunidad artístico-espiritual con la que puede comulgar toda la nación y perfilan los límites de un canon basado en exclusiones e inclusiones.

La idea del «genio» aparece también con regularidad tanto en *Los colores de la guerra* como en *La hora de los valientes*. De acuerdo a esta perspectiva, el museo sería «the temple in which to celebrate the human genius of the few» (Kotler/Kotler 1998: 31), un selecto club cuya función consiste en la admisión de aquellas piezas que realmente ameritan entrar en el «templo» (en la terminología de los Kotler) de los elegidos. Esta versión de los grandes museos del estado ignora su carácter normativo y selectivo, su capacidad, no para responder y reflejar fielmente un estado de cosas, sino para crearlo. En el film de Mercero, los personajes se refieren a Goya como «el maestro», mientras que en la novela de Arce, un experto en la materia llamado Vogel sentencia: «Se trata de una obra realmente magnífica. [...] Es una variación impresionista pintada en pleno siglo XVII. Una anticipación que sólo un *genio* como Velázquez podía hacer» (233; cursiva nuestra).

Este tratamiento tan reverencial para Goya, Velázquez y las obras acogidas por el Prado se solidariza con la versión romántica del genio y, sobre todo, con el carácter y la supuesta función, meramente recolectora, del museo. Éste se limitaría a acoger en su seno y a exponer a aquellos artistas excepcionales que logran en su campo resultados sobresalientes. El problema de conceptos como «lo excepcional» o «lo genial» no es otro que el de su identificación y su posterior justificación. En esta tarea, la figura del experto se convierte en un filtro necesario para discriminar entre los genios y los que no lo son, entre los elegidos para estar ubicados en los lugares preeminentes de la exposición y los que quedan relegados a la bodega o a museos «menores». En las narraciones que aquí se analizan, los expertos también juegan un papel fundamental.

En *Los colores de la guerra*, hay toda una subtrama en la que destacados dirigentes culturales y mandatarios políticos del momento (como Joseph Avenol, Jacques Jaujard, Julio Álvarez de Vayo o Timoteo Pérez Rubio) aparecen como personajes-expertos que deciden lo que más le convienen, el mejor destino y el recorrido más adecuado para el conjunto de lienzos. Por su parte, en *La hora de los valientes*, Miralles encarna el papel de un ilustre erudito que, con evidentes dosis de paternalismo, instruye al protagonista, Manuel (Gabino Diego), en los valores y genialidades de Goya. En ambos casos, el tratamiento de la figura del especialista es muy positivo porque la relación entre este último y los lienzos no es plantada como una relación de poder y control, sino de desinteresado aprecio de valores exclusivamente estéticos. Las pinturas carecen de iniciativa en tanto que objetos, y dicha carencia viene a ser suplida por los eruditos que, gracias a sus conocimientos y sofisticadas técnicas de análisis, saben no sólo qué quiere decir el cuadro sino también qué necesita éste, dónde debe ser colgado, cuál es su mejor ubicación.

Resulta muy ilustrativo comparar este versión (según Arce y Mercero) del trato mantenido por algunas piezas de arte y sus responsables político-culturales con, por ejemplo, la apreciación que de este asunto ofrece Hilde S. Hein: «They [experts/specialists] would be confident in their ability to judge, and their judgments would have seemed self-evident. We may regard their self-assured sense of entitlement and over didacticism as arrogant and excessive. [...] There is no doubt that it was patronizing, but it was, in many instances, coupled with an equally strong sense of moral purpose and civic responsibility» (2000: 142). Hein apunta precisamente a la dinámica que explica a estos personajes en *La hora de los valientes* y *Los colores de la guerra*. Por una parte, el paternalismo cultural y el control político. Por otra, una actitud moral y cívica ante la obra de arte. El experto ostenta, en definitiva, un poder otorgado por sus propios conocimientos. Estos últimos le permiten una relación de privilegio y poder con su objeto de conocimiento y análisis.

Esta relación implica también una tarea de mediación y explicación para que los no-expertos tengan un correcto entendimiento de la obra.

El film de Mercero y la novela de Arce saltan sobre este problemática para representar el museo no sólo como un espacio que le pertenece al «pueblo», sino como una plasmación de la voluntad de éste. Manuel, protagonista de *La hora de los valientes*, afirma lo siguiente ante la insistencia de su tía (Adriana Ozores) para que venda el cuadro de Goya: «¡El arte es del pueblo y ya está!». Por su parte, uno de los personajes de *Los colores de la guerra* concluye que «el museo del Prado [es] de todos los españoles». La utopía que plantean estas dos narraciones parte precisamente del estado de excepción creado por la contienda, un estado en el que el Prado parece democratizarse, acercarse al «pueblo», volver a él. Aunque el concepto de «pueblo» nunca es definido por el protagonista del film, parece referirse a la clase obrera o, al menos, a sectores económicamente desfavorecidos.

Ésta es probablemente la paradoja central de este film y de esta novela. Por una parte el museo del Prado, su unidad perdida y su diseminación se tornan un motivo de lamentos y miedos. Los cuadros abandonan su hogar y caen en un destierro que, en el caso de *Los colores de la guerra*, encuentra su eco en el exilio de Antonio Machado (que como personaje aparece en diversos momentos del texto). El Prado es de todos los españoles, le pertenece al pueblo, y su radical desmantelamiento se convierte, como afirmaría Uberto Eco, en una dolorosa «metáfora epistemológica» de la fragmentada situación político-cultural de una España en guerra. Por otra parte, es precisamente el desmoronamiento del Prado lo que expulsa los cuadros a las carreteras para que sean aplaudidos por el pueblo (*Los colores de la guerra*, 13), lo que lleva un cuadro de Goya al hogar de unos anarquistas (*La hora de los valientes*), en definitiva, es el vaciado del museo lo que hace del Prado una experiencia abierta y lo que, en estas dos narraciones, achica o incluso anula la distancia entre el pueblo y los lienzos.

Este hecho encuentra una clara plasmación visual en una de las primeras escenas de *La hora de los valientes*. Una de las salas principales del Prado aparece transformada por la presencia de tropas, armas y sacos amontonados. El ambiente respetuoso y callado del edificio se ha visto transformado por un ir y venir de cuadros, órdenes y carreras. Parece que nadie presta atención a las pinturas hasta que las *Meninas* de Velázquez atraviesa la sala (sobre los hombros de varios soldados) en su camino hacia la salida del edificio. Con un plano general, el film muestra cómo los gritos, prisas y acciones paralelas que acontecen en la enorme habitación se ralentizan hasta detenerse. La banda sonora de ruidos y voces da paso a un melodioso hilo musical. Durante unos segundos, los soldados se desentienden de sus quehaceres y quedan arrebatados por la maestría de Velázquez. Todos juntos, en silencio, admiran el lienzo y participan colectivamente en el rito espectadorial.

Esta escena reviste una notable importancia porque refuerza la visión utópica de la Guerra Civil, en especial, del bando republicano y de su relación con la alta cultura. Esta escena asume un determinado gusto estético en tanto que don innato. Un don que cualquier ser humano puede ejercer si se le ofrece la oportunidad. En otras palabras, no deja de resultar paradójico que Mercero muestre cómo unos soldados (en principio ocupados en una difícil guerra y en unas urgentes órdenes) quedan paralizados e impactados, simultáneamente y sin excepción, por la presencia de un lienzo. De hecho, esta presencia da pie a una suerte de experiencia seudo-religiosa en la que, de manera espontánea y sin mediación alguna, participan todos los milicianos. En concordancia con la retórica humanística del film, esta escena parece proponer que las grandes piezas maestras y los grandes genios del arte se dirigen a un denominador común de carácter universal sobre el no existen condicionantes de edad, clase, sexo o procedencia geográfica.

Esta determinada representación resulta problemática porque, tal y como afirma Steven Lavine, «it is dangerously easy to [...] celebrate shared experience while actually selecting exhibiting themes that implicitly support claims to superiority by the dominant culture» (1992: 141). Lavine replantea y examina en su interesante ensayo las relaciones entre los museos y las comunidades o élites que los crean, financian, organizan y rigen. Sus conclusiones al respecto son dos. En primer lugar, un centro de exposición puede ser visitado y apreciado por una gran variedad de público, pero eso no anula el hecho de que todo centro responde a un proyecto político determinado y a los intereses de una determinada clase. En segundo lugar, Lavine afirma que no hay nada natural y espontáneo respecto al trato que una comunidad mantiene con un museo. En otras palabras, la capacidad para apreciar una colección pictórica en un espacio determinado exige un entrenamiento.

La experiencia del espectador constituye un rito social y, al mismo tiempo, un interminable proceso de aprendizaje. Lavine concluye que aprendemos a ser espectadores y visitantes de museos, de igual manera que aprendemos a valorar y apreciar como experiencias estéticas el contacto con determinadas obras u objetos. La tradición humanística entiende, como afirma este crítico, que «taste and expertise justif[y] the right of trustees, curators and museum scholars to present what they believe their audiences should know» (1992: 138). La respuesta a esta tradición humanística no consiste en negar el valor estético de una pieza o el conocimiento que de ésta posee un alto funcionario del museo, sino en mostrar que dicho valor estético y dicho conocimiento no son neutros. Éstos no sólo responden a unos intereses de clase, genéricos, geográficos o étnicos, sino que también se enmarcan en un contexto histórico que los produce, sostiene y justifica.[22]

La versión universalista y esencializadora de los valores custodiados en el Prado también puede ser rastreada en *Los colores de la guerra*. Tal y como antes mencionábamos, el narrador de la novela cuenta que «hombres y mujeres aplaudían al ver pasar los cuadros sobre ruedas» (13). Poco después, un cuadro de Goya sufre algunos desgarrones por lo abrupto del transporte, provocando la siguiente respuesta: «la madre de un miliciano [...] le arrancó la camisa a su hijo y se acercó al lienzo roto con ella en la mano [...], pidiendo a gritos que le dejaran coser el cuadro con aquella ropa. Agachada, con las rodillas en el suelo, ponía sobre la pintura la camisa y avisaba a las vecinas para que le llevaran hilo y agujas» (13). Por una parte, esta descripción recuerda a la escena bíblica en la que la Verónica presta su ayuda a Jesús en su camino hacia el Calvario. Por otra parte, estos posibles ecos cristólogicos deben ser matizados porque Juan Carlos Arce muestra a un pueblo volcado con los lienzos-víctimas, deseoso de ayudar y mostrar su incondicional respeto hacia el ilustre cargamento de los camiones.

Los personajes de Mercero y Arce reaccionan de una manera muy parecida. Esta reacción parece guiada por dos principios fundamentales: sincronización e inevitabilidad. Por una parte, todos los soldados que vacían el museo en el film y todos los aldeanos que saludan a la caravana de camiones en la novela, lo hacen simultáneamente, como una

---

[22] Bourdieu, Darbel y Schnapper entienden que en las piezas museísticas no se encuentra «any fundamental value in themselves» (1992: 12). Con esta provocadora afirmación estos sociólogos entienden que el valor estético no es fundamental o esencial, sino que es construido social e históricamente. Uno de esos métodos de construcción del valor es precisamente el museo. Duchamp entendió y manipuló hábilmente esta dinámica, proponiendo instalaciones que adquirían un estatus artístico simplemente por su ubicación en un determinado centro de exposición.

misma iniciativa común convirtiera a estas comunidades en un sólo cuerpo. Por otra parte, esta reacción sincrónica no surge de ningún plan preestablecido, ni de ninguna orden exterior. Todos dirigen su atención a las *Meninas* o al desfile de lienzos de una manera que podría ser calificada de inevitable. Estas escenas suscitan las siguientes preguntas: ¿qué elemento o aspecto de las pinturas inspira tanta cohesión?, ¿con qué se identifican simultáneamente tantas individualidades?, ¿qué valor unifica los pensamientos y acciones de soldados y lugareños, tanto en *La hora de los valientes* como en *Los colores de la guerra*?

En la novela de Arce, el narrador comenta que los camiones cargados de lienzos dejaban «en el aire olores de pintura antigua, ráfagas de historia, aromas de cultura» (12). Más adelante, este mismo narrador afirma que Álvarez del Vayo iba a hacer todo lo posible por salvar los cuadros de las bombas fascistas con la conciencia de «[estar] tomando decisiones que afectaban a la Historia» (85). Estas afirmaciones comparten un mismo énfasis en la Historia. Ahora bien, ¿a qué Historia se refiere este narrador? Es evidente que este último parte de ese metarrelato de grandes hechos, personajes y fechas de la historiografía más tradicional. Tanto el Prado como esta Historia parecen constituir un legado común y una herencia compartida en los que coinciden milicianos, habitantes del campo, celadores, expertos, altos mandatarios culturales y políticos de diversas nacionalidades, en conclusión, todos los que conforman ese pueblo (al que se oponen las fuerzas fascistas, sus interesados políticos y sus insensatos bombardeos).

En el film de Mercero hay una parecida insistencia en las obras de arte y, en concreto, en aquéllas custodiadas por el Prado como un espacio y un dominio comunes. Miralles afirma, por ejemplo, en una conversación con Manuel que «en medio del desorden de la guerra *todos* tenemos la obligación de salvar las obras que lleguen a nuestras manos» (cursiva nuestra). El mismo Manuel, en el preludio de esta conversación, afirma que necesita charlar con Miralles porque «[la salvación del autorretrato de Goya] es muy importante para él, para el museo del Prado, para *todos*» (cursiva nuestra). El contenido y los límites precisos de ese «todos» nunca es aclarado pero parece referirse a una comunidad nacional o, al menos, a ese sector de la comunidad nacional, el republicano, con sensibilidad y respeto desinteresado hacia las obras de arte.

La hora de los valientes y *Los colores de la guerra* parecen alterar el orden de las causas y de los efectos. En otras palabras, los museos no muestran un legado común para que una comunidad entienda las profundas y antiguas raíces de su cohesión, sino que retroactivamente reinventan esas raíces supuestamente compartidas con el fin de fortalecer la imagen que de unidad tiene un grupo. Los museos tradicionales producen, en definitiva, lo que Alma Wittlin ha denominado «an utilitarian value» (1970: 3): un conjunto de objetos utilizado por la comunidad y por sus responsables para ejercer una fuerza cohesionadora. El museo prueba, como explica Kenneth Hudson, «that the nation's cultural assets belong to the people as whole» (1975: 27). Es más, se podría completar la idea de Hudson afirmando que los museos estatales (como el Prado) no sólo ofrecen la impresión de pertenecer, tal y como afirmaba un personaje de *Los colores de la guerra*, a «todos los españoles», sino que además refuerza la idea de «los españoles» en tanto que comunidad de orígenes y carácter, cuyas manifestaciones más ilustres quedan expuestas para el regocijo y admiración colectivos. La guerra se torna en el idóneo contexto histórico en el que recrear una utopía cultural: una población al frente del arte que la representa, en armónica interacción el uno con el otro.

Esta utopía cultural y museística de origen humanista e ilustrado (el siglo XVIII fue, como explica Dillon Ripley,[23] el origen del museo moderno (1969: 24-37) ha encontrado una contra-versión. Si hay un tema recurrente en la bibliografía más reciente sobre las bases filosóficas y éticas sobre las que se asientan los grandes centros de exposición, este tema es la necesidad de una cultura museística que emprenda un proceso auto-crítico. Este proceso deberían tener como última finalidad el abandono de cualquier pretensión universalista y la construcción de museos que, como explican Gary Edson y David Dean, respondan a la pluri-culturalidad de una época y de un contexto determinados (1994: 5). La articulación de esta diversidad no pasa por hacer de la variedad la piedra de toque de cada museo, sino por crear un ambiente cultural en el que cada museo debe ser consciente de a quién representa y a quién

---

[23] Ripley se refiere a la definición que The American Association of Museums ofrece de su propia función y de la función que, en general, los museos deben cumplir: «Museums, in the broadest sense, are institutions which hold their possessions in trust for humankind and for the future welfare of [human] race. Their value is in direct proportion to the service they render the emotional and intellectual life of the people» (1969: 30). Son evidentes las asunciones humanísticas de esta definición, su pretendido carácter civilizador, su insistencia en el bien colectivo, su servicio a la causa de la humanidad y a los valores del ser humano.

se dirige. Este ambiente otorga conciencia política a los museos y además desenmascara el falso universalismo de centros que pretenden representar a todos.

En este sentido, hay una clara añoranza en las obras de Arce y de Mercero por un museo de trascendencia y significado globalizadores. Museos en los que amplias y heterogéneas comunidades encuentren un marco común de entendimiento y acción. Esta añoranza llega además en un momento clave en la trayectoria de los grandes museos que, como explica Stephen Weil en dos textos sobre este asunto, se caracteriza por la siguiente disyuntiva: definirse como instituciones «purpose-oriented» (en donde criterios artístico-profesionales imperan) o bien como organismos «market-oriented» (en donde la rentabilización del propio contenido y continente del museo predomina).[24] Este momento viene dado por la internacionalización del circuito museístico, la intensa popularización de estos centros y su conversión en importantes atracciones turísticas (donde no sólo se observan cuadros, sino que además se compran presentes, se almuerza, se organizan actos, conciertos, proyecciones, etcétera).

En este contexto, se podría argüir el nuevo universalismo del libre mercado, del turismo masivo y del consumo. Éste permitiría la convivencia de multitud de espectadores con trayectorias y procedencias de muy diverso tipo en un mismo ámbito de cultura: los grandes museos europeos y norteamericanos. Independientemente de la opinión que pueda merecer el creciente rol jugado por la globalizacion y el libre mercado en la gestión de los grandes museos estatales, es obvio que *La hora de los valientes* y *Los colores de la guerra* plantean un modelo museístico muy distinto al que hoy impera o al que, de manera paulatina, se está imponiendo. La diferencia fundamental consiste precisamente en el carácter marcadamente político con que estas dos narraciones representan al Prado. Frente al museo/centro comercial en el que se prolonga el círculo del consumo, este film y esta novela representan un Prado que durante la Guerra Civil aglutina las esperanzas políticas e ilusiones ideológicas del sector injustamente derrotado.

En *La hora de los valientes* y *Los colores de la guerra*, hay dos discursos complementarios y contradictorios sobre la relación que la alta

---

[24] Esta dicotomía es, en gran medida, falsa porque asume que el mercado no es un objetivo y que la búsqueda de un propósito artístico puede realizarse, hoy en día, al margen de las leyes del marcado. En otras palabras, cualquier museo es, al mismo tiempo, «market-oriented» y «purpose-oriented».

cultura y, en concreto, las pinturas del Prado mantienen con las disputas políticas de un contexto histórico-geográfico, la España de los años treinta. El primer discurso plantea esta relación en términos jerárquicos. Las «obras maestras» del museo se dirigen a una sensibilidad común a todos los seres humanos, una franja intelectual y emocional en el que no hay lugar para las mundanas distinciones entre encontrados proyectos políticos ni para las ambiciones coyunturales de diversas facciones. La guerra y el Prado aparecen, de este modo, representados como dos polos opuestos. Alta cultura frente a la baja política, formas y colores frente a la manipulación contenidista de las facciones en conflicto.

En *Los colores de la guerra*, esta dicotomía queda claramente expuesta en la agitada conversación que mantienen Jacques Jaujard (subdirector del Louvre) y Joseph Avenol (secretario general de la Sociedad de Naciones). La disputa que estos dos dirigentes mantienen sobre los cuadros del Prado es planteada en unos términos bastante particulares. Las divergentes opiniones de Jaujard y Avenol no responden a distintos intereses ideológicos, más o menos legítimos según los casos. Por el contrario, mientras que la postura adoptada por Avenol se basa en unas motivaciones políticas, el parecer de Jaujard se asienta en los intrínsecos intereses de los lienzos. En otras palabras, mientas que la opinión del primero esconde unas inevitables consideraciones políticas, el segundo tiene como único y exclusivo criterio el beneficio de las obras de arte. Jaujard se trataría del molesto y egoísta estratega que se deja llevar por consideraciones no estrictamente artísticas, mientras que el segundo sería el experto que actúa por y para las obras del Prado, pujando por decisiones por encima o más allá de la política.

La paradoja de esta distinción radica en que, tratando de ofrecer una imagen mucho más positiva de personajes como Pérez Rubio o Jaujard, depara finalmente un retrato más atractivo y convincente de personajes como Avenol o incluso Eugenio d'Ors. El lector puede estar en completo desacuerdo con las tesis conservadoras defendidas por estos últimos, pero no puede reprocharles a estos personajes falta de autoconciencia. Ambos entienden que cualquier decisión relacionada con los cuadros del Prado no sólo tiene una lectura política, sino que es intrínsecamente política. En contraste con esta desarrollada reflexividad, Pérez Rubio y Jaujard se aferran, no a un proyecto político más adecuado y coherente para el transporte y ubicación de los cuadros, sino a un limbo de generosidad artística y decisiones puras como si ellos pudiesen impostar la voz y la voluntad de los cuadros.

Esta aspiración es planteada por Miralles en *La hora de los valientes* ante la aquiescencia del joven anarquista Manuel. Este último visita la casa de Miralles, que se ha convertido en un almacén de valiosas antigüedades. Manuel admira los cuadros y esculturas, mientras su amigo le conduce a la mesa del despacho y explica: «Todos los santos que ves en mi casa, los ves aquí porque son obras de arte, no porque sean santos ¿me explico? En el arte, no hay ni derechas ni izquierdas, ni rojos ni azules. El arte es del pueblo». Miralles parece defender, aunque con un matiz añadido, una postura similar a la de Pérez Rubio y Jaujard en la novela de Juan Carlos Arce. Este matiz consiste en la selección explícita de la *forma* como el hecho estrictamente artístico. El extremo formalismo de Miralles le lleva a negar que un retrato de un santo o de una Virgen tenga implicaciones políticas porque el arte, para este personaje, tiene en sí mismo su único motivo y fin. Son los colores, la luz y otros valores formales los que se imponen (según Miralles) sobre la irrelevante y coyuntural temática del cuadro. De esta forma las piezas maestras logran dirigirse a lo que de trascendental y atemporal hay en el espectador.

No es por lo tanto extraño que Manuel y su abuelo (un viejo anarquista interpretado en un tono *naif* por Luis Cuenca) queden horrorizados al presenciar la quema de estos cuadros una vez que los milicianos descubren el surtido almacén de Miralles. Manuel no acierta a entender el porqué de esta destrucción. Por su parte, los milicianos actúan de acuerdo a una postura opuesta. Si Miralles y, en alguna medida, su discípulo Manuel son los formalistas; los milicianos pueden ser descritos como los *contenidistas*. Los primeros sólo observan líneas y colores sin contenido político alguno, formas estéticas que se dirigen a un gusto pictórico sin prejuicios. Los segundos observan tan sólo el contenido de unos cuadros (Vírgenes, santos, cristos, etcétera) y, en consecuencia, la labor propagandística que llevan a cabo.

En el caso de los personajes que, en las narraciones de Arce o Mercero, postulan la autonomía del ámbito estético o, en concreto, de las formas pictóricas, es detectable una sacralización del arte. Tal y como argumenta James Martin, esta tendencia explica toda una corriente filosófica de una modernidad secularizadora que, tras derribar el estatus rector y organizador de dioses y religiones, encontró en el arte un nuevo espacio para lo sagrado (1990: 104-135).[25] La experiencia estéti-

---

[25] Basándose en el estudio de Santayana, Dewey, Whitehead, Heidegger y Wittgenstein, James Murphy realiza un interesante estudio de este asunto. Recomendamos

ca es definida como el encuentro con lo a-histórico, el placer atemporal que se obtiene de valores formales no circunscritos a un periodo o ámbito geográfico. Esta comunión con lo trascendente tiene un cariz espiritual, no utilitario, gratuito y universal, inmanente y no adquirido en el seno de una comunidad social concreta. En las obras maestras coinciden distintos sexos, clases sociales, edades, procedencias y antecedentes culturales, y esa coincidencia es posibilitada precisamente por lo que de inmaterial y trascendente hay en el arte.

Este proceso de sacralización explica, por ejemplo, que en *Los colores de la guerra* las piezas del Prado disfruten de un trato de privilegio. El personaje Álvarez Mayo ordena lo siguiente al comienzo de la novela: «Que salgan los soldados a Figueras, que salgan a los caminos, a las carreteras y a los campos, que requisen todos los camiones, que desmonten a quienes los conduzcan y a quienes vayan subidos en ellos [...]. Que los soldados empleen la fuerza si es necesario, que usen los fusiles [...] que bajen de ellos [cualquier vehículo] a los niños, a las mujeres, a los hombres, a los viejos» (78). Los cuadros poseen un aura que les otorga prioridad sobre lo estrictamente humano. El estatus de estas obras no es el de simples objetos, ni siquiera el de objetos con un determinado valor simbólico o económico, sino el de artículos sacralizados, únicos en su capacidad para materializar y hacer presente lo trascendente. No es extraño que estos objetos, una vez puestos a salvo, sean el detonante para experiencias metafísicas de diversos personajes.

En el film de Mercero abundan los personajes que basan su relación con una obra de arte, no en el mero deleite hedonístico de los sentidos, ni tampoco en la interpretación crítica, sino en el abandono a una suerte de arrebato que parece transportar al espectador a otra dimensión de la conciencia. En *La hora de los valientes* estos casos aparecen de una manera más clara porque la puesta en escena recuerda, en algunas ocasiones, a la de la imaginería católica y al modo en que el creyente se aproxima y relaciona con dicha imaginería. En unas de las primeras escenas del film, Carmen (Leonor Watling) se despierta tras una larga noche y descubre a Manuel sentado en el suelo, en silencio, observando el autorretrato de Goya. La luz que entra por los postigos entreabiertos del

---

especialmente dos capítulos de su libro: «The Contemporary Debate about the End(s) of Art and the End(s) of Religion» (174-188) y «Beyond the End of Art and the End of Religion» (1991: 189-196).

balcón se proyecta en el rostro de Goya y le otorga al cuadro un aura luminiscente. Tras una breve conversación, Carmen se sienta junto a Manuel y la atención de ambos queda magnéticamente proyectada sobre el cuadro. La cámara se aleja con lentitud, dejándolos a los personajes sentados/postrados ante la «obra maestra», en un íntimo silencio y en una sugerente semipenumbra.

Este tipo de escenas se repite a lo largo del film. En todas las ocasiones, el cuadro de Goya es tratado con un gran cuidado lumínico para resaltar sus matizados contrastes y su calidez cromática. En torno a la obra de arte, se reúnen los personajes para tener experiencias estético-espirituales, refrendando la observación de Coleman: «Another common denominator of art and religion is that they are both vehicle in which the universal and the particular coalesce» (1998: 33). La concreta materialidad del lienzo abre las puertas a una realidad inmaterial, abstracta e intangible que nunca es descrita por los personajes. En otras palabras, los personajes no pueden o no necesitan contarse los unos a los otros la experiencia tenida ante el cuadro de Goya porque no pueden verbalizar el contenido de dicha experiencia o bien porque la experiencia es la misma y no hay necesidad de describirla.

Este primer discurso que *La hora de los valientes* y *Los colores de la guerra* plantean sobre el arte y sus circunstancias, también supone un primer modelo de utopía cultural. Según esta utopía, las manifestaciones canonizadas de la alta cultura engrosan un espacio público en el que las disputas políticas son entendidas como desvirtuaciones o manipulaciones. Este arte no es parte de la Guerra Civil, sino una salvedad a esta última, un verdadero oasis en donde los personajes republicanos se refugian de los accidentes que les depara la Historia. Este arte es el depositario y el camino hacia lo inmaterial, lo estable, imperecedero y trascendente. Este particular tratamiento de las piezas pictóricas retoma una tradición filosófica humanística y burguesa que re-sacraliza, como ha explicado Juan Carlos Rodríguez (1990), objetos en una modernidad mercantilizada y secularizadora. Ahora bien, esta versión encuentra su contrapunto en un discurso opuesto y complementario que, como se afirmaba al comienzo de esta sección, sitúa a las narraciones de Arce y Mercero en un espacio contradictorio.

Este segundo discurso, a veces defendido por los mismos personajes que verbalizan el primero, propone otra particular lectura del Prado. Los cuadros de Velázquez o Goya no pueden ser politizados porque éstos han adoptado una obvia e inevitable postura política. De hecho, algunos personajes del film y de la novela defienden una relación de intensa solidaridad entre el proyecto republicano y las obras de estos dos (y otros muchos) pintores expuestos en el Casón del Buen Retiro. Tal y como explica Robert Shulman en *The Power of Political Art. The 1930's Literary Left Reconsidered*,[26] la intersección entre política y estética en esta década se convirtió en una creativa fuente de tensiones, discusiones y planteamientos que pretendían repensar las relaciones que una sociedad mantiene con la producción de obras estéticas. El resultado de estos debate deparó, con frecuencia, el rechazo de algunas tradiciones estéticas por ser consideradas, conceptual y formalmente, reaccionarias o burguesas.

Lo que *La hora de los valientes* y *Los colores de la guerra* parecen proponer es algo distinto. De hecho, en estas narraciones no sólo se defiende que el aprecio y la defensa de la alta cultura son una labor exclusivamente republicana, sino que además las manifestaciones de esa cultura son portadoras de un contenido (o incluso de una personalidad política) intrínseca y esencialmente complementarias con la defensa de la República en la Guerra Civil española. Aunque esta tesis va ser ilustrada con ejemplos extraídos de ambas narraciones, sirva como adelanto de nuestras conclusiones la siguiente afirmación: Mercero y Arce adoptan una postura inmanentista porque algunos de sus personajes descubren en las obras del Prado, no una oportunidad para re-significar políticamente estas obras con el fin de acercarlas a las posturas progresistas o revolucionarias del sector republicano, sino un contenido político intrínseco a estas obras.

En la novela de Arce, el personaje femenino protagonista es una enfermera llamada Teresa que, al abandonar España poco antes de la derrota republicana, siente que ha perdido su identidad sentimental y política. Este personaje deja su puesto en un hospital para buscar a un miliciano descreído, Alberto, con el mantiene una relación y al que finalmente nunca encuentra al otro lado de la frontera. Teresa conoce, sin embargo, a otro soldado, Carlos, del que le cautiva lo siguiente: «[Carlos] creía que aquella lucha entre españoles no era inútil [...] convencido de que estaba librando una guerra entre dos sistemas cuya diferencia iba a ser la libertad» (137). Un poco después, Teresa patentiza la asociación de ideas que le ha llevado a enamorarse de Carlos, una asociación en la que su vida sentimental y el compromiso político se aúnan para conjurar la mala concien-

---

[26] Recomendamos el primer capítulo del libro de Shulman, titulado «The Cultural Dialogue of the Thirties Left» (2000: 12-22).

cia y algunos fantasmas del pasado: «Yo he combatido voluntariamente en esta guerra [...] luchando por las cosas en que creo. Y me he ido. Lo he dejado todo como si nada me importara. Ahora puedo remediar esa vergüenza. Ahora puedo seguir luchando. Ese contrato que vas a hacer para conseguir armas es un acto de guerra. Me quedo contigo para seguir luchando» (142).

La «imaginación revolucionaria» de Teresa (término que tomamos de un ensayo de Alan Wald) aúna la relación con Carlos y su implicación en la Guerra Civil. La novela de Arce platea una ley de directa proporcionalidad entre los lazos sentimentales entablados por Carlos y Teresa, y el grado de compromiso político de ésta última con la Segunda República. Ambos (trama sentimental y trama política) se potencian mutuamente hasta quedar intrínsecamente conectados en la estructura psicológica del personaje femenino. La reciprocidad e identificación entre la esfera de lo amoroso y de lo político encuentran en *Los colores de la guerra* un tercer eje: el ámbito de la alta cultura. Teresa no sólo encuentra en Carlos una forma de reinsertarse en la guerra sino también un contacto cercano con *El jardín de la Villa Médicis* de Velázquez, un cuadro que va a ser vendido a cambio de armas para la Segunda República. En unas líneas, el texto describe atinadamente la imbricación de vivencia política,[27] sentimentalidad satisfecha y alta cultura:

—Ahora ya sé por qué salí de Figueras y por qué abandoné España y la guerra. Ahora sé por qué se han juntado nuestros caminos. Tenía que ayudarte en esto, Carlos.
Se miraron un momento, volvieron a abrazarse y se dieron un beso intenso, largo.
—Así que Velázquez era republicano. ¡Viva Velázquez! —gritó Teresa con una sonrisa (153).

Teresa verbaliza una idea implícita a lo largo de toda la novela: los cuadros del Prado pertenecen a la República y, lo que es más importante, apoyan y secundan a este bando. Velázquez se trataría de un partidario de la Segunda Republica *avant la lettre* o, en otros términos, un ar-

---

[27] La trama de *Los colores de la guerra* es un poco más compleja porque el intento de la Segunda República para intercambiar un cuadro por armas es descubierto como una operación del ejercito franquista. De cualquier forma, lo importante para nuestro análisis es que Teresa no es consciente de esto durante la mayoría de la novela.

tista en el que Teresa descubre una empatía ideológica con un proyecto social, económico y cultural muy posterior. En el fondo, Teresa anuncia algo que luego volverá a repetir de diversas formas: Velázquez expresaría (de poder hacerlo) su aprobación ante el intercambio de uno de sus cuadros por armas para la República. De hecho, este personaje y Carlos oponen esta transacción comercial con obras de arte a otro tipo de transacciones en los que impera simplemente la voluntad de lucro.

Algo muy parecido sucede en *La hora de los valientes*. Manuel sugiere que Goya (su autorretrato) tiene cara de anarquista y, casi de inmediato, él y el abuelo se dirigen al cuadro denominándolo «compañero». La personificación del cuadro es evidente, más clara si cabe que en *Los colores de la guerra*, porque el lienzo se convierte en un rostro al que distintos personajes le hablan y al que cuidan y protegen como si se tratase de un camarada de partido. Tanto el film como la novela se adhieren a un principio humanista de solidaridad que John Barrel articula de este modo en su ensayo sobre algunas teorías políticas de la pintura: «The republic of the fine arts was understood to be structured as a political republic; the most dignified function to which painting could aspire was the promotion of the public virtues» (1986: 1). La cita de Barrel ilumina algunos aspectos de las dos narraciones aquí analizadas ya que éstas describen una república política que cuenta con el respaldo inmanente de la república de las bellas artes.

Esta utopía cultural (según la cual, las piezas del Prado tienen impresas un designio político) es también postulada en las narraciones de Arce y Mercero a través de un cuadro de Goya (*Los fusilamientos del dos de mayo*) y de la Guerra de la Independencia (1808-1814) contra las tropas napoleónicas. En una de las primeras escenas de *La hora de los valientes*, Manuel (que trabaja como celador en el Prado) le explica este cuadro a los milicianos que trabajan en el traslado de los lienzos. En otras escenas muy posteriores, Manuel conduce a Carmen por los desolados salones del mueso hasta llegar a la pared donde estaba colgado *Los fusilamientos del dos de mayo*. Manuel le describe entusiasmado el contenido del lienzo a Carmen, en el que cinco franceses ejecutan a unos españoles aterrorizados mientras «un madrileño descamisado, así de rodillas, con los brazos levantados, valiente como la madre que lo parió, gritando a los soldados que lo van a matar: *Viva la libertad*».[28] En el cie-

---

[28] Después de que Manuel le muestra a Carmen el lugar donde cuelgan sus pinturas favoritas y después de que este personaje perore sobre el sentido político de algunos de

rre del film, Manuel es ejecutado por cinco soldados fascistas en esta sala del museo. Ante las pistolas, Manuel se arrodilla, también descamisado, alza los brazos y grita: «¡Viva la libertad!».

El paralelismo planteado por estas escenas parece evidente. Por una parte, se detecta un antecedente de la Guerra Civil en la Guerra de la Independencia: la lucha espontánea de un pueblo ante una invasión/golpe militar. Por otra, el cuadro de Goya aparece como una perfecta alegoría no sólo para explicar la contienda de 1936, sino para que los personajes encuentren un marco referencial y un modelo de actuación. Ambos paralelismos son problemáticos. En primer lugar porque en el recuerdo colectivo de la Guerra de la Independencia y en el posterior uso político de esta contienda se ha sobredimensionado, tal y como explica Javier Paredes Alonso, el papel del la población civil, precisamente con la intención de crear un narrativa fundacional para la nación (1988: 22). En segundo lugar, estos alzamientos populares se caracterizaron por su radical heterogeneidad (Barton 2004: 165) y, en muchas ocasiones, por su carácter abiertamente ultra-conservador (Paredes 1988: 26).

De cualquier forma, no es necesario recurrir a la abundante bibliografía existente sobre la Guerra de la Independencia para confrontar la lectura idealizada y utópica que Manuel realiza del cuadro de Goya. Uno de los más reputados expertos en la obra de este pintor, Valeriano Bozal, recuerda que uno de los motivos políticos que indujeron a Goya a realizar *Los fusilamientos* fue la posibilidad de aminorar las sospechas ante un proceso de purificación política abierto contra él. Bozal recuerda además que, incluso si se desconocen los factores biográficos que rodearon a Goya en esta época de su vida, el mismo cuadro presenta a «unos héroes [que] son negativos [porque] el horizonte de su actuación no es el triunfo ni la gloria, es [...] la muerte» (1994: 169). Los rostros de este cuadro (muy influenciados por la estética de lo grotesco) y los cuerpos contorsionados transmiten una imagen poco heroica del pueblo. De hecho, tal y como afirma Raymond Carr, hay en este lienzo ecos de la serie de los *Caprichos*, en la que Goya ensayó una serie de críticos y desencantados comentarios sobre el estado cultural de la nación (1982: 74). Una nación y un pueblo al que no heroifica ni idealiza positivamente pocos años después.

esos cuadros, Carmen y Manuel hacen el amor. En esta escena quedan de nuevo aunados un proceso amoroso-sentimental, el compromiso con una causa política y la atracción hacia obras de alta cultura.

Las palabras de Carr, Bozal, Paredes Alonso o Barton resultan útiles en este contexto porque ayudan a entender la interpretación que Manuel propone del cuadro. Una interpretación que trata de identificar a un heroico pueblo a punto de ser subyugado para identificarlo, a continuación, con uno de los dos bandos de la Guerra Civil. Esta interpretación busca, por ende, des-historizar la obra: *Los fusilamientos del dos de mayo* no sólo reflejaría el dolor de una población en un momento determinado, sino el dolor de esa población (la madrileña) a lo largo de los siglos. Esto permitiría que Manuel pudiera identificarse con el lienzo hasta el punto de imitar su puesta en escena en el momento de su propia ejecución. Esta mímesis no es sólo formal: Manuel imita el cuadro porque, desde su perspectiva, él va a morir por la misma libertad por la que el personaje de Goya es ejecutado en el lienzo. Este pintor se habría adelantado, por lo tanto, a su época, prefigurando una lucha por la libertad de su época y de otras posteriores.

En *Los colores de la guerra*, Goya se trata de un referente menos constante en sus apariciones, pero igualmente significativo. Es importante recordar que los lienzos que se caen de los camiones y que una aldeana cubre con la camisa de su hijo son *Los fusilamientos del dos de mayo* y *La carga de los mamelucos en la Puerta del Sol*, en el que Goya pintó «la lucha anónima del pueblo madrileño contra los soldados egipcios de Napoleón» (*Los colores*, 13). De nuevo, estas pinturas se convierten en una plasmación visual que parece atesorar las claves morales de la Guerra Civil y, sobre todo, del padecimiento de una población en su defensa de la libertad.

Lo interesante de este uso literario y fílmico de Goya es que ayuda a perfilar un segundo modelo utópico de la alta cultura que representa las obras del Prado como productos espontáneamente instalados en una de las dos trincheras. Los personajes de *Los colores de la guerra* y de *La hora de los valientes* muestran, en definitiva, cómo la Guerra de la Independencia y la Guerra Civil coinciden e interseccionan precisamente en las obras maestras del Prado, en concreto, en ciertos óleos de Goya. Éstos (como los de Velázquez y otros autores canónicos del museo) se convierten en los hilos conductores de una genealogía de momentos históricos con un sentido político común. No se trata solamente de que el sector republicano y sus personajes más importantes muestren una especial sensibilidad hacia el arte, sino de que este último se torna en una evocativa plasmación de su lucha política. Un sola lucha con varios ecos históricos.

Esta revisión utópica del canon pictórico español (en las dos versiones aquí mencionadas: arte-espacio trascendente y arte-espacio político) surge precisamente en un momento cultural de la nación situado por Helem Graham y Antonio Sánchez bajo el epígrafe de «the politics of 1992» (1995: 406). Este periodo se caracteriza no sólo por la gradual integración política y simbólica de España en una (pos)modernidad europea, capitalista y neoliberal, sino también por una política de la cultural plenamente instalada en las leyes del mercado, en la intensa práctica de técnicas publicitarias, en la masificación del consumo de experiencias/productos artísticos y, como afirma Jo Labanyi, «[by] a sense of living after the 'end of history'» (2002: 396). En este contexto, la Guerra Civil es recuperada y representada estilizadamente como el periodo más rico para estudiar las conexiones entre producción cultural y movimientos sociales. Un momento histórico privilegiado en el que el arte sirvió simultáneamente «as [a] key weapon agaist Fascism» (Sieburth 1999: 16) y «as an escape from politics» (17). En cualquiera de las dos versiones, las narraciones de Arce y Mercero plantean una revisión idealizada y nostálgica de las relaciones mantenidas por el bando republicano y la alta cultura. Una relación en la que las grandes piezas del Prado no sirvieron para excitar el ritmo consumista de un mercado ni como reclamo para el creciente turismo cultural, sino para movilizar políticamente a una población consciente tanto de su compromiso con una violenta contienda.

6. Conclusiones del capítulo

6.1. Sobre el cinismo: comunidad y educación

La recreación de utopías en un determinado periodo del pasado nacional depara tanta o más información sobre el presente responsable de dichas utopías que sobre ese tiempo pretérito. La construcción literaria o fílmica de una sociedad ejemplar (ejemplar en su concepción de la comunidad y en su tratamiento de la infancia, en su relación con la naturaleza y con determinadas manifestaciones artísticas) adquiere una dimensión añadida cuando dichas representaciones surgen en un momento histórico calificado por Ronald C. Arnett y Patt Arneson, como «the cynical age» (1999: 11). El uso del término «cinismo» ha encontrado una buena acogida académica y actualmente existe toda una bibliogra-

fía que se sirve de ese prisma teórico (la cultura del cinismo) para adentrarse en la dinámica ideológica, social y política creada por la modernidad tardía, la posmodernidad o el capitalismo post-industrial. Timothy Bewes explica, al respecto, que «postmodern cynicism... is not primarily the result of Enlightenment's failure to fulfill its promises... It is the consequence of the formalization of an endemic disappointment- unknowability, undecidability- as the definitive modern condition, by way of the concept 'postmodern'» 96). Jeffrey Goldfrad afirma, por ejemplo, que «cynicism is a ubiquitous but a generally unrecognized cultural form. As a substitute for values it has deeply affected a broad variety of social practices, from the family to community life to religion and politics to the arts and sciences, and specially to the relations between these spheres of lives» (1991: 138).

Aunque Goldfrad repasa con cierto cuidado la serie de causas económico-estructurales que han servido como caldo de cultivo para el cinismo, lo que en este apartado nos interesa de su análisis son sus comentarios sobre el individualismo y la educación. Sobre el primero, Goldfrad vuelve a los escritos de Alexis de Tocqueville para concluir que este filósofo «understood that individualism was both a key to the constitution of our democracy and the possible cause of a new tyranny which could replace it» (1991: 18). Según Goldfrad, el individualismo supone para las democracias modernas una herramienta de efectos contradictorios. Por una parte, «individuals must be able to make up their own minds, make their own judgements. They must be free agents» (18). Por otra parte, este sociólogo advierte que «[individuals], as free agents, can become atomized egoists, disconnected from their traditions and fellow citizens and unconcerned with the common good» (18). En su análisis de las contradicciones y retos sociológicos presentados por las sociedades occidentales, globalizadas, capitalistas, democráticas y neoliberales, Goldfrad percibe que los efectos negativos del individualismo moderno comienzan a notarse con especial intensidad hasta el punto de que el concepto de comunidad se ha convertido en un motivo de cierta añoranza.

El cinismo, aplicado a la vida social en comunidad, conlleva un sistemático escepticismo hacia los valores, proyectos, propiedades, tareas, beneficios y obligaciones que tienen como unidad de medida y fin ulterior, no al ciudadano, sino a una colectividad. Este breve y esquemático esbozo de una problemática bastante más compleja puede servir de marco referencial para el repaso de algunos aspectos planteados por las obras tratadas en este tercer capítulo. En *La voz dormida*, *Los colores de la guerra*, *Silencio roto* o *La hora de los valiente*, hay, por una parte, un replanteamiento de la familia en tanto que comunidad política. Con la llegada de la Guerra Civil, la familia republicana deja de ser únicamente el espacio de intersección de lazos sanguíneos, para convertirse en un grupo con una avanzada conciencia política de sus comunes intereses, dificultades y objetivos. Por otra parte, la familia no constituye un límite epistemológico y pragmático para la concepción y articulación de comunidades más amplias. En las obras mencionadas, los personajes pertenecientes a una familia entablan fuertes alianzas y sólidos pactos con personajes con los que no comparten ninguna relación de parentesco.

La Guerra Civil hace las veces de un propicio marco de convivencia que, a pesar de crear dos bandos violentamente enfrentados, posibilita la aparición de una cultura de la comunidad en uno de éstos. Esta cultura se caracteriza (y seguimos las ideas de Gregg Easterbrook 2003) por un reforzamiento de los lazos interpersonales, de las prácticas de cooperación y de los objetivos compartidos por todo el grupo. En definitiva, esta cultura invierte la prioridad otorgada al individuo moderno (en principio espacio inalienable de derechos) para reubicar dicha prioridad en el bien común de una colectividad. Los filmes y novelas antes mencionados abundan en personajes cuya estructura de emociones y comportamientos atiende a una ley básica: la propia identidad se define en relación a las necesidades del grupo, al compromiso ideológico de éste y a sus objetivos políticos. En otras palabras, la guerra sería un inestable tiempo de carencias, padecimientos y adversidades que fomenta, sin embargo, la aparición de una solidaridad horizontal, un verdadero sentido de pertenencia y obligación hacia el grupo, último y principal referente para la toma de decisiones.

En la mayoría de estas narraciones hay además importantes personajes infantiles. En algunas de estas obras (como es el caso de *La lengua de las mariposas*, *El viaje de Carol*, *La hora de los valientes* o *La voz dormida*), los niños tienen un papel protagónico. Esto hace de la educación y de sus diversas variantes (la escuela, el trato paterno-filial, el maestro, etcétera) un tema recurrente. Estas obras refrendan un concepto humanista de la educación que enriquece al infante, estimulando sus curiosidades, ensanchando sus horizontes intelectuales, otorgándole estrategias de conocimiento y acercamiento al mundo, refinando sus cualidades intrínsecas, transmitiéndole conocimientos y, sobre todo, legándole una serie de valores cívicos. La educación republicana no presenta, en estas obras, un carácter represivo ni cínico. Tal y como explica Goldfard, la educación cínica no tiene como uno de sus objetivos la calidad ética del estudiante, sino la eficiente imposición de una serie de normas de comportamiento y de unos conocimientos prácticos que ayuden al escolar a producir, funcionar y consumir en el seno de una sociedad.

En las obras de Uribe, Chacón, Mercero o Cuerda, los personajes-niños son retratados como lugar de la inocencia, pero también como los naturales depositarios de un legado moral y político que personajes adultos y adeptos a la Segunda República transmiten de una manera democrática y tolerante. Una manera en la que el diálogo juega un papel fundamental. Como las obras de Cuerda y Uribe ya han sido analizadas desde este prisma, sirva ahora como ejemplo el largometraje de Mercero, *La hora de los valientes*. Pepito (el niño con más protagonismo de este film) aparece ataviado en la mayoría de escenas con una gorra de la CNT que su padre llevó en vida, antes de ser represaliado por las fuerzas falangistas. La educación de este personaje no consiste en la adquisición de conocimientos técnicos sobre diversas materias, sino en su integración en una comunidad ética y política. Mediante las historias que su madre le cuenta sobre el padre ausente, mediante el ejemplo del abuelo (también anarquista), los juegos con otros niños y el persistente contacto con una ciudad en guerra, Pepito emprende un exitoso proceso de formación. El tono humorístico y ligeramente melodramático que este personaje le aporta al film, queda enturbiado cuando una bomba del ejército insurrecto lo mata. Este fallecimiento anuncia obviamente el fin de la inocencia política y de las ilusiones sociales de la República, así como la inminente derrota de este bando en la narración.

6.2. *Sobre el cinismo: acción y comunicación*

Uno de los aspectos más importantes del cinismo en tanto que paradigma cultural de una época es, como explican Arnett y Arneson, el deterioro o banalización del diálogo público: «We should create a democratic community by encouraging independent voices to work together as interdependant voices united in an effort to continually live out a commitment to the common good in a given historical moment» (1999: 14). Estos teóricos denuncian la desactivación política de muchos de los espacio públicos de discusión ilustrada, cuya fundación y desarrollo

Habermas describió en unos de sus primeros libros.[29] Arnett y Arneson critican, en definitiva, que la participación de voces y subjetividades independientes en un diálogo crítico (un diálogo que tiene como base y último objetivo los problemas materiales y filosóficos de la comunidad) haya degenerado o disminuido su intensidad en el seno de una sociedad como la contemporánea, centrada con el entretenimiento, los simulacros y el espectáculo auto-referencial.

Este diálogo (y en este punto Arnett y Arneson demuestran un gran interés) no pretende erigir una esfera meramente teórica, una suerte de distancia de seguridad frente a unas circunstancias históricas desde la que discutir y analizar en términos más o menos abstractos. Este diálogo debería desmantelar, de hecho, la dicotomía teoría-práctica con la intención de mostrar que la teoría supone una práctica (al igual que toda práctica implica una teoría). Ahora bien, para que esta relación resulte eficiente, estos dos académicos reclaman la necesidad de un principio de adecuación entre lenguaje y acción (1999: 17-20). Es en este punto precisamente donde el cinismo ha tenido unos efectos visibles, creando una aceptada y generalizada cultural del desacuerdo entre palabras y hechos. Es más, el momento presente se caracterizaría, según estos analistas, por la asunción y celebración de una esquizofrenia política: los discursos, muchas veces de carácter crítico, no se corresponden con los hechos. Los segundos han adoptado una directriz que los primeros no pueden influenciar y, en muchos casos, ni tan siquiera aprehender. Este desacuerdo se ha esencializado y se ha convertido en un elemento estructural de la vida socio-cultural.

Las obras analizadas en este tercer capítulo plantean una doble utopía en relación al análisis propuesto por Arnett y Arneson. En primer lugar, las comunidades que protagonizan estos filmes y novelas son espacios de debate, aunque instantánea y desproblematizadamente realizados. En otras palabras, estos solidarios grupos de personajes han llegado a la identificación de sus problemáticas y al hallazgo de las po-

---

[29] Habermas realiza un recuento de los cambios estructurales sufridos por el espacio público en el siglo XVIII. El pensador alemán está muy interesado en explicar y rastrear los organismos e instituciones que surgieron en este siglo para el desarrollo de debates y discusiones sobre asuntos filosóficos, políticos y sociales. Habermas realiza este recuento para mostrar una tradición ilustrada que permitió la aparición y expansión de sujetos críticos que hacían de la razón una herramienta para el mejoramiento de las propias individuales y de la sociedad.

sibles soluciones, pero sin necesidad de fases dialécticas, negociaciones, desacuerdos, desavenencias, rupturas o quiebras interiores. Estos filmes y novelas no tienen como temática central la edificación (histórica y necesariamente conflictiva) de comunidades, sino la aparición y la exitosa realización de éstas durante la Guerra Civil. Una realización de carácter inmediato. En este sentido, se puede concluir que el diálogo entre personajes resulta decisivo, pero no como puesta en escena de los desacuerdos y desajustes entre las voluntades críticas de diversos sujetos libres, sino como manifestación de una concordia espontánea y natural. Esto no implica que, en estas obras, resulte imposible hallar personajes que disientan de esta inmanente concordia. Lo relevante es que estos personajes disidentes funcionan en la narración como excepciones a una norma. Precisamente porque esta norma existe e impera, los que la desobedecen son retratados bajo el signo de negativos estereotipos narrativos (el traidor y el cobarde fundamentalmente).[30]

En segundo lugar, las utópicas comunidades de estas narraciones disfrutan de un alto grado de adecuación entre acción y comunicación. Este tema fue tratado, sobre todo, en el análisis de *La voz dormida*, pero recorre todas las narraciones incluidas en este capítulo. El resultado es un abanico de personajes para los que su compromiso con una causa política se traduce en una particular estructura de emociones y en una forma de dialogar. Esta estructura de emociones se desarrolla bajo el signo de la persistencia y la constancia, apartando a un lado las dudas radicales o las contradicciones de base. De hecho, se podría hablar también de una transparencia en las prácticas comunicativas de estos personajes: las palabras no sólo responden al «contenido interior» de la conciencia sino que además terminan plasmándose en un programa de acción consecuente. Las acciones se tornan, por lo tanto, en la fiel escenificación de una intención verbalmente expresada. Paralelamente, dicha expresión constituye, a su vez, una leal puesta en escena de las intenciones profundas e íntimas de los personajes.

Esta feliz conjunción de conciencias, palabras y hechos resulta especialmente ilustrativa para explicar la atmósfera política retratada por estas obras. Una atmósfera de ideologías «fuertes» y compromisos sólidos

---

[30] Estos personajes no plantean, en definitiva, una teoría del comportamiento durante la Guerra Civil. Los cambios de bando, las traiciones o dudas no son los modelos psicológicos imperantes en estos filmes y novelas.

que funcionan como eje estructurador, marco cognoscitivo, sistema ético y modelo de comportamiento para trayectorias vitales y comunidades enteras. Esta atmósfera se plasma, como explican Donald Kanter y Philip Mirvis, en una satisfacción o plenitud políticas que contrastan con la apatía, el desencanto y la frustración sembrados por el cinismo (1989: 11-18). Esta plenitud y satisfacción políticas pueden ser entendidas como los detonantes para una nostalgia que, en nuestra opinión, no tiene por objeto el contenido de una gran narrativa de acción y pensamiento político, sino a la existencia misma de ésta.

6.3. Predeterminación y sobredeterminación en la construcción de personajes

El análisis de ciertos personajes ha ocupado un papel central no sólo en la explicación de *La voz dormida*, sino también en el acercamiento al resto de los filmes y novelas incluidos en este capítulo. De estos personajes (adeptos a la Segunda República y comprometidos con su defensa en la Guerra Civil) cabe destacar una estructura de emociones bastante particular y, hasta cierto punto, paradójica en el contexto de la narrativa española contemporánea. En este grupo podrían ser incluidos el viejo miliciano Jaime en *La voz dormida*, el maquis Manuel en *Silencio roto*, el venerable maestro don Gregorio en *La lengua de las mariposas*, y el joven anarquista Manuel (junto con su abuelo) en *La hora de los valientes*. Cada uno de estos personajes tiene, por supuesto, su propia idiosincrasia pero todos comparten una misma forma de entender su relación con unos ideales políticos y la influencia de éstos en sus trayectorias.

Para explicar esta relación y esta influencia, van a ser utilizados algunos de los conceptos desarrollados por Michael André Bernstein (2003) en su crítica de lo que él denomina «foreshadowing» y «sideshadowing». El término «foreshadowing» denota una técnica narrativa que presenta como inevitable la concatenación de ciertos eventos, una interpretación «[that tends] to make sense of a historical disaster by interpreting it, according to the strictest teleological model, as the climax of a bitter trayectory whose inevitable outcome it must me» (2003: 347). Por el contrario, el concepto «sideshadowing» explica una técnica narrativa que fomenta no la inevitabilidad de una cadena de sucesos, sino las alternativas, las posibilidades adicionales y, sobre todo, la oportunidad de recontar una historia o de reinterpretar un suceso de una manera antiteleológica (2003: 347).

La narración fundamentalmente asentada en «foreshadowing» (o en la técnica complementaria de «backshadowing») fomenta una relación unívoca y unidireccional entre un evento y el que le sigue. La temporalidad es dada en este tipo de narraciones por un devenir lineal de elementos: los primeros son causa de los segundos, estos últimos de los terceros y así sucesivamente. El resultado final y último es un tanto fatalista porque se trata de un cierre o conclusión que, de alguna manera u otra, ya estaba contenido en el inicio mismo el proceso. Por el contrario, la narración que se sirve predominantemente de los «sideshadowing» postula una relación ambigua entre los hechos de una sucesión. No en balde, esta técnica suele desestimar no sólo el modelo lineal del tiempo, sino también la causalidad como principio explicativo de la Historia/historia. En este sentido, el «sideshadowing» enfatiza la ambivalencia y el carácter poliédrico de todo elemento narrativo, es decir, las múltiples avenidas que éste abre hacia el futuro y también hacia el pasado, hacia la concepción que se adquiere del futuro y del pasado desde el presente. Según esta modalidad de textos literarios, historiográficos, audiovisuales o incluso orales, ninguna mirada podría haber adivinado el futuro porque las cosas (y éste es el principio básico de este modo narrativo) siempre podrían haber sido de otro modo.

La distinción propuesta por Bernstein alberga, al menos, dos tipos de consecuencias para el entendimiento de los filmes y novelas aquí tratados. Por una parte, este marco teórico sirve para entender el perfil utópico de la experiencia republicana antes, durante y después de la Guerra Civil. Estas narraciones insisten en otorgarle una coherencia sincrónica y diacrónica a dicha experiencia, asumiendo que en un mismo momento y también a lo largo de un dilatado periodo, los ideales y el contenido político de la Segunda República fueron básicamente unitarios y consistentes. Por otra parte, estas obras esbozan personajes que definen y afianzan su propia trayectoria en relación (una relación empática y solidaria) a la defensa de la Segunda República. La vivencia de un compromiso político es presentada, por lo tanto, no como una fuente de tensiones sicológicas y contradicciones teórico-practicas, sino como un elemento estabilizador.

En este sentido, y siguiendo la categorización de Bernstein, se podría hablar del carácter predecible de estos personajes, que hacen de su devenir en la narración diégetica una posibilidad para insistir, una y otra vez, en una serie de opiniones y posturas. Tanto en *La hora de los valientes*, como en *La lengua de las mariposas*, *El viaje de Carol* o *Silencio roto*, hay un personaje recurrente que puede servir de ejemplo para esta afirmación. Se trata de un viejo republicano/progresistas/anarquista, de intenciones humanitarias, y dedicado profesionalmente a labores intelectuales como la transmisión de conocimientos (maestro o impresor de libros). Estos personajes entablan unas relaciones muy creativas y tolerantes con otros personajes de generaciones más jóvenes, y aparecen interpretados por respectivos actores (Fernando Fernán Gómez, Luis Cuenca o Álvaro de Luna) con un cierto tono de candidez. Esta visión de la vejez, que entiende este periodo biográfico como una utópica alquimia de experiencia, sabiduría sin pretensiones, tolerancia, compromiso moral, ideales cristiano-humanistas, y un elegante y matizado sentimentalismo, queda asociada a una particular imagen de la República. Esta última es entendida como un sistema político, pero sobre todo como un estado de inocencia cultural, desprotección material y bondad ética victimizadas durante la Guerra Civil.

La apuesta por personajes que entienden las disyuntivas morales de su tiempo y la postura correcta ante éstas, resulta paradójica en un momento de la producción narrativa peninsular en el que, como explican Ruth Chirstie, Judith Drinkwater y John Macklin, «the prevailing tendency is seen as one of internalisation, of a looking inward, and a turning away from the preocupation with external or political themes» (195: 5). Una tendencia a elaborar personajes que, como afirma Santos Alonso, parecen «seres desorientados en busca de [...] su clarificación ideológica y de su identidad» (1985: 9). En contraste con la tendencia acertadamente señalada por estos críticos, resulta ilustrativo que la Guerra Civil se haya convertido en un evocador referente, en una suerte de paisaje histórico donde ubicar personajes que tienden, no a la interiorización o a la desorientación, sino a lo exterior, en concreto, a un compromiso directo y claro con ese exterior.

Estos personajes, al igual que la época que habitan (la Guerra Civil), se caracterizan por una solidez de causas y por el insobornable compromiso vital con éstas. Este acercamiento utópico contrasta con otras versiones que entendían la Guerra Civil como un periodo de confusos e interesados compromisos (Benet), una época de exaltación de los instintos entrópicos (Cela) o de adhesiones meramente coyunturales (Manuel Chaves Nogales). De hecho, tampoco es entendida esta contienda (así sucede en la obra de Max Aub) como un tiempo de grandes pero abrasivas narrativas políticas que, al colisionar con los destinos particulares de los personajes, deparan resultados contradictorios. En las obras abordadas en este capítulo, muchos personajes adeptos a la Segunda República articulan su identidad en solidaridad con las causas públicas de ese periodo. Estas causas no suponen un freno, un revés, un aspecto contraproducente o destructivo, sino un marco para el desarrollo e implantación de identidades con perfiles nítidos y trayectorias precisas. Una perseverancia que aparece como inevitable e irreducible: el signo ennoblecedor de un pasado utópico.

6.4. La nostalgia del absoluto y la Guerra Civil española

En un conjunto de textos que inicialmente surgieron de unas emisiones radiofónicas, George Steiner propone la fórmula «nostalgia del absoluto» para explicar tanto el derrumbe de las certezas fundacionales como sus consecuencias político-culturales. En su ensayo, que lleva precisamente por título *Nostalgia for the Absolute*, Steiner considera certezas fundacionales a aquellas metanarrativas que sirven como sustento ideológico y marco de referencia para grandes proyectos sociales. Entre éstas cabe mencionar no sólo a las visiones teológico-religiosas del universo, sino también a los proyectos libertadores y utópicos de la modernidad. Estos últimos hacían del futuro un espacio de perfeccionamiento progresivo en el que los problemas materiales se irían solucionando, en el que todos los secretos del mundo serían desvelados por el conocimiento científico y en el que la humanidad alcanzaría un estado superior de comportamiento y conciencia. Este optimismo ha perdido gran parte de su pujanza y autoridad ante discursos y prácticas culturales que cuestionan o niegan la fe en el progreso, las versiones teológicas del tiempo, las tendencias represivas de la modernidad, sus pretensiones universalistas y, en definitiva, la sacralización que la modernidad hizo de la razón.

Este deslizamiento hacia el escepticismo y la fragmentariedad descrito por Steiner tiene consecuencias epistemológicas y ontológicas. Epistemológicas porque estas metanarrativas permitían conocer, explicar o reinventar el mundo de una manera globalizadora y total. Todos los aspectos de una realidad histórica determinada resultaban incorporados a un único sistema narrativo. Este sistema podía otorgar un espacio a las contradicciones o las paradojas, pero finalmente reunía a su alrededor al conjunto de hechos, seres y realidades de su tiempo, del pasado y del porvenir. Dichas meta-narraciones también servían como base para una estabilidad ontológica o, al menos, para la posibilidad de creer en ésta. No sólo se podía tener un acceso unitario al mundo, sino que éste pasaba a comportarse, a ser y a estar de una manera más o menos consecuente y ordenada. Este mundo podía y debía cambiar (de hecho la modernidad se define en relación a la Historia y a sus mutaciones) pero dichos cambios ocurrían de acuerdo a un sistemático modelo.

La puesta en duda o el ataque frontal a estas metanarrativas (como lo son, por ejemplo, el humanismo liberal o la dialéctica marxista) han creado un contexto cultural presidido por la fragmentariedad de relatos, el descrédito de las visiones totalizantes, la crítica del eurocentrismo, el cuestionamiento de las oposiciones binarias, la desestabilización de las estructuras jerárquicas, un acentuado relativismo moral y gnoseológico, y en definitiva, el desmantelamiento de las certezas de muy diverso tipo sobre las que erigir versiones integrales de la realidad. Si esta situación ha desencadenado, por una parte, una lúdica liberación y fluir de discursos, redefiniciones y rearticulaciones, también ha causado una respuesta nostálgica. Una respuesta que consiste en la añoranza de un centro explicativo en torno al que organizar todo lo demás, el intento de recuperación (o reinvención) de un pasado en el que versiones orgánicas y plenas aún eran posibles. Esta añoranza es estudiada también por Svetlana Boym en el contexto de las sociedades poscomunistas, recordándonos que este fenómeno no es exclusivamente español sino continental (producto, entre otros factores, de la crisis de las metanarrativas político-sociales de los dos últimos siglos).

La definición y crítica que del «absoluto» propone Steiner resulta de cierta utilidad para entender el propósito y sentido de los filmes y novelas sobre la Guerra Civil española aquí analizados. En todos ellos podemos encontrar una representación del pasado en la que hay un principio organizador o un elemento rector (la naturaleza, la infancia, la comunidad o la alta cultura). De hecho, la comunidad, entendida como un espacio social cohesivo, despierta tanta añoranza como suscitan, por ejemplo, el íntimo contacto que dicha comunidad mantiene con la naturaleza, el especial estatus que ésta salvaguarda para la infancia o el papel religioso-político que ciertas obras de arte desempeñan. En cualquiera de estos casos, la clave de estas representaciones radica en la rearticulación de espacios sociales y simbólicos marcados, no por la fragmentación, la desacralización o el relativismo, sino no por unos valores y características esenciales.

Esta añoranza del absoluto encuentra su referente, en el caso de las narraciones aquí tratadas, en la Segunda República española y en su defensa durante la Guerra Civil. Durante este periodo de la historia nacional pareciera haber sido posible ese contacto con la totalidad, un proyecto social cargado de una notable pureza en sus intenciones, una suerte de nuevo comienzo con el que no sólo se inicia un nuevo sistema político (o la posibilidad de éste), sino también un nuevo contacto armónico con la naturaleza, con la infancia o con las manifestaciones artísticas.

La guerra admite ser leída en estas obras como un momento del y para el absoluto. En primer lugar porque se trata de un rito colectivo del que nadie pudo quedar excluido completamente. Un rito que provoca la politización y militarización de nuevos espacios, deparando una sociedad movilizada, atenta y concentrada en determinados fines. En segundo lugar, esta contienda plantea la defensa de una determinada causa política como una tarea urgente e insalvable. Esta causa no es pormenorizada en sus detalles, pero sí aparece asociada a la pureza de la infancia, a lo telúrico y orgánico de la naturaleza, o a la posibilidad de una trascendencia (de carácter político o no) a través del arte. En tercer lugar, la lucha armada entre bandos crea la necesidad de identidades plenamente identificadas con un ideario o con un sentimentalismo político.

Finalmente, lo absoluto no sólo se refiere a los grandes ideales políticos de una época, sino también a la existencia misma de un evocador pasado en el que se daban realidades de una dimensión y de un tamaño hoy imposibles. El pasado, en este caso la Guerra Civil, resulta retratado como un tiempo definitorio y decisivo, en el que se dieron las grandes pérdidas, las grandes recuperaciones, las grandes oportunidades y los grandes sacrificios. La comunidad, la naturaleza, la infancia o el arte pueden ser entendidos como aspectos de un periodo en el que la Historia escenificó un drama mayor, en el que lo social y lo religioso, lo histórico y lo trascendente, lo natural y lo humano, lo íntimo y lo épico, encontraron una posibilidad inaudita de reconciliación. Un instante utópico en el que lo particular, la duda o el desencanto cedieron espacio a lo total, a la afirmación, al descubrimiento positivo y a la ilusión política y sentimental.

6.5. El pasado utópico como ausencia o pérdida

Los filmes y novelas abordados en este libro no sólo plantean una versión del pasado, sino que también muestran la forma en que el presente se relaciona con dicho pasado. El presente proyecta sobre un pasado ennoblecido un conjunto de valores y aspectos supuestamente perdidos y añorados, unos valores y aspectos que se dieron en ese tiempo pretérito y por los que el presente expresa una sensación cultural de pérdida. Los términos de dicha pérdida admiten ser explicados del siguiente modo. España se ha integrado plenamente en una posmodernidad mediática, en organismo políticos internacionales y en una sociedad capitalista que producen cierta insatisfacción en sectores más o menos progresistas del *establishment* intelectual. Este estado de cosas ha frustrado, en gran medida, las ilusiones rupturistas y los ideales revolucionarios que el fin del régimen franquista había despertado en ese *establishment*. Autores como, por ejemplo, Manuel Vázquez Montalbán o Eduardo Subirats han destacado acertadamente las cortapisas y limitaciones de una democracia, la española, que bajo una fachada de despreocupada prosperidad aún mantiene muchas intersecciones y concomitancias con un pasado represivo y violento.

Esta impresión de disgusto cuenta además con un contexto que excede las particulares condiciones de la democracia española. Así lo explica Jo Labanyi:

> Postmodernism is an expression of political impotence resulting form the loss of belief in the masternarrative of liberalism and marxism, and from the media's monopoly of control of the images of reality available to us. Then Spain is suffering from a bad attack; not now of a mythical 'national disease' of the kind diagnosed by the 1898 writers, but of the latest international fashion. Spain is no longer different (1995: 397).

En otras palabras, la reinvención de un tiempo pretérito caracterizado por la intensidad de la vivencia política, por los grandes discursos utópicos y por un cierto idealismo o pureza no sólo se relaciona con los males de un determinado país, sino también con un estado cultural generalizado. Quizá, ahí radica una de las principales paradojas planteadas implícitamente por estas obras: cuando España ha dejado de ser diferente (en opinión de Labanyi) y, por fin, ha alcanzado en términos generales el sueño de su integración material y cultural en Europa, dicha integración depara añoranza por el pasado y, en concreto, por un pasado violento. Un pasado en el que se edifica una sociedad asentadas en valores esenciales (la comunidad), en relaciones relevantes (con la naturaleza o el arte) y en dignas instituciones sociales (como la infancia).

En este apartado de las conclusiones no se pretende negar que el periodo de la Guerra Civil despertara una serie de ilusiones hoy desaparecidas, sino el tipo de ilusiones que estas narraciones recrea y el sentido que se les otorga. Para desarrollar este argumento puede resultar útil la distinción que Dominick LaCapra plantea entre «pérdida» y «ausencia». Una distinción que LaCapra propone en el contexto de su discusión sobre las posibles modalidades de representación para un determinado pasado traumático. La pérdida está relacionada, por una parte, con un particular evento histórico y con unas circunstancias geográfico-temporales concretas (2001: 64). Para LaCapra, la pérdida se refiere también a individuos, realidades u objetos concretos (2001: 49). Por ejemplo, en el caso de la Guerra Civil, la pérdida encontraría su contenido en la muerte de varios cientos de miles de personas, en la desaparición de ciertas comunidades políticas o en la violenta represión de algunos partidos, sindicatos y organizaciones. La pérdida también podría incluir el exilio de miles de personas, así como la expulsión de algunos de los intelectuales y escritores más importantes del momento.

Por otra parte, la ausencia puede ser descrita «[as] misplaced nostalgia or utopian politics in quest for a new totality or fully unified community» (46). En otras palabras, la ausencia se refiere a la añoranza, no por objetos, procesos o individuos concretos, sino por valores fundacionales, perdidos o dejados atrás en un idealizado pasado. Los términos en que LaCapra explica el concepto de ausencia recuerdan realmente a los utilizados por Steiner: «In terms of absence, one may recognize that one cannot lose what one never had. With respect to the critique of foundations, one may argue that absence applies to ultimate foundations in general, notably to metaphysical grounds. In this sense, absence is the absence of an *absolute*» (1997: 50; cursiva nuestra). LaCapra plantea y discute la ausencia no sólo como una nostalgia social ante una serie de antiguos valores fundacionales, sino como la invención de esos valores metafísicos que otorgaban unidad emotiva, coherencia metafísica y solidez político-culturales a una sociedad pretérita.

LaCapra concluye su análisis de los conceptos pérdida y ausencia advirtiendo contra la creciente confusión de ambos en algunos debates político-culturales. Esta confusión depara que la ausencia, «a fall from a putative stage of grace, at-homeness, unity or community» (2001: 77), resulte historizada, es decir, planteada como la pérdida de elementos y aspectos tangibles. Una confusión que viene acompaña consecuentemente de la exaltación de ciertos valores metafísicos o políticos que no pertenecen al pasado, sino que se derivan de una proyección fantasmagórica. El presente sitúa y reinventa en el pasado unas bases y unos pilares para una organicidad, una armonía y una consistencia que jamás existieron. El círculo de la argumentación se cierra del siguiente modo: «In converting absence into loss, one assumes that there was (or at least could be) some original unity, wholeness, security, or identity that others have ruined, polluted, or contaminated and thus made 'us' lose» (LaCapra 2001: 58).

Ésta es una tendencia que, de hecho, puede ser rastreada en recientes filmes y novelas sobre la Guerra Civil. Por una parte, estas obras narran la pérdida de realidades, procesos, situaciones, objetos y personas. Por otra, es detectable la tendencia a envolver estas pérdidas con la desaparición histórica de ciertos valores. En este capítulo, hemos rastreado la visión utópica de la perfecta comunidad, del trato orgánico con la naturaleza, de la visión romántico-roussoniana de la infancia, y de la reificación del arte como médium/espacio para lo trascendente o lo político. En todos estos casos, el resultado es parecido: el final de la Guerra Civil y la derrota de la Segunda República se presenta como el fin de una unidad, una totalidad, una seguridad o una identidad que LaCapra plantea como elementos ausentes de toda sociedad. La historia se caracteriza por la contradicción y una irreducible y conflictiva heterogeneidad. Los estados de gracia, armonía o plena concordancia no pertenecen al pasado ni al presente, sino a una añoranza que paradójicamente tiene como objeto lo que nunca se tuvo ni existió. En este contexto, sería interesante recordar alguna novela de Juan Marsé, como *El embrujo de Shanghai* (1993) o *Rabos de lagartija* (2000) en los que la idealización o recuerdo del pasado se hacen desde una conciencia irónica sobre los mecanismos narrativos de la memoria. En la primera, el relato verbal de los heroicos sucesos acontecidos en Shanghai es desmantelado finalmente como una ficción con la que un aciano personaje construye una noble estampa de los perdedores de la guerra. En la segunda, Marsé basa todo su relato en los mecanismos con que un personaje enfermo recuerda e inventa. En toda la obra de este autor, conviven dos impulsos: uno que idealiza el bando republicano y la resistencia anti-franquista, y otro que ironiza y desinfla dicha idealización. Sin ambos es imposible comprender la perspectiva de Marsé sobre la Guerra Civil.

Esta crítica no pretende negar los valores encarnados por la Segunda República ni tampoco desestimar su recuperación literaria en el seno de una comunidad (como lo son la nación o la novela de un determinado periodo). Lo que aquí se cuestiona es la des-historización de ese periodo del pasado nacional y su conversión en un tiempo inmemorial en el que la infancia era sinónimo de inocencia, la naturaleza un espacio de liberación/descubrimiento en los márgenes de lo social, y la comunidad un ámbito para la concordia política o para la comunión ideológica con causas justas. Estas narraciones suponen, en una u otra medida, la invención del pasado en tanto que escenario de una sociedad-ejemplar. Obviamente, ejemplar para un presente que se caracteriza por sus serias dificultades para hallar horizontes políticos de intención utópica y para narrativas sociales de carácter totalizador.

Esta confusión entre pérdida y ausencia presenta, en relación a los textos que aquí se analizan, una última paradoja. Narraciones que, en principio, pretenden celebrar una herencia política de contenido progresista o revolucionario terminan limando las aristas de dicha herencia para convertirla en una arcadia de perfiles a-históricos. En este sentido, la pregunta fundamental frente a estas representaciones de la Guerra Civil no es si este episodio debe o no debe ser manipulado por los discursos del presente. El presente siempre hace del pasado un territorio especular donde mirarse a sí mismo. La clave es, por lo tanto, la intención y el grado de auto-reflexividad crítica con que dicho pasado se inserta en el debate político del presente. La recuperación y actualización de la Segunda República como si ésta se tratase de un estado beatífico de grandes valores, nobles sentimientos y bases fundacionales para una comunidad estable, no sólo des-historiza esta importante etapa, sino que además la deja sin relevancia para el presente y para lo que éste podría aprender de ella.

6.6. *Apuntes para una utopía de la Guerra Civil española*

La crítica a la representación utópica de la Guerra Civil no tiene por qué realizarse desde una postura anti-utópica, es decir desde la oposición a la tradición de pensamiento utópico que atraviesa la modernidad europea. Es posible acercarse críticamente a estas novelas para proponer otra modalidad de discursos político-utópicos. Los filmes y novelas analizados en este capítulo pueden servir, no para desestimar la utilidad y pertinencia de cualquier representación utópica del pasado, sino para distinguir entre diversos tipos de utopías. Tal y como Krishan Kumar explica, la historización de la utopía parece, en principio, una contradicción instantánea pues este tipo de proyectos o fantasías sociales se caracterizan precisamente por su atemporalidad (1991: 43). Sin embargo, el pensamiento utópico tiene una historia y, en distintas fases de ésta, pueden hallarse diversas concepciones no sólo de la utopía sino de la relación que una determinada sociedad puede y debe entablar con ella.

En su clásico estudio sobre el tema, Elisabeth Hansot (1974) distingue, por ejemplo, entre las utopías modernas y las clásicas. Las diferencias entre ambas son fundamentalmente dos. En primer lugar, la utopía moderna incorpora el cambio a la sociedad ideal, por lo que ésta no se trata de un estado de cosas, sino de un proceso. En la descripción de la utopía moderna abundan explicaciones sobre los pasos que llevan a esa sociedad perfecta, las distintas y necesarias etapas por las que se ha de pasar. Un caso paradigmático sería el marxismo. La utopía clásica es planteada, sin embargo, como una estampa estática, ya dada, idéntica a sí misma y quieta. En definitiva, los pasos que llevan a esta situación no forman parte de esta utopía.

En segundo lugar, la ausencia de una metodología histórica que pueda deparar el advenimiento de dicha sociedad idílica revela el tipo de relación que los pensadores políticos, modernos o clásicos, proponían para una determinada sociedad y sus utopías. Mientras que los clásicos entendían la utopía como un «*ou*-topos» (un no-lugar) y un «*eu*-topos» (un lugar donde todo está bien), los modernos sólo secundaban la segunda acepción del término. En otras palabras, la utopía clásica es planteada, según Hansot, «[as] a method of reaching agreement about ideals, thereby establishing a nonprivate standard of judgement» (1974: 5). La utopía moderna es, por su parte, un programa de acción política que busca la posible y radical transformación de un estado real de cosas. En conclusión, la versión clásica es doblemente utópica porque entiende la utopía como un proyecto no sólo irrealizable sino cuyo destino no consiste en ser materializado. La utopía sería, según esta perspectiva, útil sólo en tanto que modelo filosófico y abstracto con el que llegar a un consenso teórico sobre valores e ideales. La versión moderna plantea la utopía como una ruta de acción y como un modelo social cuyo destino no es otro que ejercer un grado de violencia sobre la realidad hasta que ésta se ajuste a sus pretensiones.

Al comparar los argumentos de Hansot y el corpus de obras aquí tratado, surge la siguiente pregunta: ¿cuál de los dos modelos de utopía ejerce un mayor peso en estas narraciones? La respuesta no es evidente ni fácil. Sin embargo, es patente que sobre las utopías de estas narraciones ejerce una gran influencia el modelo clásico. Por una parte, es evidente que las obras de Mercero, Arce, Uribe, Cuerda, Chacón y Armendáriz admiran una sociedad-ejemplar (identificable con la Segunda República durante y antes de la Guerra Civil) cuyos valores no son el producto de un proceso conflictivo, sino una situación estable. La consecución de una comunidad coherente, la creación de un sujeto plenamente identificado con una causa, el contacto orgánico y liberador con la naturaleza, la creación de la infancia como espacio de pureza incontaminada o la sacralización del arte en tanto que espacio para el acceso a una trascendencia a-histórica, son planteadas en estas narraciones, no como el destino de un proceso o el resultado de una trayectoria, sino como una virtud o una cualidad que una determinada sociedad del pasado disfruta de manera casi obvia. Para el desarrollo de nuestro argumento no importa la raigambre romántica de estas pretensiones utópicas, sino su presentación narrativa: estas pretensiones no exigen esfuerzo, ni acuerdos, ni etapas de desarrollo, porque aparecen como una realidad dada que emana de esta sociedad pretérita como algo innato, congénito y esencial.

El resultado de esta modalidad de utopía es precisamente que el tipo de sociedad-ejemplar de la Segunda República resulta postulada, quizá sin pretenderlo, como un hecho irrecuperable. No hay pasos ni procesos que precediesen a esta sociedad ideal, unos pasos que podría ser imitados o reactivados en el presente. Sus virtudes (independientemente de que constituyan o no el tipo de virtudes que hoy debiéramos añorar) son representadas como el producto inmediato de un tiempo utópico, realizado instantáneamente. Según estas narraciones, no hay ruta de acción ni proceso dialéctico que deparasen la implantación/recuperación de ciertos rasgos utópicos de la Segunda República (como los anteriormente mencionados en relación a la comunidad, la naturaleza o la infancia). De este modo, la fuerza revulsiva de la Segunda República, entendida como utopía del pasado, queda desactivada. Ésta pasa a ser, como sucede con las utopías clásicas, un espacio para el debate teórico y abstracto sobre valores o cualidades intemporales, y no una incitación a la praxis política aquí y ahora.

La crítica que aquí se propone de estas utopías no tiene como objetivo el concepto mismo de utopía sino la erección de un pasado bucólico, casi a-histórico, desprovisto de contradicciones temporales, en el que reina una suerte de organicismo comunal. Tal y como comenta Terry Eagleton en su revisión de lo que él denomina una utopía perniciosa, «what one might call 'bad' or premature utopianism grabs instantly for a future, projecting itself by an act of will or imagination beyond the compromised political structures of the present». Eagleton prosigue afirmando que «such utopianism is in danger of persuading us to desire uselessly rather than feasibly» (1990: 229). Si sustituimos la palabra «futuro» por «pasado», la idea de este crítico resulta muy ilustrativa para nuestros análisis. La debilidad de las utopías propuestas por estos filmes y novelas es que erigen un pasado tan distinto del presente, tan distante, tan armónico y pleno, que termina por perder cualquier relevancia (que, en un principio, podría haber tenido) para dicho presente.

La postura que aquí se defiende radica, por lo tanto, en la necesidad de una recuperación utópica de la Segunda República que re-energice el debate político presente y que suponga un reto para versiones acomodaticias y balsámicas del pasado. Esta labor sólo puede ser realizada si los filmes y novelas sobre aquel periodo historizan la utopía, es decir, si muestran ésta no sólo como proceso sino también como un proceso que, fuera o no completado exitosamente, resultó contradictorio y conflictivo. En definitiva, la representación fílmica o literaria de la Segunda República como una utopía del pasado debería acercarse al modelo moderno y al énfasis que este modelo pone en las estrechas relaciones de una determinada sociedad y sus fantasías políticas. El debate y la representación de la Segunda República podrían ser el detonante para reimpulsar proyectos, conceptos, ideales y prácticas políticas de izquierda. Para que esto suceda, esta utopía debe ser representada como una utopía realizable e histórica, que se sitúa ante el presente (no como un espejo casi abstracto) sino como un conjunto de retos e incitaciones al cambio, a las mejoras y a las rupturas.

Un posible ejemplo de este modelo narrativo sería la última novela de Ignacio Martínez de Pisón, *Enterrar a los muertos* (2005), una obra sobre el asesinato de José Robles a manos del servicio secreto soviético. Esta obra comparte con *Soldados de Salamina* la investigación, casi periodística, de un secreto preterido en el que un narrador del presente dirime un conocimiento moralmente adecuado de la Guerra Civil. En ambos textos hay mucha información bigliográfica, entrevistas con protagonistas del evento, fotografías y documentos. Por otra parte, *Soldados de Salamina* es la búsqueda de un republicano aún vivo, mientras que *Enterrar a los muertos* persigue información sobre un fallecido. La primera ofrece además una imagen bastante más estilizada y sentimental del bando republicano que la segunda. Lo especialmente relevante de *Enterrar a los muertos* sería su habilidad para compaginar una mirada utópica sobre el legado y posibilidades de la Segunda República con una discusión crítica de dicho legado. Martínez de Pisón afirma al final de su narración que «lo más terrible de esta historia [la de Robles] es que las víctimas y verdugos [...] compartían lo esencial: la fe marxista en el futuro y la urgencia por combatir el fascismo» (230). Es precisamente esta visión dialéctica de una determinada causa lo que le aporta a esta novela un universo intelectual realmente complejo. La Segunda República, la posibilidad de una ruptura revolucionaria, la búsqueda de una sociedad socialmente más justa o la ilusión política de tantas causas progresistas son vistas y reconocidas en todo su potencial, pero esta perspectiva no deriva nunca en un canto nostálgico por un momento altamente idealizado.

La Segunda República puede ser un espacio muy estimulante de discusión, no sólo sobre el pasado, sino también sobre el propio presente, sus posibilidades y deficiencias. A veces la discusión de un tiempo pretérito puede convertirse en un reactivador idóneo con el que dinamizar, impulsar y redimensionar la imaginación política de un periodo posterior. Tenemos en mente, por ejemplo, el efecto revulsivo que causó en Francia *Le Chagrin et la pitié* (1969) de Marcel Ophüls. Martínez de Pisón dedica toda su novela al bando republicano porque hay un reconocimiento implícito sobre el hecho de que, a pesar de sus contradicciones, hoy resulta un referente histórico mucho más atractivo no sólo para la izquierda sino para todo el espectro democrático. Ahora bien, las lecciones, la energía y los proyectos políticos que se extraigan de esta preocupación deben estar basados en una visión lúcida sobre sus peligros y posibles errores. La construcción de ese pasado como una idílica tierra prometida puede resultar sentimentalmente gratificante, pero tiene un recorrido bastante corto y estéril. Si la Segunda República y su defensa fueron reales alguna vez y si se desea que su herencia habite la realidad cultural e ideológica del país, será necesario tratar este referente con dosis críticas, sin miedo a las paradojas y con atención a las necesarias discriminaciones. Se podrá argumentar quizá, en contra de las ideas aquí expuestas, que la literatura, el cine o la ficción no son los medios adecuados para esta labor. Nuestra opinión es justamente la contraria por dos razones.

En primer lugar, los géneros ficcionales no tienen por qué reducir su grado de complejidad intelectual frente a la historiografía o al ensayo. En otras palabras, la ficción sobre la Guerra Civil no tiene por qué simplificar su referente en aras de ciertos efectos estéticos o de ciertas versiones blanco-o-negro de la realidad. Esto equivaldría a propugnar una relación epistemológicamente jerárquizada, en cuya cúspide estaría géneros «duros» y en cuya base quedarían otros más débiles, como la novela. En segundo lugar, los géneros ficcionales (especialmente los largometrajes cinematográficos) tienen una enorme influencia en el imaginario público y popular que una nación forja sobre su propio pasado. Constituiría un error estratégico renunciar, de antemano, a crear una novelística y una filmografía cognoscitivamente complejas y matizadas sobre la Guerra Civil. Un planteamiento de este tipo no está además abocado a renunciar a la reivindicación del contenido utópico de la Segunda República, especialmente cuando desde sectores conservadores se critica y deslegitima la misma idea de la ruptura radical o de la utopía, sean cuales sean su metodología o su contenido. Ahora bien, la reivindicación de la Segunda República será una estrategia válida y efectiva cuando sus filos no sean limados en favor de un territorio orgánico de virtudes eternas con el que nadie, ni siquiera la derecha, puede estar en desacuerdo (es difícil estar en desacuerdo con una arcadia). Un territorio que, por consiguiente, tampoco supone una amenaza ni un reto para nadie.

OBRAS CITADAS

Novelas

ARCE, Juan Carlos (2002): *Los colores de la guerra*. Barcelona: Planeta.
CASO, Ángeles (2000): *Un largo silencio*. Barcelona: Planeta.
CELA, Camilo José (1993): *Memorias, entendimientos y voluntades*. Madrid: Espasa Calpe.
CERCAS, Javier (2001): *Soldados de Salamina*. Barcelona: Tusquets.
CERVERA, Alfons (1997): *Maquis*. Madrid: Montesinos.
CHACÓN, Dulce (2002): *La voz dormida*. Madrid: Alfaguara.
DE LA ROSA, Julio Manuel (2001): *Las guerras de Etruria*. Sevilla: Algaida.
DE LOPE, Manuel (2000): *La sangre ajena*. Barcelona: Debate.
ESLAVA GALÁN, Juan (2003): *La mula*. Barcelona: Planeta.
— (1998): *Señorita*. Barcelona: Planeta.
GRANDES, Almudena (1994): *Malena es un nombre de tango*. Barcelona: Tusquets.
LEGINA, Joaquín (2004): *El rescoldo*. Madrid: Alfaguara.
MARÍAS, Javier (2002): *Tu rostro mañana. Fiebre y lanza*. Madrid: Alfaguara.
MARSÉ, Juan (2000): *Rabos de lagartija*. Barcelona: Areté.
— (1993): *El embrujo de Shanghai*. Barcelona: Areté.
— (1978): *La muchacha de las bragas de oro*. Barcelona: Planeta.
MARTÍNEZ DE PISÓN, Ignacio (2005): *Enterrar a los muertos*. Barcelona: Seix Barral.
MERINO, Olga (2004): *Escuelas de papel*. Madrid: Alfagura.
MONTERO, Rosa (1997): *La hija del caníbal*. Madrid: Espasa.
MUÑOZ MOLINA, Antonio (2001): *Sefarad*. Madrid: Alfaguara.
— (1991): *El jinete polaco*. Barcelona: Planeta.
— (1986): *Beatus Ille*. Barcelona: Seix Barral.
REVERTE, Jorge M. (2003): *La batalla del Ebro*. Barcelona: Crítica.

RIVAS, Manuel (2000): *El lápiz del carpintero*. Madrid: Punto de Lectura.
SILVA, Lorenzo (2004): *Carta blanca*. Madrid: Espasa.
SOLER, Antonio (1999): *El nombre que ahora digo*. Madrid: Espasa.
TRAPIELLO, Andrés (2001): *La noche de los cuatro caminos*. Madrid: Aguilar.
VÁZQUEZ MONTALBÁN, Manuel (1985): *El pianista*. Barcelona: Seix Barral.

Filmes

Asaltar los cielos. Dir. Javier Rioyo y José Luis López-Linares. Perf. Elena Poniatowska, Laura Mercader, Charo López. Cero en Conducta, 1996.
El espinazo del diablo. Dir. Guillermo del Toro. Perf. Eduardo Noriega, Marisa Paredes, Federico Luppi. El Deseo S.A., 2001.
El viaje de Carol. Dir. Imanol Uribe. Perf. Clara Lago, Juan José Ballesta, Álvaro de Luna, María Barranco y Rosa María Sarda. Sogecable S.A., 2001.
Extranjeros de sí mismos. Dir. Javier Rioyo y José Luis López-Linares. Perf. Norma Jacobs, Luis Ciges, Luis Teigell. Cero en Conducta, 2001.
En la ciudad sin límites. Dir. Antonio Hernández. Perf. Leonardo Sbaraglia, Fernando Fernán Gómez, Geraldine Chaplin. Zebra Producciones/Icónica & Patagonik Film Grou, 2002.
La guerrilla de la memoria. Dir. Javier Corcuera. Perf. Esperanza Martínez, Remedios Montero, Florián García. Alta Films y Ovia Films, 2001.
La hora de los valientes. Dir. Antonio Mercero. Perf. Gabino Diego, Leonor Watling, Adriana Ozores, Luis Cuenca, Héctor Colomé y José María Pou. Enrique Cerezo PC, 1998.
La lengua de las mariposas. Dir. José Luis Cuerda. Perf. Fernando Fernán Gómez, Manuel Lozano, Uxía Blanco, Gonzalo Martín Uriarte y Alexis de los Santos. Sogetel, 2000.
Mambrú se fue a la guerra. Dir. Fernando Fernán Gómez. Perf. Emma Cohen, Agustín González, Jorge Sanz. Hispavista, 1971.
Silencio roto. Dir. Montxo Armendáriz. Perf. Lucía Jiménez, Juan Diego Botto, Mercedes Sampietro, Álvaro de Luna y María Botto. Oria Films, 2001.

Bibliografía sobre cultura, novela y cine españoles

ABELLÁN, José Luis (1987): «La Guerra Civil como categoría cultural». En: *Cuadernos Hispanoamericanos* 441, pp. 43-55.
AFINOGUÉNOVA, Eugenia (2003): *El idiota superviviente. Artes y letras españolas frente a la muerte del hombre*. Madrid: Ediciones Libertarias.

AGAWU-KAKRABA, Yaw (2002): «José Ángel Mañas's Literature of Insurgency: *Historias del Kronen*». En: *Revista Hispánica Moderna* LV.1, pp. 188-203.

AGUILAR FERNÁNDEZ, Paloma (1996): *Memoria y olvido de la Guerra Civil Española*. Madrid: Alianza.

AGUILAR, Paloma y Carsten HUMLEBAEK (2002): «Collective Memory and National Identity in the Spanish Democracy. The Legacies of Francoism and the Civil War». En: *History and Memory* 14.1/2, pp. 121-164.

ALBERCA, Manuel (2002): «Amnésicos, leales y arrepentidos: Los autobiógrafos españoles ante la Guerra Civil». En: *Cuadernos Hispanoamericanos* 623, pp. 11-25.

ALLISON, Mark (1997): «Not Matadors, Not Natural Born Killers: Violence in Three Films by Young Spanish Directors». En: *Bulletin of Hispanic Studies* LXXIV, 3, pp. 315-330.

ALONSO, Santos (1985): «Un renovado compromiso con el realismo y con el hombre». En: *Ínsula* 464-5, pp. 9-11.

ÁLVAREZ JUNCO, José (2000): *Spain History since 1808*. Oxford: Oxford University Press.

AMAGO, Samuel (2004): «Horror and Ambivalence in *Tesis*: Alejandro Amenábar's Reflections on the Postmodern Condition». En: *Revista de Estudios Hispánicos* 38.1, pp. 143-158.

BALMASEDA MAESTU, Enrique (1991): *Memoria de la infancia en la poesía española contemporánea*. Logroño: Instituto de Estudios Riojanos.

BARTON, Simon (2004): *A History of Spain*. New York: Palgrave Macmillan.

BENET, Juan (1999): *La sombra de la guerra: escritos sobre la Guerra Civil española*. Madrid: Taurus.

— (1976): *Qué fue la Guerra Civil*. Madrid: La Gaya Ciencia.

BERTRAND DE MUÑOZ, Maryse (2001): *Guerra y novela. La Guerra Española de 1936-1939*. Sevilla: Alfar.

— (1989): «El viaje a las raíces de la memoria personal e histórica y la novela reciente de la Guerra Civil Española». En: *Castilla* 14, pp. 15-21.

— (1987): «Bibliografía de la creación literaria sobra la Guerra Civil». En: *Anales de la Literatura Española Contemporánea* 12.3, pp. 369-417.

BOZAL, Valeriano (1994): *Goya y el gusto moderno*. Madrid: Alianza.

BRAVO CELA, Blanca (2002): «La guerra textual: Perspectivas de la Guerra Civil en la escritura autobiográfica española». En: *Cuadernos Hispanoamericanos* 623, pp. 27-33.

BUNK, Brian D. (2002): «'Your Comrades Will not Forget'. Revolutionary Memory and the Breakdown of the Spanish Second Republic, 1934-1936». En: *History and Memory* 14.1/2, pp. 65-91.

CARR, Raymond (2000): *Spain: a History*. Oxford: Oxford University Press.

— (1982): *Spain (1808-1975)*. Oxford: Clarendon Press.

CHRISTIE, Ruth, Judith DRINKWATER, and John MACKLIN (1995): «Introduction». En: *The Scripted Self: Textual Identities in Contemporary Spanish Narrative*. Warminster, England: Aris & Phillips Ltd, pp. 1-12.

COLMEIRO, José (2005): *Memoria histórica e identidad cultural: de la postguerra a la postmodernidad*. Barcelona: Anthropos.

DEL PINO, José Manuel (2004): «Maquinas alienadoras: Juan Antonio Cabezas y la politización de la vanguardia». En: *Del tren al aeroplano: Ensayos sobre la vanguardia española*. Boulder, Colorado: Society of Spanish and Spanish-American Studies, pp. 149-159.

DÍAZ-PLAJA, Fernando (1976): *La España franquista en sus documentos*. Barcelona: Plaza y Janés.

ELORZA, Antonio (2004): «Comandante o la inversión de la imagen». En: *Letras libres* 67, pp. 104-6.

ESCUDERO, Javier (1999): «*Bella y oscura*, de Rosa Montero: Entre el resplandor y la muerte». En: *Anales de literatura española contemporánea* 24.1/2, pp. 85-101.

FELTEN, Hans y Ulrich PRILL (1995): «Introducción». En: *La dulce mentira de la ficción. Ensayos sobre narrativa española actual*. Bonn: Romanistischer Verlag, pp. 1-17.

FUSI, Juan Pablo y Jordi PALAFOX (1997): *España: 1808-1996. El desafío de la modernidad*. Madrid: Espasa.

GARCÍA, Carlos Javier (2003): «Efectos del 11 de septiembre de 2001 en los estudios literarios y culturales. Lectura del nacionalismo». En: *Letras peninsulares* 15.2, pp. 175-192.

— (1999): «La resistencia a saber y *Corazón tan blanco* de Javier Marías». En: *Anales de literatura española contemporánea* 24.1/2, pp. 103-120.

GARCÍA FONTANET, Ángel (2003): «La Guerra Civil ha terminado...». En: *El País*, 21 de enero, p. 8.

GARCÍA VIÑÓ, Manuel (1994): *La novela española desde 1939. Historia de una impostura*. Madrid: Libertarias.

GODOY, Eduardo (1979): *La infancia en la narrativa española de posguerra, 1939-1978*. Madrid: Editorial Playor.

GÓMEZ-MORIANA, Antonio (1988): «Narration and Argumentation in Autobiographical Discourse». En: Nicholas Spadaccini and Jenaro Talens (eds.): *Autobiography in Early Modern Spain*. Minneapolis, Minnesota: The Prisma Institute, pp. 42-58.

GRAHAM, Helen and Antonio SÁNCHEZ (1995): «The Politics of 1992». En: Helen Graham and Jo Labanyi (eds.): *Spanish Cultural Studies*. Oxford: Oxford University Press, pp. 406-418.

GUBERN, Román (1991): «The Civil War: Inquest or Exorcism?». En: *Quarterly Review of Film and Video* 13.4, pp. 103-112.

— (1986): *1936-1939. La guerra de España en la pantalla*. Madrid: Filmoteca Española.

GULLÓN, Germán (2004): *Los mercaderes en el templo de la literatura*. Madrid: Caballo de Troya.

GULLÓN, Ricardo (1994): *La novela española contemporánea. Ensayos críticos*. Madrid: Alianza.

— (1979): *Sicologías del autor y lógicas del personaje*. Madrid: Taurus.

HARDCASTLE, Anne E. (2000): «Postmodern Fantasy and Montero's *Temblor*: The Quest for Meaning». En: *Anales de literatura española contemporánea* 25.2, pp. 417-438.

HERZBERGER, David K. (2000): «Oblivion and Remembering: the Double Desire of Muñoz Molina's *El jinete polaco*». En: Joan Ramon Resina (ed.): *Disremembering the Dictatorship: The Politics of Memory in the Spanish Transition to Democracy*. Amsterdam and Atlanta: Rodopi, pp. 127-138.

— (1995): *Narrating the Past. Fiction and Historiography in Postwar Spain*. Durham and London: Duke University Press.

HIGHFILL, Juli (1999): *Portraits of Excess: Reading Character in the Modern Spanish Novel*. Boulder, Colorado: Society of Spanish and Spanish-American Studies.

HOLLOWAY, Vance R. (1999): *El posmodernismo y otras tendencias de la novela española (1967-1995)*. Madrid: Fundamentos.

IZQUIERDO, José María (2001): «Narradores españoles novísimos de los años noventa». En: *Revista de Estudios Hispánicos* 35.2, pp. 293-308.

JOHNSON, Warren (2002): «Eating her Heart out: An Anthropophagic Reading of Rosa Montero's *La hija del caníbal*». En: *Revista hispánica moderna* 55.2, pp. 457-466.

JULIÁ, Santos (2001): «Larga y saludable vida». En: *El País*, 22 de noviembre, p. 48.

KELLER, Marjorie (1986): *The Untutored Eye: Childhood in the Films of Cocteau, Cornell, and Brakhage*. Rutherford: Fairleigh Dickinson.

KINDER, Marsha (1993): *Blood Cinema*. Berkeley, California: University of California Press.

LABANYI, Jo (2002): «Engaging with Ghosts; or, Theorizing Culture in Modern Spain». En: Jo Labanyi (ed.): *Constructing Identity in Contemporary Spain. Theoretical Debates and Cultural Practices*. Oxford: Oxford University Press, pp. 1-14.

— (2000): «History and Hauntology; or, What does One Do with the Ghosts of the Past? Reflections on Spanish Film and Fiction of the Post-Franco Period». En: Joan Ramon Resina (ed.): *Disremembering the Dictatorship. The Politics of Memory in the Spanish Transition to Democracy*. Amsterdam and Atlanta, GA: Rodopi, pp. 65-82.

— (1995): «Postmodernism and the Problem of Cultural Identity». En: Helen Graham and Jo Labanyi (eds.): *Spanish Cultural Studies*. Oxford: Oxford University Press, pp. 396-406.

LEV, Leora (2001): «Returns of the Repressed: Memory, Oblivion, and Abjection in Spanish Cinema». En: *Revista de Estudios Hispánicos* 35.1, pp. 165-178.

LUENGO, Ana (2004): *La encrucijada de la memoria. La memoria colectiva de la Guerra Civil Española en la novela contemporánea*. Berlin: Tranvía.

MAINER, José-Carlos (2005): «Otra vez en los años treinta: literatura y compromiso político». En: *Anales de literatura española contemporánea* 30.1/2, pp. 273-300.

— (1994): *De postguerra, 1951-1990*. Barcelona: Crítica.

MAINER, José-Carlos y Santos JULIÁ (2000): *El aprendizaje de la libertad. 1973-1986*. Madrid: Alianza.

MARICHAL, Juan (1995): *El secreto de España. Ensayos de historia intelectual y política*. Madrid: Taurus.

MEDINA DOMÍNGUEZ, Alberto (2001): *Exorcismos de la memoria*. Madrid: Ediciones Libertarias.

MÉNDEZ, Rafael (2002): «Cercas pide que se desconfíe del narrador de *Soldados de Salamina*». En: *El País*, 3 de julio, pp. 56.

MOA, Pío (2003): *Los mitos de la Guerra Civil*. Madrid: La esfera de los libros.

MONEGAL, Antonio (2002): «Aporias of War Story». En: *Journal of Spanish Cultural Studies* 3.1, pp. 2-41.

— (1998): «Images of War: Hunting the Metaphor». En: Jenaro Talens y Santos Zunzunegui (eds.): *Modes of Representation in Spanish Cinema*. Minneapolis: University of Minnesota Press, pp. 203-215.

MONTEATH, Peter (1994a): *The Spanish Civil War in Literature, Film, and Art*. Westport, Connecticut: Greenwood Press.

— (1994b): *Writing the Good Fight. Political Commitment in the International Literature of the Spanish Civil War*. Westport, Connecticut: Greenwood Press.

— (1990): «The Spanish Civil War and the Aesthetics of Reportage». En: David Bevan (ed.): *Literature and War*. Amsterdam and Atlanta: Rodopi, pp. 69-85.

MOREIRAS-MENOR, Cristina (2002a): «Critical Intervention on Violence: An Introduction». En: *Journal of Spanish Cultural Studies* 3.1, pp. 5-8.

— (2002b): *Cultura herida. Literatura y cine en la España de la transición*. Madrid: Ediciones Libertarias.

MORENO-NUÑO, Carmen (2005): «The Ghosts of Javier Marías: The Trauma of a Civil War Unforgotten». En: Eloy Merino and Rosi Song (eds.): *Traces of Contamination. Unearthing the Francoist Legacy in Contemporary Spanish Discourse*. Lewisburg: Bucknell University Press, pp. 124-146.

— (2003): «¿La derrota del poder? Una mirada crítica a la obra de Manuel Talens». En: *Anales de literatura española contemporánea* 28.1. pp. 203-231.
NAROTZKY, Susana and Gavin SMITH (2002): «Being 'político' in Spain. An Ethnographic Account of Memories, Silences and Public Politics». En: *History and Memory* 14.1/2 , pp. 189-228.
NAVAJAS, Gonzalo (1996): *Más allá de la postmodernidad. Estética de la nueva novela y cine españoles*. Barcelona: EUB.
NAVARRO, Vicenç (2002): *Bienestar insuficiente, democracia insuficiente*. Barcelona: Anagrama.
NAVAS RUIZ, Ricardo (1982): *El romanticismo español*. Madrid: Cátedra.
NERÍN, Gustau y Alfred BOSCH (2001): *El imperio que nunca existió*. Barcelona: Plaza & Janés.
ODARTEY-WELLINGTON, Dorothy (2002): «La tecnología, el espacio urbano y el sujeto en la narrativa joven española». En: *Revista Hispánica Moderna* LV.1, pp. 204-209.
PAREDES ALONSO, Javier (1988): *La España liberal del siglo XIX*. Madrid: Anaya.
PAYNE, Stanley (2000): *The Franco Regime (1936-1975)*. London: Phoenix Press.
PAZ, Octavio (1997): *El laberinto de la soledad*. Madrid: Cátedra.
PERCIVAL, Anthony (1990): «The Spanish Civil War Story: From Neo-Realism to Postmodernism». En: David Bevan (ed.): *Literature and War*. Amsterdam and Atlanta: Rodopi, pp. 87-95.
PÉREZ, Janet (2002): «Ortodoxia y heterodoxia, herejía e inquisición: Libertad de conciencia y represión en la novela española de las tres últimas décadas». En: *Revista Hispánica Moderna* 55.2, pp. 393-405.
PÉREZ, Janet and Wendell M. AYCOCK (eds.) (1990): *The Spanish Civil War in Literature*. Lubbock: Texas Tech University Press.
PÉREZ FIRMAT, Gustavo (1982): *Idle Fictions: the Hispanic Vanguard Novel, 1926-1934*. Durham and London: Duke University Press.
PERTUSA, Inmaculada (1994): «*Temblor*, de Rosa Montero: anti-utopía y desfamiliarización». En: *Mester* 23.2, pp. 63-74.
POLLACK, Benny (1999): «Democratic Transition and Consolidation in Spain: the Triumph of Modernity». En: *Bulletin of Hispanic Studies* LXXVI.4, pp. 499-517.
PONCE DE LEÓN, José Luis (1971): *La novela de la Guerra Civil (1936-1939)*. Madrid: Ínsula.
POPE, Radolph (1995). *Understanding Juan Goytisolo*. Columbia, South Carolina: University of South Carolina Press.
POZUELO YVANCOS, José María (2004): «De chacales y culpas». En: *Blanco y Negro Cultural* 638, 17 de julio, p. 11.
PRESTON, Paul (2001): *Las tres Españas*. Barcelona: Debolsillo.

RESINA, Joan Ramon (2000): «Short of Memory: the Reclamation of the Past Since the Spanish Transition to Democracy». En: Joan Ramon Resina (ed.): *Disremembering the Dictatorship. The Politics of Memory in the Spanish Transition to Democracy*. Amsterdam and Atlanta: Rodopi, pp. 83- 126.

RESINO, Carmen (2000): «La nada comestible». En: Juan Casamayor y Encarnación Molina (eds.): *La lucidez de un siglo*. Madrid: Páginas de Espuma, pp. 41-44.

RICHARDS, Michael (2002): «From War Culture to Civil Society. Francoism, Social Change and Memories of the Spanish Civil War». En: *History and Memory* 14.1/2, pp. 93-120.

RICO, Francisco (1992): «De hoy para mañana: la literatura de la libertad». En: *Historia y crítica de la literatura española. Vol. IX. Los nuevos nombres (1975-1990)*. Barcelona: Crítica, pp. 86-93.

RODRÍGUEZ, Juan Carlos (1990): *Teoría e historia de la producción ideológica: Las primeras literaturas burguesas*. Madrid: Akal.

RODRÍGUEZ, María Pilar (2000): *Vidas im/propias. Transformaciones del sujeto femenino en la narrativa española contemporánea*. West Lafayette, Indiana: Purdue University Press.

RODRÍGUEZ IBÁÑEZ, José E. (1991): «España en los años noventa: estereotipos y realidades». En: *Revista de Occidente* 122-123, pp. 257-266.

SAMPEDRO, José Luis (2002): *El mercado y la globalización*. Barcelona: Destino.

— (1996): *Conciencia del subdesarrollo veinticinco años después*. Madrid: Taurus.

SANZ VILLANUEVA, Santos (2000): «Contribución al estudio del género histórico en la novela actual». En: *Príncipe de Viana* 18, pp. 355-380.

SERRANO, Secundino (2002): *Maquis. Historia de la Guerrilla antifranquista*. Madrid: Temas de Hoy.

SIEBURTH, Stephanie (1999): «What Does It Mean to Study Modern Spanish Culture?». En: David T. Gies (ed.): *Modern Spanish Culture*. Cambridge, MA: Cambridge University Press, pp. 11-20.

SOBEJANO, Gonzalo (1975): *Novela española de nuestro tiempo*. Madrid: Prensa Española.

— (1967): *Nietzsche en España*. Madrid: Gredos.

SOTELO, Ignacio (1991): «La cultura española actual: apunte para un diagnóstico». En: *Revista de Occidente* 122-123, pp. 5-14.

SPADACCINI, Nicholas and Jenaro TALENS (1988): «The Construction of the Self: Notes on Autobiography in Early Modern Spain». En: Nicholas Spadaccini and Jenaro Talens (eds.): *Autobiography in Early Modern Spain*. Minneapolis, Minnesota: The Prisma Institute, pp. 9-40.

STEENMEIJER, Maarten (2000): «El tabú del franquismo vivido en la narrativa de Mendoza, Marías y Muñoz Molina». En: Joan Ramon Resina (ed.):

Disremembering the Dictatorship: The Politics of Memory in the Spanish Transition to Democracy. Amsterdam and Atlanta: Rodopi, pp. 139-155.

SUBIRATS, Eduardo (2002): «Transición y espectáculo». En: Eduardo Subirats (ed.): *Intransiciones. Crítica de la cultura española*. Madrid: Biblioteca Nueva, pp. 71-85.

— (1993): *Después de la lluvia. Sobre la ambigua modernidad española*. Madrid: Temas de Hoy.

— (1981): *La ilustración insuficiente*. Madrid: Taurus.

TALENS, Jenaro (1998): «The Referential Effect: Writing the Image of the War». En: Jenaro Talens y Santos Zunzunegui (eds.): *Modes of Representation in Spanish Cinema*. Minneapolis, Minnesota: University of Minnesota Press, pp. 58-72.

TENA, Jean (2001): «Del experimentalismo a la 'renarrativización'. La novela de los setenta». En: Paul Aubert (ed.): *La novela en España. Siglos XIX y XX*. Madrid: Casa Velázquez, pp. 243-248.

TUSELL, Javier (1986): *Los hijos de la sangre. La España de 1936 desde 1986*. Madrid: Espasa Calpe.

THOMAS, Gareth (1990): *The Novel of the Spanish Civil War (1936-1975)*. Cambridge, MA: Cambridge University Press.

THOMAS, Hugo (1977): *La Guerra Civil Española*. Trad. Neri Daurella. Barcelona: Mondadori.

TOWNSEND, June H. (2000): *William Faulkner y Luis Martín Santos*. Madrid: Editorial Pliegos.

TRAPIELLO, Andrés (1994): *Las armas y las letras. Literatura y Guerra Civil (1936-1939)*. Barcelona: Planeta.

TRIANA-TORIBIO, Nuria (2004): «Santiago Segura: Just When You Thought that Spanish Masculinities Were Getting Better». En: *Hispanic Research Journal* 5.2, pp. 147-156.

TUSELL, Javier (1999): *La transición española a la democracia*. Madrid: Historia 16.

Vargas Llosa, Mario (2001): «El sueño de los héroes». En: *El País*, 3 de septiembre, p. 16.

VIDAL, César (2003): *Checas de Madrid. Las cárceles republicanas al descubierto*. Madrid: Belacqua/Carroggio.

UGARTE, Michael (1982): *Trilogy of Treason: An Intertextual Study of Juan Goytisolo*. Columbia, Missouri: University of Missouri Press.

VILARÓS, Teresa (1998): *El mono del desencanto: una crítica cultural de la transición española, 1973-1993*. Madrid: Siglo XXI.

VISCARRI, Dionisio (2002): «¡*Harka!*: Representación e imagen del africanismo fascista». En: *Revista de Estudios Hispánicos* XXXVI.2, pp. 403-424.

WINTER, Ulrich (2005): «From Post-Francoism to Post-Franco Postmodernism: The 'Power of the Past' in Contemporary Spanish Narrative Discourse

(1977-1991)». En: Eloy Merino and Rosi Song (eds.): *Traces of Contamination. Unearthing the Francoist Legacy in Contemporary Spanish Discourse*. Lewisburg: Bucknell University Press, pp. 177-198.

Teoría literaria, historiográfica y cultural

ADORNO, Theodor W (1986): «What Does Coming to Terms with the Past Mean?». Trans. Timothy Bahti and Geoffrey Hartman. En: Geoffrey H. Hartman (ed.): *Bitburg in Moral and Political Perspective*. Bloomington: Indiana University Press, 1986, 114-129.

ALAIMO, Stacy (2001): «Discomforting Creatures: Monstruous Natures in Recent Films». En: Karla Armbruster and Kathleen Wallace (eds.): *Beyond the Boundaries of Ecocriticism*. Charlottesville and London: University of Virginia Press, pp. 279-296.

ALRYYES, Ala A. (2001): *Original Subjects. The Child, the Novel, and the Nation*. Cambridge, MA: Harvard University Press.

AMERICAN ASSOCIATION OF MUSEUMS (1925): *Code of Ethics for Museum Workers*. Washington, D.C.: American Association of Museums Press.

AMIT, Vered (2002): «Reconceptualizing Community». En: Vered Amit (ed.): *Realizing Community. Concepts, Social Relations and Sentiments*. London: Routledge, pp. 1-20.

ANDERSON, Benedict R. (1983): *Imagined Communities: Reflections on the Origin and Spread of Nationalism*. London: Verso.

ANDRESS, David (1997): «Beyond Irony and Relativism. What is Postmodern History For?». En: *Rethinking History* 1.3, pp. 311-326.

ARNETT, Ronald and Pat ARNESON (1999): *Dialogic Civility in a Cynical Age*. Albany: State University of New York Press.

ASSMANN, Jan (1995): «Collective Memory and Cultural Identity». En: *New German Critique* 65, pp. 125-133.

BAKER, Alan (1992): «On Ideology and Landscape». En: Alan Baker and Gideon Biger (eds.): *Ideology and Landscape in Historical Perspective. Essays on the Meanings of some Place in the Past*. Cambridge, MA: Cambridge University Press, pp. 1-14.

BAKER, Robert (1990). *Brave New World. History, Science, and Dystopia*. Boston: Twayne Publishers.

BALLINGER, Pamela (1998): «The Culture of Survivors. Post-Traumatic Stress Disorder and Traumatic Memory». En: *History and Memory* 10.1, pp. 99-132.

BALLÓ, Jordi y Xavier PÉREZ (1997): *La semilla inmortal. Los argumentos universales del cine*. Barcelona: Anagrama.

BARREL, John (1986): *The Political Theory of Painting from Reynolds to Hazlitt*. New Haven: Yale University Press.
BARTHES, Roland (1974): *S/Z*. Trans. Richard Miller. New York: Noonday.
BARTOV, Omer (2000): *Mirrors of Destruction. War, Genocide, and Modern Indentity*. Oxford: Oxford University Press.
BAUMAN, Zygmunt (1989): *Modernity and the Holocaust*. Oxford: Polity.
BEAUMONT, Roger (1994): *War, Chaos, and History*. Westport, Connecticut: Praeger.
BENJAMIN, Walter (1996): «Critique of Violence». En: *Selected Writings. Volume 1 (1913-1926)*. Cambridge, MA: Harvard University Press, pp. 236-252.
— (1973): «Tesis de filosofía de la historia». En: *Discursos interrumpidos I*. Trad. Jesús Aguirre. Madrid: Taurus, 175-191.
BENNETT, Carl D. (1991): *Joseph Conrad*. New York: Continuum.
BERGER, Martin (1977): *Engels, Armies, and Revolution. The Revolutionary Tactics of Classical Marxism*. Hamden, Connecticut: Archon Books.
BERLEANT, Arnold (1997): *Living in the Landscape. Toward an Aesthetic of Environment*. Lawrence, Kansas: University Press of Kansas.
BERNSTEIN, Michael André (2003): «Against Foreshadowing». En: Neil Levi and Michael Rothbreg (eds.): *The Holocaust. Theoretical Readings*. New Brunswick, New Jersey: Rutgers University Press, pp. 346-353.
BERTENS, Hans (1987): «Postmodern Characterization and the Intrusion of Language». En: Matei Calinescu and Douwe Fokkema (eds.): *Exploring Postmodernism*. Philadelphia: John Benjamins, pp. 139-159.
BESTEMAN, Catherine (2002): «Introduction». En: *Violence. A Reader*. New York: New York University Press, pp. 1-10.
BEWES, Timothy (1997): *Cynism and Postmodernity*. London: Verso.
BLANCHOT, Maurice (1995): *The Writing of the Disaster*. Trans. Ann Smock. Lincoln, Nebraska: University of Nebraska Press.
BLANCO, Amalio (1997): «Los afluyentes del recuerdo: la memoria colectiva». En: José María Ruiz-Vargas (ed.): *Claves de la memoria*. Madrid: Trotta, pp. 83-105.
BOURDIEU, Pierre, Alain DARBEL and Dominique SCHNAPPER (1992): *Love of Art: European Art Museums and Their Public*. Trans. Carline Beattie and Nick Merriman. Stanford: Stanford University Press.
BOWMAN, Glenn (2001): «The Violence in Identity». En: Bettina E. Schmidt and Ingo W. Schröder (eds.): *Anthropology of Violence and Conflict*. London: Routledge, pp. 25-46.
BOYM, Svetlana (2001): *The Future of Nostalgia*. New York: Basic Books.
BRAUN, Robert (1994): «The Holocaust and Problems of Historical Representation». En: *History and Theory* 33.2, pp. 172-197.

BROCK, Peter (1970): *Twentieth-Century Pacifism*. New York: Van Nostrand Reinhold Company.
BROCK, Peter and Nigel YOUNG (1999): *Pacifism and the Twentieth Century*. Syracuse, New York: Syracuse University Press.
BROOKS, Linda Marie (1995): *The Menace of the Sublime to the Individual Self*. Lewiston, U.K.: The Edwin Mellen Press.
BRUNER, Jerome (1991): «The Narrative Construction of Reality». En: *Critical Inquiry* 18.1, pp. 1-21.
BRUNETTE, Peter (1987): *Roberto Rossellini*. Oxford & New York: Oxford University Press.
BURCH, Noël (1995): *El tragaluz infinito*. Madrid: Cátedra.
BURKE, Edmund (1987): *A Philosophical Enquiry into the Origin of our Ideas of the Sublime and Beautiful* (1757). Oxford: Oxford University Press.
BURTON, F. (1978): *The Politics of Legitimacy*. London: Routledge.
CABELL, Charles P. Jr. (1998): «Foreword». En: *War as an Instrument of Policy. Past, Present, and Future*. New York: University Press of America, pp. xi-xv.
CASCARDI, Anthony J. (1984): «Remembering». *The Review of Metaphysics* 38, pp. 275-302.
CEADEL, Martin (1987): *Thinking About Peace and War*. Oxford: Oxford University Press.
CHANAN, Michael (1990): «Rediscovering Documentary: Cultural Context and Intentionality». En: Julianne Burton (ed.): *The Social Documentary in Latin America*. Pittsburgh: University of Pittsburgh Press, 1990, pp. 31-47.
CHILAND, Colette (1994): «Human Violence». En: Colette Chiland and Gerald Young (eds): *Children and Violence*. Northvale, New Jersey: Jason Aronson INC., pp. 3-12.
COBLEY, Evely (1990): «History and Ideology in Autobiographical Literature of the First World War». En: Evelyn Hinz (ed.): *Troops Versus Tropes. War and Literature*. Winnipeg, Canada: University of Minitoba Press, pp. 37-54.
COLEMAN, Earle J. (1998): *Creativity and Spirituality. Bonds between Art and Religion*. Albany, New York: State University of New York Press.
COKER, Christopher (1998): *War and the Illiberal Conscience*. Boulder, Colorado: Westview Point.
DAS, Veena (2000): «The Act of Witnessing. Violence, Poisonous Knowledge, and Subjectivity». En: Veena Das (ed.): *Violence and Subjectivity*. Berkeley, California: University of California Press, pp. 205-226.
DE CERTEAU, Michel (1998): *The Writing of History*. Trans. Tom Conley. New York: Columbia University Press.
DE PAUW, Linda Grant (1998): *Battle Cries and Lullabies. Women in War from Prehistory to Present*. Norman: University of Oklahoma Press.

DEFRONZO, James (1991): *Revolutions and Revolutionary Movements*. Boulder, Colorado: Westview Press.
DERRIDA, Jacques (1994): *Specters of Marx: the state of the debt, the work of mourning, and the New International*. Trans. Peggy Kamuf. New York: Routledge.
Diccionario soviético de filosofía (1965). Montevideo: Ediciones Pueblos Unidos.
EAGLESTONE, Robert (1998): «The 'Fine Risk' of History». En: *Rethinking History* 2.3, pp. 313-320.
EAGLETON, Terry (2003): *Sweet Violence. The Idea of the Tragic*. Oxford: Blackwell.
— (2001): *Ideology*. London: Verso.
— (1990): *The Ideology of the Aesthetic*. Oxford: Blackwell.
EASTERBROOK, Gregg (2003): *The Progress Paradox*. New York: Random House.
ECO, Umberto (1967): *Opera aperta*. Milano: Bompiani.
EDSON, Gary and David DEAN (1994): *The Handbook for Museums*. London: Routledge.
ENZENSBERGER, Hans Magnus (1998): *El corto verano de la anarquía. Vida y muerte de Durruti*. Trad. Julio Forcat y Ulrike Hartmann. Barcelona: Anagrama.
— (1990): *Civil War. From L.A. to Bosnia*. New York: The New Press.
ERMARTH, Elizabeth Deeds (2001): «Beyond History». En: *Rethinking History* 5.2, pp. 195-215.
ESTEFANÍA, Joaquín (2003): *La cara oculta de la prosperidad: economía para todos*. Madrid: Taurus.
— (1997): *Contra el pensamiento único*. Madrid: Taurus.
FAUST, George H. (1994): *The Ethics of Violence. The Study of a Fractured World*. New York: University of America Press.
FEATHERSTONE, Joseph (1994): *The Rights of Children*. Cambridge, MA: Harvard University Press.
FELDMAN, Allen (2000): «Violence and Vision. The Prosthetics and Aesthetics of Terror». En: Veena Das *et al.* (eds.): *Violence and Subjectivity*. Berkeley, California: University of California Press, pp. 46-78.
— (1991): *Formations of Violence: The Narrative of the Body and Political Terror in Northern Ireland*. Chicago: University of Chicago Press.
FELMAN, Shoshana and Dori LAUB (1992): *Testimony. Crises of Witnessing in Literature, Psychoanalysis, and History*. New York and London: Routledge.
FERNÁNDEZ BUEY, Francisco (2003): *Poliética*. Madrid: Losada.
FERRO, Marc (1988): *Cinema and History*. Trans. Naomi Greene. Detroit: Wayne State University Press.

FLETCHER, Jonathan (1997): *Violence and Civilization. An Introduction to the Works of Norbert Elias*. Oxford: Polity Press.
FOGARTY, Brian E (2000): *War, Peace, and the Social Order*. Boulder, Colorado: Westview Press.
FORAN, John (1997): «Introduction». En: John Foran (ed.): *Theorizing Revolutions*. London: Routledge, pp. 1-7.
FOUCAULT, Michel (1972): *The Archaeology of Knowledge & the Discourse on Language*. Trans. A.M. Sheridan Smith. New York: Harper Torchbooks.
FRAZER, Elizabeth (1999): «Communitarism, Philosophical and Political». En: *The Problems of Communitarian Politics. Unity and Conflict*. Oxford: Oxford University Press, pp. 10-46.
FREUD, Sigmund (1997): «La fijación del trauma». En: *Obras completas. Volumen VI*. Trad. Luis López-Ballesteros y de Torre. Madrid: Biblioteca Nueva, pp. 2293-2301.
FRIEDLÄNDER, Saul (1992): «Trauma, Transference and 'Working Through' in Writing the History of *Shoah*». En: *History and Memory* 4.1, pp. 39-59.
FUKUYAMA, Francis (1989): «The End of History?». En: *National Interest* 16, pp. 5-18.
FUSI, Juan Pablo (2004): *El malestar de la modernidad*. Madrid: Biblioteca Nueva.
GALEF, David (1993): «Anatomy of Flat and Minor Characters». En: *The Supporting Cast. A Study of Flat and Minor Characters*. University Park, Pennsylvania: The Pennsylvania State University, pp. 1-25.
GALLIE, W. B. (1991): *Understanding War*. London: Routledge.
GELVEN, Michael (1994): *War and Existence. A Philosophical Inquiry*. University Park, Pennsylvania: The Pennsylvania State University Press.
GERBER, Richard (1973): «The Rise of Utopian Humanism». En: *Utopian Fantasy*. NewYork: McGraw-Hill, pp. 3-14.
GIDDENS, Anthony (1995): *The Nation State and Violence*. Berkeley, California: University of California Press.
GINZBURG, Carlo (1997): «Shared Memories, Private Recollections». En: *History and Memory* 9.1/2, pp. 353-363.
GOLDFRAD, Jeffrey C. (1991): *The Cynical Society. The Culture of Politics and the Politics of Culture in American Life*. Chicago: The University of Chicago Press.
GREEN, Nicholas (1995): «Looking at the Landscape: Class Formation and the Visual». En: Eric Hirsch (ed.): *The Anthropology of Landscape. Perspectives on Place and Space*. Oxford: Clarendon Press, pp. 31-42.
HABERMAS, Jürgen (1989): *The Structural Transformation of the Public Sphere: An Inquiry into a Category of Bourgeois Society*. Trans. Thomas Burger. Cambridge, MA: The MIT Press.

HANSOT, Elisabeth (1974): *Perfection and Progress: Two Modes of Utopian Thought*. Cambridge, MA: The MIT Press.
HANSSEN, Beatrice (2000): *Critique of Violence. Between Poststructuralism and Critical Theory*. London and New York: Routledge.
HARPHAM, Geoffrey Galt (1994): «So... What *Is* Enlightenment? An Inquisition Into Modernity?». En: *Critical Inquiry* 20.3, pp. 524-556.
HAWTHORN, Jeremy (1983): *Multiple Personality and the Disintegration of Literary Character*. New York: St. Martin's Press.
HEIN, Hilde S. (2000): *The Museum in Transition. A Philosophical Perspective*. Washington: Smithsonian Institution Press.
HERINGMAN, Noah (2004): *Romantic Rocks, Aesthetic Geology*. Ithaca: Cornell University Press.
HERMAN, Judith Lewis (1994): *Trauma and Recovery*. London: Pandora.
HETHERINGTON, Kevin (1997): «The Utopics of Modernity». En: *The Badlands of Modernity. Heterotopia and Social Ordering*. London: Routledge, pp. 55-71.
HINZ, Evelyn J. (1990): «An Introduction to War and Literature: Ajax Versus Ulysses». En: Evelyn Hinz (ed.): *Troops Versus Tropes. War and Literature*. Winnipeg, Canada: University of Minitoba Press, pp. v-xii.
HOBBS, Richard (1979): *The Myth of Victory. What is Victory in War*. Boulder, Colorado: Westview Press.
HOBSBAWM, Eric (ed.) (1982): *The Invention of Traditions*. Cambridge, MA: Cambridge University Press.
HOFFMAN, Piotr (1989): *Violence in Modern Philosophy*. Chicago: The University of Chicago Press.
— (1986): *Doubt, Time, Violence*. Chicago: Chicago University Press.
HOLMES, R. (1989): *On War and Morality*. Princeton, New Jersey: Princeton University Press.
HOLSTI, K. J. (1996): *The State, War, and the State of War*. Cambridge, MA: Cambridge University Press.
HORKHEIMER, Max and Theodor ADORNO (2002): *Dialectics of Enlightenment*. New York: Continuum.
HUDSON, Kenneth (1975): *A Social History of Museums. What the Visitors Thought*. Atlantic Hightlands, New Jersey: Humanities Press.
HUNTINGTON, Samuel (1996): *The Clash of Civilization and the Remaking of World Order*. New York: Simon & Schuster.
HÜPPAUF, Bernd (1997): «Modernity and Violence: Observations Concerning a Contradictory Relationship». En: Bernd Hüppauf (ed.): *War, Violence, and the Modern Condition*. Berlin: Walter de Gruyter, pp. 1-29.
HUYSSEN, Andreas (1995): *Twilight Memories. Marking Time in a Culture of Amnesia*. New York and London: Routledge.

HYNES, Samuel (1997): *The Soldier's Tale: Bearing Witness to Modern War*. London: Penguin.
IKLÉ, Fred Charles (1971): *Every War Must End*. New York: Columbia University Press.
JABRI, Vivienne (1996): *Discourses on Violence. Conflict Analysis Reconsidered*. Manchester: Manchester University Press.
JACKSON, Kathy Merlock (1986): *Images of Children in American Film. A Sociocultural Analysis*. London: The Scarecrow Press.
JENKINS, Keith (1999): *Why History? Ethics and Postmodernism*. London and New York: Routledge.
— (1997): «Why Bother with the Past?». En: *Rethinking History* 1.1, pp. 56-66.
JOSEPH, Miranda (2002): *Against the Romance of Community*. Minneapolis: University of Minnesota Press.
KAES, Aton (1990): «History and Film: Public Memory in the Age of Electronic Dissemination». En: *History and Memory* 2.1, pp. 111-129.
KANT, Immanuel (1957): *Perpetual Peace*. Trans. Lewis White Beck. Indianapolis: Bobbs-Merrill Company [1795].
KANTER, Donald L. and Philip H. MIRVIS (1989): *The Cynical Americans. Living and Working in an Age of Discontent and Disilussion*. San Francisco: Jossey-Bass Publishers.
KENDRICK, Walter (1991): *The Thrill of Fear. 250 Years of Scary Entertainment*. New York: Grove Weidenfeld.
KELLER, Evelyn Fox (1992): *Secrets of Life/Secrets of Death*. New York: Routledge.
KELLER, Marjorie (1986): *The Untutored Eye. Childhood in the Films of Cocteau, Cornell, and Brakhage*. London: Associated University Press.
KIRAMAYER, Laurence (1994): «Pacing the Void: Social and Cultural Dimensions of Dissociation». En: D. Spiegel (ed.): *Dissociation: Culture, Mind, and Body*. London: American Psychiatric Press, pp. 91-122.
KISSIN, S. F. (1988): *War and the Marxists. Socialist Theory and Practice in Capitalist Wars. Volume 1 (1848- 1918)*. Boulder, Colorado: Westview Press.
KLEIN, Holger Michael (1994): *The Artistry of Political Literature. Essays on War, Commitment and Criticism*. Lewiston, New York: The Edwin Mellen Press.
KNIBB, James (1990): «Literary Strategies of War, Strategies of Literary War». En: David Bevan (ed.): *Literature and War*. Amsterdam and Atlanta: Rodopi, pp. 7-24.
KOCH, Gertrud (1997): «*Against All Odds* or the Will to Survive. Moral Conclusions from Narrative Closure». En: *History and Memory* 9.1/2, pp. 393-408.

KOSELLECK, Reinhart (1985): *Future Past: On the Semantics of Historical Time*. Trans. Keith Tribe. Cambridge, MA: The MIT Press.

KOTLER, Neil and Philip KOTLER (1998): *Museum Strategy and Marketing*. San Francisco: Jossey-Bass Publishers.

KREJČÍ, Jaroslav (1994): *Great Revolutions Compared. The Outline of a Theory*. New York: Harvester Wheatsheaf.

KRIPS, Valerie (2000): *The Presence of the Past. Memory, Heritage, and Childhood in Postwar Britain*. New York: Garland Publishing.

KRISTEVA, Julia (1982): *Powers of Horror. An Essay of Abjection*. New York: Columbia University Press.

KUMAR, Krishan (1991): *Utopianism*. Minneapolis: University of Minnesota Press.

LACAPRA, Dominick (2001): *Writing History, Writing Trauma*. Baltimore, Maryland: Johns Hopkins University Press.

— (1997): «Revisiting the Historian's Debate». En: *History and Memory* 9.1/2, pp. 80-112.

— (1997): «Lanzmann's *Shoa: Here There is No Why*». En: *Critical Inquiry* 23.2, pp. 231-269.

— (1994): *Representing the Holocaust. History, Theory, and Trauma*. Ithaca: Cornell University Press.

— (1983): *Rethinking Intellectual History. Texts, Contexts, Language*. Ithaca and London: Cornell University Press.

LACLAU, Ernesto y Chantal MOUFFE (1985): *Hegemony and Socialist Strategy*. London: Verso.

LAP-CHUEN, Tsang (1998): *The Sublime. Ground Towards a Theory*. Rochester, New York: University of Rochester Press

LAVINE, Steven D. (1992): «Audience, Ownership, and Authority: Designing Relations between Museums and Communities». En: Ivan Karp *et al.* (eds.): *Museums and Communities. The Politics of Public Culture*. Washington: Smithsonian Institution Press, pp. 137-157.

LAWRENCE, Philip (1997): *Modernity and War. The Creed of Absolute Violence*. New York: McMillan Press.

LOWENTHAL, David (1997): «European Landscape Transfigurations: The Rural Residue». En: Paul Groth and Todd W. Bressi (eds.): *Understanding Ordinary Landscape*. New Haven: Yale University Press.

— (1985): *The Past Is a Foreign Country*. Cambridge, MA: Cambridge University Press.

LÖWY, Michael y Robert SAYRE (2001): *Romanticism Against the Tide of Modernity*. Trans. Catherine Porter. Durham: Duke University Press.

LYOTARD, Jean François (1984): *The Postmodern Condition*. Trans. Geoff Bennington and Brian Massumi. Minneapolis: University of Minnesota Press.

MAIER, Charles S. (1993): «A Surfeit of Memory? Reflections on History, Melancholy and Denial». En: *History and Memory* 5.2, pp. 136-152.
— (1988): *The Unmasterable Past*. Cambridge, MA: Harvard University Press.
MARGALIT, Avishai (2002): *The Ethics of Memory*. Cambridge, MA: Harvard University Press.
MAROEVIC, Ivo (1995): «The Museum Message: Between the Document and Information». En: Eilean Hooper-Greenhill (ed.): *Museum, Media, Message*. London: Routledge, pp. 24-36.
MARTIN, James Alfred (1990): *Beauty and Holiness. The Dialogue between Aesthetics and Religion*. Princeton: Princeton University Press.
MARX, Karl (2000): *Selected Writings*. Ed. David McLellan. Oxford: Oxford University Press.
MASON, Andrew (2000): *Community, Solidarity, and Belonging*. Cambridge, MA: Cambridge University Press.
MAYNOR, John (2003): *Republicanism in the Modern World*. Malden: Blackwell.
MICHAELS, Lloyd (1998): *The Phantom of the Cinema. Character in Modern Film*. Albany, New York: State University of New York Press.
MIDDLETON, Hugh (1992): «Some Psychological Bases of the Institution of War». En: Robert A. Hinde (ed.): *The Institution of War*. New York: St. Martin's Press, pp. 30-46.
MITCHELL, C. R. (1981): *Structure of International Conflict*. London: Macmillan.
MUNCK, Ronaldo (2000): «Deconstructing Terror: Insurgency, Represion and Peace». En: Ronaldo Munck and Purnaka de Silva (eds.): *Postmodern Insurgencies. Political Violence, Identity Formation, and Peacemaking in Comparitive Perspective*. New York: St. Martin's Press, pp. 1-13.
MURPHY, James E. (1991): *The Proletarian Moment. The Controversy over Leftism in Literature*. Chicago: University of Illinois Press.
MYERS, Mitzi (1999): «Reading Children and the Homeopathic Romanticism». En: James Holt McGavran (ed.): *Literature and the Child. Romantic Continuations, Postmodern Contestation*. Iowa City: University of Iowa Press, pp. 44-84.
NEWMAN, Graeme (1979). *Understanding Violence*. New York: Lippincott Company.
NICHOLS, Bill (2001): «Documentary Film and the Modernist Avant-Garde». En: *Critical Inquiry* 27, pp. 580-610.
NIETZSCHE, Friedrich (1980): *On the Advantage and Disadvantage of History for Life*. Indianapolis: Hackett Publishing Company.
NORA, Pierre (1989): «Between Memory and History: *Les Lieux de mémoire*». Trans. Marc Roudebush. En: *Representations* 26, pp. 7-25.

NORMAN, Andrew P. (1991): «Telling It Like It Was: Historical Narratives on their Own Term». En: *History and Theory* 30.2, pp. 120-135.
NORTON, William (1989): *Explorations in the Understanding of Landscape. A Cultural Geography*. New York: Greenwood Press.
OSBORNE, Brian S. (1992): «Interpreting a Nations' Identity: Artists as Creators of Nationa Consciousness». En: Alan Baker and Gideon Biger (eds.): *Ideology and Landscape in Historical Perspective. Essays on the Meanings of some Place in the Past*. Cambridge, MA: Cambridge University Press, pp. 230-254.
PALMER, Alan (2004): *Fictional Minds*. Lincoln, Nebraska: University of Nebraska Press.
PARET, Peter (1997): *Imagened Battles. Reflections of War in European Art*. Chapel Hill: University of North Carolina Press.
PAULINO, Eva, Terry CAESAR and William HUMMEL (2000): «Naming the Dead Father». En: Eva Paulino *et al.* (eds.): *Naming the Father. Legacies, Genealogies, and Explorations of Fatherhood in Modern and Contemporary Literature*. New York: Lexington Books, pp. 1-10.
PERLMUTTER, David D. (1999). *Visions of War. Picturing Warfare from the Stone Age to the Cyber Age*. New York: St. Martin's Press.
PETTIT, Philip (1997): «Republicanism: A Propositional Summary». En: *Republicanism. A Theory of Government*. Oxford: Clarendon Press, pp. 1-23.
PHELAN, James (1989). *Reading People. Reading Plots. Character, Progression, and the Interpretation of Narrative*. Chicago: The University or Chicago Press.
PIHLAINEN, Kalle (1998): «Narrative Objectivity Versus Fiction». En: *Rethinking History* 2:1, pp. 7-22.
PILLOW, Kirk (2000): *Sublime Understanding. Aesthetic Reflection in Kant and Hegel*. Cambridge, MA: The MIT Press.
PLANTINGA, Carl R. (1997): *Rhetoric and Representation in Nonfiction Film*. Cambridge, MA: Cambridge University Press.
PRICE, Martin (1983): *Forms of Life. Character and Moral Imagination in the Novel*. New Haven: Yale University Press.
PUNTER, David (2001): «E-textuality. Authenticity After the Postmodern». En: *Critical Quarterly* 43.2, pp. 68-91.
REIMER, Dennis J. (1997): «Foreword». En: Robert Pfaltzgraff and Richard Shultz (eds.): *War in the Information Age*. Washington: Brassey's, pp. ix-xviii.
RICHES, David (1985): «Power as a Representional Power». En: R. Fardon (ed.): *Power and Knowledge: Anthropological and Sociological Approaches*. Edinburgh: Scottish Academic Press, pp. 83-102.
RIPLEY, Dillon (1969): *The Sacred Grove. Essays on Museums*. New York: Simon and Schuster.

Rose, Gillian (1996): *Mourning Becomes the Law: Philosophy and Representation*. Cambridge, MA: Cambridge University Press.

Rowe, William and Vivian Schelling (1991): *Memory and Modernity: Popular Culture in Latin America*. London: Verso.

Rude, George (1995): *Ideology & Popular Protest*. Chapel Hill, North Carolina: University of North Carolina Press.

Rule, James B. (1998): *Theories of Civil Violence*. Berkeley, California: University of California Press.

Said, Edgard (1983): *The World, the Text, and the Critic*. Cambridge, MA: Harvard University Press.

— (1978): *Orientalism*. New York: Pantheon Books.

Samuel, Raphael (1994): *Theatres of Memory*. London: Verso.

Sanga, Jaina C. (2001): «Demystifying the Horror: The 'Journey' in Conrad's 'Heart of Darkness' and Salman Rushdie's *The Satanic Verse*». En: *Conrad at the Millennium: Modernism, Postmodernism, and Postcolonialism*. Lublin, Poland: Maria Curie-Sklodowska University Press, pp. 453-465.

Schauffler, Marina F. (2002): *Turning to Earth. Stories of Ecological Conversion*. Charlottesville: University of Virginia Press.

Schudson, Michael (1997): «Dynamics of Distorsion in Collective Memory». En: Daniel L. Schachter (ed.): *Memory Distortion. How Minds, Brains, and Societies Reconstruct the Past*. Cambridge, MA: Havard University Press, pp. 347-364.

Semmel, Bernard (1981): «Marxism and the Science of War: Theory and Praxis». En: Bernard Semmel (ed.): *Marxism and the Science of War*. Oxford: Oxford University Press, pp. 1-32.

Shaw, Martin (2001): *Post-Military Society: Militarism, Demilitarization, and War at the End of the Twentieth Century*. Oxford: Polity Press.

Short, John Rennie (1991): *Imagined Country. Society, Culture, and Environment*. London: Routledge.

Shulman, Robert (2000): *The Power of Political Art. The 1930's Literary Left Reconsidered*. Chapel Hill: University of North Carolina Press.

Sinyard, Neil (1992): *Children in Movies*. New York: St. Martin's Press.

Sloterdijk, Peter (1987): *Critique of Cynical Reason*. Minneapolis: University of Minnesota Press.

Smith, Philip (1997): «Civil Society and Violence: Narrative Forms and the Regulation of Social Conflict». En: Jennifer Turpin and Lester Kurtz (eds.): *Web of Violence. From Interpersonal to Global*. Urbana and Chicago: University of Illinois Press, pp. 91-116.

Sokoloff, Naomi (1994): «Childhood Lost: Children's Voices in Holocaust Literature». En: Elizabeth Goodenough *et al.* (eds.): *Infant Tongues. The Voice of the Child in Literature*. Detroit: Wayne State University Press, pp. 259-274.

SONTAG, Susan (2002): *Ante el dolor de los demás*. Trad. Aurelio Major. Madrid: Alfaguara.
STEGER, Manfred B. and Nancy B. LIND (1999): «Introduction». En: Manfred Steger and Nancy Lind (eds.): *Violence and Its Alternative. An Interdisciplinary Reader*. New York: St. Martin's Press, pp. xiii-xxvi.
STEIN, Arthur A. (1980): «Threat, Mobilization, and Cohesion». *The Nation at War*. Baltimore: The Johns Hopkins University Press, pp. 9-15.
STEINER, George (1997): *Nostalgia for the Absolute*. Toronto: House of Anansi Press.
SULEIMAN, Susan R. (1983): *Authoritarian Fiction: The Ideological Novel as a Literary Genre*. New York: Columbia University Press.
SYKES, Stephen (1992): «Sacrifice and the Ideology of War». En: Robert A. Hinde (ed.): *The Institution of War*. New York: St. Martin's Press, pp. 87-98.
TAITHE, Bertrand and Tim THORNTON (1998): «Identifying War: Conflict and Self-Definition in Western Europe». En: Bertrand Taithe and Tim Thornton (eds.): *War. Indentities in Conflict (1300-2000)*. London: Sutton Publishing, pp. 1-18.
THEWELEIT, Klaus (1987): *Male Fantasies. Volume II*. Trans. Stephan Conway. Minneapolis: University of Minnesota Press.
THOMPSON, Martyn P. (1993): «Reception Theory and the Interpretation of Historical Meaning». En: *History and Theory* 33.3, pp. 248-272.
TOOLAN, Michael J. (1990): *The Stylistics of Fiction*. London: Routledge.
TOYNBEE, Philip (1954): *Friends Apart: A Memoir of Esmond Romilly and Jasper Ridely in the Thirties*. London: Macgibbon and Kee.
TRUFFAUT, François (1994): *El cine según Hitchcock*. Trad. Ramón Redondo. Madrid: Alianza.
VAN CREVELD, Martin (1991): «By Whom War is Fought». En: *On Future War*. London: Brassey's, pp. 33-62.
VATTIMO, Gianni (1991): *The End of Modernity*. Trans. Jon R. Snyder. Baltimore: The Johns Hopkins University Press.
VOGT, Erik (2002): «Lyotard, Frank, and the Limits of Understanding». En: Hugh J. Silverman (ed.): *Lyotard. Philosophy, Politics, and the Sublime*. New York: Routledge, pp. 113-124.
WALD, Alan (1983): *The Revolutionary Imagination*. Chapel Hill: University of North Carolina Press.
WALDRON, Arthur (2003): «Looking Backwar. The People in Arms and the Transformation of War». En: Daniel Moran (ed.): *The People in Arms. Military Myth and National Mobilization since the French Revolution*. Cambridge, MA: Cambridge University Press, pp. 256-262.
WEIL, Stephen E. (2002): *Making Museums Matter*. Washington, D. C.: Smithsonian Institution Press.

— (1995): *A Cabinet of Curiosities. Inquiries into Museums and their Prospects*. Washington, D. C.: Smithsonian Institution Press.

WHITE, Hayden (1978). *The Tropics of Discourse*. Baltimore and London: Johns Hopkins University Press.

WILSON, Emma (2003): *Cinema's Missing Children*. London: Wallflower Press.

WILLIAMS, Raymond (1977): *Marxism and Literature*. Oxford: Oxford University Press.

WILLIS, Sharon (1990): «*La guerre es finie*: The Image as Mourning and Anticipation of History». En: Kathleen Vernon (ed.): *The Spanish Civil War and the Visual Arts*. Ithaca, New York: Cornell University Press, pp. 37-45.

WINTER, Jay W. (1992): «Imaginings of War: Some Cultural Supports of the Institution of War». En: Robert Hinde (ed.): *The Institution of War*. New York: St. Martin's Press, pp. 155-177.

WITTLIN, Alma S. (1970): *Museums: In Search of an Usable Future*. Cambridge, MA: The MIT Press.

WOJCIK-ANDREWS, Ian (2000): *Children's Films. History, Ideology, Pedagogy, Theory*. New York: Garland Publishing.

WOLFENSTEIN, Martha (1955): «The Image of the Child in Contemporary Films». En: Margaret Mead and Martha Wolfenstein (eds.): *Childhood in Contemporary Cultures*. Chicago: University of Chicago Press, pp. 277-293.

WOODS, Tim (1998): «Mending the Skin of Memory. Ethics and History in Contemporary Narratives». *Rethinking History* 2.3, pp. 339-348.

YOUNG, Dudley (1991): *Origins of the Sacred. The Ecstasies of Love and War*. New York: St. Martin's Press.

YOUNG, James E. (1997): «Between History and Memory». En: *History and Memory* 9.1/2, pp. 47-58.

ŽIŽEK, Slavoj (1989): *The Sublime Object of Ideology*. London and New York: Verso.